JN271957

東アジア歴史教科書
問題の構図
日本・中国・台湾・韓国、および在日朝鮮人学校

菊池一隆 著

法律文化社

まえがき

　現在、日本・中国・韓国の間で歴史認識を巡る諸問題が繰り返し発生している。首相の靖国神社参拝、歴史教科書問題、領土問題などを契機にすぐに非難の応酬となり、関係が悪化する。日本と中国との関係は「政冷経熱」から「政冷経冷」となり、軍事面を含めて危険な状態に徐々に突入しつつある。中国では学生デモなども発生している。日本のマスメディアは日本側の問題点を捨象し、学生などによる「反日デモ」の要因は「反日愛国教育」、経済格差の拡大などを背景にその「ガス抜き」的要素があり、むしろ中国国内問題にあると論じた。この指摘は間違ってはいないが、半面の事実に過ぎない。看過できないのは日本側の歴史認識であり、これまで日中戦争期の侵略実態や植民地朝鮮支配の問題に日本の立場のみ強調し、被害国の立場を包括した形で真剣に考えてこなかったことがあげられよう。その上、日本では、歴史学からかけ離れ、史実を歪曲させた形で「物語（フィクション）化」し、「日本人としての誇り」を鼓吹する教科書までも現れた。侵略戦争や植民地支配を美化し、被害国・民族の歴史的な心の傷に塩を擦り込むような「加虐史観」に陥り、政治運動化した。こうしたことが教科書を巡りさらに複雑な状況をつくりあげている。日本と周辺諸国家との教科書を巡る矛盾対立は日本国内、東アジアにとどまらず、東南アジア、さらにアメリカなどでも驚きや憂いを呼び起こした。

　ところで、歴史教科書問題の本質を考える際、権力・政権との関係を捨象できない。歴史上、各政権が思想を弾圧し、都合の悪い史実を隠そうとすることは何度となく繰り返されてきた。その極端な例として古くは秦の始皇帝による焚書坑儒が指摘されるが、それは連綿と続き、現代史におけるナチス・ドイツや日本の治安維持法などによる思想弾圧などもあげられよう。現在に至っても、こうした傾向は完全に消失したわけではない。ある意味で教科書問題もそれと同質のものを内包している。換言すれば、各国政府が自ら都合のよい教科書を流布し、それが各国民の歴史認識を形成する１つの大きな要因となり、各国間の無用な対立を誘発する。下手をすれば、将来の紛争、戦争の種になりか

ねないのである。したがって、日本国内では、歴史研究者・教師と政府は教科書検定を巡って鋭く対立せざるを得ない場面が頻繁に生じる。もし研究者・教師が政府に迎合したり、沈黙した時、政治は一挙に悪化する。これは歴史が証明している。

　では、こうした状況をどのようにしたら打開できるのか。1つは、各国が出している教科書の客観的な相互認識である。例えば、同一の歴史的事件に関して、いかなる歴史事実に基づいて、いかなるアプローチをし、どのように記述しているかの問題である。この際、どのような歴史事実を捨象しているかについても注意を払わなくてはならない。それによって、教科書の姿勢が明確になる。2つ目は、各教科書に対する考証と相互批判である。日中戦争を例にとれば、当時、侵略した日本と、侵略された中国という否定できない歴史的な構図がある。それを日本、中国それぞれがどのように記述しているのかであろう。3つ目が、日中双方の対立する記述を含め、検討し、二極からの立体的、かつ構造的な共通教科書を作成することである。完全な形で作成できないまでも双方の教科書に反映させることは可能である。なお、植民地にした日本と、植民地にされた台湾、韓国・朝鮮でも同様なステップを踏むことができる。

　こうした多国間の歴史研究、歴史教育、歴史教科書を視野に入れた方向はすでに示されている。例えば、主なものとしては、(1)中村哲編著『東アジアの歴史教科書はどう書かれているか―日・中・韓・台の歴史教科書の比較から』（日本評論社、2004年）があり、唯一台湾も含め論じ、(2)浅倉有子編『歴史表象としての東アジア―歴史研究と歴史教育との対話』（清文堂、2002年）は、日本、中国、韓国、ロシアの各研究者によるシンポジウムの成果である。日本・中国・韓国の民間各研究者による共通教科書・教材も出版されるようになった。例えば、(3)日中韓3国共通歴史教材委員会『未来をひらく歴史―東アジア3国の近現代史』（高文研、2008年第2版）があり、民間レベルで未来のために歴史共通教科書・教材を実際に作成するという試みが実践されている。現在のところ、日本・中国・韓国の各研究者・教員の分担執筆である。これに参画している(4)斎藤一晴『中国歴史教科書と東アジア歴史対話―日中韓3国共通教材づくりの現場から』（花伝社、2008年）は、その作成過程における日本・中国・韓国各研究者の議論などを紹介する。日韓のものとしては、(5)歴史教育研究会

(日本)・歴史教科書研究会(韓国)『日韓歴史共通教材 日韓交流の歴史—先史から現代まで』(明石書店、2007年)があり、その主力メンバーである君島和彦の著書(6)『日韓歴史教科書の軌跡—歴史の共通認識を求めて』(すずさわ書店、2009年)がいかなる契機で本企画に参画したかを説明する(これらの詳細に関しては第1章を参照されたい)。こうした国境を越えた研究や共通歴史教科書は極めて重要な試みであり、新たな動向として注目されるが、まだ不十分で、緒に就いたばかりといえよう。

　ここで、本書の内容を簡単に述べておきたい。
　第1章「歴史教科書を巡る歴史と共通教科書」で、①中国清末から現在までの日中教科書問題の歴史を概観した後、日本国内の教科書内容を巡る対立の歴史と検定制度、および家永教科書裁判について述べ、②日・中・韓各政府レベルでの歴史研究の取り組みの現状と歴史認識問題、③日・中・韓共通歴史教科書の模索、そして④独・仏共通教科書の特質、および意義と課題などについて論じる。
　第2章「日本・中国・台湾の高校歴史教科書の比較検討」の第1節は、満洲事変から日中戦争、太平洋戦争までの時期に焦点を絞っている。従来、主に戦争・植民地の総括を巡って論争が生じており、この時期を避けては、歴史教科書問題の本質を明らかにできない。具体的には、満洲事変、第一次上海事変、西安事変、盧溝橋事件、太平洋戦争、日本敗戦(終戦)などをピックアップした。各歴史教科書がこれらをいかなる形でとりあげているか。その特色、共通性と差異は何かを解明する。
　第2節「重要諸問題」では、特に激論を巻き起こしている現代史の重要諸問題を摘出して比較検討する。すなわち、①「南京大虐殺」、②傀儡政権とその統治問題、③毒ガス・細菌戦・生体実験、④強制連行、「従軍慰安婦」、⑤東京裁判(極東軍事裁判)、および⑥戦後日本の評価問題などである。これらによって各歴史教科書の姿勢のみならず、国定・検定にかかわりなく、その背後にある各国政府の姿勢をも浮かび上がらせる。
　第3章「歴史教科書の中の台湾」では、1895年に下関条約で台湾を割譲せざるを得なくなった中国、植民地にした日本、そして植民地にされた台湾の各歴

史教科書をとりあげる。これにより三極からの構造的分析が可能となる。

　第1節では、日本、中国の各歴史教科書をとりあげ、台湾に関する記述のそれぞれの特色、共通性と差異を考察する。第2節では、台湾の歴史教科書をとりあげる。まず、ほとんど知られていない台湾の教科書制度を明らかにした上で、従来の歴史教科書と、台湾史に踏み込み始めた現在の歴史教科書の双方を俎上に載せる。そして、その目的、主張、内容、特色などを具体的に言及する。看過されがちな台湾の歴史教科書をあえて本格的にとりあげる理由は、台湾自体の問題のみならず、日本の植民地領有、対日抵抗、近代化など諸側面から決して看過できないとの考えによる。

　第4章「歴史教科書の中の韓国・朝鮮」では、韓国・朝鮮と日本を巡る関係を重視する。第1節では、①日本の教科書は、韓国・朝鮮を植民地支配に関して客観的記述をしていると強調される。だが、重要問題を捨象してはいないか。日本を免罪していないのか。②植民地にはならなかったとはいえ、日本の侵略により多くの被害を受けた中国の教科書が韓国・朝鮮史のいかなる史実にどのような歴史的評価を与えているのか。③やはり日本の植民地にされた台湾が韓国・朝鮮史、そして日本をどのように見ているのか。植民地政策には共通性と差異があったと考えられるが、それにいかなる歴史的評価を下すのか。第2節では、韓国自体が自国史のいかなる歴史事実を重視し、いかなる姿勢で、どのように記述しているのか。日本、中国の教科書を念頭に置きながらその内容、主張、特色などを見ていきたい。第3節では、朝鮮民主主義人民共和国（以下、北朝鮮と略称）系の在日朝鮮人学校の歴史教科書の内容と特色にアプローチしたい。

　第5章「『氷点事件』と上海版の歴史教科書問題」で、中国において袁偉時論文を掲載した『氷点週刊』が停刊処分になったが、「義和団」などに関する論文内容を検討して、その主張の意義と問題点を明らかにする。次いで、使用中止になった蘇智良主編の上海版歴史教科書をとりあげる。中国共産党に批判的とか、資本主義讃美傾向があるとか種々言われているが、実際はどうなのか。入手した上海版歴史教科書から直接分析したい。

　第6章「『新しい歴史教科書』（扶桑社）と戦時期日本の歴史教科書」。周知の如く『新しい歴史教科書』は、日本国内のみならず、過去に日本の侵略により

大被害を受けた中国、韓国などで物議を醸している。「新しい歴史教科書をつくる会」は中国や韓国などからの批判を「内政干渉」と切り捨てる一方、これまでの日本の歴史教科書を「コミンテルン史観」、「東京裁判史観」の影響を受けた「自虐史観」として非難した。本章では、扶桑社版の復古的傾向が指摘されるが、多くの論稿は復古的か否かを現在の他の教科書と比較し、かつその誤りなどを指摘する。これだけでは、その本質を十分に解明することはできないだろう。むしろ実際に戦時期教科書と直接、比較検討することが急務であるが、そうした論稿は寡聞にして知らない。本章では、戦時中の教科書との共通性、差異を導きだし、さらに『新しい歴史教科書』の復古性・歴史的位置を考察する。

　本書の特色、オリジナリティーは多いが、主要な点は以下の通りである。
(1)　私は歴史学専門であり、歴史教育の専門家ではないということである。したがって、本書では、歴史的事実を念頭に置きながら、歴史学から歴史教科書にアプローチする形態をとる。いわば、歴史教育から歴史教科書を論じる場合と逆の限界があるということである。とはいえ、私は歴史学が基盤となり、それを教育的に再編したものが歴史教科書であると考えている。歴史教育から歴史教科書にアプローチすると同様、歴史学からもアプローチし直すことで、この問題の深化を目指す。
(2)　歴史学の中で教科書問題に取り組むのは、日本では日本史研究者が多く、日中両国政府レベルでの歴史共同研究でも選抜されたのは主に日本史研究者や法学専門家であった。この結果、日本史研究者や法学専門家が日本の歴史学を代表することになり、ことさら差異が強調され、融和の枠を狭めた。だが、日本歴史学界もそれほど単一化し、層が薄いわけではない。いわんや日本、中国、韓国など東アジア歴史教科書問題を論じる以上、世界史、とりわけ東洋史の視点が重要である。本書では、日本の中国近現代史研究者の視点からアプローチする。
(3)　従来の如く、日本、中国、台湾、韓国各歴史教科書から東アジア史の諸史実のいくつかをつまみ食いの如くとりあげ、評価するのではない。本書では日本との関連を意識しながら、むしろ体系的に歴史的事件、その経過、および結

果、意義づけなどを比較検討する。換言すれば、日本、中国、台湾、韓国、および在日朝鮮人学校の各歴史教科書はいかなる史実にどのようにアプローチし、いかなる論理構成で記述し、いかなる評価を与えているか。その特色、共通性と差異は何か。それを東アジア史の中での日本の位置、相互の有機的関連を構造的に考察する。

(4) 時期的には、日中戦争時期を重視する。それは、私の専門が中国近現代政治経済史、特に日中戦争だからという理由だけではない。日中戦争時期が評価の分かれ目で、意見の対立が最も多く、教科書問題の核心といっても言い過ぎではないだろう。その上、侵略した日本、侵略された中国、および日本植民地とされた台湾、韓国という3視点、もしくは4視点からアプローチでき、立体的・構造的分析が可能となるからである。確かに近現代史、特に日中戦争時期に関して、東アジアで共通認識をもつことは困難な作業であるが、それらをアウフヘーベンすることで新たな視座を切り開くことを目指す。

(5) 台湾近現代史、および台湾の歴史教科書を重視する。日本では歴史教科書で、例えば植民地関連でも韓国・朝鮮に比して、台湾に割かれるスペースは圧倒的に小さい。その上、歴史教科書を論じる際、台湾のそれをとりあげることは極めて少ない。だが、明清時代、日本植民地時代、戦後の国民党時代、民進党時代、そして国民党の復権など、台湾は独自な歴史を刻んできており、これを除いて東アジアの歴史教科書問題を語ることはできない。ただし近現代史に関して言えば、中国と台湾は同一の史実に着目する傾向が強く、それらに関して共通性と差異を明確に浮かび上がらせることができる。のみならず、台湾では、台湾史の重視など、新たな動向を示している。このことが持つ意味、記述内容、特色などを解明する。

(6) 中等教育の中で原則として高校（高級中学）教科書に重点を置く。中国歴史教科書は積上方式であるため、従来、研究面では、中等教育の起点である中学校（初級中学）の教科書が主要な分析対象とされてきた。だが、それだけでは不十分であり、むしろ高校教科書の方が実証、論理、主張がさらに明確となる。それも、あえて中国において民族主義的傾向が顕著とされる1990年代、高校必修の『中国近代現代史』を重視した。現在の教科書も併用したが、言われているほど変化はなく、むしろ目的、視点、特色、および日本の歴史教科書と

の差異をさらに鮮明にできるからである。なお、韓国のみならず、北朝鮮の中高歴史教科書も重要と考えており、訪中し、吉林省延辺朝鮮族自治州の延吉などにおいて当地の大学教師や書店を経て入手する努力をしたが、滞在期間が短かったこともあり、遺憾ながら入手できなかった。したがって、それを補う意味もあり、在日朝鮮人学校の教科書をとりあげた。

■ 凡 例

- 本書第2章以降、項目・事例別に相互比較をおこなったが、各教科書ではアプローチの仕方に差異もあり、項目毎に完全に区分けできず、重複したり、若干のずれが生じた部分もあるが、致し方ないところであろう。
- 日本の教科書では昭和と西暦、台湾の教科書では民国と西暦で書かれており、一部は理解を助けるため、並記したが、原則として西暦で統一した。
- 例えば、コメントなどは「満洲事変」で原則として統一したが、教科書によっては「満州事変」(「洲」ではなく「州」)となっているものもあり、その場合、「満州事変」のままで引用している。「満洲国」は傀儡政権であることを否定できないと考えており、私自身は「　」を付す必要があると考えるが、教科書によっては満州国と記述しているものもあり、引用の際はそのままとした。
- 「　」内は逐語訳である。
- (　)は教科書自体の挿入説明、および(　)内の頁はそれぞれの教科書の頁数を意味する。
- (脚註：………)は各教科書にある脚註で、必要部分を教科書の本文中に挿入した。
- 【コメント】は私のまとめ、気づいた点、分析、批判などである。
- 〈　〉や※は理解を助けるため、私の補足説明である。
- 本文中の「　　」(アミかけ)は本書で重点的にとりあげる部分であり、同時に各教科書の中での位置づけを示す。
- 「★」印は中国教科書に見られるが、「弾性課」と称されるもので、各校が生徒の学力に応じて、授業にとり入れるか否かを決定してよい。

目　　次

まえがき

第1章　歴史教科書を巡る歴史と共通教科書 ─── 1
　　　　──日本・中国・韓国、そして欧州──

　　　はじめに　2
　　　Ⅰ　教科書問題の歴史と家永教科書裁判　3
　　　Ⅱ　歴史認識と東アジアにおける歴史共同研究　14
　　　Ⅲ　日本・中国・韓国共通教科書・教材の模索　22
　　　Ⅳ　ヨーロッパ共通歴史教科書の意義と課題　25
　　　おわりに　31

　【付録】書評：斎藤一晴著『中国歴史教科書と東アジア歴史対話
　　　　　──日中韓3国共通教材づくりの現場から』（花伝社、2008年7月刊）　38

第2章　日本・中国・台湾の高校歴史教科書の比較検討 ─── 45
　第1節　満洲事変、日中戦争、太平洋戦争の記述を巡って …………… 46
　　　はじめに　46
　　　Ⅰ　日本・中国・台湾における各歴史教科書の構成と方針　46
　　　Ⅱ　満洲事変から西安事変まで　56
　　　Ⅲ　日中全面戦争の勃発　72
　　　Ⅳ　太平洋戦争　81
　　　Ⅴ　日本敗戦（「終戦」）　88
　　　おわりに　94

　第2節　重要諸問題──「南京大虐殺」・傀儡政権・「従軍慰安婦」・東京裁判・
　　　　　戦後日本の評価など── ……………………………………………… 100
　　　はじめに　100
　　　Ⅰ　「南京大虐殺」問題　100

Ⅱ　汪精衛などの傀儡政権とその統治実態　103
　　　Ⅲ　毒ガス・細菌戦・生体実験　106
　　　Ⅳ　強制連行、「従軍慰安婦」問題など　108
　　　Ⅴ　東京裁判　110
　　　Ⅵ　戦後日本の評価問題　113
　　　おわりに　118

第3章　歴史教科書の中の台湾 ──────────── 125
　　　──日本植民地時代と関連させて──

　第1節　日本・中国各教科書の中の台湾 …………………… 126
　　　はじめに　126
　　　Ⅰ　日本における歴史教科書の中の台湾　127
　　　Ⅱ　中国における歴史教科書の中の台湾　133
　　　おわりに　136

　第2節　台湾における歴史教科書の中の台湾 ……………… 138
　　　はじめに　138
　　　Ⅰ　台湾の教科書審査（検定）機関「国立編訳館」　138
　　　Ⅱ　従来の台湾歴史教科書　147
　　　Ⅲ　台湾歴史教科書の新たな動向──台湾史の重視──　149
　　　Ⅳ　台湾の高校歴史教科書における華僑史の重視　170
　　　おわりに　176

第4章　歴史教科書の中の韓国・朝鮮 ──────────── 179
　　　──日本植民地時代と関連させて──

　第1節　日本・中国・台湾各歴史教科書の中の韓国・朝鮮 …… 180
　　　はじめに　180
　　　Ⅰ　日本における歴史教科書の中の韓国・朝鮮　181
　　　Ⅱ　中国における歴史教科書の中の韓国・朝鮮　187
　　　Ⅲ　台湾における歴史教科書の中の韓国・朝鮮　191
　　　おわりに　195

　第2節　韓国歴史教科書の中の韓国・朝鮮 ………………… 199

はじめに　199
　　　Ⅰ　韓国における歴史教科書の内容と特色　200
　　　おわりに　213

　第3節　在日朝鮮人学校の歴史・社会教科書………………………………217
　　　はじめに　217
　　　Ⅰ　朝鮮学校初級部（小学校）5年『社会』　218
　　　Ⅱ　朝鮮中級学校2、3年『朝鮮歴史』　221
　　　Ⅲ　朝鮮大学校歴史学研究室編『朝鮮史―古代から近代まで』　245
　　　おわりに　247

第5章　「氷点事件」と上海版の歴史教科書問題─────255
　　　はじめに　256
　　　Ⅰ　「氷点事件」と義和団・近代化問題──袁偉時論文の意義と限界──　256
　　　Ⅱ　義和団の歴史的評価と論争　260
　　　Ⅲ　上海版歴史教科書の内容とその検討　267
　　　おわりに　287

第6章　『新しい歴史教科書』（扶桑社）と戦時期日本の歴史教科書─295
　　　──その比較検討──
　　　はじめに　296
　　　Ⅰ　『新しい歴史教科書』の全体としての特徴と問題点　297
　　　Ⅱ　『新しい歴史教科書』各部分の問題点と疑問点　301
　　　Ⅲ　戦時歴史教科書の推移と『新しい歴史教科書』　313
　　　Ⅳ　戦時教科書と『新しい歴史教科書』の共通性と差異　319
　　　Ⅴ　戦後歴史教育の推移と『新しい歴史教科書』　331
　　　おわりに　337

総括と展望────────────────────────343

　主要参考文献　351
　あとがき　355
　索　引　360

第 1 章

歴史教科書を巡る歴史と共通教科書
　　――日本・中国・韓国、そして欧州――

はじめに

　歴史教科書問題を巡る論争はすでに日本国内にとどまるものではなく、日中間、日台間、日韓間など東アジアはもちろん、東南アジアに飛び火し、時にはアメリカをも巻き込む重要懸案として浮上してきている。それは、一国で完結するものではなく、歴史教育によって将来の各国民の歴史観、歴史認識を良くも悪くもつくりあげ、軍事、政治、経済、社会、文化諸側面で相互に影響しあうとの認識があるからである。その渦中にあり、その最も問題となっているのが、言うまでもなく日本の歴史教科書、特に『新しい歴史教科書』（扶桑社版。現在の自由社版、育鵬社版）である。日本では他国からの批判を「内政干渉」とする向きもあるが、グローバル化する世界の中で事はそう単純ではない。とりわけ火を噴くのは近現代史、日中戦争史、台湾・朝鮮植民地問題である。日本による侵略に対して日本の歴史教科書に示される内容が不正確な場合、過去に大被害を受けた周辺諸国家は一斉に批判するのも当然のことといえる。なぜなら加害国が被害国に対して謝罪し、反省の意を表明するどころか、むしろ居直り、「アジア解放戦争」であったと強弁する人々も日本にはいるからである。これでは被害国の傷口に塩を塗り込むようなものである。問題はそれにとどまらない。そうした歴史教育を受け育った日本国民が未来において再び周辺諸国家に被害を及ぼすのではないかとの危惧があるからである。

　日本、中国、韓国の歴史認識の厳しい対立は、東アジア圏以外にも関心を呼び起こした。特にアメリカでは、第二次世界大戦で日本ファッシズム崩壊後、半世紀以上も経てにわかに東アジアに歴史対立が発生したことに驚き、「この記憶の対立が東アジアだけでなく、世界秩序全体を損なうのではないかという懸念を生んでいる」という。2008年2月スタンフォード大学開催の会議で、「対立する記憶：アジアにおける歴史教科書と戦争」(Divided Memories: History Textbooks and the War in Asia) が全体テーマとしてとりあげられた。その際、日本・韓国・中国・台湾で最も多く使用されている高校歴史教科書を選び、1931年（満洲事変）から1951年（サンフランシスコ講和条約）までの比較検討をおこなった。ピーター・デュースは、日本の教科書に対して「面白くはない

が、他と比べてかなりバランスよく、冷静に書かれている」と評価した。また、戦争史専門家マーク・ピティーは、中国教科書の抗日戦争の記述は、アメリカなど連合国の援助が重慶国民政府を支えた事実の無視、日本の降伏にアメリカが果たした役割の軽視、「すべてが中国人民の英雄的戦いの物語」にされていると不快感を示した。[1]

こうした各国間対立を緩和するためにも、欧州では、先駆的にドイツ・フランスなどが国境を越えた共通歴史教科書を作成した。それに触発された形で、最近、東アジアでも日本・中国・韓国が、政府レベルで教科書問題を中心に歴史共同研究を実施し、また民間レベルでも国境を越えた実践的な試みが開始されている。例えば、民間レベルでは、日本、中国、韓国で共通教科書の模索も開始され、継続している。

本章では、①中国清末から現在までの日中間の教科書問題の歴史を概観した後、日本国内の教科書内容を巡る対立の歴史と検定制度、その中でも重要な位置を占める家永教科書裁判に言及する。②東アジアにおける日本、中国、韓国の政府レベルでの歴史研究の取り組みの現状と歴史認識問題、③民間における日本、中国、韓国共通歴史教科書の模索と作成、そして、④独・仏共通教科書の特質、およびその意義と限界などについて順次論じていきたい。

I　教科書問題の歴史と家永教科書裁判

(一) 教科書問題の歴史

日中間の教科書問題は戦後や最近のことではなく、実は清末、民国期にも発生していた。中国清末の教科書では、日本人は小さいが精悍、国民性としては「清潔」、「尚武」、「大和魂」、「武士道の精神」などを強調し、それを明治維新以後の日本の強さとして肯定的に評価していた。ところが、民国初期の『新制中華地理教科書』（中華書局、1913年初版）は、日本が「我が国の庫頁（樺太）と琉球を奪い、続いて我が台湾及び澎湖列島を割譲し、遂に朝鮮を併合した」と記述した。『新中華地理課本』（中華書局、1928年初版）では、侵略性の背景として「日本では、食糧と人口はすでに重大な問題となっている。ゆえに常に我が国を侵略している。その目標は山東省と東三省〈満洲〉である。近年、日本で

は軍閥が政権を握り、大軍を我が国の山東省に派遣し、我が国の統一を阻止しようとしている。その結果、済南の惨劇が起こり、我が国数千人の軍人と民衆が殺された。公理を無視した凶暴の極み」、と非難する。そして、1930年以降、日本の侵略が加速するにつれ、中国を亡国の危機に追い込む侵略者としてのイメージが定着していくという。1940年代の『初中外国地理』第1冊（中華書局、1944年）では、日本「人民の性質は模倣に長けて進取に勇ましく、臨機応変の才能がある。ただし度量が偏狭で、島国の民の習性から脱していない。……民権はまだ十分に発達していない」、とその特徴を述べる。[2]

　他方、日本は、これら中国教科書・教材に「排日教科書」のレッテルを貼り、内政干渉ともいうべき圧力をかけた。最初の「排日教科書」批判は、『東京日日新聞』（1914年9月13日）が社説「支那政府に厳談せよ、排日文字に満てる支那教科書を絶滅せよ」を掲げた時である。その内容は、①日本を「小蛮夷」と称するのは「華夷思想」（中華思想）に基づく侮蔑として、「国際礼儀」に反する、②日本の行為をすべて正当化し、それに否定的な中国教科書を「排日」的とし、③「排日」的教科書は中国の国家意思の反映と批判した。実は、その「教科書」は教科書ではなく、民間人編纂の副読本であり、それが判明した後も批判を続けた。その後、1917年から五・四運動の前後、そして1920年代末から満洲事変期に高まった。その特徴は歴史教科書のみならず、地理、国語、修身など多教科にわたり「排日教科書」と断じた。新聞、雑誌ばかりでなく、外交ルートでも圧力を加え、満洲事変では軍事行動を正当化する口実になった。それ以降、「排日教科書」批判は1937年日中全面戦争の開始まで続いた。砂山幸雄によれば、1933年3月、国際連盟を脱退した日本が「排日運動」を口実に華北侵略行動に踏み出し、それに対する抗議活動も「排日」的とみなし、「排日教科書」使用禁止を求めて「侵略を深めるという〈悪〉循環構造を形成」したとする。[3]

　では、日本敗戦後、日本国内における教科書問題を巡る動向に論を進めたい。1955年8～11月に日本民主党は『うれうべき教科書の問題』で、教育界、教科書界における「偏向」として①日教組の政治活動タイプ、②急進的労働運動タイプ、③ソ連・中共讃美タイプなどに分け非難した。その背景には、同年10月社会党左右両派の統一と、それに対抗する形で11月自由党と民主党の保守

合同により自由民主党が成立、いわゆる「55年体制」が生まれた。それ以降、日本では教科書論争が一貫して続き、主な対立点は過去の侵略と植民地支配をいかに記述するかに集中した。[4] ただし、この段階では、日本国内にとどまっていた。

　周知の如く1972年9月、北京で両国首相の田中角栄と周恩来が日中共同声明に調印し、戦争状態の終結を表明した。この国交正常化当時は、中国人の間では敗戦の廃墟から国を再建した平和国家日本のイメージが支配的であった。「日本人民も軍国主義の被害者」という中国政府の見解や、「日本民族は偉大な民族」という主席毛沢東の発言は、中国国民の対日認識を方向づけるのに十分であった。ところが、日本社会の「右傾化」という認識が一般化すると、現在と過去の対話の回路はしばしば戦争中の日本軍の残虐行為に偏っていったという。[5]

　こうして、1982年日中間で教科書が問題化した。それ以前は、中国が1966年から開始されたプロレタリア文化大革命などにより、他国の教科書問題に関心を払う余裕も意識もなかったからである。文部省の教科書調査官が日本史教科書（1983年から使用）の「華北への侵略」を「進出」に「改善意見」を付し、書き換えさせた。それに対して、中国の『人民日報』（6月30日）は「歴史を歪曲し侵略を美化する」と批判した。台湾、韓国、および日本による侵略、占領経験のある東南アジア各国も日本に抗議する事態に発展した。この時、自民党の一部議員は教科書問題が「国内問題」で、「内政干渉」との不満が出た。それに対し、鄧小平ら中国政府は、日本が侵略を認めるか否かが今後の中日関係発展の「重要な原則」と再確認している。[6]

　1986年5月「日本を守る国民会議」（議長は加瀬俊一元国連大使）が編集した『新編日本史』（原書房）が「内閣本審査」に合格、これに対しても中国、韓国、および東南アジア各国が反発した。「国民会議」は民間団体であるが、「元号法制化実現国民会議」（1981年設立）の流れをくみ、①憲法改正、②「国を守る国民意識の高揚」、③「教育正常化」を掲げ、日本の教科書は階級闘争史観（コミンテルン史観）と東京裁判史観に基づき、「自虐的」と認識していた。まず韓国の新聞が批判した。次いで中国外交部も「侵略戦争を美化するいかなる言論、行動についても、過去、現在、未来を問わず断固反対」との強い不満を表

明した。これに対して、当時の首相中曽根康弘の指示に基づき、文部省は『新編日本史』執筆者に「南京事件」、「日中戦争」などの修正を求め、「満洲国建国」では「王道楽土」が削除、「南京事件」に「大虐殺」を挿入することにより検定に合格した。この後、1989年3月『学習指導要領』、4月に検定制度が改定され、中学校、高校の歴史教科書に「南京大虐殺」、1994年使用のすべての日本史教科書に「従軍慰安婦」が掲載され、また、「三光作戦」、「七三一部隊」も記述されるようになった[7]。

　1992年10月、現天皇が中国を公式訪問、「我国が中国国民に対し多大の苦難を与えた不幸な一時期がありました。これは私の深く悲しみとするところ」と述べている。1993年には「55年体制」が崩壊し、非自民連立政権の細川護熙内閣が成立した。8月10日、細川は日中戦争を「侵略戦争であった。間違った戦争であったと認識している」と述べた。これに対して、23日自民党の靖国関係3協議会（「英霊にこたえる議員協議会」、「遺家族議員協議会」、「みんなで靖国神社に参拝する国会議員の会」）は「歴史検討委員会」を成立させ、「自虐史観」と非難した。1994年、社会党村山富市首相の連立政権が成立し、翌年、「侵略」、「心からのお詫び」とする村山談話が出された。他方、1996年自民党有志議員が「卑屈な謝罪外交」と非難し、「明るい日本・国会議員連盟」を発足させた。また、1995年に民間では藤岡信勝（当時、東京大学教授・専門は社会科教育）が自由主義史観研究会を設立し、1996年文部大臣に「従軍慰安婦」の記述を中学教科書から削除を求めた。その理由は、①「従軍慰安婦」という言葉は戦前にはなく、それは商行為であった、②中学校教科書に「性」をとりあげるのは不適切というものであった[8]。だが、歴史学の場合、過去にその語句がなくとも、後にその事象に的確な名称を付すことが当然あり、問題ではない。また、強制、あるいは騙して連れだした。これらを「商行為」と称することは無理があるだろう。被害国である韓国の中学校教科書が真正面から記述している内容を、加害国である日本の教科書に「『性』をとりあげるのは不適切」というのは説得力に欠ける。

　2001年4月は、「新しい歴史教科書をつくる会」編集の扶桑社版『新しい歴史教科書』と『新しい公民教科書』が文部科学省の検定に合格した。2001年検定合格の中学社会科（歴史）教科書は8社であるが、「慰安婦」、「南京事件」

の記述が全般的に減少し、前者は7社から、検定後は3社となった。「南京事件」の被害者数が「十数万人」、「約20万人」と具体的数字をあげたのは2社だけで、他は「多数」などに変更した。4月4日中国外交部長唐家璇は「日本国内に侵略の歴史を否定、美化する極右勢力が今なお存在する」と指摘した。中国では歴史学者の関連シンポジウムが頻繁に開催され、またインターネット上には、中国政府の「弱腰」を批判する書き込みが相次いだという。5月8日、韓国政府も検定合格の日本の中学校教科書に対して35ヵ所の修正を求めた。これに対して、日本政府は朝鮮古代史に関する2ヵ所以外、訂正に応じなかったが、扶桑社本の採択率が「0.039％」と低かったこともあり[9]、鎮静化した。とはいえ、「近隣諸国の知識人や世論は必ずしもそのようには判断しなかった。むしろ、扶桑社版を日本の代表的教科書と見なすのが一般的な認識となり、『日本人はまたしても過去から逃亡し、我々への加害行為を隠蔽しようとしている』というイメージが、拡大・定着した[10]」、とされる。

ところで、2001年8月国際軍縮会議が金沢で開幕し、初日の全体会議で「北東アジアの安定と繁栄」の中で、日本の歴史教科書を巡る発言が相次いだ。ロバート・スカラピーノ（カリフォルニア大学バークリー校名誉教授）は「今の歴史認識のままでは、日本がアジアのリーダーになるのは難しい。高まりつつあるナショナリズムは今後、アジア地域の安定のためには重大な変更が必要」と提言している[11]。この提言は説得力がある。

2005年は、日中間で多くの問題が起こった年である。4月尖閣諸島（中国名は釣魚島）問題、日本・ドイツの国連常任理事国への参加問題を契機に、首相小泉純一郎の靖国神社参拝、歴史教科書問題（扶桑社の教科書検定合格。採択率は歴史0.4％、公民0.2％）もからまり、中国各地で大規模な抗議デモが発生している。この際、日本品ボイコットが叫ばれた。インターネット上では「新しい歴史教科書をつくる会」（扶桑社）を後援する日本企業などが公開され、不買運動がおこなわれた[12]。このように日中間は領土問題、教科書問題も絡んで断続的に経済を含む関係が悪化した。

2007年には、首相安倍晋三が「従軍慰安婦」の存在やその強制性を否定する発言をすると、アメリカの厳しい批判を招いた。この問題を重要な女性の人権問題とみなしたからである。"ニューヨーク・タイムズ"は3月6日、安倍発

言を批判し、日本の国会に「率直な謝罪と十分な補償」を求める社説を掲げ、8日には、一面で「日本の性の奴隷問題、『否定』で古傷が開く」との記事を掲載、元従軍慰安婦の怒りを改めて呼び起こしていると伝えた。グリーン（元国家安全保障会議上級アジア部長）は、強制か否かは関係なく、「問題は慰安婦たちが悲惨な目に遭った」ことであり、「日本から被害者に対する思いやりを込めた言葉が全く聞かれない」ことから問題が生じている、とみなした[13]。この時、米下院に謝罪を求める決議案を出す動きもあった。

ところで、1993年、河野官房長官談話（いわゆる河野談話）で、すでに「軍の関与の下に、多数の名誉と尊厳を深く傷つけた」と軍の関与と強制性を認め、慰安婦への謝罪と反省を表明した。いわば植民地や占領地の多くの娘が意思に反して連れて行かれ、日本軍将兵の相手をさせられた。このことは否定できない事実と認めたのである。だが、一部にこれへの反発が残った。自民党有志の「日本の前途と歴史教育を考える議員の会」（会長は元文科相の中山成彬）は、従軍慰安婦について①民間業者による強制連行はあっても、軍や政府による強制連行という事実はなかった、②「従軍慰安婦」という言葉は当時なく、軍の組織的関与の証拠はないとした[14]。ただ、彼らも海外、特にアメリカの反発に流石に驚き、河野談話に対する修正要求は見送らざるを得なかったのである。他方、謝罪の意を何らかの形で示したいと考えた村山富市内閣時代、「補償問題は国家間で決着済」として、政府主導による国民募金でアジア女性基金が創設され、元慰安婦たちに首相名で「お詫びと反省」の手紙と「償い金」を贈った。『朝日新聞』のように「次善の策としてはやむをえない」と評価する向き[15]もあったが、国家責任をのがれ、民間形態でお茶を濁す態度と見られても致し方ない。誇りもあり、むしろ心の問題と考える多くの元慰安婦が受け取りを拒絶したのは当然の成り行きであったと言えよう。

問題にしたのは、アメリカだけではない。日本政府の逃げの姿勢への反発が世界各地に飛び火した。例えば、2007年3月8日マニラで「国際女性デー」にフィリピン女性団体による集会があり、安倍首相が「従軍慰安婦の強制性を裏付ける証拠がなかったのは事実」と発言したことに対し、「事実を無視した無責任な発言」との抗議の声があがった。集会には元慰安婦と支援団体も参加、元慰安婦は「私たちが売春婦で、自ら日本兵に近づいたかのような」発言は

「精神的虐待」と訴えた。また、2007年12月 EU 欧州議会は「旧日本軍による従軍慰安婦問題」について「1930年代から第二次世界大戦にかけて、日本政府が公式に慰安婦獲得を命じたとし、20世紀最大の人身売買だと認定」、日本政府に公式謝罪を求める決議案を賛成多数で可決した。ただし、決議案に拘束力はない。この問題に関しては、日本政府自体も誠意を持って取り組み、その実態を歴史的に明らかにする必要に迫られているといってよい。

図表1-1　沖縄戦「集団自決」に関する教科書検定をめぐる動き

2007年 3月30日	沖縄戦での集団自決を「日本軍が強制した」との記述が、教科書検定で削除されたことが明らかになった。
6月22日	沖縄県議会が検定意見撤回を求める意見書を全会一致で可決。県議会の代表らが検定意見の撤回と記述の回復を求める意見書を文部科学省に提出した。
7月4日	安里カツ子沖縄県副知事らが文科省に検定意見の撤回を要請した。
6日	県議会文教厚生委員会が慶良間諸島で現地調査を行う。
11日	県議会が意見書を再び可決した。
8月17日	仲井真弘多知事が県民大会に参加する意向を表明した。
9月26日	福田政権が発足。
29日	11万人（主催者発表）が参加して沖縄で県民大会。検定意見の撤回と記述の回復を求める。
10月1日	渡海文部科学相が「訂正申請があれば真摯に対応する」と発言。3日には仲井真らが渡海に検定意見の撤回を要請した。
11月1日	教科書会社2社が文科省に訂正申請。渡海が教科用図書検定調査審議会に検討を要請。その後、残る教科書会社も相次いで訂正申請した。
12月3日	検定審の日本史小委員会が「基本的とらえ方」をまとめ、文科省が各社に伝達。これを受け、訂正申請が修正される。
26日	文科省が訂正申請について検定結果を発表した。

出典：『朝日新聞』2007年12月27日。

　日本、中国、韓国の歴史論争とは直接関係はないが、ここで看過できないのが沖縄戦における「集団自決」問題である。2007年春の高校日本史検定で、「日本軍に強いられた」という記述だけでなく、「集団自決」への軍の関与そのものも文科省によって軒並み削られた。「すべての集団自決が軍の命令だと誤解される恐れがある」というのがその理由である。

　検定により「日本軍が強制した」という記述が削除されたことが明らかにな

ると、6月沖縄県議会が超党派で「検定意見撤回を求める意見書」を全会一致で可決し、記述回復を求める意見書を文科省に提出した。7月県議会文教厚生委員会が慶良間諸島で現地調査、8月仲井真弘多知事が検定意見撤回の県民会議参加を表明、9月26日には、県民大会が開催され、11万人（主催者発表）の大規模集会となった（図表1-1）。実際に当時、その状況の直接体験者、その体験を聞いていた人々、および日本軍不在地域では集団自決が起きていないという事実、それらを無視する検定に沖縄県民の怒りが爆発したといえよう。これに驚いた文科省も重い腰をあげざるを得なくなった。

　このように、沖縄から厳しい批判をあび、検定調査審議会（検定審）は再審議した。その方針は「集団自決」の沖縄の戦時体制、極限状況など複合的要因、教育・訓練など背景を重視し、また「手榴弾配布」、「壕からの追い出し」に関しては「日本軍の関与」を認めた。ただし、文科省は修正について教科書会社からの訂正申請に基づくもので「検定の撤回」ではないと強弁し、「軍が強制した」という直接的表現の不許可に固執したのである[19]。ただし、文科省は検定自体に対する疑念と不満に対処するため、調査意見書の公開に踏みきり、検定制度の透明性を高める一環とした。

　ここで、教科書検定の実態、問題点について考えてみたい。検定は、実務を担う教科書調査官の判断が大きな影響力をもつ。文科省が調査官として大学准教授、講師クラス、高校教員などから採用し、51人（2008年12月段階）で、すべて常勤職員である。調査官が申請教科書を読み、調査意見書を作成する。その上部機構である検定審には調査意見書をチェックする役割があるが、あまりに膨大でチェク機能が十分に働いていないとされる。事実、検定審では「日本軍の強制」に関しては意見が出ず、追認した。その上、検定審には沖縄戦の専門家がいなかったという[20]。そうならば、調査官には沖縄戦の専門家がいたのか。もしいるとしたら、その調査官の沖縄戦に関する業績、研究力量を知りたいと考えるのは当然である。否、全調査官の専門、および主要業績は公開する必要がある。各調査官にいかなる検定能力があるか否かの判断材料となるからである。また、文科省の検定審委員や調査官の選抜方法、選抜基準も公開すべきだろう。

　検定審が教科書会社に検定意見を示すが、「集団自決」を巡る批判を受け

図表1-2　教科書検定の主な流れと公開資料

教科書会社		公開状況
↓申請図書		○（検定終了後）
教科書調査官（文科省）がチェック		
↓調査意見書		○（検定終了後）初
検定審（部会・小委員会）で委員が審査	審議そのもの	×
	審議概要	○（検定終了後）初
	詳しい議事録	×（作成せず）
↓検定意見書		○（検定終了後）
教科書会社		
↓修正表		○（検定終了後）
検定審が合否決定		

出典：『朝日新聞』2010年3月31日。なお、「調査官の担当教科・氏名・職歴」も「改善点」に含め「公開」するとしていたが、私見を述べれば、どの程度実施されているのであろうか。できれば、調査官の力量を判断する材料として「主要業績」の開示が望まれる。

て、従来から「密室会議」、「ブラックボックス」と批判されていた教科書検定が「改善」された。確かに、調査意見書や議事概要が新たに公開されることになったが、あくまでも「検定終了後」である。そして、検定審の審議自体は公開せず、詳細な議事録は作成しないとする（図表1-2）。このように、一歩前進ではあるが、不徹底なもので、課題も残した。『朝日新聞』（2010年3月31日）によれば、5551件の検定意見のうち、4933件（89％）が調査意見書通りであった。調査意見書は事実関係の間違い指摘が大半を占めるが、見解の分かれる問題も含まれていた。例えば、小学校6年社会では、第一次世界大戦前の日本の「大陸進出」の理由を「日本も植民地になることをおそれ」に「誤解するおそれがある」と検定意見が付き、結局、教科書会社は「日本も植民地になることをおそれるとともに、自らも欧米諸国にならって」という記述を追加した[21]。

それにしても、文科省がなぜ旧日本軍をそこまで擁護しようとするのか、また欧米諸国と同様な行為であれば、なぜ免罪できると考えるのか不思議である。

(二) 家永教科書裁判

　では、特に教科書問題で重要な位置を占める家永教科書裁判を見ておきたい。特筆すべきことは、この裁判が1965年から1997年まで実に32年間も闘われた上述の日本国内の教科書を巡る対立を貫通するものであったからである。それも、この裁判は単に教科書の記述内容にとどまるものではなく、日本政府文部省（現在の文科省）の検定制度に異議を申し立て、司法の独立確認と日本政府の姿勢自体を問題にした。それゆえ、その視野は広く、鋭い問題提起といえよう。

　1965年6月、東京教育大学教授の家永三郎が文部省による教科書検定は憲法・教育基本法に違反するとして国と文部省を訴えた。そして、提訴に至った理由を、家永自身は以下のように述懐する。「私は小学校から大学にいたるまで明治憲法＝教育勅語体制下で学校教育を受け、そこで注入された天皇神聖－軍国主義のイデオロギーから脱却するのにたいへんな苦労を重ねなければならなかったこと、特にそれが小学校では国定教科書、中学校では検定教科書という、国家権力の画一化により制約された教育であって、それからの逸脱が許されなかったこと、そしてそのような国家統制下の教育内容が1945年にいたる日本の大破綻につながっていたこと……。したがって、教科書検定の『強化』は、実質的憲法理念の空洞化とあいまち、再度の『戦争の惨禍』をもたらすおそれがある」と考えたことによるとする。それゆえ、訴訟の主目的は「教科書原稿と検定意見とのどちらが学問的・教育的に正しくあるいは誤っているかを裁判所に判断させるのではなく、権力の教科書内容への介入、ことに出版前の事前審査を否とする判決を裁判所に出させる」[22]ことにあった。いわば家永は、教科書裁判を戦時期と同様、国家権力が学校教育を通して国民を洗脳、画一化し、権力の戦争政策に忠実に協力する国民をつくりあげていくことへの抵抗と位置づけた。

　具体的に検定内容を見ると、例えば、1980年度検定意見は、①「南京大虐殺事件」は日本軍が占領直後に「組織的に」虐殺したように読みとれるので「混乱のなか」での出来事であったことに必ず言及せよ、というものであった。その意味するところは、日本軍が組織的計画的におこなったものではなく、戦争という混乱状況の中で一部の不良日本兵が起こした不幸な事件であるという

ニュアンスで記述することを求めたといえる、②「日本の侵略」については、自国の行為に否定的な価値評価を含むのは教育上好ましくないので、「武力進出」といった表記に統一すべきであるとした。1982年度検定では、①日清戦争期における朝鮮人民の反日抵抗の削除、②南京占領時の日本軍将兵による中国婦人凌辱の削除、③七三一部隊に関する記述の削除、④沖縄戦では「集団自決」を書き加えよなどであった[23]。当時、文部省は沖縄の「集団自決」は日本、および日本軍への忠誠の現れとみなしていたのである。また、他の記述に関しては、「教育的配慮」、「各種の説がある」、「戦争を暗く描きすぎる」、「無謀な戦争」との表現を削除せよ、「祖国を愛する記述ができないか」、アジア・太平洋戦争について「日本にだけ責任を負わせるのは酷」などと主張し、主に戦争関連、朝廷・天皇関連の記載が対象となった[24]。

　1997年8月29日、最高裁第3小法廷（大野政男裁判長）は、すでに下級審で違法判決が出ていた「南京大虐殺」、「(南京占領時の)日本軍の婦女暴行」などの3件に加えて、新たに「七三一部隊」の教科書記述の書き直しの強制を違法と判定し、あわせて40万円の損害賠償の支払いを国に命じた。このことは、第1次、第2次訴訟の最高裁判決で何ら見るべき成果を上げられなかったことに比して、賠償金額は少額とはいえ、「教科書検定の持つ違法性を部分的にせよ最高裁判決という形で国民の前に示した意義は大きい」と総括される。この判決をもって、32年間にわたる家永教科書検定訴訟は終息するが、この間、多くの歴史研究者・教育者は、国家権力による教科書記述への介入、歴史の偽造や歴史研究と歴史教育の分断に反対する立場からこの訴訟を支援し、延べ31人もの歴史関係者が証言台に立ち、また多くの人々がこの訴訟を支えてきた[25]。「看過し難い過誤」がないとして、「沖縄戦での住民殺害」、「(華北での)日本軍の婦女暴行」、「朝鮮人民の反日抵抗」、「日本の侵略」〈「進出」への書き換え強制〉、「親鸞の朝廷〈による弾圧〉への抗議」の5件に関する検定は「違法」と判定されなかった。また、第1次訴訟以来、一貫して求めてきた「教科書検定そのものが違憲性をもつ」との主張も却下された。このように、全面勝訴ではなかったが、日本戦後史の中で家永が多くの歴史研究者などの支援を受け、日本政府の検定制度、歴史認識に真正面から問題提起をしたという画期的な意義を有すものと言えよう。

II　歴史認識と東アジアにおける歴史共同研究

　現在、至るところで歴史認識が鋭く問われている。例えば、日本の敗戦理由も、①中国との泥沼戦争、②アメリカによる広島・長崎への原爆投下、③日ソ不可侵条約破りのソ連の参戦、④それらが複合的要因となって敗北したのか。歴史認識問題は特に領土・国境争いの主要因ともなる。例えば、尖閣諸島（中国名は釣魚島）問題で日中双方とも「自国固有の領土」と称し、歴史認識の相違を如実に示した。日本は1895年1月の閣議決定により尖閣諸島を「固有の領土」としており、「領土問題」は存在しないとの立場をとる。しかし、歴史を学ぶ人間はすぐに気づくように日清戦争（1894-95.4）の最中のことであり、4月の下関条約との関連も想起させる。これもまた歴史認識の問題である。我々1人ひとりが日中両政府双方の主張や根拠を吟味し、各種史料に向き合い、熟考、分析する必要があろう。結論を出すのはその後でよいのである。すなわち歴史学はいうまでもなく歴史事実に立脚する学問で、実証が重視される。換言すれば、過去を直視し、正確に把握することから始まり、その後、論理化する。

　では、歴史認識とは何か。家近亮子は岸本昌雄や石田雄の言を引用しながら、歴史認識とは、①同一の歴史を体験したものの情意的意識が織りなす「全体的統一的了解」であり、②「集団的記憶で支えられ」、「歴史教育や国家の行事」によって強化される「記憶共同体」とする。[26]

　私見によれば、それは各国内、各民族内などで一定程度以上、共有される歴史判断と一応定義できる。元来、歴史認識は各国内での集団経験、家庭や社会での会話と記憶伝達、初等教育・中等教育、マスメディアなどにより培われ、いつしか潜在意識となり、これが国民の共通認識となる。歴史教科書問題が繰り返し、火を噴くのも歴史認識の相違によるものである。各国政府が「国益」を鼓吹し、マスメディア、教育を通じて一方的に自国に有利な点のみを強調する。各国国民が無意識のうちにそれを信じ込む傾向があり、それが潜在意識となる。これを放置しておくと、未来において紛争や戦争を生み出す種となる。したがって、そうした危険性を未然に防止するためにも、国境を越えた相互理

解を深める必要性が高まったといえよう。

　では、どのようにして正確な歴史認識を形成すればよいのだろうか。笠原十九司によれば、第1段階は、戦争の場合、その発生、経過、結果という歴史の基本的な事実・流れの客観的認識である。第2段階は、その背景、原因、影響、及び歴史的意義と限界の考察で、歴史的評価を伴う。この段階には論争やある種のトラブルが発生することがあるが、経なければならない道なのである。第3段階では、日本、中国・台湾、韓国・北朝鮮の自国史、国家史を越えた東アジア歴史像の再構成と再認識を必要とする[27]。ただし、それだけで充分なわけではない。さらに、第4段階は、東南アジア、南アジア、西アジアなどを包括するアジア史全体に東アジア史を位置づけ、さらに第5段階では、アジア史を梃子に欧米、中南米、アフリカ、オセアニア各国史を包括する地球規模での歴史認識を確立することにある。このようにすれば、各国が自国中心の我田引水的な現在の狭い「世界史」から初めて脱却できる。各国に根強く残る各国家史・国境を越えた共通の歴史認識も可能となり、人類史が明確な形をとって現れる。これは口で言うのは容易いが至難の業なのである。だが、地球規模でダイナミックな世界歴史の動き、構造、本質を探るのみならず、無用な紛争や戦争を避けるためにも、数世代かかっても是が非でもやり遂げなくてはならないことといえよう。

　日本の場合、1945年を境に非連続性を強調し、戦後、新しい日本が生まれ、敗戦から65年間にわたり平和的な民主国家を建設し、戦争もなかった。もはや1945年以前の日本への逆戻りはない。これが多くの国民の共通認識とされる。他方、日本民族の優越性と日本歴史の完全無瑕を主張する歴史認識は、戦前と戦後の日本史の連続性を強調する。欧米列強によるアジア侵略を非難することで、日本の対中国侵略と対朝鮮植民地支配を正当化する一方、アジア諸国への加害の歴史を指摘する歴史観を「自虐史観」として排斥する[28]。こうした2つの流れが明確に存在した。一応、前者が圧倒的多数であるが、後者は一部政治家、評論家、マスメディア、漫画などを通じて、表面的にしか歴史や戦争を知らない若い世代への影響力を増そうとしており、軽視できない。

　後述する独・仏・ポーランドという欧州における共通教科書作成の動向に比して、日本のそうした取り組みは極めて立ち遅れてきた。だが、日本において

もやっと2006年10月、当時の首相安倍晋三が重い腰をあげ、中国の国家主席胡錦濤との合意によって、12月に政府レベルの日中歴史共同研究が開始された。日中両国政府により選抜された有識者から構成される日中歴史共同研究委員会が組織された。教科書問題を契機とする無用な混乱、紛争を防止するためもあった。当時の靖国神社参拝、歴史教科書問題などによる日中間の関係悪化を少しでも改善する意図もあった。共同研究は2009年12月終わり（第２期も継続して実施するとするが、開始時期や方法は未決定)、『第１期報告書』が2010年１月に戦後史の部分を除き、公開された。

　これは、日中両政府が歴史共同研究を主導し、両国の学者が参加した学術交流活動となった。事務局は日本の国際問題研究所と中国社会科学院近代史研究所（座長が同所長歩平）が分担した。中国側委員は中国社会科学院近代史研究所、世界史研究所、および北京大学歴史学部所属の歴史学者であったのに対し、日本側委員はほとんど全員が日本各大学の教授で、なぜか専門が歴史学ではなく、主に「法学」であったとされる〈ただし主席委員の北岡伸一は「法学の教授」としているが、『日本陸軍と大陸政策』などの著書があり、日本政治史専門と言えよう〉[29]。ここで押さえておくべきことは、日中間だけでなく、日本国内でも研究者間で意見対立があるにもかかわらず、選抜されたのはどちらかといえば、政府見解に近い人々であった。したがって、意見融和よりも対立を浮き彫りにする可能性を当初から有していたといえよう。否、日本政府はそれを目的としていたのかもしれない。

　図表１-３によれば、「盧溝橋事件」では日本側は「偶発」性を強調し、中国側が「必然性」を強調した。「満洲国」では日本側は問題点を指摘しつつも、近代化、工業化を強調したのに対し、中国側はマイナス面を列挙し、産業近代化も実は進まなかったと結論づけている。日中双方が評価したのは「近代交流」であり、意見融和の可能性を広げる。ただし日本側が、人材「交流」として、周知の蒋介石の日本陸軍高田連隊入隊のみ突出させるのは違和感を禁じ得ない。

　2009年12月24日東京での最終会合で、例えば、「南京大虐殺」に関しては「総論」に入れることは見送られた。研究過程で「大規模な虐殺」の存在は一致したが、犠牲者数や背景、原因については見解が分かれたという。中国側座

図表1-3　歴史共同研究報告書における日中主張の比較

	日本側	中国側
盧溝橋事件 （1937年7月7日）	最初の発砲事件は「偶発的」で、現地では局地的解決の努力がおこなわれた。だが、中国との「戦争」が長期化すれば対ソ連で不利となるとして局地的解決を訴えた「不拡大派」に対し、国民政府軍に打撃を加え、一挙に日中問題を解決すべきとする「拡大派」が優勢になった。そこで、現地軍の行動を抑制できなかった。また、事件の拡大要因は日本政府や世論にもあり、近衛内閣は行き詰まった中国政策の打開の好機として、増派を容認し、「現地解決」の努力を押し流した。	盧溝橋事件が起きた要因は偶然だったかもしれないが、歴史の流れという観点からは必然性を帯びていた。その直後に中国との全面戦争に突き進んだ日本軍の侵略意図は明白である。事件後、世論の高まりにより日本国内の「不拡大派」の声は完全にかき消された。日本は素早く北平（現在の北京）、天津を占領し、華北各地に戦火を拡大させた。それに危機感を抱いた国民党、共産党は第2次国共合作をおこなった。
「南京大虐殺」 （1937年12月）	日本軍による捕虜、敗残兵、便衣兵、および一部の市民に対して集団的、個別的な虐殺事件が発生し、強姦、略奪、放火も頻発した。犠牲者数は日本側の研究では「20万人」を上限に「4万人」、「2万人」などの推計がある。それは、虐殺の定義、対象とする地域や期間、資料に対する相違から生じている。なお、虐殺が起きた要因については、日本〈軍〉側に捕虜の取り扱いや占領後の住民保護計画の欠如、憲兵不足などがあり、副次的要因としては、中国軍の南京防衛作戦の誤りや民衆保護対策の欠如があった。	大量虐殺の背景は、後方支援が不十分だった日本軍が大量の捕虜を抱えることに不安をもったことや、中国軍兵士が軍服を脱ぎ捨て市民の居住区に逃げ込んだことがあげられる。被害者数については東京裁判判決の「20万人以上」と南京戦犯裁判の「30万人以上」を提起した。そして、南京戦に参加した師団長の日記などを引用し、数千〜数万人単位の虐殺が各地でおこなわれているとした。「従軍慰安婦問題」については、南京占領後、すぐに慰安所を開設、多くの中国人女性を強制的に性奴隷としている。
「満洲国」 （1932年3月〜1945年8月）	積極的に新国家〈満洲国〉建設に参加する住民は少なかった。1932年9月の平頂山事件のようにゲリラに通じたとされた住民が虐殺されるケースもあった。他方で、統治実績としては、通貨統一により満州経済の近代化を促し、34年までに中国の中で最も工業化された地域となった。鉄道や道路の整備が進み、石炭や電力、鉄鋼などの生産も伸びた。ただし、こうした発展は住民の生活向上を目指すものではなく、多くの場合、軍事的な考えに促されたものであった。	1931年柳条湖事件以降、中国は国難の時代に入り、各界の抗日の動きにつながった。翌年成立した「満洲国」は関東軍主導の「偽りの傀儡政権」であった。関東軍が「満洲国」で石炭、鉄鋼などを増大させたというが、実際は産業の近代化は進むが、劣悪な環境下で働いた中国人労働者の汗や命と引き換えにもたらされたものは、重工業の偏重や過度の資源開発などの弊害だった。その他、平頂山事件では3000人余の「市民」〈住民〉が殺害され、七三一部隊の生体実験もあり、および現在も続く遺棄化学兵器の被害もある。
近代交流※	1905年科挙が廃止されると、海外留学熱が高まり、手軽で漢字も使えることから、法律や政治を学ぶ多くの学生が日本を目指した。蔣介石も陸軍の高田連隊に入隊している。いわば20世紀前半の中国各界要人が日本体験をもっている。交流を通して西洋の学問が中国に伝わり、日本における中国論も中国に輸出され、影響を及ぼした。日本社会でも中国への距離感が急速に縮小した。	日清戦争以降、両国間で戦争や不幸な事件が相次ぐ中で、政治家や文化人の交流が盛んだった。これは、戦争状態に入った〈戦争状態の時もあった？〉両国関係の中で、最も意義ある側面である。特に日露戦争で日本が勝って以降、日本で語学や軍事、政治体制を学びたいという熱気が猛烈に高まった。日本の軍部や政府には「中国での勢力拡大」に利用しようという思惑があり、また、日本が欧米列強と共に中国を侵略していたが、多くの中国人が「日本をアジアの一員」と見なし、その新しい文化を受け容れたことは注目に値する。

出典：「日中二つの歴史—共同研究報告書・見解と比較」『朝日新聞』2010年2月1日から作成。※では、「孫文や魯迅、政治・思想家の梁啓超など、帰国して中国の政治や社会思想の変革に大きな影響をおよぼした著名人も多い」と説明を加えている。

長の歩平が南京裁判での「30万人以上」説、東京裁判での「20万人以上」説の史料的正当性を力説したのに対し、日本側座長の北岡伸一は資料の信憑性自体を問う必要性を力説、反論したという[30]。

ただし、共同研究に参加した庄司潤一郎によれば、焦点が南京事件の犠牲者数であるかのごとき報道がなされた。しかし、実際は共同研究では犠牲者数のすりあわせはせず、「なぜ悲劇は起きたかといった問題意識から、事件が起きた経過と要因について議論することに意味があるとの点で、双方が合意していた」、という[31]。

歩平によれば、共同研究は「歴史を正視し、未来に向かう」精神でおこなわれたとする。そして、「学術研究において不一致が存在するのは全く正常な現象といえ、そうでなければ学術研究の価値がなくなってしまう。……日本のあるメディアは3年間の努力によって達成された積極的な結果を見ようとせず、侵略戦争であることについて認識が一致したことを報道せず、南京大虐殺の事実について認識が一致したことも報道しなかった」と批判する[32]。

北岡伸一にしろ「日本の侵略は明確な事実」とし、「満洲事変についても、日本の合法権益に対する中国側の侵犯があったからだと言う人がいるが、物事には均衡性の原則というものがあって、中国側の条約違反によって、日本の領土の3倍もある地域を占領してしまうような大規模な行動を正当化することは到底できない」と述べる[33]。このように、日本側の研究者も当然のことながら日本の侵略であったことに対しては否定していない。

また、『朝日新聞』によれば、日中歴史共同研究で、東京裁判〈極東軍事裁判〉に関して日本側がその問題点を指摘したのに対し、中国側は意義を強調したとする。例えば、日本側は軍国主義者の処罰を世界に印象づけた裁判の政治的意味を認めつつ、手続きの不公正さ、事実認識の不確かさ、戦時期に成立していなかった法律で裁いたことの問題点を指摘したのに対し、中国側は「侵略戦争を防止し、世界平和を守るための積極的試み」と評価し、「日本の侵略戦争を総括し、歴史的結論を出した」(「東京裁判の認識に差」『朝日新聞』2010年2月4日)、とする。これは矛盾、対立があるかのような記事であるが、双方の意見に矛盾、対立はない。すなわち、私見を述べれば、「手続きや事実認識の不備、および事後法などの問題点があったとはいえ、日本の侵略戦争であった

ことを確定し、その主要人物を裁いたことは高く評価できる」と記述すればよいことである。どちらかといえば、日本側は東京裁判の問題点のみを強調するが、そうした見解は将来、太平洋戦争、東京裁判の総括を巡り、それらを「正義」と考えるアメリカとの間にも矛盾を孕むことになる。

　ところで、歩平は次のように言う。日本の学者やメディアは、日中歴史問題は「純学術」問題と強調し、「非政治化」を要求する。だが、「中国では抗日戦争、中華民族の団結統一、および近代中国社会の復興は密接な関係にあり、したがって、終始、抗日戦争勝利記念は抗日戦争の歴史記憶と民衆団結、中華振興の目標を結びつける重要な活動であった。他方、戦後日本は平和の途を歩んだとはいえ、終始、侵略戦争の正義と強調する政治的立場が存在し続け、侵略戦争責任を承認せず、侵略戦争の歴史的事実を否認する言動、『国家無罪』の立場が存在し続けている。こうした意見は決して日本国民全体を代表するものではないが、一部の政治家の支持と容認を得ている」とする。このことから、「中日歴史問題は、現実には主に政治・〈民衆〉感情・学術研究の３種の異なるが、相互に関連する方面の反映といえる」、という。換言すれば、その３方面からアプローチする必要性を力説した上で、「実証を重視するとは、実証研究がすべての研究法に代替できるということではない。もし個別『史実』の詳細な分析はミクロ的な実証主義研究に陥り、マクロの問題の基本性質の把握に〈悪〉影響を及ぼし、特に戦争責任における『侵略』などの原則的問題を回避させることになる」、と日本側の研究姿勢に疑問を提起した。

　東京大学の川島真によれば、歴史共同研究は日中の「非対称性」があり、最も大きな相違として①中国側は結果重視、つまり最終的に日中戦争に至る道を描こうとし、個々の時期の説明はその一部として意義づけられた点である。それに対して日本側は「必然論」を採らず、結果よりも過程を重視し、様々な条件の下で１つの決断がなされ、その個々の結果が歴史の流れを作ったという観点とする。②中国側が侵略や戦争について「軍民２元論」を採るのに対して、日本側はそれには依拠しない点である。「軍民２元論」は、侵略や戦争責任の一部を軍国主義者に帰し、日本の一般人民は中国人同様に犠牲者という日中友好運動の出発点に関連づけられている、とする。しかし、実際は川島が言うほど単純ではない。戦時中、反戦詩人のエスペランティストである長谷川テル

は、多くの日本軍の一般兵士は庶民なのであって、日本帝国主義者と明確に区別すべきことを訴えた。また、鹿地亘らは日本ファッシストとその被害者である国民を区別し、日本人反戦兵士を養成、反戦劇「3兄弟」などの活動をした。こうした懸命な努力の結果、「日本人全てが侵略者なのだ」とする中国側や中国民衆の意識を改めさせる契機ともなった。国民政府や中国共産党も次第に日本の徴兵制への理解を深めた。当時、周恩来や郭沫若らは長谷川テルや鹿地亘を支援した。つまり日本国民も戦争の犠牲者で、日本軍部と切り離して考えるべきとの発想は中国側から生み出されたものではなく、日本人である長谷川テルの言動や鹿地亘の活動などを起点とし、周恩来などを通じて普遍化していった可能性が強いということである。そして、こうした発想こそが日本敗戦直後の多くの日本兵の命を救ったともいえる。

　日本・韓国間でも同様な歴史共同研究が実施されており、その論争点は**図表1-4**の通りである。これによれば、論点は「従軍慰安婦」、「韓国併合とそれに至る過程」、「韓国の歴史教育」、「日本の教科書制度」などであった。繰り返すが、「従軍慰安婦」に関しては、日本側の主張にある「不正確な記述の『淘汰』」などとは到底いえないものを含む。次いで「韓国併合とそれに至る過程」では、「併合が非合法である」との主張は、日本側が「欧米などの国際法学者の多くが支持するには至っていない」として当時の法解釈のみを強調するが、では、現在からの視点で歴史学的にはどう見るかの視点が欠落している。さらに、「日本の教科書制度」に至っては「日本は検定制度を採用しているため、様々な内容の教科書が存在する」として「自由度」を強調するが、家永教科書裁判、最近の沖縄戦での「集団自決」問題を見ても先進国の中でも管理統制が厳しいのではないか。反面、歴史学から離れた復古的な物語風教科書を検定合格にするという問題も厳然として存在する。それに対して、韓国側も、日本の「政治・社会的状況の保守化」など背景のみに問題を還元するなど、有効な反撃とはなっていない。双方の主張が十分にかみ合っていないのである。

　なお、日韓歴史共同研究の教科書小グループの日本側幹事代行の木村幹（神戸大学大学院教授）は「テーマは政治レベルで決めるべきだ。政治で解決できない歴史認識の問題を研究者にやらせている。責任放棄ではないか」と言い、また韓国側委員の1人も「両政府が事前にマニュアルを作るべきだ」と語り、

図表 1-4　歴史共同研究報告書における日韓主張の比較

	日本側	韓国側
「従軍慰安婦」	慰安婦の記述が消えていったことは，決して女性軽視などではなく，実証研究の進展に伴う不正確な記述の「淘汰」である。	日本の教科書における慰安婦の記述は1996年以降，明らかに縮小の一途をたどっている。日本の政治・社会的状況の保守化が根本的な要因である。
韓国併合とそれに至る過程	日本の教科書で朝鮮半島の記述が韓国より薄くなるのは当然である。1905年の第2次日韓協約では，皇帝高宗の関心事は，条約によって皇室の利益を守ることであった。韓国併合に至までの諸条約の合法性には様々な議論がある。併合が非合法であるとする韓国学界の主張は，欧米などの国際法学者の多くが支持するには至っていない。	日本の教科書は，全般的に日露戦争以後，韓国併合に至るまでの過程を粗略に記述している。第2次日韓協約の際，高宗の関心が「皇室の利益」とするが，具体的な根拠を示していない。韓国の国権侵奪が日本の武力によって強圧的におこなわれたという点を総じて認めながら，条約が「不法」だったと明記した教科書はない。
植民地時代の日本語教育	意義があった。	学ぶ意義はほとんどなかった。
韓国の歴史教育	韓国の「反日教育」は，植民地化された韓国の主体性回復政策の一環だった。「政権が『反日』を利用して政権維持を図っている」という見方は，ある意味で事実を含んでいるが，正確ではない。日本的なものを警戒する構造が基底にある。	日本に侵略された朝鮮半島の歴史を子どもたちに伝えることは当然だ。反日感情と反日教育を結びつけようとする主張は，責任転嫁の論理に過ぎない。
韓国の教科書	韓国の教科書は日本国憲法，憲法9条についてまったく記述していない。反省と謝罪に関する天皇の「お言葉」と「村山談話」を記述していない。	特定のテーマが扱われていないという批判は皮相な分析である。
日本の教科書制度	日本は検定制度を採用しているため，様々な内容の教科書が存在する。日本政府が教科書の内容を完全に決めるわけではない。	教科書記述の後退を主導したのは，村山談話を否定する自民党と右翼の政治家で，ラッパ吹きの役割を果たしたのは「新しい歴史教科書をつくる会」と産経新聞だ。

出典：「教科書・日韓に深い溝―歴史共同研究，報告書を公表」『朝日新聞』2010年3月24日から作成。

「政府が一定の指針を示すべきだ」との声があがっている[37]，とする。これは危険な発想で是認できない。これでは、政府見解を背負った代理論争となり、本来、政府からも自由であるべき研究者の思考形態、探究心を妨害し、手足を

縛ってしまう。そして、何よりも研究者としての責任放棄ではないか。

　むしろ『朝日新聞』が「社説」で掲げた「必要なのは『国民の物語』とは別の歴史だろう。本来、歴史学者の使命も国籍にとらわれないで歴史の事実と意味づけを追求することだ[38]」との見解の方が相対的に正当なものと考えられる。もちろん「物語」ではなく、個別実証性を重視して、ミクロとマクロを結びつける発想が必要である。そうしてこそ、両国にとって有益な新たで柔軟な発想が生まれる。両政府は歴史共同研究者を管理すべきではなく、同時に研究者も自由な発想の下、史料との格闘や考察、分析を通じて獲得した自らの研究による結論に自信を持ち、政府への過剰な依頼心を捨てなくてはならない。

Ⅲ　日本・中国・韓国共通教科書・教材の模索

　政府レベルの歴史共同研究は再開に含みを残しながらも、一応終止符が打たれた。だが、ここで看過できないことは、歴史認識の相違を克服することを目指して、日中、日韓、そして日中韓の間で民間レベルの歴史共同研究が継続していることである。そして、日本・中国・韓国の民間各研究者による共通教科書・教材も出版されるようになった。

　例えば、(1)日中韓3国共通歴史教材委員会『未来をひらく歴史―東アジア3国の近現代史』（高文研、2008年第2版）があり、民間レベルで未来のための各歴史教科書を融合、実際に作成するという試みが実践されている。現在のところ、日本・中国・韓国が分担して書いており、相互の議論により手直しが図られているが、章節毎の有機的関連が不十分な点も見受けられる。とはいえ、一般の歴史教科書では単語、もしくは簡単に触れられるにとどまる項目、例えば、「関東大震災と朝鮮人・中国人の虐殺」（82～83頁）、「細菌戦・毒ガス戦と人体実験」（130～131頁）、「日本軍『慰安婦』として連行された朝鮮人女性たち」（144～145頁）などについて背景、実態を各2頁にわたって詳述しており、既成の教科書を深く理解する上で有意義といえよう[39]。日清戦争、日中戦争などを含めて立場が異なるテーマを困難を伴う中で、対立する立場を乗り越えて、いかによりよく融合させていくのか期待している。ただし、なぜ共通教科書・教材作成に台湾が含められていないのか、疑問に感じた。台湾は中国の一部、

もしくは単なる中国の地方史と位置づけた結果であろうか。ともあれ政治混乱を回避し、実現可能なことから追求するということで、日本、中国、韓国に絞ったものと考えられる。

　(2)斎藤一晴『中国歴史教科書と東アジア歴史対話』(花伝社、2008年)⁴⁰⁾は、(1)に参画した著者が、その作成過程における日本・中国・韓国各研究者の議論などを紹介する。これに関しては本章付録を参照されたい。

　台湾を含めて論じたものとしては、(3)中村哲編著『東アジアの歴史教科書はどう書かれているか―日・中・韓・台の歴史教科書の比較から』(日本評論社、2004年)がある。ただ同書は日本、中国、韓国、台湾の歴史教科書に分け、それぞれ各国教科書の変遷史という形態をとっている。したがって、各国それぞれの教科書内容の変化を縦断的に知るには便利だが、同一事例・事件に関して各国教科書の解釈を横断的に比較検討するには不便である。それを補うため、例えば、第8章で「戦争」を扱っているが、満州事変から日本敗戦まで僅か189頁から193頁が割かれているに過ぎない。この時期、中国の教科書が「国民政府が、国際連盟に提訴し」、リットン調査団が組織されたことに触れていないと言うが、私の使用した中国の教科書ではそれに論及している⁴¹⁾。つまり見逃したのではないかということである。また、この時期に関しては、台湾の教科書を捨象している。なお、中村哲は世界史を必修にし、日本史を選択にしたことに不満のようだが、私見を述べれば、実質的に日本史だけにことさら重点を置く高校が多数を占めるという現状がある以上、生徒に世界史的視野を持たせる意味でも「世界史必修」は必要悪と考える〈私見を述べれば、歴史の時間数を増やして日本史・世界史の双方を必修にすべきと思う〉。なお、中村哲は日本史、西欧中心の世界史以外に、「東北アジア史」創設を提起し、日本中心主義を避け、中国、日本、韓国、台湾の交流、相互作用などを重視するという⁴²⁾。その点は基本的に異論がないところであろう。日本の歴史教育はあまりに日本が包括される東アジア史〈私の念頭にある東アジアは、原則として日本、中国・台湾、韓国・北朝鮮〉を軽視しているからである。

　(4)浅倉有子編『歴史表象としての東アジア―歴史研究と歴史教育との対話』(清文堂、2002年)は、日本、中国、韓国、ロシアの各研究者によるシンポジウムの成果である。その母体が上越教育大学東アジア研究会で、ロシアを包括し

ていることは意義がある。だが、日本史、日本民俗学、古代韓日関係史、日露関係史、歴史教育学などの専門家で、中国近現代史を包括する東洋近現代史の専門家がいない。東アジアの歴史学と歴史研究の理念先行的、もしくは局部的、個別的な「基礎的研究」になっていることは惜しまれるし、不満でもある。ただし、李元淳が、歴史認識を1つにする必要はなく、大切なことは「異」と「同」を正確に把握・理解し、教育する。そのためには、自国・自民族の個別的価値に執着せず、他国の歴史の価値を尊重・受容し、東アジアの普遍性を勘案する広い視野で歴史をとらえることの重要性を述べるが、この見解は示唆に富む。[43]

(5)歴史教育研究会（日本）・歴史教科書研究会（韓国）『日韓歴史共通教材 日韓交流の歴史―先史から現代まで』（明石書店、2007年）は、日本の歴史教育研究会は東京学芸大学中心に日本史・朝鮮史の大学・高校各教員、大学院生、他方、韓国の歴史教科書研究会はソウル市立大学の国史教員、大学院生、および中学校・高校各教員各20人前後で、計約40人によって組織された。本書の作成は、1997年から10年かかった。刊行理由は、日・韓が、「未来を賢く切り開」くために、「互いができるだけ早く歴史の真実を正しく認識」（「刊行にあたって」4頁）する必要からとする。本書の特色は、①日韓の歴史共通認識の探究、②先史から現在まで共通教材初の通史で、日韓交流史に重点があること、③両国の高校生などを対象、④両国における歴史研究の成果を踏まえている点、そして⑤自由に意見交換するため「民間」という形態をとったことにある。[44]

具体的に内容を見ると、(イ)両国教科書の記載不十分な通信史外交を重視している、(ロ)日清戦争は日本と清の戦争でありながら、戦場は朝鮮半島であり、かつ「東学農民軍」中心の朝鮮人民との戦争であったことを理解させるなど、教える視点や目的が明確である。その他、(ハ)「朝鮮蔑視観」や差別意識を有する大多数の日本人の中で、三・一独立運動を契機に同化政策批判に転じた吉野作造、「植民地放棄論」の石橋湛山、および景福宮の光化門撤去反対運動に立ち上がった柳宗悦〈白樺派・民芸家〉を紹介する。[45]こうした人物の存在は、韓国人高校生にとって日本認識を深める意味でも、また日本人高校生にとって日本人の多様な思想、主張を示すことで、生徒たちが歴史観や自分の生き方を考え

る上で大きな意義があると思う。

(6)君島和彦『日韓歴史教科書の軌跡―歴史の共通認識を求めて』(すずさわ書店、2009年) は、(5)の主要メンバーである著者がいかなる理由で本企画に参画したかが理解できる。すなわち、日・韓の間では、歴史の共通認識を求めて様々な交流がある。両政府間では様々な政治的障害が予想される中で、まずは可能な民間での交流をおこない、相互の認識を深め、さらに共通教材の作成によって歴史の共通認識に接近していこうとする試み[46]、とする。こうした地道な取組こそが教科書の質を高め、将来の日韓関係を好転させる上でも重要といえよう。

Ⅳ　ヨーロッパ共通歴史教科書の意義と課題

ここで東アジアよりもかなり先行し、すでに成果をあげている欧州での歴史共同研究・共通歴史教科書に論を進めたい。例えば、独・仏間では1951年という早期にゲオルク・エッカート国際歴史教科書研究所により先駆的に開始され、両国首脳の合意もあり、2006年共通高校歴史教科書として結実した。また、ドイツ政府はナチス時代の「負の過去」を克服するため、周辺各国間での歴史認識の対立解消を図ってきた。1970年西ドイツ首相ブラントがワルシャワのユダヤ人犠牲者追悼碑の前で謝罪した。これが歴史和解の契機となり、1972年共通教科書作成を目指してドイツ・ポーランド教科書委員会も設立された[47]。しかもドイツはイスラエルともアウシュビッツ問題を含めて共同で歴史教科書への取り組みを進めている。

ここで、『ドイツ・フランス共通歴史教科書【現代史】―1945年以後のヨーロッパと世界』(明石書店、2008年)をとりあげよう。両国運営委員会は、フランス側は国民教育・高等教育研究省、外務省、および各大学歴史学教授など9人、ドイツ側は外務省、文部省、現代史や教科書専門の大学教授など11人から構成された。執筆者は歴史・地理・語学の高等学校各教諭、および高等師範学校卒業者など10人から構成される。このことから、本教科書は官民協力で、両政府の強いバックアップがあって日の目を見たことがわかる。

「フランス語版序文」を要約すると以下の通り。すなわち、本書は両国の現

行の教育課程を尊重しつつも、双方の立場から見た歴史である。今、なぜこうした教科書が必要なのか。多くの国々からなる複雑な世界に生きていくためには、とりわけ多元的歴史認識が必要であるとの考えに基づく。こうした動きは以前からあり、本教科書作成は2003年1月ベルリン開催の独仏青年会議の希望に応じて始まり、2004年5月両国政府に承認された。そして、両国運営委員会が大枠の指針を決めると、執筆と制作を独仏編集委員会に委託した。全3巻で、高校第1学年が「19世紀の変革から第二次世界大戦末まで」、第2学年が「ギリシア民主制から1789年のフランス革命まで」〈時代順ならば第1学年用と第2学年用が逆？〉、第3学年が「1945年から現代まで」であり、現在の視点から考えることの重要性から、まず先行的に第3学年用を刊行したという。第二次世界大戦で蹂躙された人権と民主主義という「普遍的価値」に基づき形成されてきた「ヨーロッパ意識」を視野に入れた。「過去を振り返ることで現在に光を当て、誠実に未来を見つめる」で「序文」は結ばれ、最大の眼目の1つがここにあったことを示している〈ただ筆者の関心から言えば、「19世紀の変革から第二次世界大戦末まで」が未刊行なのはやはり遺憾である〉。

　では、内容に踏み込み、ここでは、本章と関連のあるニュルンベルグや東京両裁判、およびナチス・ドイツによるユダヤ人大量虐殺問題に焦点を当て検討したい。

　例えば、ナチス・ドイツや日本に関しては、第1章第1課「第二次世界大戦の結果」は以下の通り。ナチスの強制収容所を解放した連合国軍は、そこで行われていた身の毛もよだつような残酷な犯罪を目のあたりにした。そこでは、ユダヤ人およそ600万人、シンティ・ロマおよそ20万人、その他何十万人という人々が組織的に殲滅されていた。こうした事実を目撃した激しい精神的衝撃から「人道に対する罪」という新しい概念が生まれる。後にニュルンベルグや東京で開かれた国際軍事裁判では、ナチスや日本の戦争犯罪人がこの概念に基づいて裁かれた。「学習の手引き」では「第二次世界大戦は精神的にどのような結果をもたらしたのか？　物質的な破壊と精神的な打撃との間にはどのような関係にあるのか？」、という高度な問いが設けられている。[48]

　第2章「第二次世界大戦の記憶」では、「当初は戦争の勝利や敗北を記念して行われた愛国主義的な祝典は、次第に……戦争を勇敢に戦った人々の記憶が

影を潜め、少しずつ悲劇的な虐殺の記憶が中心を占め」始め、「先の見えない世界情勢の中で、そうした式典や記念の場は、戦争中になされた暴虐が再び繰り返されることのないように、未来の世代に過去を記憶する義務を訴える場となった」。こうした視点から共通歴史教科書を通じて、未来の戦争抑止、暴虐防止が目指そうとしたことがわかる。

第1課「勝利の祝典から『記憶する義務』へ」では、「ニュルンベルグ裁判（1946年）および東京裁判（1948年）の結果、敗戦国は戦争中に自ら犯した罪の責任を負うように強く求められた。しかし冷戦の勃発のために、アメリカは戦争犯罪人の追及を断念することになった。こうして日本では、昭和天皇の戦争責任と、天皇を介した日本の社会全体の戦争責任の問題は、1989年のその死〈昭和天皇の死〉まで触れられることはなかった。また、歴史修正主義者〈ナチスのガス室や大量殺戮の事実を否定しようとする立場など〉たちが、時おり連合国によるドレスデン爆撃や広島への原爆投下を引き合いに出し、ドイツ軍や日本軍の犯した暴虐が特別なものではないと主張することもあった」。このように、ニュルンベルグ、東京両裁判の共通性を述べる。日本では、一部にナチス・ドイツと日本の差異を強調し、「日本はファッシズム国家ではなかった」と強弁する向きもあるが、これを真っ向から否定する内容を含む。冷戦開始によりアメリカの「戦争犯罪人の追及」断念の姿勢変更は日本のみならず、ドイツでも同様であったことがわかる。しかしながら、日本で原爆投下は「戦争だから致し方なし」とし、それに対置する形で、「日本軍の暴虐」を免罪にするという主張はほとんど聞いたことがない。原爆問題とかかわりなく、日本の一部に、戦争なので「日本軍の暴虐」は致し方ないと居直るか、「そうしたことはなかった」と強弁する向きはある。もしくは日本国民の戦争被害のみを強調し、アジアに対する加害には目をつぶる傾向はある。

第2課「ショア（ユダヤ人大量虐殺）の記憶」（「ショア」はヘブライ語で「惨劇」）の「耳を傾けてもらえなかった証人たち」という項目で、「自分の犯罪のあらゆる痕跡を必死に消し去ろうとするナチスに対抗するかのように、生き残ったユダヤ人の中には、戦争直後からユダヤ人ジェノサイドに関する証拠や証言を集める者も多かった。だが、世間は、こうした当初の証言には全くといっていいほど関心をはらわないでいた」。つまり当初は、ドイツ社会などは

これらの事実に目をつぶり、もしくは無意識のうちにも触れられたくないと考えていたことがわかる。

　しかし、「よみがえるユダヤ人の記憶」では、第二次世界大戦中のユダヤ人の実態を明確化していく過程において、1961年にエルサレムで開かれたアイヒマン裁判は一大転機となった。そこで初めて総勢111人の証人が証言を行った。その時、彼らは記憶を語り継ぐ主役となった。1960年代にフランクフルトで、そして、1980年以降にフランスで、人道に対する罪あるいはそれに加担した罪で何人かが有罪を宣告された。人道に対する罪には時効がない（時効不適用）。「こうした裁判は、若い世代への教育的役割を果たすことにもなった」。1967年第3次中東戦争が勃発すると、イスラエル国家の破壊を懸念した「ユダヤ人の心に、ジェノサイドの記憶がよみがえった」、とする。そして、「1973年になって初めてアメリカの主要ユダヤ人団体は、ホロコーストの記憶を語り継ぐことを最優先事項とした。そうすることで、過去の犠牲によって与えられた特権の一つとして、全世界のユダヤ人の避難場所となるイスラエルが支持されることにもなるから」とする。その上で、本教科書は、ユダヤ人大量虐殺は「全世界で記憶しなければならないこと」とし、その記憶は、「犠牲者に対して敬意を表するばかりでなく、このような惨劇が二度と起こらないようにと未来の世代に訴えかけてもいる」[51]、と述べる。

　第3課「フランス人と第二次世界大戦─『ヴィシー症候群』」では、まず「国を挙げての抵抗者フランスという神話」において、真正面からフランス自体の問題にメスを入れる。「レジスタンスから生まれた政治勢力全体にとって、終戦後の最優先事項は、国民の一体性とフランスの威信の再建であった。……フランス全体を抵抗者として英雄視することで、占領時代の記憶や戦争捕虜の記憶、人種的理由に基づいて強制収容所に抑留された人々の記憶はその陰に覆い隠されてしまった」。だが、ヴィシー政権下の「フランス国の罪の公認」で、フランスの歴史的恥部に踏み込む。すなわち、1992年7月、「ミッテランは大統領として初めてヴェルディヴ事件（1942年パリ地方在住のユダヤ人1万3152人がフランス警察に連行され、競馬場などに集められ、その後、アウシュビッツに送られた事件）の犠牲者を追悼する式典に出席」した。次のシラク大統領は「フランスとヴィシーが混同されることを拒否」しながらも、ナチス「占領軍の狂気

の犯罪にフランス人が、フランス国家が手を貸した」と語り、2000年に公布された法律により、「7月16日」が「フランス国家による人種的・反ユダヤ的犯罪」の追悼記念日となった[52]、とする。

　今度は、ドイツ自身がナチス・ドイツの歴史に苦悩し、動揺しながら切り込むのが、第4課「1945年以後のドイツとその記憶文化」である。「ドイツ社会はどのようにして、ナチス犯罪の責任を引き受けつつ、第二次世界大戦の犠牲者を追悼することができたのか？」という問いかけから始まる。「2つのドイツ、2つの記憶文化」において、戦後2つの国家に分断されたドイツでは、1945年以来戦争に関する2つの記憶が対立してきた。西ドイツ再建を図っていたアメリカが1945年3月に非ナチ化政策を終了させると、1950年代末までに有罪を宣告された人々の大部分が釈放された。当時、ドイツ人は戦争の犠牲者とみなされることを望み、ナチス政権が犯した残虐行為の責任をヒトラーや親衛隊に押しつけることで、第三帝国（ヒトラー政権）の記憶を抑圧してきた。他方、東ドイツは「ドイツのファシズム」に対する勝利を標榜して、ナチズムの遺産を西ドイツに押しつけた。東ドイツは「1958年にブーヘンヴァルトに建立した強制収容所関連の最初の記念碑は、ファシズムに対する抵抗運動に捧げられた記念碑」とした。全体として旧東ドイツは軽く扱われており、東ドイツの視点をもう少し導入する必要があるのではないか。

　それでも1950年代末頃からは、西ドイツの世論もナチスの犯罪の記憶を以前より受け入れるようになった。1958年ナチス犯罪追及センターが創設されると、元ナチス責任者に対する告訴や裁判が再び開始された。「東欧諸国に対する接近政策」（東方政策）に伴い、1970年に西ドイツ首相ヴィリー・ブラントがワルシャワ・ゲットーの闘士のための記念碑の前でひざまずいたように、「過去の罪に対して政府が公式に改悛の意」を表した。そして、「今も痛み続ける国民の意識」では、「ナチス時代の記憶から繰り返し論争が発生するという事実は、ドイツ人がいまだに過去に完全な決着をつけるにはいたっていないことを物語っている。……それでも今、記憶する義務は、以前よりも幅広く受け入れられている。実際、戦争の記憶はドイツ国民としてアイデンティティを作り上げている。その記憶のおかげで、ドイツ国民は民主主義とヨーロッパ連合への責任を表明することができる」、と総括する。いわばドイツの歴史上の加害

責任を潔く認めることで、ドイツが現在の欧州の中で認められ、責任を果たすことができるとしているのである。これは、周辺諸国家と摩擦を起こし続けている日本が学ぶべき姿勢ともいえるのではないか。

　資料として「極右主義者」として、ドイツにおいて「虐殺されたヨーロッパのユダヤ人のための記念碑建立に反対するネオナチのデモ（ベルリン、2000年1月）」が掲載され、「学習の手引き」では、「極右のデモは、今日のドイツでどのような反響をもたらす可能性があるか、自分の意見を述べよ」という、深い考察が必要な設問が準備されている。[53]

　以上のように、フランス、ドイツ、イスラエル〈ユダヤ人〉、アメリカの大きく四極の苦悩を含めた歴史事実、経過を提示し、高校生に構造分析、思考力強化を促すという画期的なものといえよう。ただし、あえて難をいえば、独・仏など欧州はユダヤ人に対する負い目があり、また、アメリカはユダヤ人に同情しており、かつ経済力や政治力のあるユダヤ人団体も少なくない。したがって、アメリカはイスラエルに過剰な肩入れをし、それを積極的に利用しようとするイスラエルの姿勢がある。これにもメスを入れる必要があるのではないか。イスラエルとの関連で現在の世界情勢を考察するには、やはりパレスチナ問題を除いて考えられない。[54]周知の如く1915年イギリスは第一次世界大戦への戦争協力を得るため、フセイン・マクマホン協定でアラブ人の独立、1916年サンクス・ピコ協定でイギリス、フランス、ロシアはオスマン帝国領の分割とパレスチナの国際管理を結んだ。さらに1917年バルフォア宣言でユダヤ人に対して同地域にあるパレスチナ回帰を約束した。イギリスは、こうした相互に矛盾する「二枚舌」、もしくは「三枚舌」とも言える外交を展開したのである。それが今も続くイスラエル・パレスチナ問題の根源である。ユダヤ人問題をとりあげる以上、この問題を歴史的観点からとりあげる必要があり、そのためには、将来の共通教科書にはイギリスを加え、当然のことながらパレスチナを中心にアラブ諸国・アラブ人側からの参加・観点を加える必要が出てくるだろう。このようにしなければ、歴史の本質が見えないからである。いわばドイツを中心としてユダヤ人を迫害したが、現在、そのユダヤ人が加害者となってアラブ人を迫害している。この「負の玉突き現象」の解明なくして、この問題の本質は見えない。

監訳者の近藤孝弘は、「国際歴史教科書対話と独仏共通教科書」(同訳書所収)で、以下のような解説を加える。「本書がもたらした新たな次元は、ヨーロッパ共通歴史教科書へと道を拓く可能性よりも、2国のあるいは複数国の歴史家がいずれかの国で使用される1冊の教科書を共同で執筆し、その際、国家を超えた歴史理解の共通性を強調するだけでなく、その差異が持つ意味の理解を教育目標の一つに据える歴史教育の姿にこそ認めることができる。歴史理解の統一を性急に目指すのではなく、多様な歴史理解の相互参照と、その過程でのより精緻で相対的な認識の普及を追求する姿勢において本書を捉えるとき、この試みは再び国際歴史教科書対話の延長線上に位置づく」[55]、と大きな可能性を指摘している。私も大筋としてこの見解に同意する。

おわりに

以上のことから以下のようにいえよう。

第1に、教科書問題の歴史を探ると、戦前、日中関係が良好な時期には双方の教科書内容もどちらかといえば好意的となり、関係が悪化すると記述内容に厳しさを増す。特に日本の周辺諸国への侵略拡張政策が明確になるに従い、中国教科書の日本に関する記述は鋭さを増していった。それに対して、日本は一方で侵略行為を繰り返しながら、それに批判的な中国の教科書などに「排日教科書」のレッテルを貼り、内政干渉を繰り返した。そして、それを口実にして、むしろ侵略を加速させた。

戦後、日本国内では政治面で2つの大きな流れが形成された。その背景には、軍隊とはア・プリオリに国・国民を守るために存在するという考えと、むしろ国・国民を破滅に導くのではないかという考えの対立の構図があった。この命題を巡って、1つの流れは戦時期の反省から日本の戦争体制、戦争と侵略実態、植民地支配などを教科書の中に正確に書き入れることで、同じ過ちを繰り返させず、日本を再び破綻の淵に追いやらないことを目指した。2つ目の流れが、日本の侵略や植民地支配の過酷な実態などを教科書から排除し、日本の戦争を「侵略戦争ではなく、アジア解放の戦争」と位置づける。神風特攻隊なども軍事体制下で死に追いやられた戦争犠牲者ではなく、国を守るための英雄

的行為とする。そして、本質的に再軍備・軍備拡張を目指す傾向が強い。こうした発想からは旧日本軍の侵略行為までも根本的に否定できず、日本の植民地支配を肯定するという姿勢に陥るため、その被害を受けた周辺国家との軋轢を必然的に誘発することになる。だが、グローバル化した現代において、すでに日本国内だけで通じる独りよがりな教科書が許されない状況になりつつある。のみならず、歴史教科書が恣意的に記述されないためにも、家永が主張するように、歴史学・歴史研究と歴史教育・教科書を決して分離させてはならないのである。

　第2に、後述する西洋の共通歴史教科書の動向にも触発された形で、日・中間、および日・韓間で政府後援の形で歴史共同研究が開始された。各国間で方法論、捉え方の差異があったとはいえ、こうした歴史共同研究が実施されたこと自体、画期的な意義がある。最初は、互いが同意できず、論争、対立することは当然のことといえよう。前述の如く、川島真は、これを「日中間の非対称性」とし、かつ日本などの「民主国家」と中国という「非民主国家」とレッテルを貼るが[56)]、違和感を禁じ得ない。むしろそうした体制の違いを強調するよりも、あくまでも教科書内容に特化して論じ、差異のみならず、共通性を重視し、生産的な議論を組み立てることが肝要であろう。なお、①盧溝橋事件などをとりあげた場合、「偶発」性か「計画」性があるかが日本では論じられ、確かに「偶発」性を強調する研究者が相対的に多いのは事実である。川島真によれば、日本は「過程重視」であるが、中国は「結果重視」、「必然論」をとる[57)]、とする。ここで押さえておくべきことは、それが「民主国家」と「非民主国家」の差異ではないということである。さらに言えば、日本の研究者の見解も多種多様で単純化できず、今回の場合、日本側には「過程」重視の研究者が主に選抜されていたということであろう。この問題は歴史の本質、すなわち戦争の実態を構造的に理解し、その本質をいかに捉えるかにつながる。私は「過程」も重視するが、同時に歴史的背景の中で、恣意的な積み重ねに見えることを歴史学的に考察すると、実は1つの法則性をもっている場合があると考える。その可能性も否定しないということだ。還元すれば、「過程」も「経過」も「結果」も、そして、それに法則性があるか否かも研究対象とする。②私も戦時期における日本国民の被害側面のみならず、加害責任を明らかにすべきと

考えている。だが、「軍民2元論」に関していえば、別にそれは中国側が「日中友好」のために生み出したものではなく、むしろ戦時期における長谷川テルや鹿地亘ら反戦兵士の活動を起点とする可能性が強い。③東京裁判に対する私見を述べれば、日本は敗戦当時、日本人自ら戦犯を裁く能力がなく、アメリカ中心の東京裁判に委ねた。このことは、日本人の歴史認識に歪みを与えた。それ以降、「勝者による裁判」のみが喧伝され、被害者的側面が強調され、日本による中国侵略、台湾・朝鮮植民地化など加害者たる側面を軽視する状況を招いたと考えている。

　第3に、日本では、中国が歴史教科書を通して中国共産党史を教え、韓国は民族教育を推進していると批判する。これに異論を挟むつもりはない。だが、日本では、歴史教科書は民間出版社への委託形態をとるとして、執筆者、出版社の「自由度」を強調し、それに日本政府は口が出せないという。これは本当だろうか。日本もそれほど胸を張れる状況にあるわけではない。君島和彦が指摘するように、「中学校や高校の歴史教科書が複数あって、それらにかなりの差異がある場合でも、大きく見れば、『検定に合格する』ための努力の結果、日本政府の歴史認識が反映してしまう」のである。いわば検定制度を通して採択数・販売数を気にする出版社、および執筆者に圧力をかけ、日本政府や文科省が望む構図や記述へと変えていく。また、日本の歴史教科書は客観的に記載していると自称するが、中国・台湾・韓国の各教科書は日本が捨象している史実をとりあげていることも事実である。したがって、各歴史教科書を分析する際、いかなる史実を採り上げ、もしくは捨象しているかに注意を払わなくてはならない。そして、その史実にどのようにアプローチし、いかなる視点で記述するのか。これによって生徒に異なるイメージが与え、大きな差異が生まれてくる。それが、後の国民の歴史認識に連動する。

　第4に、欧州のドイツ、フランス、ポーランドなどでは試行錯誤しながらも共通歴史教科書の作成を先駆的におこなった。相互の立場を理解し、将来の紛争、戦争、虐殺などを阻止するためでもあった。その意味で明確な未来志向を有しているといえる。こうした試みをおこなうためには、まずは加害国ドイツの謙虚な姿勢とその取り組みへの積極性、粘り強さを不可欠とする。実際に独・仏で作成された共通歴史教科書は1国史枠内で完結したり、一方的視点か

ら論述するといった平板なものではない。多くの立場・相違を本文のみならず、資料を駆使して記載し、多極構造的な構成をとっており、生徒に深く考えさせる内容となっている。このことは高く評価して評価しすぎることはない。もちろん問題がないわけではない。ドイツ、フランスのユダヤ人への負い目、アメリカのユダヤ人に対する過剰な同情が、現在イスラエルによる傲慢ともいえるアラブへの攻撃、侵略、殺戮を許容している。戦時中、被害者であったユダヤ人、その後、建設されたその国家イスラエルが現在、アラブ世界に対して加害者として出現しているのである。【ナチス・ドイツ】→【ユダヤ人・イスラエル】→【アラブ人・中東諸国家】という強者から弱者への玉突き現象・差別の構造〈差別されていた者がさらに弱い立場の者を差別する構造〉として現出しているのである。独仏共通教科書にはこの側面への切り込みがない。いわばパレスチナという新たな被害者を作っている要因を分析するまでには至っていないのである。

〔註〕
1) 三谷博「歴史認識の現在：2008」劉傑・川島真編『1945年の歴史認識―「終戦」をめぐる日中対話の試み』東京大学出版会、2009年所収、261、263頁。
2) 黄東蘭「清末・民国期地理教科書の日本像」並木頼寿・大里浩秋・砂山幸雄編『近代中国・教科書と日本』研文出版、2010年、271、274、276〜277、280〜281頁。なお、本書には、他に陳紅民「植民地朝鮮における教科書事件」、大里浩秋の「1936、37年華僑学校教科書取り締まり事件」も所収されており、参考になる。
3) 砂山幸雄「『支那排日教科書』批判の系譜」同前『近代中国・教科書と日本』331〜332、335〜336、355頁。
4) 家近亮子・松田康博・段瑞聡『岐路に立つ日中関係―過去との対話・未来への模索』晃洋書房、2007年、63〜64頁など。
5) 劉傑・三谷博・楊大慶編『国境を越える歴史認識―日中対話の試み』東京大学出版会、2006年の「はしがき」ⅱ頁。
6) 前掲註4)『岐路に立つ日中関係』65〜67頁。
7) 同前、69〜71、73頁など。
8) 同前、73〜74頁。
9) 同前、75〜78頁。
10) 前掲註1)「歴史認識の現在：2008」『1945年の歴史認識』256頁。なお、中国人民教育出版社のLi Weikeの見解だけでは十分立証したことにはならない。むしろ中国で刊行されている研究誌『抗日戦争研究』などの各論文を見てもわかる通り、日本においては「右翼系」、もしくは「軍国主義指向」の研究者や、それと対立する研究者が存在していると明白に区別しているのではないか。
11) 「教科書問題巡り米中が対日批判」『朝日新聞』2001年8月29日。

12) 田島俊雄「ナショナリズム・ネット社会と『囚人ジレンマ』」と陳嬰嬰「『中国関係論壇』の書き込みにみる日中関係」(『中国研究月報』第688号、2005年6月所収) など参照。
13) 「米の知日派が憂慮、慰安婦めぐる首相発言」『朝日新聞』2007年3月10日。
14) 『朝日新聞』(夕刊) 2007年3月8日など。
15) 「社説 国家の品格が問われる」『朝日新聞』2007年3月10日。『朝日新聞』(2011年10月1日) によれば、「日本軍慰安婦」が日本政府に補償を求めている問題で、韓国政府が国連でこの問題をとりあげる方向で検討している。これは、韓国の憲法裁判所が韓国政府の「不作為」を認めたことに対する措置とする。このことは、次の段階に進んだことを意味し、日本政府が繰り返し主張する「慰安婦問題は解決済み」は国際的に次第に通らなくなる可能性がある。
16) 『朝日新聞』2007年3月9日。
17) 『朝日新聞』2007年12月15日。
18) 19) 「社説 集団自決検定・学んだものは大きかった」、「集団自決」『朝日新聞』2007年12月27日。
20) 『朝日新聞』2008年12月7日。
21) 「教科書調査官、影響大、検定意見の9割そのまま」『朝日新聞』2010年3月31日。
22) 家永三郎「教科書訴訟の当事者の立場から」『歴史学研究』第706号、1998年1月。民衆の弱さ、迎合性については、加藤文三「歴史教育における戦争の問題」(『歴史学研究』第291号、1964年8月) が、「もともとは『平和主義者』であるはずの民衆が、支配階級の宣伝によって戦争支持にかわる……。つまり、感覚的な平和論は、防衛戦争論によわいのであって、マス・コミの全手段によって、仮想敵国の侵略性暴虐性などのデマゴギーをたたきこまれれば、理性的にそれを検討することなしに、戦争支持にかわってしまう」と鋭く指摘する。
23) 君島和彦『日韓歴史教科書の軌跡―歴史の共通認識を求めて』すずさわ書店、2009年、166、171頁。君島和彦・井上久士「『南京大虐殺』評価に関する最近の動向」『歴史評論』第432号、1986年4月など参照。
　なお、家永三郎『続・密室』検定の記録―第3次教科書訴訟に至った '83年度「新日本史」検定の詳細』教科書検定訴訟を支援する全国連絡会、1991年は「すさまじい検定」がおこなわれていると告発した。例えば、①南京大虐殺に関しては、原稿本「日本軍は南京占領の際、多数の中国軍民を殺害し、日本軍将兵のなかには中国婦人をはずかしめたりするものも少なくなかった。南京大虐殺とよばれる」としたのに対し、調査官による修正意見は、(「はずかしめたりする」ことは)「古代以来世界的共通慣行」で「広く認められておること」なので削除を求めるというものであった。結局のところ、「中国婦人をはずかしめたりするもの」が削除され、「暴行や略奪などをおこなうもの」となった。家永によれば、それは「南京にとどまらず、日中戦争の全般にわたる顕著な現象であるのに……抹殺された」(37～40頁)、とする。②731部隊に関しては、原稿本「ハルビン郊外に731部隊と称する細菌戦部隊を設け、数千人の中国人を主とする外国人を捕らえて生体実験を加えて殺すような残虐な作業をソ連の開戦にいたるまで数年にわたって続けた」。それに対する修正意見は「まだ信用にたえうる学問的研究、論文ないし著書などが発表されていないので、これをとりあげることは時期尚早」として全面削除させられた。家永は「戦争の残酷な面を書かせたくないというのが本音で『時期尚早』は表面だけの口実」(42～46頁) と喝破する。③沖縄戦に関しては、原稿本「沖縄

県は地上戦の戦場となり、約16万もの多数の県民老若男女が戦火のなかで非業の死をとげたが、そのなかには日本軍のために殺された人もすくなくなかった」。それが、修正意見により「約16万の県民の老若男女が砲爆撃にたおれたり、集団自決に追いやられたりするなど、非業の死をとげたが、なかには日本軍に殺された人びともすくなくなかった」と変わった。家永によれば、「『自決』という、あたかも自発的意志による死であるかのような用語をまず第一に書かせることによって、日本軍による虐殺のイメイジをいくらかでも和らげようとする意図としか考えられない」（51〜54頁）、とする。

24) 家永三郎、同前『続「密室検定」の記録』など参照。
25) 歴史学研究会委員会「第3次家永教科書検定訴訟最高裁判決についての声明」1997年11月28日『歴史学研究』第706号、1998年1月。
26) 前掲註4)『岐路に立つ日中関係』16頁。
27) 笠原十九司「総論」同編『戦争を知らない国民のための日中歴史認識─「日中歴史共同研究［近現代史］」を読む』勉誠出版、2010年、19〜21頁参照。
28) 前掲註5)『国境を越える歴史認識』の「はしがき」ii〜iii頁など。
29) 曹鵬程「差異の尊重と理解の増進」『戦争を知らない国民のための日中歴史認識』255〜257頁。
30) 『朝日新聞』2009年12月25日。
31) 庄司潤一郎「『日中歴史共同研究』を振り返って」『戦争を知らない国民のための日中歴史認識』97頁。
32) 歩平「『歴史研究』の不一致は中日関係の溝ではない」、同「中日歴史共同研究は重要な第一歩を踏み出した」『戦争を知らない国民のための日中歴史認識』242〜243、245頁。
33) 北岡伸一「『日中歴史共同研究』を振り返る」『戦争を知らない国民のための日中歴史認識』234〜235頁。
34) 歩平「中日共同歴史研究中的理論与方法問題」『抗日戦争研究』第79期、2011年11月。
35) 川島真「『日中歴史共同研究』の3つの位相」『戦争を知らない国民のための日中歴史認識』85〜88頁。
36) 高杉一郎『中国の緑の星─長谷川テル反戦の生涯』朝日新聞社、1980年、89〜92頁。拙著『日本人反戦兵士と日中戦争』御茶の水書房、2003年、56〜59、73〜83頁など。
37) 「教科書・日韓に深い溝」『朝日新聞』2010年3月24日。
38) 「社説 日韓歴史研究・『国民の物語』を超えよう」『朝日新聞』2010年3月26日。
39) 日中韓3国共通歴史教材委員会『未来をひらく歴史─東アジア3国の近現代史』高文研、2008年第2版。
40) 斎藤一晴『中国歴史教科書と東アジア歴史対話─日中韓3国共通教材づくりの現場から』花伝社、2008年。
41) これに関しては、本書第2章を参照されたい。
42) 中村哲編著『東アジアの歴史教科書はどう書かれているか─日・中・韓・台の歴史教科書の比較から』日本評論社、2004年。
43) 浅倉有子編『歴史表象としての東アジア─歴史研究と歴史教育との対話』清文堂、2002年、345頁。
44) 歴史教育研究会（日本）・歴史教科書研究会（韓国）『日韓歴史共通教材 日韓交流の歴史─先史から現代まで』明石書店、2007年、438〜439頁参照。
45) 同前、376〜379、385、394〜395頁。

46）君島和彦、前掲註23）『日韓歴史教科書の軌跡』19頁。
47）『戦争を知らない国民のための日中歴史認識』8～9頁。
48）『ドイツ・フランス共通歴史教科書【現代史】―1945年以後のヨーロッパと世界』明石書店、2008年、14頁。
49）同前、30頁。
50）同前、32頁。
51）同前、34頁。
52）同前、38頁。
53）同前、42～43頁。
54）これに関しては、同書の第4章第4課で「中東」、「一触即発の中東情勢」で「イスラエル人とパレスチナ人―和平はありえないのか？」（同前、78～81頁）など、現在の中東を中心にとりあげるが、全体としてイスラエル・ユダヤ人側への肩入れが濃厚な記載となっている。
55）同前、337～338頁。
56）57）川島真、前掲「『日中歴史共同研究』の3つの位相」『戦争を知らない国民のための日中歴史認識』85～89頁。
58）君島和彦、前掲註23）『日韓歴史教科書の軌跡』20頁。

【付　録】

書評：斎藤一晴著『中国歴史教科書と東アジア歴史対話
　　——日中韓3国共通教材づくりの現場から』（花伝社、2008年7月刊）

はしがき

　同書（『中国歴史教科書と東アジア歴史対話』）は、『未来をひらく歴史』（高文研）の作成過程に実際に参加した著者である斎藤一晴氏が、日中韓の共通歴史教材会議などでいかなる議論がおこなわれ、進展し、刊行に至ったかを詳細に明らかにしたものである。当然、直接参加した者にしかわからない状況や論争など、臨場感溢れるものとなっている。したがって、同書と『未来をひらく歴史』を併読すると、内容を深く理解できる。実は、私も北京の中国社会科学院近代史研究所に別な用事で訪れた際、所長歩平氏に誘われて、2009年8月28日共通歴史教材会議にオブザーバーとして出席し、その後の懇親会にも参加した。会議では、特に韓国側が日中双方を厳しく追及し、台風の目のように感じられ、日本も中国もその対応に追われているように見えた。歩平氏が私に提供してくれた資料も、韓国側代表者の1人が未完成段階（未公開）を理由に「持ち帰らないように」という。納得いかない部分があり、大学の講義で学生に内容を紹介したいと考えていた私にとって残念な気持ちが残った。3国の共通会話が日本語であることも興味深かった。中国、韓国の参加者の多くが日本留学経験を持っているからだという。いわば知日派が多いということである。このように、会議の雰囲気、熱気を直に感じた者として本書評を依頼された時、即座に喜んで書かせていただくことにした。とはいえ、私は歴史学（中国近現代政治経済史・日中戦争史）専門である。そのため、歴史教育に関する同書を的確に判断できるものなのか、一瞬のためらいもあったが、歴史教育は歴史研究を基盤として成り立ち、相互補完関係にあり、書く必要性を感じたのである。

I　同書の構成と内容の要約

　では、同書の構成から見ると、以下の通り。

第I部　『未来をひらく歴史』という歴史対話
　第1章　『未来をひらく歴史』作成までの道のり
　第2章　作成過程で何が議論されたか
　第3章　『未来をひらく歴史』の刊行と活用
　第4章　『未来をひらく歴史』の成果と課題

第5章　ヨーロッパとアジアで進む共通歴史教材の開発と活用
　第Ⅱ部　中国の歴史教科書の変遷とその方向性
　　第1章　現代中国の課題と歴史叙述
　　第2章　歴代の歴史教科書における記述内容の変化
　　第3章　多様化する歴史教科書
　　第4章　中国の教科書制度と歴史教科書の多様化
　　終　章　今、問われる私たちの歴史認識と中国・アジア観

　このように、2部構成で、第Ⅰ部は『未来をひらく歴史』に焦点を当て論じ、第Ⅱ部は中国歴史教科書の現状、変遷、制度などが手堅く論じられる。まず第Ⅰ部第1章で、3ヵ国の執筆・編集メンバー、作成までの背景、推移などが紹介される。第2章では、日清戦争、南京大虐殺、総力戦体制などが具体的に述べられる。当然のことながら、日本と、侵略された中国、植民地経験を有す韓国の立場の相違が鮮明になり、三つ巴の議論が展開された。第3章は、刊行後の影響などを述べる。『未来をひらく歴史』に対する「つくる会」からの非難は想定内として、学界からの無反応に著者は傷ついているようだ。だが、同書は①日本の中・高・大で実際に教科書や副読本として使用され、そこでは関東大震災での虐殺、細菌戦、南京大虐殺、慰安婦問題などをとりあげた。②韓国では、「沖縄戦」で日本国民に対する加害を学び、視野を広げた。③中国では、日本軍部内の対立まで教えることは難しいが、おそらく自らの歴史観や戦争認識と向き合う契機になっていると意義を強調する。第4章は、成果と課題である。成果は①国家との距離の取り方、②日・中・韓の歴史学・歴史教育の課題などが明白になったことなどにある。課題は、①各国の主張を完全には融和できなかったこと、②構造上では、戦争を扱う場合、侵略と抵抗、加害と被害から描き、日本中心の記述を避けられないこととする。さらに北朝鮮、ロシア、モンゴル、東南アジア、環太平洋への言及不足、③歴史叙述と歴史研究では日本のアジア侵略は「一直線」と考えてよいのか、中国中心の伝統的な東アジア秩序の解体の捉え方などが問題とする。第5章は、ヨーロッパでの共通歴史教材開発の簡単な実態、それに対する東アジア共通歴史教材の関連研究を紹介する。

　第Ⅱ部第1章では、中国の歴史教科書は、1980年代と1990年代に従来の階級闘争史観から愛国主義教育へ、共産党中心から国家や民族主体へと変化した。具体的事例として①五・四運動では、「初歩的な共産主義思想をもった知識人」から「先進的知識人」へと変化し、「国民的文化運動」として評価する。②抗日戦争では、共産党と国民党の対抗を機軸に論じてきたが、国民党の台児荘戦闘など「正面戦場」を再評価し、対抗軸が日本に変わった。③民族史では階級闘争史観から記述し、遅れた少数民族社会を変革するとされてきたが、国家史の一部として少数民族の自発的役割が強調され始めたとす

る。

　第2章で、皖南事変、「4大家族」による政治・経済・軍事の独占支配などの記述が2000年代には消失した。「田中上奏文」に関しては中国でも真偽に疑問も出ている。著者は、日本において中国では「反日教育」がおこなわれているとする論調を真っ向から批判する。1990年代にあった「満洲国傀儡政権」、「日本侵略者の残忍な統治」の章が消え、戦争犯罪は南京大虐殺以外、三光作戦、「満洲国」の奴隷的使役に僅かに触れるだけになったと指摘する。

　第3章では、中国歴史教科書は多様化し、全国版と上海、広東、四川などの地方版があり、教科書改革は進行中とする。まず①上海版が経済発展を背景に独自な視点を打ち出し、「社会主義」を全面に押し出していない。ただし蘇智良らによる上海版は使用停止となっている。②人民出版社・高校教科書『歴史』は、抗日戦争勝利では、1990年代以降、「中国人民と世界反ファッシズム戦争の勝利」とされてきたが、2005年版では「自国の主権を守る戦争」と位置づけ直した。抗日戦争により戦時経済体制の構築が「自発内政型」の近代化過程を推し進めた。③人民教育出版社版の中学教科書『歴史と社会』では、「社会主義の初期段階」の青少年は国際競争に挑戦し、中華民族の偉大な復興の使命を担う必要性があると力説する。

　第4章では、中国教科書制度の変遷を述べる。1950年から80年代は全国統一の国定教科書であったが、1986年教育義務法が制定され、検定制移行と教科書複数化の動きが始まった。1990年教育部検定本が7地点で実験的な使用以降、約10種類の教科書が編纂されているが、人民教育出版社版の占有率が60〜70%とする。2001年教育部「中小教材編写審定管理暫行条例」の第7条には、「党の基本方針を堅持し、正確な政治視点を持ち、教育事業に熱心で優れた職業道徳と責任感で共同編纂できる者」（同書291頁）、と書かれているとし、著者は、国家による介入排除は現段階ではむずかしいとする。なお、中国の検定制度は各国の中で特に日本のそれをモデルにしていることを指摘し、その理由は日本が国家管理、教育への干渉の強いことの現れとするが、私も同意見である。

　終章では、民間レベルの交流の重要性を強調し、共通歴史教材という歴史対話を1つの学問研究分野として成立させる必要性を力説する。また、戦争犯罪学習を通じて、「日本の戦争責任・戦後責任に関する歴史対話を行うということは、歴史教科書のあり方を問い直し、そこに歴史叙述として反映されている世界像や世界史像と正面から向き合うことを通じて、それらを国境を越えて新しく構築していく方法を模索する試み」としめくくる。

Ⅱ 同書の特色と意義

　私もすでに研究・教育とも１国史（自国史）だけでは成り立たないと考えており、国境を越えた『未来をひらく歴史』のような先駆的な取り組みを高く評価する。もちろん新たな試みであるため、試行錯誤、暗中模索の連続であろうが、日中韓の歴史教育の発展のみならず、相互理解のために、経なければならない途と言える。その上、侵略した日本と、侵略された中国、植民地朝鮮を複眼的、かつ構造的に捉えることが可能になる。いわば同書はその姉妹編といえ、第Ⅰ編で、作成前から刊行に至るまでの状況、反響、成果と課題・反省までを記録している。本取り組みを未来に向かって成功させるため、もしくは同様な取り組みをおこなう際の貴重な１次資料・記録となるであろう。ただし、一般読者の観点に立てば、これだけでは物足りない。それを補強するのが第Ⅱ編であり、中国歴史教科書の実態、変遷や教科書制度改革をとりあげたことにより、著者の歴史教育の専門研究者としての力量が発揮され、同書全体が引き締まった。

　以上を前提に、細かい点は除くが、同書には以下の特色と意義があると思う。

　①著者を含めて、『未来をひらく歴史』３国の執筆者陣が「日本による侵略」と「戦争責任」を強く意識しているという共通基盤に立っている。その上で、個々の事件をいかに見るか。日本の加害のみならず、日本国内の被害（例えば、沖縄戦、原爆）をいかに考えるか。そうした点で相違がある。同書は議論展開、どのように書き改められたかを明確にしており、その点は評価できる。また、日本国民の戦争責任・総力戦体制問題に関する議論、および日清戦争に関する３ヵ国の立場の相違を浮き彫りにしたことも成果といえる。

　②「日中韓３国共通教材づくりの現場」としているが、同書では中国歴史教科書を中核に置き、重点的に分析を進め、成果をあげた。その結果、日本、韓国の歴史教科書はその比較対象として扱われる。また、同書から看取できることは、『未来を開く歴史』を歴史教科書ではなく、歴史教材・副読本としての使用を考えていることだ。私も一般的な歴史教科書に書かれていない、もしくは書かれても触れられる程度であった重要な事がらを重点的にとりあげており、一応、それでよいと思う。

　③著者の念頭には前述の如く「戦争責任」問題が常に念頭にあり、それを明らかにし、教育する必要があるとの使命感がある。そのため現実的、かつ実践的課題に向き合っている。したがって、研究・教育・叙述のみならず、運動が存在し、それらが四位一体のものとしている。なお、日中韓共通歴史教材作成の意義、および中国歴史教科書が単純に「反日教育」、「反日教科書」とはいえないことを強調している。これも１つの特徴であろう。

　④各国の教科書刊行に至るまでのシステム、その相違を手堅く押さえる。特に中国の

国定制度から検定制度への変遷、複数教科書については具体的に多くの教科書を俎上に載せてその多様性を説明しており、参考になった。中国歴史教科書における中国共産党、国民党、社会主義、資本主義、国家、近代化、小数民族問題、文化大革命など重要な各種項目・キーワードを柱として設定し、それを重点的にとりあげ、解説しており、わかりやすい。

Ⅲ 同書への私見と疑問点

　同書の分析、刊行までの論争、苦労談など懇切丁寧な説明に導かれて、心躍らせて『未来をひらく歴史』（2008年第2版）を読むと、まだ十分に成功しているようには見えない。限られた紙幅のためか、もしくは日中韓の研究者のすり合わせが不十分なためか、それぞれの節や重要項目が分断され、歴史的背景、有機的関連、および歴史の中での位置づけがわかりにくい。また項目によって記載に軽重があり過ぎるようにも感じられた。やはり教科書ではなく、副読本としての限界なのであろうか。とはいえ、将来、完成度を高めれば、日中韓の歴史教育・歴史教科書の意義と限界も自ずと見えてくるはずである。また、さらに新たな視角も生み出されるはずである。心から期待している。

　同書に対する私見と疑問は以下の通り。

　まず第1に、同書に対する素朴な疑問であるが、本当に「対話」でよいのであろうか。「対話」と銘する書物・論文は多いと思うが、各国内での対立、国家観での固定観念に基づく根深い対立が目立つ。このような状況にある以上、細部における緻密な議論とともに、実証的、理論的な「激論」を伴う。例えば、①「南京大虐殺30万人」以上説を中国側が引っ込めたというが、『未来を開く歴史』では、日本軍によって集団虐殺された者は「19万人余り」、個別に虐殺された者「15万人余り」（同書127頁）と明記されており、合計34万人以上となり、「30万人」以上説をむしろ具体的な数字をあげて、補強しているのではないか。なお、私見を述べれば、南京だけで論じる傾向が強いが、日本軍は平頂山のみならず、中国各地で虐殺しており、その全体像を明らかにし、虐殺の構図の中に南京を組み込んだ方がよいようにも感じられる。②盧溝橋事件に対して中国側が主張する「必然性」は、「偶発性」という日本の研究成果とは「必ずしも合致しない」（同書85頁）とするが、日本歴史学界の見解は「15年戦争論」や「偶発性」を主張する江口圭一や安井三吉だけに代表されるものではない。因みに私は「日中8年戦争論」[1]を主張し、「偶発」か否かはさほど重要性がないと考えている。[2]

　第2に、同書は中国歴史教科書を主要にとりあげ、かつ東アジア史の構築を標榜しているにもかかわらず、台湾がまったく視野に入っていない。[3]このことが不思議でならない。台湾も教育制度・教科書とも改革過程にあり、日本植民地時代を包括する「台湾史」を高校歴史教科書（例えば、龍騰文化版）4分冊の内の最初の1冊本としている。

その上、抗日戦争における国共両軍の動向、南京大虐殺を含め、中国歴史教科書と同じ歴史事件、歴史的推移をとりあげ、同様な、あるいは異なった視点から論じる。当然、参考にすべきではないか。国定から検定に変わる際、中国のみならず、台湾も日本の検定制度を最も参考にしている。検定制度に関する限り、中国と台湾は日本の検定制度を軸に接近していく可能性すらある。なお、中国における抗日戦争中の国民党再評価には、第3次国共合作・台湾との関係改善・非「武力解放」・「1国両制」を目指す政策・戦略という政治的背景がある点も見逃すことはできないだろう。

　第3に、「反日」か否かが本当に中国歴史教科書を判断する際、メルクマールになり得るのであろうか。著者はあまりに藤岡信勝らの『新しい歴史教科書』などを意識し過ぎ、無意識的にその論理に引きずり込まれているのではないか。その結果、中国歴史教科書が「反日教育」、「反日教科書」とは単純にはいえず、「反日」傾向、もしくは「反日」教育は弱まってきていると反論する。私も「自虐史観」を強調しながら歴史を歪曲し、被害を受けた周辺国家への「加虐史観」を鼓吹する『新しい歴史教科書』にはかなりの不満を感じる[4]。しかし、中国歴史教科書を判断する際、「反日」か否かはメルクマールにならず、史実にいかに沿っているかを重視すべきと考えている。日本による侵略実態を書くと「反日」で、逆に侵略実態に関する記載の減少が「反日」ではなくなったとする。そうした論理はどうしても納得し難い。

　第4に、中国歴史教科書の変化を強調するが、それは事実なのであろうか。同書では、初級中学（日本の中学校に相当）の歴史教科書を主要検討対象とし、高級中学（高校）教科書としては人民教育出版社版『歴史』や上海版『歴史』もとりあげるが、高級中学必修の『中国近代現代史』（人民教育出版社）を捨象している。これを捨象できない理由は、別の側面が見えてくるからである。例えば、同書は共産党史に関する分量の減少を指摘するが、『中国近代現代史』はまさに共産党史を柱にしており、基本的、かつ原則的に変更はない[5]。いわば各歴史教科書における分業が明確化し、共産党史を柱とする記述は『中国近代現代史』が担っているのではないか。また、著者は、人民教育出版社版・高級中学歴史教科書『歴史』に対して、「日本の侵略戦争が中国の近代化に大きな刺激を与えていると受けとめられかねない内容」（同書248頁）、と批判的に書いている。だが、当時、国民政府は「抗戦建国」政策を遂行し、重慶中心に後方の工農業経済建設がおこなわれ、金融中央集権化が進み、戦争の破壊に対する抗戦と建設が同時に進行したというのが歴史的な事実である[6]。いわば中国の歴史教科書もそのことにやっと気づき始めたということであろう。後方発展から沿海部発展、および抗日戦争から今日までを近代化というキーワードによって直線的には結びつけられないとはいえ、そうした側面を完全否定もできない。

　その他、感じたこと、雑感を述べて本書評を締めくくりたい。

①著者は研究・教育・叙述・運動が四位一体とし、前述の如く研究・教育・叙述をダイレクトに市民運動と結びつけているようにも見える。気持ちは理解できるものの、若干の違和感を禁じ得ない。市民運動を一旦切り離して考え、その後、再び融合した方がよいと思う。さもないと、市民運動が目的化し、そのための研究・教育・叙述となり、先に結論があり、その結果、研究・教育・叙述の幅を狭め、研究・教育・叙述の発展性、柔軟性、強靱性を失ってしまう危険性を孕むからである。そのことは、市民運動にとっても決してプラスとはならないのではないか。

②ヨーロッパ各国での共通歴史教材に関してはその目的、姿勢、経緯はわかるが、具体的内容に関する記述がなく、簡単すぎる。その結果、ヨーロッパの動向がどのように参考になり、刺激となるのか。また、それと東アジア共通歴史教材の共通性と差異はどのようなものか。そうした点を、私は是非知りたかったので、残念な気持ちが残った。なぜなら、東アジアの歴史全体を構造的に明らかにできれば、将来、ヨーロッパでの先行的な動きと合体させることができ、世界史・地球規模の歴史の構造を新たに構築できる可能性を内包しているからである。

③著者はアジア認識、アジア観の重要性を強調しながらも、「東アジア共同体、アジアの中の日本」という表現を「曖昧な言葉」とし、自国中心的な歴史認識がその背景にあるのではないか（同書9、308頁）、とする。だが、なぜそう言えるのか、説明不足でよくわからない。私は講義で学生に対して一貫して「アジアの中の日本」、「アジア人としての日本人」の再確認、「東アジアを包括するアジアの中での平等互恵の関係」、それに立脚した形での欧米・中南米、アフリカなどとの関係の構築・再構築を力説してきた。[7]

〔註〕
1） 拙稿「日中15年戦争再考」『歴史評論』第549号、1997年9月と同「戦争史の時期区分と日中8年戦争」『歴史地理教育』第716号、2007年7月など。
2） 拙著『中国抗日軍事史1937-1945』有志社、2009年の第1章第1節の3。
3） 台湾を含めたものとしては、①中村哲編『東アジアの歴史教科書はどう書かれているか──日・中・韓・台の歴史教科書の比較から』日本評論社、2004年。
4） これに対する私見は、本書第6章を参照されたい。
5） 高級中学課本（必修）『中国近代現代史』下冊、人民教育出版社、1993年第1版。高級中学教科書（必修）『中国近代現代史』下冊、人民教育出版社、2005年第4版。
6） 前掲拙著『中国抗日軍事史1937-1945』の第7章など。
7） なお、本書評は、東京歴史科学研究会『人民の歴史学』第187号（2011年3月）に掲載されたものである。

第2章

日本・中国・台湾の高校歴史教科書の比較検討

第1節　満洲事変、日中戦争、太平洋戦争の記述を巡って

はじめに

　本節では、高校歴史教科書の問題で脚光を浴び、東アジア各国間で論争が多いテーマに焦点を合わせる。この時期を避けては、歴史教科書問題の本質を明らかにできないと考えるからである。ところで、中国にとって、日中戦争はアヘン戦争以来、初めて列強に勝利した戦争であった。換言すれば、その勝利は侵略を受け続けていた中国がそれをはね返し、完全独立したという重大な意味を持つ。それゆえ、聶耳が作曲した現在の中国国歌「義勇軍行進曲」は日本帝国主義に勝利した歌なのである。この事実を知る日本人は意外と少ない。したがって、日中戦争とその勝利には、必然的に中国人にとって日本人の考える以上の意味が込められる。こうしたことを認識した上で、中国、台湾の各歴史教科書を考察する必要がある。

　本節では、主に日本と直接関連ある重要な歴史諸事実、例えば、満洲事変、第一次上海事変、西安事変、盧溝橋事件、太平洋戦争、日本敗戦などををピックアップした。その意味で、網羅的ではないことを、予めお断りしておきたい。日本、中国、台湾の各高校歴史教科書がこれらの歴史事実をいかなる形でとりあげているか。各教科書の特色は何か。そして、その共通性と差異は何か。それらを解明する。

Ⅰ　日本・中国・台湾における各歴史教科書の構成と方針

（一）日　本
◀高等学校▶
❶『詳説世界史 B』山川出版社、2005年[1)]

第1節　満洲事変、日中戦争、太平洋戦争の記述を巡って　47

　第13章　アジア諸地域の動揺（オスマン帝国支配の動揺とアラブのめざめ／南アジア・東南アジアの植民地化／東アジアの激動）
　第14章　帝国主義とアジアの民族運動（帝国主義と列強の展開／世界分割と列強の対立／アジア諸国の改革と民族運動）
　第15章　二つの世界大戦（第一次世界大戦とロシア革命／ヴェルサイユ体制下の欧米諸国／アジア・アフリカ民族主義の進展／世界恐慌とファシズム諸国の侵略／第二次世界大戦）
　第16章　冷戦とアジア・アフリカ世界の自立（東西対立の始まりとアジア諸地域の自立／冷戦構造と日本・ヨーロッパの復興／第三世界の自立と危機／米・ソ両大国の動揺と国際経済の危機）
　第17章　現代の社会（冷戦の解消と世界の多極化／ソ連・東欧社会主義圏の解体とアジア圏社会主義国の転換／第三世界の多元化と地域紛争／現代文明）

　これに「主題」（国際対立と国際協調／科学技術の発展と現代文明／これからの世界と日本）が付されている。

❷『詳説日本史 B』山川出版社、2005年[2)]
　第4部が「近代・現代」であり、その構成は以下の通り。

　第9章　近代国家の成立（開国と幕末の動乱／明治維新と富国強兵／立憲国家の成立と日清戦争／日露戦争と国際関係／近代産業の発展／近代文化の発達）
　第10章　近代日本とアジア（第一次世界大戦と日本／ワシントン体制／市民文化／恐慌の時代／軍部の台頭／第二次世界大戦）
　第11章　占領下の日本（占領と改革／冷戦の開始と講和）
　第12章　高度成長の時代（55年体制／経済復興から高度成長へ）
　第13章　激動する世界と日本（経済大国への道／冷戦終結と日本社会の動揺）

　このように、日本では、世界史、日本史に限らず、第一次世界大戦と第二次世界大戦を一括りとし、その間を戦間期として結びつける傾向が強い。果たして第一次世界大戦と第二次世界大戦はその本質的相違はないのか。戦間期も第二次世界大戦への道とすべきなのか。戦間期を独自な時期として設定することは可能なのか。また、戦時期に関する分量が極めて少ないのも気にかかるところである。歴史にかける授業時間数の増大が望まれる。

(二) 中　　国
◀初級中学（日本の中学校に相当）▶

❶『中国歴史』第3冊、人民教育出版社、2002年第1版

【中国古代史部分】（続）
　　第1課　清朝多民族統一国家の強化
　　第2課　台湾回復とツァーリ・ロシアの黒龍江流域侵略への反撃
　　第3課　清朝前期経済の発展と鎖国政策
　　第4課　君主専制政治の頂点

【中国近代史部分】
　　第5課　アヘン輸入とアヘン禁止運動
　　第6課　太平天国運動の開始
　　第7課　太平天国後期の闘争
　　第8課　中仏戦争〈清仏戦争〉と甲午中日戦争〈日清戦争〉
　　第9課　第二次アヘン戦争
　　第10課　清朝政局の変動と洋務運動
　　第11課　中国辺境の危機と中仏戦争
　　第12課　甲午中日戦争（日清戦争）と民族危機の深化
　　第13課　維新変法運動の開始
　　第14課　戊戌の変法
　　第15課　義和団運動
　　第16課　ブルジョワ民主革命の開始
★第17課　清朝政府の「新政」と各地の武装蜂起
　　第18課　辛亥革命と中華民国の成立
　　第19課　清朝の文化(1)——自然科学技術の成果——
　　第20課　清朝の文化(2)——進歩的思想家と新教育制度——
　　第21課　清朝の文化(3)——文学と芸術の発展——
　　第22課　北洋軍閥の統治反対闘争
　　第23課　民族工業の短期間の発展と軍閥割拠
　　第24課　新文化運動と五四愛国運動
　　第25課　中国共産党の創設と中国労働運動の新たな高まり
　　第26課　革命的統一戦線の樹立
　　第27課　北伐戦争と国民革命の失敗
　　付録：中国歴史大事年表（1644-1927）

　このように、中国では、従来、近代史はアヘン戦争、現代史は五・四運動から開始されるとしてきた。ここでのポイントは、①太平天国運動、特に義和団

第1節　満洲事変、日中戦争、太平洋戦争の記述を巡って　49

運動の評価に着目する必要がある。なぜなら両運動、とりわけ義和団運動はナショナリズムとの関連が深いからである。それと対比して、②研究面で再評価が進んでいるものに洋務運動、変法自強運動がある。特に洋務運動は外資導入、中国近代化の側面から決して看過できない。いわば中国の政治はナショナリズムと近代化評価の2つの大きな潮流をいかにみなすかにかかってきた。当然、教科書にはそれが反映している。なお、★は「弾性課」（弾力性のある課）で、各地における各中学校の生徒の状況〈レベル〉に応じて授業に採り入れるか否か柔軟に対処してよいとする。

　その他、日本では古代、中世、近世、近現代と分けるが、中国の教科書では、古代から近世までを一括して「古代史」と称している。いわば前近代史全体に「古代史」との名称を付しているのである。なお、台湾の教科書では、一般的に「上古」〈古代〉（文明の起源～秦漢）、「中古」〈中世〉（魏晋南北朝～隋唐）、近世（宋・元・明・清）、近代（清末～）となっている。

❷『中国歴史』第4冊、人民教育出版社、2002年第1版
【中国近代史部分】（続）
　第1課　南京国民政府の設立
　第2課　国民政府初期の統治
　第3課　「紅色」（中国共産党）政権の設立
　第4課　中国労農紅軍の長征
　第5課　日本による中国侵略の九・一八事変〈満洲事変〉
　第6課　抗日救亡運動
　第7課　神聖なる抗戦の開始〈七・七事変（盧溝橋事件）〉
　第8課　「敵の後方へ」〈南京から武漢、そして重慶へ〉
　第9課　日本侵略者の残虐な統治
　第10課　国民党の消極抗日・積極反共
　第11課　中国共産党による「敵後」（日本軍背後）抗戦の堅持
　第12課　抗日戦争の勝利
　第13課　全面内戦の勃発
　第14課　国民党軍隊による進攻粉砕
　第15課　「蔣家王朝」の覆滅
★第16課　民国時期の文化(1)――科学技術と教育――
★第17課　民国時期の文化(2)――文学と芸術――

【中国現代史部分】
  第18課 中華人民共和国の成立
  第19課 人民政権を強固にする闘争
  第20課 国民経済の回復と発展
  第21課 第1次5ヵ年計画の実行
  第22課 社会主義建設の模索と前進
  第23課 「文化大革命」の十年
  第24課 社会主義建設の新時期
  第25課 中国の特色ある社会主義の道
  第26課 国防建設・民族工作と外交工作の成果
  第27課 社会主義時期の文化(1)――現代科学技術と教育――
★第28課 社会主義時期の文化(2)――文芸・体育・衛生事業の盛んな発展――
 付録：中国歴史大事年表（1927-1999）

 以上の構成、目次から明白になることは、1949年中華人民共和国以前を「近代史」、以後を「現代史」としていることである。従来の1919年学生・労働運動により中国共産党〈以下、原則として中共と略称〉を創出した五・四運動をもって「近代史」と「現代史」とする区分けを変更したことになる。本教科書が「現代史」を人民共和国成立をもって画期とすることは、新たな時期区分として注目される。ただし単純に考えれば、五・四運動評価の低下・中共の史的役割の相対化にも見えるが、中華人民共和国が中共政権として開始されたことを鑑みれば、別に中共を相対化したとはいえない。時代が進めば、「現代史」の開始が現在との関係で、時代が下がり、人民共和国以降としてもさほど問題はない。

 なお、本教科書の「説明」によれば、⑴本教科書は中華人民共和国教育部が制定した「九年義務教育全日制初級中学歴史教学大綱」に基づき、1994年の『九年義務教育三年制初級中学教科書中国歴史』第4冊、第2版を改訂したものとする。今回の改訂は基礎知識、能力養成、思想教育の3項目の教育目標を全面的に教えることを前提に、①生徒負担を軽減し、難度を下げる、②「啓発性」〈自学自習による発見〉と「生動性」〈活発さ〉を高める、③新たな意識を生み出し、実践能力を高めるの3点を特に重視する。⑵本教科書は南京国民政府の成立から20世紀末までの歴史を計28課で叙述している。各課は1時限で教える。

第1節　満洲事変、日中戦争、太平洋戦争の記述を巡って　51

◀高級中学（日本の高等学校に相当）▶

❶『高級中学課本・中国近代現代史』（必修）上冊、人民教育出版社、1994年第2版
   第1章　アヘン戦争
   第2章　太平天国運動
   第3章　資本主義国家の中国侵略の激化と中国資本主義の誕生
   第4章　中仏戦争と甲午中日戦争
   第5章　戊戌変法と義和団運動
   第6章　ブルジョワ革命派指導の辛亥革命
   第7章　北洋軍閥の統治
   第8章　近代前期の文化（1840-1919）
   第9章　五四運動と中国共産党の誕生
   第10章　大革命の開始と失敗
   付：中国近代現代史大事年表（上）

❷『高級中学課本・中国近代現代史』（必修）下冊、人民教育出版社、1994年第2版

第1章	国共政権の10年間の対峙 →※国共対立と建設。日本による侵略問題は後景
第2章	中華民族の抗日戦争 →※1937年盧溝橋事件以降、中国勝利・日本敗戦まで

   第3章　人民解放戦争
   第4章　近代後期の文化（1919-1949）
   第5章　中華人民共和国成立と社会主義への移行
   第6章　社会主義建設の模索中における曲折した前進
   第7章　「文化大革命」の十年内乱
   第8章　中国の特色ある社会主義の建設
   第9章　統一戦線の発展と各民族人民の団結
   第10章　外交戦線の勝利と強固な人民国防
   第11章　社会主義時期の文化
   付：中国近代現代史大事年表（下）

　第1、2章は1931～37年は国共対立と建設時期、37年7月から8年抗戦という形をとる。第1～11章は中国社会主義をいかに評価するかの問題と密接に絡まる。なお、『高級中学教科書・中国近代現代史』（必修）下冊、人民教育出版社、2005年第4版の「説明」によれば、2002年頒布の「全日制普通高級中学課

程計画」、「全日制普通高級中学歴史教学大綱」に基づき、『全日制普通高級中学教科書（試験修訂本・必修）中国近代現代史』の基礎の上で修訂し、完成したものとする。今回の修訂点は「『教育は現代化、世界、未来に向ける』という戦略思想に則り、教育は社会主義現代化建設に服務し、生産労働と相結合し、徳・智・体・美の全面的に発展させる社会主義事業の建設者と継承者を養成するという方針を貫徹する。それによって全面的に素質を伸ばす教育を推進することを旨とし、全面的に普通高級中学の質量を高める」とする。

　本教科書の構成は以下の通り。第1〜3章は、従来の教科書（下冊）と同じ。第4章は、「近代後期の文化（1919-1949）」ではなく、「中国近代の文化」で清朝末期が包括される。第5章は「中華人民共和国成立と社会主義への移行」に「の実現」が書き加えられ、第6章は、「社会主義建設の模索中における曲折した前進」の「前進」が「発展」に置き換えられ、第7章は、「『文化大革命』の十年内乱」から「内乱」が削除される。第8章は、「中国の特色ある社会主義の建設」が「社会主義現代化建設の新局面の形成」となり、第9章は、「統一戦線の発展と各民族人民の団結」は「各民族人民の共同発展」、第10章「外交戦線の勝利と強固な人民国防」が「中華人民共和国の外交と国防」、第11章の「社会主義時期の文化」が「社会主義時期の文化発展と社会生活の新たな変化」となった。

　文化大革命では「内乱」という刺激的な表現を削除しているが、全体としてわかりやすさを考慮しての変更であり、構成全体としての変化はさほど感じられない。また、初級中学教科書が人民共和国成立をもって「近代史」と「現代史」を明確に時期区分したことに対し、高級中学教科書はそれを明確に打ち出していないように見える。

（三）台　　湾

❶ 『国民中学・歴史』第3冊、国立編訳館主編、1996年第7版（国民中学は初級中学に相当）

　　第18章　清末の変動（アヘン戦争の震撼／主権と領土の喪失／内乱の頻発／自強運動）
　　第19章　外患の激化と民族の覚醒（甲午戦争と瓜分の危機／戊戌変法と立憲運動）

第1節　満洲事変、日中戦争、太平洋戦争の記述を巡って　53

第20章　新時代の開始——中華民国の建設（国民革命運動の開始／武昌蜂起と民国創立）
第21章　民国初期の政局（民主政治の試み／外交挫折と五四運動／軍閥の乱れた政治と護法運動）
第22章　清末・民国初期の社会と文化（社会と経済／文化と教育）
第23章　北伐による統一と対日抗戦（北伐による統一／十年間の建設／対日抗戦）
第24章　戦後の動乱（平時体制の回復と「行憲」〈憲政実施〉／国共和戦と大陸の変色／中共統治下の大陸）
第25章　「基地」（台湾）復興の成果と展望（危機からの転換／各方面の建設成果／未来の展望）

　国民中学『歴史』の「編輯大意」によれば、①本教科書は民国74（1985）年4月の教育部修訂公布の『国民中学歴史課程標準』により編輯し、試用、修訂、正式使用を経た後、1989年使用した意見を斟酌して再度改訂し、完成したものである。
　②『歴史』は計5冊で、第1〜3冊が「国史」、第4、5冊が「外国史」である。1年生が第1、2冊、2年生が第3、4冊、3年生で第5冊を使用する。
　③本教科書の教材の選択と叙述はすべて『国民中学歴史課程標準』の4項目の目標に依拠している。本国史の叙述は中華民族の進展、国土の変遷、政治・社会・経済・文化の発展を叙述したほか、とりわけ悠久の歴史と民族文化の融合を強調し、これによって国家を愛し、民族を愛す情操と団結協力の精神を増強し、ならびに民族の伝統精神、国民の位置と責任を認識させる、とする。外国史は世界各主要民族の進展、文化の発展、時代の趨勢、および我が国の国際的地位と責任について叙述する。「外国史は世界各主要民族」とあるが、東アジアでは、日本を重視し、朝鮮・韓国は軽視されている。
　なお、④各節にすべて「研究と討論」が付されており、学習効果を強化する。教師はこれを生徒レベルに応じて酌量し、選択、使用するようにする、とある。いわば台湾の従来の歴史教科書は中国史を主要にとりあげており、日本植民地時代を含めて台湾独自の歴史を軽視、もしくは捨象してきた。民進党が一定時期、政権を担った後、それを是正するため、中高の教科書でも台湾史に一定のスペースが割かれるようになった〈その後、さらに進展し、現在、教科書第1冊目が台湾史に充てられている。それについては、本書第3章第2節を

参照されたい〉。

❷『高級中学・歴史』第3冊、国立編訳館主編、1996年第12版
- 第20章 列強の侵略と内乱（アヘン戦争と英仏連合軍／ロシアの侵略／太平天国と捻軍・回民の反乱）
- 第21章 自強運動（西洋のやり方の模倣と洋務設置／台湾の積極的な建設）
- 第22章 辺疆藩属の喪失と甲午戦争（辺疆藩属の喪失／甲午戦争と台湾・澎湖島の割譲）
- 第23章 変法と革命（瓜分の危機・庚子動乱（義和団の乱）と日露戦争／戊戌変法と立憲運動／革命運動）
- 第24章 中華民国の創設と民国初期の政局（辛亥革命と中華民国創設／袁世凱の売国／民国初期の対外関係）
- 第25章 清末・民国初期の社会経済と文化（社会的変遷／経済の発展／文化と思想の進展）
- 第26章 南北分裂と統一（軍閥割拠と混戦／護法運動と北伐による統一／南北分裂時期の中国内外関係）
- 第27章 艱苦建国の十年（統一の強化／ソ連・日本の侵略と安内攘外／改革と建設）
  →※日本、ソ連の双方からの侵略を強調。
- 第28章 八年抗戦（抗戦の勃発と初期情勢／中国と連合国の共同作戦／中国抗戦の精神と成果）
  →※国際的関係・連携を強調
- 第29章 「行憲」（憲政実施）と争乱（戦後建国方針と「行憲」／ソ連の侵略／国共分裂と政府争乱）
- 第30章 復興と「基地」〈台湾〉の建設（政治軍事と外交／経済と社会／教育学術と文化）
- 付録 「大事年表」

　高級中学『歴史』の「編輯大意」によれば、①本教科書は民国72（1983）年7月公布の『高級中学歴史課程標準』の規定により編輯している。②『歴史』は計4冊で、第1～3冊が「本国史」、第4冊が「近代世界史」で、高級中学の1、2年生が4学期の教科書で、毎期各1冊を教える。③各節末尾にすべて「研究と討論」を付し、生徒の練習に供す、とある。

　では、ここで、現在使用している台湾の高校歴史教科書における近現代史部

第1節　満洲事変、日中戦争、太平洋戦争の記述を巡って　55

分の構成を見ておきたい。普通高級中学『歴史』（教育部「普通高級中学歴史科課程暫行綱要」2005年教育部発布の「普通高級中学歴史科課程暫行綱要」によって編纂作成・2008年後、使用開始、龍騰文化、以下、2008年版）第1～4冊は1、2年生の必修である。第1冊が台湾史、第2冊が中国史、第3冊が世界史（上）、第4冊が世界史（下）である。

❸『歴史—中国史—』（必修）第2冊（龍騰文化、2005年教育部発布の「普通高級中学歴史科課程暫行綱要」によって審査作成、2008年後、使用開始）

　第4編　近代の衝撃——清末——
　　第9章　「帝国」〈清朝〉の衰退（内部動乱と地方勢力の興起／ウエスタン・インパクトと西欧勢力の東洋への漸進的拡張）
　　第10章　「現代化」〈近代化〉の発端（洋務による自強／変法による「保国」〈体制維持〉）
　第5編　中華民国の成立と発展
　　第11章　革命と建国（「帝国」から民国へ／民国初期の政局）
　　第12章　新文化と新思潮（「現代化」〈近代化〉の社会と文化／啓蒙から救亡へ）
　　第13章　中国大陸から台湾へ（試練を受けた統一と建国／八年抗戦／国家の大分裂への歩み）
　第6編　共産中国と両岸関係
　　第14章　共産革命（中華人民共和国の創立／全体主義への道）
　　第15章　最近の経済と社会変革（改革開放／区域の発展と人口問題）
　　第16章　両岸関係（両岸関係の変遷／両岸交流の現在と未来）

❹『歴史—世界史（下）—』（必修）第4冊（龍騰文化、同じく2008年使用開始）

　第1章　変遷の時代（導入：時代的特色／アメリカ独立戦争と民主政治の成長／フランス大革命から二月革命／産業革命とその初期的影響）
　第2章　資本主義国家の挑戦（西欧国家の優勢／ウエスタン・インパクトと満清帝国／非西欧世界の危機や転機〈ここに日本の明治維新を包括〉）
　第3章　歴史的転換（西欧世界の迷い・改革・急進化と第一次世界大戦／ロシア大革命と共産党の全体主義統治／アジアの反植民地化運動〈ここに中華民国の成立や「満洲国」などにも触れる〉）
　第4章　世界覇権の争奪（第二次世界大戦・冷戦の形成と東アジア世界／1960年代の政治と社会〈ここにベトナム戦争・両岸関係の変遷を包括〉）
　第5章　我々の成長時代（日常生活と大衆文化の変遷／海峡両岸と世界新秩序〈脱

冷戦時期や多元文化世界などを包括））

その他、「進歩史観」などを巡って問題提起をしている。

このように、台湾では、第一次世界大戦、第二次世界大戦を分けてとらえる。特に新たな傾向としては中国大陸から台湾に政府が移ったことを客観的事実として見つめようとしている。その上で、国際関係の中で中国・台湾の両岸関係をいかに構築し、いかに未来を切り開くかを冷静に考えさせようとしている。

以下、1931年満洲事変から1945年の日本敗戦までを各時期に区切って、日本、中国、台湾各教科書の内容を相互比較しながら、その特色や問題点について考察したい。

Ⅱ　満洲事変から西安事変まで

（一）満洲事変（九・一八事変）

◀日　本▶

❶『詳説世界史』山川出版社、2005年

日本の中国侵攻と中国の抵抗

背景としては、日本が「第一次世界大戦中は戦争景気で工業を発展させたが、1923（大正12）年ころから貿易が不調になり、27年には金融恐慌が発生し、さらに世界恐慌に追いうちをかけられた。経済は混乱して労働争議が多発し、社会不安もひろがった。しかし、既成政党は政権争いを続けて国民の信頼を失い、軍部は経済危機を大陸での支配権拡大で解決することを主張した」（306頁）。

満洲事変とその後の経緯については以下のように説明する。

1931年9月、日本の関東軍は中国東北地方（当時日本では「満州」とよんでいた）の柳条湖で鉄道を爆破し、これを口実に軍事行動をおこして、東北地方の大半を占領した。これが満洲事変で〈あり〉、軍部は国際社会の注意をそらすために、32年7月には上海事変をおこした。日本の軍事行動は国際的に批判され、中国の提訴で国際連盟もリットン調査団の派遣を決めた。関東軍は既成事実をつくるため、32年3月、清朝最後の皇帝溥儀を執政（のち皇帝）にすえて、満州国を建国させた。調査団は軍事行動が自衛権の発動であるとする日本の主張をしりぞけ、連盟もそれを支持したので、日本は33

第1節　満洲事変、日中戦争、太平洋戦争の記述を巡って　57

年3月、国際連盟脱退を通告した。日本の侵攻はその後熱河方面におよび、一時は長城をこえて北京にせまり、華北支配をねらうようになった（脚註：日本軍は1935年、防共の名目で内モンゴル・華北に侵攻し、河北省東部に国民政府から分離した冀東防共自治政府（1935～38）を設置させた）。これと並行して一部の軍人はテロやクーデタ事件（脚注：32年の五・一五事件、36年の二・二六事件など）をおこし、国内での影響力を強めようとした。（307頁）

【コメント】　いわば世界恐慌などの経済的背景から軍部が台頭し、侵略を開始したとする。そして、侵略の段取りについて論じられる。ただ満州を除く中国側の状況は明らかにされていない。また、中国の提訴のみならず、日本の逆提訴によってリットン調査団が派遣されたことに触れておく必要があろう。

❷『詳説日本史』山川出版社、2007年

「軍部の台頭」　満州事変

　中国で国権回収の民族運動が高まっているころ、日本国内では軍や右翼が幣原喜重郎の協調外交を軟弱外交と非難し、「満洲の危機」をさけんでいた。……関東軍は……満州を長城以南の中国主権から切り離して日本の勢力下におこうと計画した。関東軍は石原莞爾を中心として、1931年9月18日、奉天郊外の柳条湖で南満州鉄道の線路を爆破し、これを中国軍のしわざとして軍事行動を開始して満州事変が始まった。第2次若槻礼次郎内閣（立憲民政党）は不拡大方針を声明したが、世論・マスコミは戦争熱に浮かされたように軍の行動を支持した。関東軍は全満州を軍事的制圧下におくべく、戦線を拡大したため、事態の収拾に自信を失った若槻内閣は総辞職した。

　かわって同年12月に立憲政友会総裁犬養毅が組閣し、中国との直接交渉をめざしたが、翌1932年になると、関東軍は満州の主要地域を占領し、3月には清朝最後の皇帝溥儀を執政として、満州国の建国を宣言させた。アメリカは日本の一連の行動に対して不承認宣言を発し、中国からの訴えと日本の提案で、国際連盟理事会は事実調査のためにイギリスのリットンを団長とする調査団を現地と日中両国に派遣することにした。（321～322頁）

政党内閣の崩壊と国際連盟脱退

　1932年9月、斎藤〈実〉内閣は日満議定書をとりかわして満州国（脚註：満州国における日本の権益を確認し、日本軍の無条件駐屯を認めた。このほか、付属の秘密文書では、満州の交通機関の管理を日本に委託すること、関東軍司令官の推薦・同意にもとづいて満州国政府の要職に日本人官吏を採用することなどが規定された）を承認した。……連盟側は1933年2月の臨時総会で、リットン調査団の報告（脚註：日本の軍事行動は合法的な自衛措置ではなく、満州国は自発的な民族独立運動によってつくられたものではないとしながらも、一方で日本の経済的権益に中国側が配慮すべきであるとするだ妥協的なものであった）にもとづき、日本の傀儡国家であると認定し、日本が満州国の承認を撤回することを求める勧告案を採択した。松岡洋右ら日本全権団は……退場し、

3月に日本政府は正式に国際連盟からの脱退を通告した（1935年発効）。
　1933年5月、日中軍事停戦協定（塘沽停戦協定）（脚註：河北省東北部の冀東地区から中国軍と日本軍の双方が撤退し、そこに非武装地帯を設定して、治安維持には中国警察があたることになった）が結ばれ、満州事変自体は終息した。しかし日本は満州の経営・開発に乗り出し、1934年には満洲国を溥儀を皇帝とする帝政に移行させた。(323～324頁)

【コメント】　リットン報告書の妥協的性格を押さえているのはよいが、列強の利害、思惑が絡まっていたことへ言及する必要があったのではないか。また、第一次上海事変をここに入れておく必要があるかもしれない。本教科書は「15年戦争論」ではなく、塘沽停戦協定で、戦争がとぎれていると考えているようである。なお、日本の歴史教科書からいつのまにか満洲事変の背景とも言うべき「万宝山事件」の記述が消えてしまった。

◀中　国▶

❶ 『高級中学課本　中国近代現代史』下冊（必修）、人民教育出版社、1993年

　「第一章 国共政権の十年対峙」の「第三節 日本の大挙しての中国侵略と紅軍の戦略転移」に「九・一八事変と一・二八事変〈第一次上海事変〉」が組み込まれており、「本国〈日本〉の経済危機の混乱を脱却するため、国民党反動派の紅軍包囲攻撃の機に乗じて日本帝国主義は中国侵略の足取りを速めた」と背景を述べた後、「1931年9月18日、日本関東軍は南満洲鉄道の柳条湖区間のレールを爆破し、却って中国軍隊が破壊したと誣告し、東北軍駐屯地の北大営を砲撃し、瀋陽〈奉天〉を攻略した」とする。これに対して、「蔣介石は東北軍の抵抗を許さず、半年も経たずに東北三省はすべて日本軍の手に落ちた」と批判する。この後、日本は溥儀を傀儡とし、偽「満洲国」を建設し、「中国の東北三省〈満洲〉は日本帝国主義の植民地となった」と断じる。
　ところで、「九・一八」事変の二日目、国民政府は国際連盟に公正な判断を要求、調査団〈リットン調査団〉が32年1月調査を開始し、10月報告書を出した。報告書は、中国の「九・一八」事変以前の現状回復との提案に同意せず、他方で日本が「満洲国」を維持し、東北を独占するとの要求を承認せず、「国際協力が最善の解決」と主張した。このことは、「国際協力」を名目に東北三省を帝国主義列強の共同管理の植民地に変えるというものであった、との説明が付される。

【コメント】　中国内部の矛盾である蔣介石・国民党と中共との対立、蔣から張学良に対する不抵抗命令などにも重点を置いて述べる。また、リットン報告書の問題点として列強の利権獲得の思惑があったことを強調している。

　なお、これには史料が付されており、例えば、①国民政府「全国民衆に告げ

第1節　満洲事変、日中戦争、太平洋戦争の記述を巡って　59

る書」では、政府が現在この案件〈満洲事変〉を国際連盟に提訴し、公理による解決を待っている。そこで、全国軍隊は日本軍との衝突を避けることを厳しく命令し、国民に対しても一致して努めて厳粛で鎮静な態度をとるよう警告する、②蒋介石の言として、銃砲、教育訓練、機器、工場がすべて日本人より劣っているのに、どのようにして日本と戦争するというのか。「もし日本に抵抗すればせいぜい３日間で国は滅ぶ」、と。③蒋介石演説（1931年８月）では「中国が帝国主義に滅ぼされれば、亡国奴となるが、なお生き延びることができる。もし〈中国〉共産党に滅ぼされれば、たとえ奴隷となっても生き延びることができない」。こうした事実から、蒋介石の政府が「不抵抗政策」を採ったことを理解させようとする。

【コメント】　この史料から読みとれることは、蒋介石・国民政府はいわば日本の侵略よりも中共に対する潜在的恐怖があったことであり、これは史実に合致している。かつ反共的姿勢も明白であり、反共主義者としての蒋介石を強調している。また軍事力を含むあらゆる面での日本の優位を強調し、戦争しても中国が必敗すると予測している。その結果生み出された国際連盟への依存の姿勢を明らかにする。また、この段階での蒋介石・国民党と毛沢東・中共との決定的な認識の差は抗戦する上で民衆力量・地の利をいかに評価するかにあったと考えられる。

◀台　湾▶

❶『高級中学 歴史』第３冊、国立編訳館主編、1996年第12版

「第27章第２節　ロシア・日本の侵略と安内攘外」
ソ連の侵略と中東路事件
　1929年５月、ソ連のハルビン領事館による密謀が常軌を逸していたため、中国は警察を派遣し、それらロシア人を逮捕した。その中には、中東鉄道のソ連籍職員がいた。中国は中東鉄道を接収したことに対し、ソ連は大軍を派遣し、同江、満洲里などを次々と占領した。これが中東路事件である。ソ連軍が侵入した時、東北軍旅長の韓光第が軍を率いて抵抗し、全旅将兵は壮絶な殉死をとげた。12月東北交渉員とソ連はハバロフスク協定を締結し、中東鉄道の原状を回復した。（124頁）

【コメント】　この特徴は、中国が当時、日本のみならず、ソ連からも侵略され、両国から挟撃を受けているとの国際認識であったことにある。

九一八事変と日本の侵略拡大
　日本軍人は中国東北を奪おうと企て、久しく下心を抱いていた。張学良は奮起し、日

本の統制から離脱しようと欲していたが、ますます日本人は侵略を強化した。民国20（1931）年、まず〈吉林省〉長春付近の万宝山で農民と「韓僑」（朝鮮人）との衝突があり、日本は朝鮮排華運動を煽った。これが万宝山事件である。また、日本軍特務の中村震太郎が洮南で失踪し、日本側は中国側に殺害されたと指弾した。これが中村事件である。中日関係は緊張し始めた。9月18日晩、日本軍は瀋陽付近の柳条湖を通る南満洲鉄道の一区間を自ら破壊し、中国側が破壊したと誣告し、ついに瀋陽を攻略した。これが「九一八」事変である。(125頁)

【コメント】 背景としての万宝山事件、中村大尉殺害事件を手堅く押さえる。ただし、日本軍の侵略動向、それに対する張学良に触れているのはよいが、その実際の動態をさらに深く追究する必要があったのではないか。すなわち、九一八事変後、張学良は対日抵抗をしようとしても実際は抵抗できなかった。特に国民政府の動態が見えないことが問題のような気がする。

（二）第一次上海事変（一・二八事変）

◀日 本▶

❶『詳説世界史』山川出版社、2005年

上述したように、日本軍部が満州事変〈から〉「国際社会の注意をそらすために、32（昭和7）年には上海事変をおこした」(307頁)とのみ説明される。

【コメント】 むしろ日本が狙う「満洲国」建国から眼をそらすため、と明確に書いた方がより当時の歴史が鮮明になったかもしれない。

❷『詳説日本史』山川出版社、2007年

脚注で「満州での日本の軍事行動は、中国の排日運動をますます激しくさせ、1932（昭和7）年には上海でも日中両軍が衝突した（第1次上海事変）」(322頁)と書かれているに過ぎない。

【コメント】 排日運動を指摘するだけでは説明不足ではないか。ともあれ『詳説世界史』、『詳説日本史』とも第一次上海事変の歴史的意義を軽視している。だが、この事変は重要で、日本の狙いとして、せめて㈠「満洲国」建国計画から列強の眼をそらす、㈡上海を基盤に奥地侵出を企てる、㈢欧米列強と蒋介石・国民政府との間に楔を打ち込むなどの点を指摘すべきではなかったか。

◀中 国▶

❶『高級中学課本 中国近代現代史』下冊（必修）、人民教育出版社、1993年

第1節　満洲事変、日中戦争、太平洋戦争の記述を巡って　61

「〈日本は〉継続して侵略を拡大するため、1月28日突然、上海を襲撃した。淞滬駐屯の国民党十九路軍は、愛国将軍である蔡廷鍇、蔣光鼐の指揮下に奮起して抵抗し、何度も進攻する敵〈日本軍〉を撃退し、日本軍は3度、司令長官をかえざるを得なくなった。上海人民は活発に十九路軍を支援した」。

続いて、第一次上海事変の背景、原因が詳細に説明される。すなわち、「関東軍高級参謀の板垣征四郎の画策により日本の上海公使館武官〈田中隆吉〉が1人の自称、日本人僧侶を唆し、上海三友実業社の門前で挑発させた。また、1人の女特務〈川島芳子〉が暴力団を操ることによって、三友実業社義勇軍がこの「僧侶」を殴打したように見せかけ、その後、日本人居留民に騒ぎを引き起こすように扇動した。日本は「居留民保護」を口実に大量の軍艦、飛行機、装甲車、及び海軍陸戦隊を中国に派遣した。日本領事官は国民党の上海市政府に以下のように提起した。日本への謝罪、犯人処罰、損害賠償、及び抗日救国会の取締りなどの理不尽な要求を突きつけ、48時間内に満足ある回答を出すよう求めた。国民党の上海市長呉鉄城は蔣介石の不抵抗政策に基づき、言われた通り承認した。だが、日本は決して満足せず、また閘北の「日本居留民保護」を名目に28日深夜、軍隊を派遣し、上海進攻を開始した」。

この後、上海の軍と民の抵抗により日本軍の侵略拡大が思い通りにならなかったにもかかわらず、国民政府はそれを支持せず、かえって日本と談判し、その後、屈辱的な淞滬停戦協定を締結し、中国軍隊の上海からの退出などを認め、全国人民の憤慨を巻き起こした、とする（16頁）。

【コメント】　日本の教科書に対して、中国の教科書は第一次上海事変を重視し、かなりの力点を置いて論述している。なぜなら、それまでほとんど抵抗しなかった中国が民衆の支援を受けて、十九路軍中心に激しい抵抗をしたこと、日本の陰謀・理不尽な要求という歴史的事実を浮かび上がらせるためである。他方、蔣介石・国民政府は不抵抗政策に基づき、日本に対して妥協的で、弱腰であったことが指摘される。

◀台　湾▶
❶『高級中学　歴史』第3冊、国立編訳館主編、1996年第12版

日本軍の侵略はさらに甚だしいものとなり、また1932年1月28日上海の閘北を攻撃し、我軍は奮起して抵抗した。これが「一二八」事変である。〈国民党〉中央は蔣中正〈蔣介石〉先生に南京に戻り、軍事委員会委員長に就任し、作戦指揮を採るよう求めた。5月上海停戦協定〈淞滬停戦協定〉が成立し、日本軍は撤退した。この戦役は、我軍の犠牲的な不屈の精神を示し、民族抗戦の信念を強化した。国際的見方も一変した（126頁）。

【コメント】　第一次上海事変での戦闘の意義を認めながらも、当時、国民政府軍の大部分は動かず、蔣介石の命令に反して十九路軍が日本と戦い始めたため、細部に入って論じる姿勢はない。いわば国民党にとって痛し痒しの問題であり、あまり触れたくな

いが、しかし、評価せざるを得ないというジレンマに陥っている。こうした国民党にとって認めたくない史実であるということが、教科書の書き方に反映している。

(三) 満洲事変後の経過（蔣介石「安内攘外」論／中共内部の対立／長征／毛沢東の中共における指導権問題）

◀ 日　本 ▶

❶ 『詳説世界史』山川出版社、2005年

　中国の国民政府は1930年の関税自主権回復に力をえて、国内の政治的・軍事的統一をめざし、満洲事変などの日本の軍事行動への対応より、共産党との戦いに力を入れた。1934年、瑞金の共産党軍は、国民党軍の攻撃をうけて、延安を中心とする奥地の陝西・甘粛省をめざす長征を実行した。この過程で、共産党内の毛沢東の指導力は高まった。35年、国民政府はイギリス・アメリカ合衆国の援助で通貨を統一した（脚注：それまで中国の通貨は基本的に銀で、紙幣は各銀行が発行していたため、通貨価値や通用範囲が不安定であった。国民政府は銀を禁止し、ポンドに連動した4大銀行が発行する銀行券を法定通貨（法幣）と定め、金融的統一を推進した）。これによって地方の軍閥の力は弱められ、国内統一への方向はさらに進展した（307頁）。

❷ 『詳説日本史』山川出版社、2007年

　中国では1935年以降、関東軍によって、華北（脚註：チヤハル・綏遠・河北・山西・山東の5省を日本側では華北とよんでいた）を国民政府の統治から切り離して支配しようとする華北分離工作が公然と進められた。同年、イギリスの支援のもとに国民政府は、地域的な通貨の混在状態の解消をはかる幣制改革を実施して、中国国内の経済的(329頁) 統一を進めた。これをみて、関東軍は華北に傀儡政権（冀東防共自治委員会）を樹立して分離工作を強め、翌1936年には日本政府も華北分離を国策として決定した(330頁)。

　長征に関しては、「西安事変」の脚註で、中国共産党軍は、国民党軍のたびかさなる猛攻のため南方の根拠地瑞金を放棄し、1万2000キロ以上の苦難の大行軍（長征、1934～36年〈1934～35年？〉）を敢行して西北辺境の延安に移動し、新しい革命根拠地をきずいた(330頁)、と記述する。

【コメント】　蔣介石の「安内攘外」論に関しては、『詳説世界史』が「日本の軍事行動への対応より、共産党との戦いに力を入れた」と記述するが、『詳説日本史』には関連する記述は一切ない。だが、中国側の政策を知る上で捨象できない事実のはずである。幣制改革については、前述の『詳説世界史』にも記述があるが。日本における歴史学の研究成果が教科書に反映している。これによって中央集権化も進展した。それに対抗する形で、関東軍による冀東防共自治委員会の樹立、日本政府の華北分離工作

が位置づけられる。『詳説世界史』は「毛沢東の指導力が高まった」ことを指摘するが、『詳説日本史』には一切そうした記述はない。

◀中　国▶

❶『高級中学課本 中国近代現代史』下冊（必修）、人民教育出版社、1993年
これを要約すると、以下の通り。

　九・一八事変後、「内戦停止・一致対外」という世論の圧力に対して、「攘外必先安内」〈「安内攘外」〉政策を打ち出し、対日妥協、紅軍への包囲攻撃の「反動方針」を継続して遂行した。1933年2月蒋介石は軍隊50万人を集結させ、3方面に分けて中央革命根拠地に対して第4回目の包囲攻撃をかけた。当時、「左」の誤りが中共内を支配していた。臨時党中央（脚注：王明ら留ソ派。王明はコミンテルン駐在代表としてモスクワにおり、博古が中心となって中共臨時中央政治局を組織。その略称が「臨時党中央」）とソビエト区は毛沢東の党軍に対する指導権を剥奪し、また、中央ソビエト区の紅軍に出撃し、先制攻撃をかけ、敵〈国民党〉の大量の兵が布陣する地点を攻撃するよう命じた。それに対して周恩来、朱徳は誤った指令に抵抗し、陽動作戦をとり、毛沢東の軍事思想に基づき遊撃戦をおこない、ソビエト区を拡大、全国紅軍は30万人に増大した。

紅軍の戦略転移〈長征〉
　1933年初頭、臨時党中央〈本教科書は、王明が暴動主義方針を採り、甚だしきことには武装暴動を発動した。その結果、国民党統治区の中共秘密組織が暴露され、破壊され、上海での基盤を失った、と説明する〉が上海から瑞金へと遷り、特に軍事方針上の「左」の誤りが中央ソビエト区内で全面的に遂行された。毛沢東の正確な軍事思想を否定すべき「遊撃主義」とみなし、紅軍の必要な移動を「悲観失望的な右翼日和見主義の逃亡退却路線」と批判した。そして、臨時党中央は毛沢東の紅軍指導権を解消し、軍事顧問「李徳」（脚注：ソ連情報機関から派遣されたドイツ人のオットー・ブラウン）が紅軍の指導権を掌握した。
　1933年10月蒋介石は空前の規模の第五回反革命「囲剿」を発動し、重点的に中央ソビエト区に包囲攻撃をかけた。米・英・独・伊などの帝国主義の支持の下、蒋介石は100万人の兵力と200機の飛行機を糾合し、トーチカ政策により次第に包囲網を縮めた。この時、博古、オットー・ブラウンは王明の左翼冒険主義を遂行し、ソビエト区外で戦うとして、全線で出撃を命じ、敵〈国民政府軍〉の堅固な陣地を攻撃して挫折した。また、「消極防禦」を実行し、兵を分けて至るところに防禦を設け、次々と抵抗することを主張した。その結果、紅軍は1年間奮戦したが、敵の「囲剿」を打ち破ることができず、1934年10月、中共中央と中央紅軍は「戦略転移」を実行せざるを得なくなり、長征を開始した。
　この後、以下のような説明をおこなっている。1935年1月に〈貴州省〉遵義で中共中央が政治局拡大会議を開催し、全力で博古らの軍事上、組織上の「左」の誤りを正し、

毛沢東の「正確な主張」を肯定した。選挙で毛沢東を中央政治局常任委員に選び、博古、オットー・ブラウンの軍事最高指揮権を解消した。かくして、事実上、毛沢東を核心とする新たな党中央の正確な指導を確立した。このことは、「中国共産党が初めて独立自主的にマルクス主義の原理を運用して自己の路線・方針・政策」を決めたことを意味するという。そして、遵義会議は極めて危険な情況下で、党・紅軍・革命を救い、「党史上、生死に関わる転換点であった」との高い評価を与える。最後に毛沢東〈「日本帝国主義に反対する戦術について」1935年12月27日〉の「長征は歴史記録上、最初のものであり、長征は宣言書で、長征は宣伝隊で、長征は種まき機である。……長征は我々の勝利、敵の失敗という結果で終わった」を引用する（17〜20頁）。

【コメント】　つまり、ここでは蔣介石による包囲攻撃が記述され、それに対して、中共の党内闘争・路線対立が激化したことが重点的に論じられる。そして、毛沢東の軍事思想の正しさと、それに則った周恩来・朱徳の遊撃戦に高い評価を与えている。その後、長征過程で貴州省遵義での毛沢東の指導権確立、および長征の成功が述べられる。その結果として、いわゆる「中国化した社会主義」、ソ連路線からの脱却と独立自主路線が確立したとの歴史的位置づけが与えられる。なお、この時期に関しては中共中心の記述である。また、国民政府の幣制改革についてはおそらく評価は固まっておらず、言及されていない。

◀台　湾▶

❶ 『高級中学　歴史』第3冊、国立編訳館主編、1996年第12版

「九一八」事変後、中国は国際連盟に訴え、日本軍に撤兵を求めたが、日本軍はそれを無視した。国民は〈国民〉政府をかなり非難した。そこで、国民政府主席の蔣中正〈蔣介石〉先生は団結を求めて辞職、下野し、林森が主席を引き継いだ。……日本軍は東三省を占領後、東北守備軍の馬占山は、及び各地義勇軍は苦しい戦闘を継続した。1932年3月、日本は天津で清の廃帝溥儀に傀儡になることを強制し、長春に傀儡「満洲国」を成立させた。国際連盟はそれに承認を与えなかったことから、日本は国際連盟を脱退した。1933年3月日本軍はまた熱河を占領し、「満洲国」に合併した。4、5月間、日本軍は長城の各出入口を侵犯し、中国軍は英雄的に抵抗した。日本軍は北平〈北京〉に迫り、塘沽〈停戦〉協定を締結し、河北省東部を緩衝区とした。1935年10月、日本軍はまた華北で情勢を緊張させた。外相広田弘毅は中国に対して、いわゆる3原則を提起した。①中日親善、排日の取締り、②「満洲国」の承認と経済協力の強化、③中日「満」の共同防共。その目的は、〈日本が〉中国全体の文化・政治・経済・軍事を統制することにあった。中国は拒絶した。日本軍は漢奸殷汝耕を利用して冀東傀儡組織を成立させた。中国はそれに承認を与えなかった（125〜127頁）。

【コメント】　国際連盟への告訴、東北義勇軍の抵抗、および傀儡政権設立への拒絶という形で、日本に抵抗したとする。なお、本教科書は、幣制改革に関しては、「第3節

改革と建設」（131〜138頁）の中の「財政改革」で言及している。すなわち、①財政改革、②経済建設、③交通建設、④軍事建設、⑤教育と学術発展、⑥新生活と農村建設運動の項目を立て、それぞれを説明し、その成果を誇示する。例えば、「財政改革」の項目では、中央税・地方税の区分と共に、重要な柱として幣制改革をあげる。すなわち、1933年4月「廃両改元」〈両を廃止し、元に改める〉を実施し、交易には新鋳造の銀元をもって計算し、幣制を統一した。幣制改革に関しては、1935年11月3日、統一貨幣を発行し、中央・中国・交通3銀行（後に中国農民銀行も参加）の紙幣を法幣とした。その他の銀行は〈紙幣を〉発行できず、銀元の流通は禁止された。ただし外国為替の売買は禁止されず、外国銀行の独占を打破した（132頁）、とある。不思議なことに、台湾の教科書もリース・ロス改革で、法幣をポンドやドルにリンクさせたことに触れていない。従来、意義よりも法幣がポンド・ドルに従属したと非難されてきたので、それを意識してのことであろうか。

（四）抗日民主運動の高まり

◀日　本▶

❶『詳説世界史』山川出版社、2005年

　満州事変を機に中国の抗日運動は全国にひろまり、1935年8月、中国共産党は八・一宣言を出して、内戦停止・民族統一戦線結成をよびかけた（308頁）。

【コメント】　なお、八・一宣言は長征中の毛沢東・中共軍が出したものではなく、当時、モスクワに駐在していた王明が出したことは押さえておくべき事実であろう。

❷『詳説日本史』山川出版社、2007年

　これ（華北分離工作）に対し、中国国民のあいだでは抗日救国運動が高まり……（330頁）。

【コメント】　抗日救国運動の具体的な実態に関する説明なし。日本にかかわることでもあり、もう少し重点的に論じてもよいと思われる。これがないと、どのような形での抗日救亡運動であり、どのような形で高揚していったのかがわからない。

◀中　国▶

❶『高級中学課本　中国近代現代史』下冊（必修）、人民教育出版社、1993年
　「第4節　抗日民主運動の発生と高まり」の歴史的流れの延長線上に西安事変が位置づけられ、力点を置いて詳細に論じる。要約すると以下の通り。

　抗日民主運動の発生

国民政府の不抵抗政策に対して全国人民の怒りを呼び起こし、その時、中国共産党はすぐに「大衆闘争を発動して日本帝国主義に反対する」という宣言を出した。「亡国奴」となることを願わない東北人民と未だ撤退していない東北軍〈の一部〉は次々と抗日義勇軍を組織した。その後で、義勇軍の説明が付加され、東北人民の「自発的に組織した抗日武装の総称で、統一的指導がなかった。各地組織の名称も種々あり、『東北抗日救国軍』、『農民自衛義勇軍』、『抗日大刀会』等々である。元東北軍愛国将軍である馬占山が組織した『黒龍江省民衆抗日救国義勇軍』はその中でかなり著名であった」、とする。

　史料「東三省各界連合会宣言」：「東北には三千余万の民衆、二百余万の勇士がおり、それぞれその財を差し出し、身を捧げ、日本帝国主義と最後の決闘をおこなおうと誓っている。白山、黒水〈具体的には、前者は長白山、後者は黒龍江〈アムール川〉を指すが、満州全体の意味で使用することが多い〉が尽く流血の区域に化そうとも、華冑〈誇り高き中国人〉は倭奴〈日本人〉と黄海の岸に共に立つことを願わず」。

　中国共産党は大量の幹部を派遣し、東北で抗日遊撃隊を組織した。その後、中共満洲省委は各方面の遊撃隊を東北人民革命軍に統一再編した。1936年東北人民革命軍はその他の抗日武装隊を吸収して抗日聯軍として組織された。抗日聯軍は東北抗日武装力の核心となり、楊靖宇、周保中らが主要な指導者であった。

　それに対して、国民党政府は続けざまに後退し、国民党内の愛国勢力の不満を引き起こしたことが書かれる。

　傀儡「満洲国」の建設後、日本は、熱河が「満洲国」の土地で、長城が「満洲国」の国境という荒唐無稽な宣言をした。1933年1月、日本軍により山海関陥落。日本・傀儡軍10万余人は3方面に分かれて熱河に進攻、熱河省主席兼第5軍団総指揮の湯玉麟は戦わずして逃亡し、熱河省が陥落。続いて日本軍は長城を侵犯、守備軍は英雄的に抗戦したが、孤立無援で長城の各入口を放棄せざるを得なくなった。その後、チヤハル省が危険な状態となった。

　国民党愛国将軍の馮玉祥、共産党員吉鴻昌が合作して、「察哈爾民衆抗日同盟軍」を組織し、1933年ドロンノール（多倫）を回復したが、出動した日本・傀儡軍と国民党軍隊の挟撃の下、敗北。南方では、10月福建人民政府が成立し、紅軍と「抗日停戦協定」を締結したが、蔣介石は日本軍（第3艦隊を福州に上陸）と結託して挟撃し、2ヵ月後、人民政府は敗北した（21～23頁）。

　【コメント】　国民政府の不抵抗政策に対して、東北義勇軍の抵抗が重点的に論じられる。東北義勇軍の抵抗は、国民政府の不抵抗政策に対して反抗したというより、日本による満州侵略・支配・「満洲国」建国に対しての反抗・反撃といえるであろう。その際、中共の指導が強調される。また、福建人民革命政府にも触れられる。だが、実は中共は福建人民革命政府と協定を結んでいたにもかかわらず、蔣介石が同政府を攻撃した際、支援せず、見捨て、果ては「改良主義者」政権として非難した事実は捨象される。

抗日民族統一戦線方針の制定

1935年日本軍は北平、天津に脅威を及ぼし、華北事変を造りだした。すなわち、「何応欽・梅津協定」で、中国軍隊の河北からの撤退、一切の抗日活動の取締りであった。そのすぐ後、日本はまた「華北5省自治」を画策し、華北を第2の「満洲国」に変えようとした（23頁）。

これに対して、華北事変後、1935年「中国共産党は『八一宣言』を発表、内戦停止、一致抗日を呼びかけた。同年末、中共中央は瓦窰堡で会議を開催し、抗日民族統一戦線樹立の方針を確定した。……この主張は全国各界愛国人士の擁護を獲得した」。会議後、毛沢東は活動分子会議で「日本帝国主義に反対する策略について」を報告した。これにより中国共産党の抗日民族統一戦線樹立の理論的基礎が確立した。この報告で、毛沢東は指摘した。「当面の政治情勢の基本的特徴は、日本帝国主義が中国をその植民地に変えようとしていることである。中日矛盾は上昇して主要矛盾となり、国内の階級矛盾は下降して副次的なものとなった。中国共産党の任務は、紅軍の活動と全国の労働者、農民、学生、プチブルジョワジー、民族資産階級の一切の活動と合流させ、1つの統一した民族革命戦線を形成する。この統一戦線は中国共産党が指導すべきである……」（24頁）。

　なお、史料として「八一宣言」の内容が付されている〈略〉。

【コメント】　毛沢東の抗日民族統一戦線の形成過程における言論・意義が強調される。それ以外にも抗日戦争勝利に毛沢東が果たした役割は大きいものがあった。したがって、後に文化大革命において毛沢東の多くの間違い・失敗が指摘されても、人民共和国の成立以前の功績などから毛は全面否定されていない。

一二・九運動

「中国共産党の指導の下、北平学生は率先して抗日救亡闘争を展開した。1935年12月9日（24頁）、北平学生数千人がデモ行進をおこない、声高らかに『日本帝国主義打倒！』、『内戦停止・一致対外！』、『華北自治反対！』を叫んだ。国民党当局は軍隊、警察を出動させ、デモ隊を鎮圧した」。

「12月14日、北平報は、国民政府が日本の『華北特殊化』の要求に応じ、16日に『冀察政務委員会』を成立させることを計画した。16日、北平学連は1万人以上の学生を組織し、軍隊、警察の何重もの阻止を突破し、街頭に出て、華北自治に反対した。正午近くなり、デモ隊は四方八方から天橋広場に集中し、労働者、農民、市民、及び東北からの流入者も参加した」。かくして、「冀察政務委員会」は延期せざるを得なくなった。

「学生の愛国行為は国民党の売国政策に打撃を与え、日本が中国を併呑、滅亡させようとする陰謀を暴露し、中国共産党の〈主張した〉『内戦停止・一致対外』の抗日救国主張を宣伝し、中華民族の新たな自覚を促進した。『一二・九』運動後、中国共産党は時機を逸せず、革命的青年知識分子は労農と結びつく道を歩むべきである、と指摘した。〈その結果、〉北平・天津の学生は次々と南下宣伝団を組織し、工場、農村、及び軍

隊の中で抗日救国を宣伝した。全国の抗日救国運動は新たな高まりを引き起こした」(25頁)。

【コメント】 一二・九学生運動での中共の指導が強調され、学生運動の抗日救亡闘争における史的意義と民衆参加への評価は高い。なお、五・四運動とも並ぶ著名な学生運動である一二・九運動は、遺憾ながら日本の歴史教科書では一切触れられていない。

(五) 西安事変

◀日　本▶

❶『詳説世界史』山川出版社、2005年

　西安にいた張学良はこの状況をみて、対共産党攻撃をうながしに来た蔣介石をとらえ、抗日と内戦停止を説得した（西安事変）。蔣介石はこれをうけいれ、国共はふたたび接近した（308頁）。

❷『詳説日本史』山川出版社、2007年

　西安事変（脚註：延安で共産党軍の討伐を国民政府から命じられた張学良は、督励のため来訪した蔣介石を西安の郊外で監禁し、国共内戦の停止と一致抗日を要求した。ここで、共産党が調停に乗り出して蔣は釈放され、同時に内戦は停止した）をきっかけに、国民政府は共産党討伐を中止し、内戦を終結させ、日本への本格的な抗戦を決意した（330頁）。

【コメント】 『詳説世界史』、『詳説日本史』とも後述する中国や台湾の各歴史教科書が明らかにする通り、蔣介石がこれをうけいれ、国共がふたたび接近した状況や経緯はこれほど単純ではない。生徒にわかりやすく教えるために、簡潔にすることは必要だが、蔣介石の抗戦決意まで紆余曲折があった。「共産党が調停に乗り出し」たことは事実だが、中共側からの提案、妥協など、そうした複雑な状況をもう少し導入すべきではなかったか。

◀中　国▶

❶『高級中学課本 中国近代現代史』下冊（必修）、人民教育出版社、1993年

　「中国共産党の抗日民族統一戦線の感化の下、愛国将軍張学良、楊虎城は紅軍と和解して停戦し、蔣介石に連共抗日を要求した……」(25頁)。
　「1936年12月、蔣介石は西安に来て、張学良、楊虎城に『剿共』計画の執行を迫った。張、楊は何度も蔣介石に内戦停止、連共抗日を説得した。その都度、理不尽な叱責を受けた。12日、彼らは蔣介石を拘禁し、『兵諫』〈武力を用いて主君を戒める〉を実行し、蔣に抗日を迫った。これが中国内外を震撼させた西安事変で、また『双十二事変』

とも称される。西安事変の発生後、国民党内の親日派の頭目である何応欽は積極的に張、楊討伐の配置を決め、蔣介石を死地に追いやり、統治権奪取を企てた。国民党内の親英米派の宋美齢、宋子文らは事変の和平解決のため、蔣介石救出に奔走した。……中国共産党は大局に立ち、全民族の利益から西安事変の和平解決を提案し、周恩来を西安に派遣して談判に参加させた。各方面の努力により蔣介石は内戦停止、連共抗日の主張を受け入れざるを得なくなった」(26頁)。こうして、「西安事変の和平解決は国共両党の内戦から和平に、分裂対峙から合作抗日への幕を開け、時局転換の鍵となった」(27頁)、とする。

なお、「練習題」は、「中国共産党が提起した抗日民族統一戦線樹立の政策が、いかに全国愛国人士の擁護を勝ち得たかを、事実をもって説明しなさい」とある。

【コメント】 中国では、西安事変を勃発させた張学良・楊虎城の役割に対する評価は極めて高い。国民党指導部内での意見対立についても触れている。中共の役割を強調、またその和平解決が「合作抗日」に道を開いたとする。実は蔣介石・国民政府にとって不利益だけではなく、結果的に、むしろ蔣をトップとする抗戦体制が確立した意味は大きい。だが、教科書はもちろん、日本のみならず、中国の多くの研究もこの重要な事実を看過している。

◀台　湾▶

❶『高級中学 歴史』第3冊、国立編訳館主編、1996年第12版

「九一八」事変後、中共は反乱を拡大した。1931年11月江西省瑞金に傀儡「中華ソビエト共和国」を成立させ、「中央政府」を僭称した。「一二八」事変では、国民政府軍は江西から上海に支援に赴く際、〈中国〉共産党軍の襲撃にあった。中国はソ連、日本の相互の侵略の下、さらに中共の暴動があった。外侮に抵抗するためには、まず内患を除去しなければならなかった。したがって、上海停戦後、蔣委員長は「攘外必先安内」政策を提起し、剿共を以て抗日準備が完成するとした。1932年河南・湖北・安徽等省の辺区共産軍を粛清した。1934年10月江西の共産軍は西へと逃亡し、国民政府軍が追撃して貴州・雲南(127頁)・四川各省に深く入った。翌年、残存する共産軍は陝北(陝西省北部)に逃げ込んだが、勢力は大いに衰えた。

蔣委員長による最後の関頭演説──民国24〈1935〉年「剿共」は勝利し、〈国民党〉中央の威は西南各省に及び、建設事業も猛烈な発展を示した。日本外相広田は三原則を提起し、承認を迫った。だが、蔣委員長は対日強硬、一戦の準備を決定し、大量の兵を平漢・津浦・京滬各鉄道沿線に集中させた。同年11月各地の軍政要員を南京に召集し、中国国民党第5回全国代表大会を開催した。蔣委員長は大会で外交方針を発表し、「和平がまだ絶望的ではない時期には決して和平を放棄せず。最後の関頭に至る前までは、軽々しく犠牲を言わず」。その意は、中国が日本と和平を願うが、ただ妥協するつもりはない。和平か戦争かは日本の選択に任せる。これが著名な「最後の関頭」演説であ

る。日本もまた困難を知り、後退した。このことは、蔣委員長の安内攘外政策がすでに効果を収めたことを証明している（128頁）、とする。

【コメント】　ソ連・日本の侵略と、中共問題があり、それゆえ、「安内攘外」が必要との意義を強調する。また、すでに1935年段階で蔣介石は「最後の関頭」の演説をし、日本と戦う意志を表明していたことを力説する。換言すれば、西安事変がなかったとしても、蔣介石は遅かれ早かれ抗戦を開始したというのである。

西安事変への国を挙げての憤慨──〈中国〉共産軍残兵は陝北に逃げ込み、すぐに覆滅できた。蔣委員長は大軍を移動、集結させ、最後の掃滅をおこなおうとした。その中に、張学良の東北軍、楊虎城の西北軍も剿共〈中共掃蕩〉作戦に参加していた。中共はコミンテルンの指示を受け、統一戦線〈政策〉を実行し、東北軍に「内戦停止、共同抗日」を宣伝した。将兵の心は動揺し、張学良も惑わされ、楊虎城との連合、剿共停止を決定した。蔣委員長は軍心を落ち着かせ、剿共を最後の成功を収めるため、自ら西安に赴いた。結局、1936年12月12日張、楊の脅迫に遭った。これが西安事変である。事変当日、張、楊連盟で通電を発し、政府の改組、剿共停止を要求した。こうした常軌を逸した行動は中国内外を驚かせ、国を挙げて憤慨し、張、楊の反逆行為を糾弾した。南京〈国民党〉中央は緊急事態に対応するため、飴と鞭の政策を採り、一方で国家の綱紀を維持しながら、他方で反逆に対して反省の途を残した。張は、〈国民党〉中央が間違いなく抗日準備していることを深く理解し、自ら蔣委員長を南京まで送り、国法による制裁を望んだ。蔣委員長は数年来、抗日準備を秘密裏に進めていたが、国民は知らなかった。西安事変により国を挙げて〈抗日〉精神は一致に向かったことは、日本の警戒心を呼び覚まし、侵略行動を加速させ、対日抗戦は予定より前に勃発することになった（130頁）。

【コメント】　このように、従来の台湾の教科書は蔣介石の立場に立ち、西安事変に対する不満が大きい。例えば、長征を終えたばかりの中共は息絶え絶えの状況であり、国民党には絶滅できたとの認識がある。その延長線上で、西安事変を「反逆行為」と認定し、蔣にはすでに抗戦意識があり、秘密裏に準備していたことを強調している。抗戦準備不足の中で、日本の侵略を加速させ、早めに日本と戦うはめになったと嘆息する。この見解は興味深く、どこまでが正当で、もしくは問題かを緻密に分析する必要があろう。

　では、台湾の新たな教科書はどのように記載しているであろうか。

❷『歴史』（必修）第2冊（中国史（下）・龍騰文化〈台湾〉、2005年教育部発布の「普通高級中学歴史科課程暫行綱要」によって作成・2008年以降、使用開始）

　「民国以来の中日関係」で、日本は明治維新以来、一貫して中国を侵略目標とし、甚だしきことには、日本文明を全世界に撒布する歴史的使命を完成すべきとの認識し、中

第1節　満洲事変、日中戦争、太平洋戦争の記述を巡って　71

国制圧を最初の目標としていた。戦争を発動し、中国を屈服させることが必要であるとした。日本の戦略では、東北、内蒙古を制圧することが拡張に必要な資源と土地を獲得し、中国を瓦解させることができ、このことがまさに東亜に覇を唱え、進んで世界の強国となることができるというものであった。かくして、民国以来、中日関係はずっと緊張状態にあり、日本品ボイコットなど各種の抗日運動は次々起こり、尽きることはなかった。日本の侵略は1915年の「二十一ヵ条要求」、1919年の山東主権の略奪、1925年の上海の日本資本の紡績工場での中国人労働者銃殺事件、1928年済南での北伐阻止行動、1931年の東北占領（「九一八事変」、「隔年」〈ではなく、1932年〉の「満洲国」成立）、1932年の上海出兵、および1933年以降の一連の内蒙・華北への軍事侵入などを包括する。これらの事件は何度も中国知識分子、一般民衆の憤怒を激発させ、ナショナリズムを強めさせた（208頁）。

【コメント】　日本が明治維新以降、一貫した侵略意識を有していたかは議論の多いところである。またこの記載は偽作とされる「田中上奏文」との関連も考えられる[3]。ともあれ、この点に関しては実証を踏まえた上での熟慮と冷静な分析を、今後も続ける必要があろう。

　また、西安事変に関しては、同上『歴史』（必修）第2冊では、「1936年12月『西安事変』が勃発した。張学良らは蒋中正〈介石〉による剿共継続の阻止、内戦停止を勧告し、以て全国力量を団結し、一致抗日するため、兵諌をおこなった。西安事変は最終的に平和的に決着し、国民党は剿共を停止し、国共間は新たな合作を求め、かつ連合抗日を目標とした。これはまさに日本に対する一大警告であった」（209頁）、とする。

【コメント】　台湾のこの新たな教科書によれば、西安事変に関する記載は多くはないが、従来の教科書とは論調が変わり、事変を契機とする国共合作、「連合抗日」を積極的に評価し、日本に対して「警告」を与えたことが強調される。

❸『歴史』（必修）第4冊（世界史（下）・龍騰文化〈台湾〉、2005年審査・2008年使用開始）

　「中共の発展」を強調し、「1930年代、日本は傀儡満洲国を成立させ、同時に続いて華北を侵略し、中国民族主義のさらなる高まりを促進し、後の『西安事変』発生の要因の1つとなった。中共は元来、国民政府（軍）の追撃を受け、実力は大幅に失われ、この好機を利用できたはずだ。1930年代後期になって〈中共は〉華北において着実に足取りを固め、8年抗戦期間に、遊撃戦術で日本軍、国民政府軍に対抗し、民族主義と社会主義を交互に用い、華北の広大な農村に勢力を拡張することに成功した」（126頁）。

【コメント】 ただし、中共に対する不満は解消されていないようである。ただし台湾における中国史、世界史それぞれの執筆者の見解の相違を反映している可能性もある。なお、中共が民族主義も用いたとするのは間違いないところであろう。

また、同上『歴史』（必修）第4冊は、「第二次世界大戦前の国際情勢」で、「日本の拡張」〈侵略の背景〉について述べる。日本では、「経済恐慌の巨大な波に直面して、日本の工場は次々と倒産、閉鎖され、農村は破産し、失業者は激増して左派思想が盛り上がった。これに対して、右派軍人は対外拡張により国内経済問題を解決しようと主張した。1931年9月18日、日本の関東軍は突如、軍隊を出動させ、瀋陽〈奉天〉を占領するという『九一八事変』を発動した。1932年少壮軍人はクーデターを発動、首相犬養毅を殺害した。歴史上、「五一五事件」と称される。これ以降、軍備拡充、対外侵略を加速させ、傀儡『満洲国』を成立させ、中国東北の支配を強化した。かつ1933年国際連盟を脱退し、最後には1937年の『盧溝橋事変』を醸造し、中日全面戦争の勃発を惹起した」（138頁）。

【コメント】 対中侵略発動の日本側の背景についても論及し始めている。教科書レベルなので単純すぎるが、こうしたことを初歩的に知ることは、台湾の高校生にとって意義あることかもしれない。なぜなら、私は台湾で、教師、研究者のみならず、弁護士、医者、サラリーマン、農会の人などから「日本はなぜ対中侵略戦争を始めたのか。その理由は何か。どのように考えればよいのか」との質問を繰り返し受けた経験があるからである。

Ⅲ　日中全面戦争の勃発

（一）**盧溝橋事件**（七・七事変）――盧溝橋事件から太平洋戦争に至る状況――

◀日　本▶

❶『詳説世界史』山川出版社、2005年

　日本の軍部は1937（昭和12）年7月の盧溝橋事件をきっかけに、軍事行動を拡大した。中国では同年9月第2次国共合作が成立し、日中両国は全面的交戦状態にはいった（日中戦争1937～45）（308頁）。

❷『詳説日本史』山川出版社、2005年

第1次近衛内閣成立直後の1937（昭和12）年7月7日、北京郊外の盧溝橋付近で日中両国軍の衝突事件が発生した（盧溝橋事件）。いったんは現地で停戦協定が成立したが、近衛内閣は軍部の圧力に屈して当初の不拡大方針を変更し、兵力を増派して戦線を拡大した。これに対し、国民政府の側も断固たる抗戦の姿勢をとったので、戦闘は当初の日本側の予想をはるかに超えて全面戦争に発展した（日中戦争1937～45）（脚註：日本政府はこの戦闘を、はじめ「北支事変」ついで「支那事変」と名づけたが、実質的には全面戦争であった。日中両国ともに、アメリカの中立法（戦闘状態にある国への武器・弾薬の禁輸条項をふくむ）の適用をさけるためなどの理由から、正式に宣戦布告しなかった）（330頁）。

【コメント】『詳説世界史』の記載はあまりに簡単すぎるのではないか。また、第二次国共合作は後述する第二次上海事変の最中に成立したことを明確に書く必要があるのではないか。『詳説日本史』は、その脚註にある「北支事変」と「支那事変」は同じものであるということは周知の事実であるが、知らない生徒もいると思われ、「北支事変」と満洲事変と混同させないためにも、ここで指摘しておくことは必要と考えられる。なお、日本での研究の主流は、その原因ともいわれ、「兵士1人失踪事件」に繋がる「銃弾一発（銃数発）」問題は、どちらが撃ったかわからない「偶発事件」説をとっている。

◀中　国▶
❶『高級中学課本 中国近代現代史』下冊（必修）、人民教育出版社、1993年
　この章の「前文」で、「1937年の盧溝橋事変は日本帝国主義の中国への全面進攻の開始であり、中華民族による抗日戦争の正式な勃発である。中国抗戦は世界人民反ファッショ戦争の勝利のために重大な貢献をした」と位置づけられる。

【コメント】日本側からの攻撃、中国側の受動性を強調している。そして、抗日戦争が国際的な反ファッショ戦争の一環を形成したとの位置づけを与える。

七・七事変と第二次国共合作の実現
　1937年7月7日の夜間、日本軍は1人兵士の失踪を口実に、宛平城に入って捜査することを要求した。日本軍はすぐに宛平城外の盧溝橋に進攻し、中国軍は奮起して抵抗した。これが「盧溝橋事変」であり、また「七・七事変」とも称される。全国抗日戦争の序幕はここに開かれた。
　7月8日、日本軍は宛平城の北、永定河の岸にある龍王廟、及び平漢鉄道の鉄橋を攻略した。日本軍は鉄橋を通ってすぐに永定河西岸に踏み込み、迂回して盧溝橋に至り、宛平城守備軍の退路を断った。このことは、宛平城守備軍は背と腹から敵の攻撃を受ける可能性があることを意味する。形勢は異常なほど厳しいものであった。ただ日本軍の後続部隊は未だ至らず、橋のたもとの日本軍はあえて軽率には永定河西岸で活動を開始

しなかった。宛平駐屯の第29軍第110旅長の何基澧は戦機を捉えて、強化した一個大隊を組織し、各人が大刀〈青龍刀〉を持ち、龍王廟と平漢鉄道の鉄橋たもとの敵に夜襲をかけることを命令した。……「七・七」事変の2日目、中国共産党は抗日通電を発し、全国人民は団結し、国共両党は親密に合作し、民族統一戦線の強固な長城を建築し、日本侵略者を中国から追い出そう！、と呼びかけた（28～29頁）。

【コメント】「兵士1人失踪」事件という直接的契機とその後の経過を明確にしている。盧溝橋事件における中共の役割を強調するが、実際は国民政府軍が主役で、やはり中共は副次的役割しか果たしていない。こうした国共の位置づけを正確にする必要があると考えられる。地図や資料も掲載され、理解を助ける。このように、中共の役割を過剰に評価している面があるとはいえ、盧溝橋事件の発端、経緯を重点的に、かつ詳細に再現している。

◀台 湾▶

❶『国民中学 歴史』第3冊、国立編訳館主編、1996年第7版

民国26〈1937〉年7月7日、日本軍は北平〈北京〉付近の宛平県盧溝橋付近で演習を挙行した。「1人兵士失踪」を口実に宛平城に入って調査することを要求し、我が方の駐留軍に拒絶された。そこで、日本軍は〈宛平〉県城を砲撃し、我軍は自衛の責務から反撃した。これが歴史上「盧溝橋事変」、あるいは「七七事変」と称する。また、日本軍は北平、天津を猛攻した。蔣〈介石〉は全国に向けて、和平はすでに絶望、ただ最後まで抗戦することによってのみ最後の勝利を勝ち取ろう、と明白に告げた。全面抗戦はここから展開された（75～76頁）。

❷『高級中学 歴史』第3冊、国立編訳館主編、1996年第12版

盧溝橋事件と抗戦の開始

民国26年7月7日、日本軍は北平付近の宛平城外の盧溝橋で夜戦の演習をおこない、「1人兵士失踪」を口実に宛平城に進攻した。我が守備軍連隊長吉星文の部隊将兵が奮起し、抵抗し、八年抗戦はここから開始された。歴史的に盧溝橋事変、あるいは「七七」事変と称される。事変発生後、蔣委員長は華北駐屯軍に現地での抵抗を命じ、同時に大軍を北上させ、増援した。17日江西の盧山で、中国は和平を望むが、一時的な安逸を求めず、戦闘準備をするが、戦いを求めない、と厳正な声明を発した。中国の基本的な立場は以下の通り。主権と領土は一切侵害させず、華北の行政組織に対する不当な改変はしない、中央が派遣した官員は更迭することはない、駐屯軍地区には口出しをさせない。

日本が提起した苛酷な条件は華北占領を企てており、中国はこれを拒絶した。7月末、北平、天津は陥落し、我軍の将軍佟麟閣、趙登禹は力戦したが戦死した。戦争はこうしたことに伴い拡大した（139～140頁）。

第1節　満洲事変、日中戦争、太平洋戦争の記述を巡って　75

【コメント】　このように、台湾の教科書も抗日戦争開始の事件として、重点的に論述し、日本軍の夜間演習が戦争を始める直接的原因と断言している。蔣介石の役割を強調し、困難の中でも最後まで和平を求めるが、日本軍の理不尽な要求には屈さないとの姿勢をとっていたとする。また、地図や盧溝橋の写真も掲載し、内容を補強する。中共の役割は一切出てこないが、盧溝橋事件の場合、前述の如く中共はあまり直接的な関係がなく、これが史実に近いのではないか。

最近の台湾の歴史教科書は以下の通り。

❸『歴史』（必修）第2冊（中国史（下）・龍騰文化〈台湾〉）

1937年、日本軍政各界のある人は、すでに中国との決戦が避けがたいと考えた。7月7日華北に駐屯する日本軍は北平西郊外の盧溝橋付近で軍事演習を実施した。演習部隊と中国守備軍の衝突が発生した。事変は拡大して中日双方が絶えず兵を増大させ、かつすぐに上海でも激烈な戦闘〈第二次上海事変〉が勃発した（210頁）。

【コメント】　なぜか盧溝橋事件の記述は大幅に減少している。高級中学教科書の記述としてはあまりに少なすぎるのではないか。現在の蔣介石・国民党評価と連動している可能性もあるが、ここには蔣介石の名前すら出てこない。あまりに蔣介石を過小評価しているし、これでは当時の状況を正確に把握できない。

(二) 第二次上海事変

◀日　本▶

❶『詳説世界史』山川出版社、2005年、308頁

記載なし。

❷『詳説日本史』山川出版社、2007年

〈1937年〉8月には、上海でも戦闘が始まり（第2次上海事変）、戦火は南に広がった。9月には国民党と共産党はふたたび提携して（第2次国共合作）、抗日民族統一戦線を成立させた（330頁）。

【コメント】　やはり第二次国共合作がこの過程で成立し、国民政府軍の下に中共軍が再編されたという意味でも、また抗戦前期に中国軍が激しい抵抗をおこなったという意味でも第二次上海事変は重要で、当然のことながら捨象できないはずである。少なくとも固有名詞だけでも出しておく必要を感じる。その上、『詳説世界史』は第一次上海事変を「上海事変」とのみ記述しているので、2回の上海事変が発生したことが不明確となる。『詳説世界史』よりは、『詳説日本史』は第二次上海事変下で成立した抗

日民族統一戦線という形でポイントを押さえているが、不十分で、実態がほとんど不明なまま残されている。

◀中　国▶

❶『高級中学課本 中国近代現代史』下冊（必修）、人民教育出版社、1993年

　　日本軍は国民政府に投降を迫るために、8月13日大挙して上海に進攻し、南京に脅威を及ぼした。歴史上、「八・一三事変」と称する。2日目、国民政府は自衛宣言を出し、抗戦の意思を表明した。「八・一三」事変の勃発後、国共両党の協議に基づき、西北の中国工農紅軍の主力は国民革命軍第八路軍に改編され、朱徳、彭徳懐を正副総指揮に任命した。その後、また、南方8省の紅軍遊撃隊を国民革命軍新編陸軍第四軍に改編し、葉挺、項英を正副軍長に任命した。9月国民党は中共中央が差し出した国共合作宣言を公布した。このことは民族の危機一髪の時、国共両党は再び合作し、抗日民族統一戦線が正式に樹立され、全民族の抗日戦争が開始されたことを意味する。……日本軍の上海に対する進攻を打ち破るために、中国軍は日本侵略者と、上海およびその周囲で3ヵ月激戦した。歴史上、「淞滬会戦」と称する。1937年11月上海は陥落し、淞滬会戦は終わった（30〜31頁）。

　　ただし、本教科書では、〈「八一三事変」中の1937年〉8月14日蔣介石の命令で、揚州駐屯の空軍第5大隊18機が日本軍艦を襲撃したこと、および上海での戦況が詳細に述べられ、11月中国軍は前線で撤退を余儀なくされた。だが、日本軍6万余人を殲滅し、日本の3ヵ月で中国を滅亡させるという迷夢を粉砕した、とその意義が強調される。

【コメント】　国民政府の「自衛宣言」。第二次国共合作により全民抗戦が開始されたこと、中共の再編、および日本の「速戦速決」の迷夢が粉砕されたことなどが具体的に論じられる。生徒も本格的、かつ全面的な抗日戦争に突入したことが内容から把握できる。

◀台　湾▶

❶『高級中学 歴史』第3冊、国立編訳館主編、1996年第12版

　　民国26〈1937〉年8月13日、上海戦が開始され、中国空軍が出動し、輝かしい戦果をあげた。これが空軍節の由来である〈8月13日が空軍デーとして祝日となった〉。中国軍は奮起して日本軍に抵抗した。日本軍も絶えず増援し、双方とも死傷者がかなり出た。11月9日、中国軍は上海を撤退し、連隊長謝晋元が800人を率いて残留し、孤軍奮闘し、四行倉庫〈中央・中国・交通・中国農民4大国家銀行の共同倉庫〉を固く守った。その後、公共租界に撤退し、日本軍と3年余にわたって応酬した（140〜141頁）。

【コメント】　中国空軍が本格的に出動し、国民政府軍が全面的な戦闘に入った。このことから、盧溝橋事件ではなく、第二次上海事変から全面戦争に入ったとの時期区分

も、有力な１つの説として存在する。「日本軍と３年余にわたって応酬〈対抗〉した」とするが、具体的にはどのような実態を指しているのであろうか。なお、第二次国共合作、中共軍の役割については注意深く避ける。また、日本、中国、台湾すべての教科書がナチス・ドイツ派遣の軍事顧問団による中国支援の実態を捨象している。なぜか。

（三）日中戦争前期の経緯

◀日　本▶

❶『詳説世界史』山川出版社、2005年

　中国はアメリカ・イギリス・ソ連の援助を受け、政府を南京から武漢、さらに奥地の重慶に移して抗戦を続けた。日本は重要都市とそれを結ぶ交通路を確保したものの、ひろい農村地帯を支配できなかった（308頁）。

❷『詳説日本史』山川出版社、2007年

　国民政府は南京から漢口、さらに奥地の重慶にしりぞいてあくまでも抗戦を続けたので、日中戦争は泥沼のような長期戦となった（330頁）。

【コメント】『詳説世界史』には「アメリカ・イギリス・ソ連の援助を受け」と書かれているが、南京から重慶に行く過程でソ連はともかく、英米の援助を受けたというのは具体的に何を指しているのであろうか。いつの段階でいかなる援助を受けたというのだろうか。南京から、漢口、重慶と移転しながら、抗戦を続ける状況に関しては、日本の教科書は中国、台湾のそれに比して充実度、実証度に欠ける。また、国民政府がなぜ抗戦を続けられたのかについては切り込まず、不明なまま残されている。

◀中　国▶

❶『高級中学課本 中国近代現代史』下冊（必修）、人民教育出版社、1993年

　淞滬会戦〈第二次上海事変〉期間、華北では日本軍が山西に侵入し、太原を奪取しようと企てた。国民政府は太原会戦を開始した。八路軍は山西に赴き、参戦した。朱徳、彭徳懐は林彪の第115師に対して、平型関で日本軍を待伏攻撃するように命じ、平型関での大勝利を獲得した。これが抗戦以来、最初の大勝利である（32頁）。
　1938年春、日本軍は山東から２方面に分かれて徐州を侵犯した。国民政府第５戦区司令長官李宗仁は中国軍を指揮して……台児荘で日本軍１万余人を消滅した。これが抗戦以来、獲得した最大の勝利である。……しかし、国民政府は単純に政府と軍隊に依拠する片面抗戦路線〈民衆の抗戦力量の軽視、もしくは無視〉で、優勢な敵〈日本軍〉の狂気じみた進攻を阻止する力はなく、太原、徐州などを相継いで失った。10月広州、武漢

も日本軍に占領され、中国は華北、華中、華南の大きな領土を失った（33〜34頁）。

【コメント】　中共による平型関戦闘、国民政府軍の李宗仁による台児荘戦闘での2つの勝利。にもかかわらず、国民党の民衆に依拠しない「片面抗戦路線」の失敗を非難している。しかし、失敗を非難するよりも、平型関・台児荘の両戦闘は国共両軍の協力によって局部的勝利を収めたものといえ、国民政府軍の正面戦場にも正当に高い評価を与えた方がよいといえよう。

敵後抗日根拠地の創設

1937年秋、中国共産党は陝北で洛川会議を開催し、全民族の一切の力量を動員し、抗戦勝利を勝ちとる人民戦争路線、すなわち全面抗戦路線を制定した。これによって、八路軍、新四軍は敵〈日本軍〉背後に勇敢に突き進み、広範に独立自主の遊撃戦争を展開した。晋察冀、晋綏、晋冀豫など多くの抗日根拠地を創設し、敵後方を抗日前線に変貌させた（34頁）。

【コメント】　中共の民衆を含める「全面抗戦路線」の成果を誇示している。国共両党の差異は民衆評価の問題であり、当時、国民党に比して中共が戦争における民衆の力量に着目し、動員できたことは間違いない。

毛沢東「持久戦論」の発表

抗戦初期、国民党内の親日派は「亡国論」を撒布した。彼らは一方的に中国の武器と技術が日本に及ばないとして「さらに戦えば必ず〈中国は〉滅亡する」と大声で叫んだ。国民党内の親英米派は「速勝論」を鼓吹し、英米の力量に頼り速かに日本に戦勝できると妄想した。……毛沢東は「持久戦論」を発表し、「亡国論」、「速勝論」を批判した。毛沢東は……以下のように指摘した。敵は強く我方は弱いことから、中国は日本に速勝することはできない。だが、日本は小国で土地は狭く、物は少なく、人は少なく、兵も少なく、長期戦争に耐えることはできない。……中国は速勝できないが、亡国にもならない。抗日戦争は持久戦であり、最後の勝利は必ず中国のものである、と。毛沢東はさらに次のように指摘した。兵と民は勝利の本で、戦争の偉大な力の最も深い根源は民衆の中に存在する。そこで、全国人民を動員し、その抗日の自覚を充分に発揮させて、人民戦争の路線を実行して初めて最後の勝利を獲得できる（35〜36頁）、と。

【コメント】　このように、毛沢東の「持久戦論」の正確さを強調している。この毛の文章が、対日勝利への光と展望を与えたという意味で大きなインパクトを与えたことは確かである。ただし、蔣介石も持久戦論者であり、中国は国共を問わず、持久戦によって日本を敗戦に追い込んでいったことは見逃せない事実である。

国民党政策の反動への転換

武漢陥落後、……蔣介石集団は抗戦を継続しながらも、大きな動揺を示した。反共・〈日本への〉投降傾向が日増しに高まった。1939年初頭、国民党は重慶で第5回5中全会を開催し、会議で「溶共・限共・防共・反共」の反動方針を確定し、それを専門的に

第1節　満洲事変、日中戦争、太平洋戦争の記述を巡って　79

おこなう「防共委員会」の設立を決定した。さらに、会議では党政軍一体の国防最高委員会を成立させ、蒋介石が委員長に就任し、もって国民党統治区のファッショ独裁統治を強化することを決定した。この方針が確定したことは、国民政府が抗戦以来の政策上の重要な転換を示すもので、蒋介石集団が政策の重点を対外から対内に、抗日から反共に転換したことを示す（42～43頁）。

【コメント】　中国では、国民党の反動化・反共への転換への批判が従来繰り返されてきたが、そう単純にいえず、反共的になりながらも抗戦を継続している点に着目すべきであろう。

皖南事変（新四軍事件）

1940年秋、蒋介石は黄河以南にいる〈中共の〉八路軍と新四軍に対して1ヵ月以内に黄河以北に撤退するように強く命じた。1941年初頭、新四軍9000余人は国民党軍事当局の命令、および中共中央の同意に則り、安徽省涇県雲嶺から出発、軍を北上させ、茂林地区で国民党軍隊の包囲攻撃にあった。……事変発生後、中国共産党は国民党頑固派の抗戦破壊の犯罪行為に対して断乎反撃する方針を採った。中共中央革命委員会は新四軍軍部の再建命令を出した。新四軍は長江南北で継続して抗日戦争を堅持した（43～44頁）。

【コメント】　共同歩調は少なくなったとはいえ、新四軍事件以降も第二次国共合作・抗日民族統一戦線は維持されている。

正面戦場の情勢悪化

1940年国民党戦場は〈湖北省〉棗陽・宜昌会戦中、第33集団軍総司令張自忠は敵〈日本軍〉と9昼夜にわたって奮戦中、壮烈な殉死をとげた（45頁）。

百団大戦

全国人民の抗日精神を奮い起こさせ、投降の危機を克服し、抗戦形勢の好転を勝ちとるために、1940年下半期、彭徳懐は八路軍100余連隊を指揮し、華北で大規模な対日作戦を発動した。百団大戦は共産党と八路軍の威光を大々的に高め、全国人民の抗戦勝利の信念を確固たるものとした（48頁）。

【コメント】　国共とも抗戦を継続している。特に百団大戦では、中共軍側も大きな被害を出しながらも鉄道・公路を徹底的に破壊し、日本軍による近代戦・輸送に大打撃を与えた。なお、中国語の「団」は連隊のこと。

◀台　湾▶

❶『高級中学 歴史』第3冊、国立編訳館主編、1996年第12版

中国の持久戦略実施

内容を要約すると、

日本は「速戦速決」戦略に対して、中国は工業落後、将兵訓練、武器装備とも日本軍にはるかに及ばなかったために、「地広人衆」〈地が広く、人が多い〉から持久抗戦をとった。……持久戦略実施のために、民国27〈1938〉年4月、中国国民党臨時全国代表大会は「抗戦建国綱領」で、一面抗戦、一面建国を採択した。三民主義を最高原則として外交・軍事・政治・経済・民衆運動・教育などの方面で建設と動員を強め、全国の人力と物力を集中させ、抗戦最後の勝利を勝ち取ろうとした。武漢撤退後も中国軍主力を平漢鉄道以西に配置し、以東は遊撃戦区となった。日本軍は僅かに点〈都市〉と線〈鉄道と公路〉のみ占拠しただけであった（142頁）。

【コメント】　繰り返すが、中共のみならず、国民党も「速戦速決」に対して持久戦を採用していたことは押さえておく必要があろう。そして、全民抗戦を標榜したが、国と軍が戦争し、民衆はあくまでも抗戦指導の対象で、国と軍を援助する受動的存在と見なした。こうして、「抗戦」と「建国」を目指した。なお、周知の如く日本軍の占領は「点と線」に過ぎなかった。この点に関して、結果的に日本軍の能力・兵力では農村部まで力量が及ばなかった面もあるが、日本軍は当初、都市と鉄道を押さえれば勝利できると考えていたのではないか。

外交方針と国際情勢

　中国が持久抗戦を実施した目的は、1つに日本軍の速戦速決を打破すること、1つに国際情勢の転換を促し、対日制裁を実行することであった。日本は中国を侵略したことにより、太平洋の安全を破壊し、世界和平を擾乱し、九ヵ国条約の直接的な破壊行動をとったことになり、米・英・仏・ソなどの国と利害衝突が発生することとなった。……民国26〈1937〉年8月、中国とソ連は相互不可侵条約を締結し、〈ソ連は〉日本が狼狽して悪く立ち回らないように中国に一定の支援に留めた。英・米は戦争を恐れ、あえて日本を咎めず、1939年初頭になってやっと中国に小額貸付を与えた。フランスは日本を恐れ、かえって中国に多くの制限を加えた。……そこで、抗戦初期の幾年かは各国の我国に対する支援は微々たるもので、すべて自力更生に頼らざるを得なかった（143～144頁）。

【コメント】　このように、中国が当初、単独抗戦であったことを強調する。果たしてこの把握は正しいのであろうか。バーターによるソ連の爆撃機などを含む大量の軍事支援を過小評価しているのではないか。

中共の抗戦擾乱

　陝北に逃げ込んだ共産軍残兵は生存を求めるため、再三〈国民〉政府に誠意を示した。抗戦開始後、共に国難に赴くことを宣言し、政府に保証を提起した。すなわち、①三民主義の実行、②暴動政策の停止、③「ソビエト政府」の取消、④「紅軍」を改編して国民革命軍とし、指揮に服従し、対日作戦をおこなう、と。政府は団結抗日のため、それを受け入れ、陝北の残兵は国民革命軍第八路軍（その後、第一八集団軍と改称）、江南に潜伏していた残兵は新編第四軍（略称は新四軍）に編制した。共産軍の改編後、

当初、計3万人で、表面上は政府に服従していたが、秘密裏に勢力を拡大し、……密かに地盤を確保し、かえって国民政府軍を襲撃した。1941年1月国民政府軍は安徽省南部で〈新四軍の〉武装を解除し、軍長を捕獲し、新四軍の部隊番号を取り消した。これを新四軍事件〈皖南事変〉という。ただ中共は依然として「新四軍」の名称で江蘇省北部で非合法な活動をおこなった（144～145頁）。

【コメント】　中共からの申し出により、国民政府は「団結抗日」のために受諾した。にもかかわらず、中共は非合法活動に従事したとする。中共は抗戦するよりも、むしろ国民政府軍の抗戦を妨害したというのである。それに対する反撃が新四軍事件とする。

断乎たる意思で艱難に耐える

1939年9月イギリス・フランスはドイツと開戦し、ソ連とドイツはポーランドを分割した。40年6月フランスは戦敗し、イギリス軍は撤退した。日本はこの機に乗じて英・仏を圧迫してビルマルートと滇越交通〈雲南・ベトナム間の公路と鉄道〉を封鎖した。6、7月以降、中国の外国との交通はすべて遮断された。日本軍は宜昌を攻略し、同時に飛行機で重慶等に「疲労爆撃」〈無差別爆撃〉を実施し、中国の抗戦意思を瓦解させ、屈服させようとした。9月日本軍はベトナムのハノイに進駐すると、後方の昆明も爆撃した。共産軍はさらに国民政府軍への襲撃を強化し、危機は高まり、人心を不安に陥れた。蔣委員長は国民に対して断乎たる意思を堅持し、動揺しないようにと励ました。……10月アメリカの中国に対する援助は増大し、イギリスもビルマルートを再開し、情勢は安定に転じた。日本の中国を屈服させるという企てはまた失敗に終わった（145～146頁）。

【コメント】　蔣介石が抗戦意思を継続していることが強調される。また、中国の教科書よりも英米などの国際支援に言及しているところに特色がある。このことは、当時、国民党は中国政府を担っており、中共より国際的視野、具体的な国際関係を有していたことの反映であろう。

Ⅳ　太平洋戦争

（一）太平洋戦争の勃発と経過

◀日　本▶

❶『詳説世界史』山川出版社、2005年

独ソ戦と太平洋戦争

〈独ソ戦は略〉日本は日中戦争の長期化で国力を消耗させたので、状況を打開するため南方への進出をくわだてた。1940年9月、フランスの敗北に乗じてフランス領インド

シナ北部に軍を派遣し、また三国防共協定を日独伊三国同盟へと発展させた。41年4月には北方の安全確保のため日ソ中立条約を結び、フランス領インドシナ南部にも軍をすすめた。この間、アメリカ合衆国は中立を守っていたが、1941年3月武器貸与法によってイギリス、ソ連などに武器や軍需品をおくり、反ファシズム諸国支援を明確にした。また、日本の南方進出を牽制して日本への石油供給を停止し、イギリス・中国・オランダとともに「ABCDライン」を形成して対抗した。1941年初めからの日米交渉がゆきづまると、同年12月8日、日本軍はハワイの真珠湾にある米海軍基地を奇襲し（314頁）、マレー半島に軍を上陸させて、アメリカ・イギリスに宣戦し、太平洋戦争に突入した。

　開戦後半年間で、日本は、マレー半島・香港・シンガポール・インドネシア・フィリピン・ソロモン諸島を占領し、ミャンマー〈ビルマ〉を征服した。日本は「大東亜共栄圏」をとなえ、占領下のフィリピン・ミャンマーでは親日政権を設立させ、またインドネシアでは親日政権をつくらせ、インドネシア・タイには日本との協力を声明させた（315頁）。

　東南アジアの占領地では、当初、日本を欧米諸国からの解放者としてむかえたところもあった。しかし、日本の占領目的は資源収奪とそれに必要な治安確保であり、軍政のもとで、日本語教育や神社参拝の強制など、現地の歴史や文化を無視した政策がおこなわれた。さらに、シンガポールやマレー半島、フィリピンでは住民への残虐行為や捕虜をふくむ強制労働が多発したため、住民の激しい反感をよび、日本は各地で抵抗運動に直面した。工業基盤の弱い日本は長期戦遂行能力に欠け、1942年6月、ミッドウェー海戦で大敗すると、戦争の主導権を失った（316頁）。

【コメント】『詳説世界史』では、この時期の中国内での戦闘が捨象され、日本軍の南進とその統治政策の過酷さ、およびそれへの反発に焦点を当てている。いわば日本軍の南進に従い、現在の日本の世界史教科書も「南進」してしまい、その結果、中国戦場の記載はなく、不明な状態に置かれる。なお、ここでもシンガポールなどでの虐殺に言及しているのはよいとして、その人数については各説を並記すべきであるのに、「残虐行為」とのみ記述し、逃げの姿勢が見てとれる。とりわけ加害者である日本はこの事件に真摯に向き合うべきであろう。例えば、「検証大虐殺事件」では、日本で一般的に主張される「5000人」ではなく、蔡史君はシンガポールだけで「4、5万人」が虐殺された〈拙著『中国抗日軍事史』有志舎、2009年、291頁〉、と断言する。

❷『詳説日本史』山川出版社、2007年

太平洋戦争のはじまり

　第3次近衛内閣成立直後の〈1941年〉7月末、すでに決定されていた南部仏印進駐が実行され、これに対してアメリカは在米日本資産を凍結し、対日石油輸出禁止を決定した。アメリカは、日本の南進と「東亜新秩序」建設を阻止する意志を明確に示し、イギリス・オランダも同調した。日本軍部はさらに危機感を募らせ、「ABCD包囲陣」の圧迫をはね返すには戦争以外に道はないと主張した。9月6日の御前会議は、日米交渉の

第1節　満洲事変、日中戦争、太平洋戦争の記述を巡って　83

期限を10月上旬と区切り、交渉が成功しなければ、対米開戦にふみ切るという帝国国策遂行要領を決定した。……日米交渉の妥結を強く希望する近衛首相と、交渉打ち切り・開戦を主張する東条英機陸軍大臣が対立し、10月18日に近衛内閣は総辞職した。……首相が陸相・内相を兼任する形で東条英機内閣が成立した。新内閣は……当面日米交渉を継続させた。しかし、11月26日のアメリカ側の提案（ハル＝ノート）は、中国・仏印からの全面的無条件撤退、満洲国・汪兆銘政権の否認、日独伊三国同盟の実質的廃棄など、満洲事変以前の状態への復帰を要求……交渉成立は絶望的になった。12月1日の御前会議は対米交渉を不成功と判断し、米英に対する開戦を最終的に決定した。12月8日、日本陸軍が英領マレー半島に奇襲上陸し、日本海軍がハワイ真珠湾を奇襲攻撃した。日本はアメリカ・イギリスに宣戦を布告し（脚註：カルフォルニア州をはじめ、西海岸諸州に住む12万313人の日系アメリカ人が各地の強制収容所に収容された。ドイツ系、イタリア系のアメリカ人に対しては、こうした措置はとられなかった。アメリカ政府は、1988年になって、収容者に対する謝罪と補償をおこなった）、第二次世界大戦の重要な一環をなす太平洋戦争が開始された（脚註：対米開戦ののち、政府は「支那事変」（日中戦争）をふくめた目下の戦争を「大東亜戦争」とよぶことを決定し、敗戦までこの名称が用いられた）（338〜339頁）。

【コメント】『詳説日本史』は、日米関係を主とする記述となっている。脚註で、アメリカで日系アメリカ人のみが強制収容所に入れられた被害状況を書くが、中国での日本軍による「集団部落・人囲い」〈例えば、日本軍が統制、動員、収奪しやすいように門が1、2つしかなく、鉄条網、塀で囲まれた中に住民を集めて押し込み、各戸に鍵をかけさせない〉など住民への非人道的行為に対する論及はない〈「人囲い」に関しては、姫田光義・陳平『もうひとつの三光作戦』青木書店、1989年、157〜175頁など〉。アメリカによる日本人への人権侵害と同時に、日本による中国人に対する人権侵害に言及しなければ、バランスを欠いたものといえよう。

戦局の展開

緒戦の日本軍は、ハワイでアメリカの太平洋艦隊、マレー沖でイギリス東洋艦隊に打撃をあたえ、開戦後から半年ほどの間に、……東南アジアから南太平洋にかけての広大な地域を制圧して軍政下においた。日本国民の多くは、緒戦の段階の日本軍の勝利に熱狂した。当初、日本はこの戦争をアメリカ・イギリスの脅威に対する自衛措置と規定していたが、しだいに欧米の植民地支配からのアジアの解放・「大東亜共栄圏」の建設といったスローガンにしばられ、戦域は限りなく拡大していった（脚註：12月8日に出された「宣戦の詔書」では、米英両国は中国に介入して、日本の東アジアの安定への努力をふみにじったばかりか、経済断交を通じて日本の生存そのものをも脅かしたので、日本は自存自衛のために戦争に訴えたのだと説明されていた）（339〜340頁）。

同〈1942〉年11月、東条内閣は、占領地域の戦争協力を確保するため、満州国・中国（南京）の汪兆銘政権・タイ・ビルマ・自由インド・フィリピンなどの代表者を東京に集めて大東亜会議をひらき、「大東亜共栄圏」の結束を誇示した。しかし……日本の占

領支配は……戦争遂行のための資材・労働力調達を最優先するものだったので〔脚註：日本軍は東南アジア諸国を占領する際、欧米植民地からの解放軍として、住民の歓迎を受けることもあった。しかし、多くの地域［タイ・仏印をのぞく］で軍政がしかれ、過酷な収奪・動員がはじまると、住民の評価は一変した〕、住民の反感・抵抗がしだいに高まった。東南アジアの占領地では、現地の文化や生活様式を無視して、日本語学習や天皇崇拝・神社参拝を強要し、タイとビルマを結ぶ泰緬鉄道の建設・土木作業などの鉱山労働への強制動員もおこなわれた。ことにシンガポールやマレーシア〈※マレーシアはまだ存在しておらず、マラヤ、もしくはマレイとしなければならないのではないか？〉では、日本軍が多数の中国系住民（華僑）を反日活動の容疑で虐殺するという事件も発生した。その結果、日本軍は仏印・フィリピンをはじめ各地で組織的な抗日運動に直面するようになった〔脚註：日本敗戦後、これら民族解放運動は植民地の本国軍と戦って自力で独立を勝ちとり、結果的に、アジアにおける欧米の植民地支配は一掃された〕（341頁）。

　中国戦線では、太平洋戦争開始後、中国の飛行場が米軍に利用されるのを防ぐ作戦や、華中と華南を連絡させるための作戦がなされた。とくに、中国共産党が華北の農村地帯に広く抗日根拠地（解放区）を組織してゲリラ戦を展開したのに対し、日本軍は抗日ゲリラに対する大掃討作戦（中国側はこれを三光作戦とよんだ）を実施し、一般の住民にも多大の被害をあたえた〔脚註：中国戦線では毒ガスも使用され、満州などにおかれた日本軍施設では毒ガスや細菌兵器の研究がおこなわれた。満州のハルビンには、731部隊とよばれる細菌戦研究の特殊部隊［石井四郎中将ら］がおかれ、中国人やソ連人の捕虜を使った生体実験がおこなわれた〕（341頁）。

【コメント】『詳説世界史』に比して、『詳説日本史』が中国国内での日中両軍の動向を書いていることは評価できる。ただし、中共軍との戦闘のみで国民政府軍による正面戦場への言及はない。また、焦点は日米関係、東南アジアにあてられる。脚註は重要であり、本文以上に執筆者の気持ちが込められている場合がある。ここでの脚注は「日本の敗戦後、これらの民族解放運動は植民地の本国軍と戦って自力で独立を勝ち取り、結果的に、アジアにおける欧米の植民地支配は一掃された」（341頁）、と丁寧な説明をしている。日本が欧米の植民地支配から解放したとする一部の主張を意識し、それへの明確な反論となる。私見によれば、日本が欧米支配に亀裂を入れ、かつそれに代わる植民地支配を目指した日本が敗戦したがゆえの独立であった。また、毒ガス、731部隊の生体実験にも言及している。この詳細な実態と問題点の説明は高校教師の力量に委ねられる。

◀中　国▶

❶『高級中学課本 中国近代現代史』下冊（必修）、人民教育出版社、1993年

　1944年初頭、日本は太平洋戦場で次第に失敗し、日本と南洋の海上交通はアメリカ軍

第1節　満洲事変、日中戦争、太平洋戦争の記述を巡って　85

によって切断され、中国を打通する大陸交通線の必要に迫られた。同年、日本はまた豫湘桂戦役〈一号作戦、いわゆる大陸打通作戦〉を発動した。豫湘桂戦役は国民党正面戦場へ発動した最大規模の戦役で、8ヵ月に至った。この戦役中、国民党軍隊は大潰走し、兵力50〜60万人を失い、河南・湖南・広西・福建・広東等省の大部分と貴州省の1部分を放棄した。国民党戦場での敗北は国民政府が実行した消極抗日・積極反共が生みだした結果である（45〜46頁）。

【コメント】　日本軍による大陸打通作戦、および国民政府の戦後建設、兵力温存、中共対策などによる対日消極政策の失敗や問題点などが暗に示される。

敵後方の軍・民の厳しい闘争

1941（〜42）年から開始し、日本は中国を太平洋戦争の後方基地とするため、中国にいる半分以上の兵力を集中し、敵後方の抗日根拠地に対して大「掃蕩」をおこなった。「掃蕩」中、日本軍は野蛮な焼光・殺光・搶光の「三光政策」を実施し、甚だしいことには毒ガスを放ち、細菌戦をおこない、抗日根拠地を消滅さえしようと企てた。……根拠地の軍・民は「基本的には遊撃戦、有利な条件下では運動戦をおこなう」という方針で、積極的な反「掃蕩」闘争を展開した。……反「掃蕩」闘争の中で、蒙古抗日遊撃隊、回民〈ムスリム〉支隊などの少数民族もかなり英雄的であった（49〜50頁）。

この後、国民党軍による共産地区への封鎖、自然災害により根拠地は極めて困難な状況に陥ったことが述べられる。そうした状況に対して、抗日根拠地では「三三制」、減租減息、大生産運動、整風運動などにより困難を克服し、再び大きく発展し始めたことが書かれている（51〜53頁）。

【コメント】　日本軍による「三光作戦」の非人道的作戦、そして日本軍に「掃蕩」に対してモンゴル人・回民など少数民族が共に戦ったことが強調され、かつ極度の困難の中での中共地区における奮闘とその成功が述べられる。少数民族とは協力のみならず、矛盾や軋轢、及び日本による少数民族利用もあったわけだが、その点は捨象されている。

中共第7回全国代表大会

1944年1年間で、八路軍、新四軍は2万回以上の戦闘をおこない、日本・傀儡軍29万人を消滅させ、県城16、国土8万余平方キロを回復し、1300余万人を解放した。この時、八路軍、新四軍などの主力部隊は91万人、民兵220万人に発展した。全国に解放区19を建設し、総面積95.6万平方キロ、総人口9550万人になった（54頁）。

【コメント】　中共の飛躍的な発展など、むしろ中共の実態を中心に中国内問題に焦点を当てる。このように、日本の教科書の不足を補強するものであるが、国際情勢についての説明が稀薄である。この点に関しては、今後、中国高級中学の世界史関係教科書を慎重に読み解くことで、問題点を摘出し、再考察する必要があるかもしれない。

◀台　湾▶

❶『高級中学 歴史』第3冊、国立編訳館主編、1996年第12版

中国と連合軍国家との共同作戦

1941年4月、日ソ中立条約が成立し、日本軍の南進を鼓舞した。「6月独ソ戦争が発生し、日本軍は後顧の憂いなく、ベトナム南部に進駐した。太平洋の形勢は緊張し、アメリカは中国援助を強化した。8月シェンノートが組織するアメリカ志願空軍隊（また「飛虎隊」とも称す）が中国に来て支援した。10月アメリカ軍事代表団も重慶に到着した。日本はアメリカの対華支援を阻止しようとしたけれども、日米談判は決裂した」。かくして、日本はアメリカ海軍基地である真珠湾を襲撃し、太平洋戦争が勃発した。中国は12月9日、正式に対日宣戦を布告し、同時に対独、対伊宣戦も布告した。これで、「侵略国と反侵略国家が明確となり、前者の枢軸国は独・伊・日を主とし、後者の連合国は中・米・英・ソの4ヵ国が主となった。ただし、ソ連は日本降伏の6日前〈1945年8月8日〉になってやっと対日宣戦をした」。

1942年1月2日、蔣委員長は連合国の推挙を受け、連合国中国戦区（ベトナム、タイを含む）の最高統帥を担当し、同戦区の連合軍と共同作戦を指揮した。当然のことながら、中国は単独対日作戦から最終的には連合国との共同作戦となった（146〜148頁）。

【コメント】　連合国、とりわけ「飛虎隊」(The Flying Tigers)、軍事代表団などアメリカの支援について詳細に述べる。また、単独対日抗戦に耐え抜き、その後、連合国の1国として共同作戦をおこなうことになった国民党の戦略の正確さを言外ににじませる。ソ連に対しては、日本降伏の6日前になってやっと対日宣戦をしたことに不満がくすぶっている。

日本軍の中国戦場での惨敗

太平洋戦争の発生後、グアム、香港、フィリピン、インドネシア、シンガポール、マラヤ、ビルマなどは、数ヵ月の間に日本軍により陥落した。英米両軍も次々に敗退し、投降した。だが、中国戦区では引き続き日本軍と戦闘し、同時にビルマに援軍を送り、イギリス軍を包囲から解放した。民国31〈1942〉年1月、日本軍は長沙を攻撃したが死傷者6000余人を出し、包囲を突破して逃亡した。英・米各国世論は一致して賞讃し、中国5年来の単独抗日作戦の苦難と、それが英雄的であったことを知った（148〜149頁）。

【コメント】　長沙での戦闘など中国戦線での国民政府軍の奮闘と日本軍の敗退を述べる。このように、日本軍は太平洋戦場のみならず、中国戦場でも敗退を繰り返すようになっていた歴史的事実を押さえておく必要がある。

平等な新条約とカイロ会談

米・英は対中友好と協力を強化するため、1942年10月10日、従来からの対中不平等条約の撤廃を宣言し、別に平等互恵の新条約を締結した。1943年1月11日新条約は成立した。ここに至り、米・英が中国で有していた特権、例えば、領事裁判権、大使館区域、

第1節　満洲事変、日中戦争、太平洋戦争の記述を巡って　87

駐兵権、租界、内河航行権、及び中国領土での軍艦運行権など、一律に撤廃した。100年の桎梏がここに解除され、中国の主権が完全に確立したのである。……1943年8月国民政府主席の林森が死去し、蒋委員長がそれを引き継ぎ主席に就任した。連合国の国家元首と戦後の重要問題を討議するため、11月蒋主席はカイロに行き、アメリカ大統領F・ローズベルト、イギリス首相W・チャーチルと3ヵ国領袖会議を開催した。会議後、日本の侵略を阻止し、懲罰を加え、中国東北〈満洲〉、台湾、澎湖群島などは中国に戻し、朝鮮は独立させることを宣言した。……1945年4月国際連合が成立し〈正式成立は45年10月〉、中国は安全保障理事会の常任理事国となった。中国の国際的地位は被圧迫国家から一躍、世界領袖国家の1つとなった（149～150頁）。

【コメント】　中国は1943年1月になって米英との不平等条約をやっと撤廃できた。蒋介石のカイロ会談出席、国連安全保障理事会の常任理事国になるなど、国際的地位の飛躍的に向上したことを誇る。なお、中国の教科書に比して、台湾の教科書は国際情勢・国際関係に目を配っている。これは、国民党が当時、政権を担っており、ある意味で外交政策を遂行していたことと無縁ではないかもしれない。中共はかなりの力量を有していたとはいえ、当時、いわば「地方政権」で、国策レベルの政策を遂行する能力はなかった。

ところで、本教科書は、戦争末期に中国勝利までは紆余曲折があったことを述べる。「アメリカの第二次世界大戦戦略はまずドイツを打ち破った後、日本を打ち破るという、いわゆる欧州〈戦場〉重視、アジア〈戦場〉軽視の戦略であった。すべての武器・物資の分配は多くは欧州戦場優先であった。同時にビルマが占領されていたことにより中国への外からの運搬は困難で、中国戦場が獲得できるアメリカ支援物資は実に少なかった」。日本軍が発動した大規模攻勢である大陸打通作戦に大被害を受け、中共に利する機会を与えた。とはいえ、「少なかった」としながらも、他方で1942年2月アメリカからの借款5億ドルによる財政権が安定、同年3月アメリカ第14航空隊の中国での成立による制空権奪取、1944年中・米両軍のビルマでの反攻、中印公路打通を経て、1945年4、5月芝江での日本軍撃退、柳州、桂林での撃退、およびアメリカ軍の太平洋作戦での勝利などをから日本を降伏に追い込んでいった（150～155頁）ことが記述される。

【コメント】　中国は、アメリカの欧米戦場重視の姿勢から支援物資不足に苦しんだが、その後、中米両軍の共同作戦により日本を敗戦に追い込んでいったとする。また、反共を標榜していたにもかかわらず、事実、日本軍の大陸打通作戦は国民政府軍にのみ

打撃を与え、中共に利したというのである。その延長線上に後の国共内戦での中共勝利・中華人民共和国成立に道を開いたとの不満が示される。

では、最近の台湾の歴史教科書はどうか。

❷『歴史』（必修）第 2 冊（中国史（下）・龍騰文化〈台湾〉・2008年版）

　8 年抗戦期間、日本は都市と交通線を占領しただけで、広大な農村地区の多くは抗日遊撃隊、国民政府軍、あるいは中共部隊が守った。1941年末、日本は真珠湾を攻撃し、アメリカは中国との共同作戦を開始した。全国の軍民の奮戦、アメリカの大々的な援助の下、1945年 8 月ついに勝利を獲得した（210頁）。

【コメント】　基本的に以前の教科書を踏襲し、簡潔にまとめている。ただし、「広大な農村地区」の多くはやはり中共軍、および中共系遊撃隊の活動が主であった。その点を認めざるを得なくなったが、「抗日遊撃隊」と所属不明にし、かつ「国民政府軍」を挿入することで、「中共部隊」の役割を相対的に過小評価している。

V　日本敗戦（「終戦」）

◀日　本▶

❶『詳説世界史』山川出版社、2005年

ファシズム諸国の敗北
　1941年 8 月のローズヴェルト・チャーチル会談で発表された大西洋憲章は、その後ソ連など26カ国が加わり、42年 1 月の連合国共同宣言で戦争構想の原則として確認された。43年11月、ローズヴェルト・チャーチル・蔣介石のカイロ会談で対日処理方針を定めたカイロ宣言が発表され、さらにローズヴェルト・チャーチル・スターリンのテヘラン会談では、連合軍の北フランス上陸作戦が協議された。……45年 2 月、米・英・ソ 3 国首脳はクリミア半島のヤルタで会談し、ヤルタ協定を結んでドイツ処理の大綱、秘密条項としてドイツ降伏後のソ連の対日作戦などを決めた。
　〈イタリアの無条件降伏の経緯と実態は略〉太平洋戦域では、アメリカ軍が1944年中にサイパン・レイテ島を、45年 2 月にはフィリピンも奪回し、 4 月沖縄本島に上陸した。同時に日本本土への爆撃も強めたので、主要都市や住民は大きな被害を受けた。 4 月にローズヴェルトが急死したため、大統領に昇格したトルーマンは、 7 月チャーチル（途中で労働党のアトリーと交替）・スターリンとポツダムで会談し、ドイツ管理問題を協議して、日本に降伏を求めるポツダム宣言（脚注：日本軍の無条件降伏や、降伏後の日本の処遇についての基本方針を明らかにした）を発表した。アメリカは、 8 月 6 日広島に、さらに 9 日に長崎に新兵器の原子爆弾を投下して、両市を潰滅させた（脚注：広島では被爆後 5 年間に20万人以上、長崎では14万人以上の市民が死亡し、現在も後遺症

に苦しむ人びとがいる)。同時に、ソ連はヤルタ協定にもとづき、日ソ中立条約〈日ソ不可侵条約〉の規定を無視して、8月8日日本に宣戦し、中国東北地方をはじめ、朝鮮・樺太に軍をすすめた〔脚注：ソ連は1945年4月、日ソ中立条約破棄を日本に通告したが、規定では条約は破棄通告後1年間は有効であった。なお、戦後約60万人の日本人捕虜がシベリアなどソ連各地に長期間抑留され、悪条件下での労働で多くの死者を出した〕。日本の降伏直前のアメリカ合衆国とソ連の軍事行動は、戦後世界で主導権を握ろうとする意図があった。日本は8月14日ポツダム宣言を受諾して降伏し、15日国民にも明らかにした。6年にわたる第二次世界大戦は終わった（316〜317頁）。

【コメント】　日本の教科書の多くは原爆などでは犠牲者数の具体的な数字を出している。にもかかわらず、「南京大虐殺」などでは各説があることを言い訳に、「多数」とするなど、逃げの姿勢が散見される。日本降伏直前の米ソの軍事行動に関しては、戦後世界で主導権を握ろうとする意図があったとするが、この記載は正確と考えられる。

大戦の結果

米ソ両国は、連合国の勝利に決定的役割を果たし、戦後世界での指導的地位は認められた。……中国やアジア諸地域での民衆の抵抗運動は、反ファシズム運動の枠をこえて、欧米諸国の植民地支配をうち破って自立する力量を獲得した。大戦がもたらした多大の犠牲と国土の荒廃への反省、人類の生存そのものをおびやかすことになる核兵器の登場は、戦後の諸国家や国際体制の方向を決定する要因となった（318頁）。

【コメント】　ところで、日本は結局、いかなる要因によって敗北したのであろうか。アメリカの原爆、ソ連参戦、中国の泥沼戦争、および日本の自滅などが考えられるが、それらが複合的要因となって敗北したと考えられる。私見によれば、原爆が日本敗戦の最大の要因とすることには懐疑的である。アメリカは原爆投下を「アメリカ兵の生命を守るため」と強弁する。だが、すでに日本は中国での「泥沼戦場」、太平洋戦場各地でのアメリカの勝利などにより「死に体」であり、敗戦が時間の問題となっていた。いわば日本を敗戦に追い込むための原爆は不要である。アメリカの原爆投下はその威力を確かめるための「生体実験」・都市無差別の大量殺戮の意味合いも否定できない。特にその後のソ連との対立という国際関係の中で、戦後における日本に対するアメリカ勢力圏確保であったと考えられる。その上、何のために広島に続く、長崎への第2発目の原爆を投下する必要があったのか。とりあえず日本敗戦の決定的要因は何であったのか、さらに緻密な考証が必要である。

❷ 『詳説日本史』山川出版社、2007年、343〜345頁

敗戦

1944年10月、アメリカ軍はフィリピンの奪回をめざしてレイテ島に上陸し、激戦の末これを占領した。翌1945年3月に硫黄島を占領したアメリカ軍は、4月にはついに沖縄

本島に上陸し、島民をまき込む3カ月近い戦いの末これを占領した（沖縄戦）。……ヨーロッパ戦線でも、1943年連合（国）軍が反攻に転じ、同年9月まずイタリアが降伏し、ついで1945年5月にはドイツも無条件降伏して日本は完全に孤立した。軍部はなお本土決戦をさけんでいたが、鈴木〈貫太郎〉内閣はソ連に和平交渉の仲介を依頼しようとした。

　しかし、すでに同年2月には、クリミア半島のヤルタで、アメリカ・イギリス・ソ連の3国の首脳会談（ヤルタ会談）がおこなわれており、さらに3国は7月には、ベルリン郊外のポツダムで会談をして、ヨーロッパの戦後処理問題を協議していた。会談を契機に、アメリカは対日方針をイギリスに提案し、米英および中国の3交戦国の名で、日本軍への無条件降伏勧告と日本の戦後処理方針からなるポツダム宣言を発表した（脚註：これより先の1943年に、アメリカ大統領フランクリン＝ローズベルト・イギリス首相チャーチル・中国国民政府主席蔣介石がエジプトのカイロで会談し、連合国が日本の無条件降伏まで徹底的に戦うことのほか、満州・台湾・澎湖諸島の中国返還、朝鮮の独立、日本の委任統治領である南洋諸島のはく奪など、日本領土の処分方針を決めた［カイロ宣言］。また、ヤルタ会談では、ローズベルト・チャーチルとソ連共産党中央委員会書記長スターリンがドイツの戦後処理問題を話し合うとともに、ドイツ降伏から2〜3カ月後のソ連の対日参戦や、ソ連への南樺太の返還および千島列島の譲渡、旅順・大連の自由港化を約す秘密協定が結ばれた［ヤルタ秘密協定］）（343〜344頁）。

　ポツダム宣言に対して、「黙殺する」と評した日本政府の対応を拒絶と理解したアメリカは、人類史上はじめて製造した2発の原子爆弾を8月6日広島に、8月9日長崎に投下した。また、8月8日には、ソ連が日ソ中立条約を無視して日本に宣戦布告し、満州・朝鮮に一挙に侵入した（脚註：ソ連軍を前に関東軍はあえなく壊滅し、満蒙開拓移民をはじめ多くの日本人が悲惨な最期をとげた。……〈また〉多数の残留孤児を生む結果となった）。陸軍はなおも本土決戦を主張したが、昭和天皇のいわゆる「聖断」によりポツダム宣言受諾が決定され、8月14日、政府はこれを連合国側に通告した。8月15日正午、天皇のラジオ放送で戦争終結が全国民に発表された。9月2日、東京湾内のアメリカ軍鑑ミズーリ号上で日本政府および軍代表が降伏文書に署名して、4年にわたった太平洋戦争は終了した（345頁）。

【コメント】　ここでも日本敗戦の要因は何かを考えさせられる。本教科書は米ソを並列することによって、何を語らせようとしているのであろうか。ソ連による「日ソ中立条約」破りは問題と私も考えるが、国際的に日本はこうした条約破りの事実は過去になかったのか、気にかかるところである。むしろ重要なことは、日本の侵略阻止、日本降伏・敗戦の問題を考察する上で、ソ連参戦がいかなる意味をもったのか。正確な歴史的位置づけを与えるべきであろう。なお、「日ソ中立条約」破りの件は、日本以外の教科書には記載されていない。それは、周辺諸国にとって小事であり、侵略を続け、他国に巨大な被害を与えていた日本がやっと敗戦したこと自体が重要と考えているからであろう。

第1節　満洲事変、日中戦争、太平洋戦争の記述を巡って　91

◀中　国▶

❶『高級中学課本　中国近代現代史』下冊（必修）、人民教育出版社、1993年

日本の無条件降伏

「1945年5月、欧州戦場の反ファッショ戦争は勝利のうちに終結した。8月ソ連政府は対日宣戦をし、中国東北に出兵し、日本の精鋭部隊である関東軍を打ち破った。毛沢東は「日本侵略者に対する最後の一戦」の声明を出し、中国人民に一切の抗日力量で全国規模の反攻をおこなうように呼びかけ、抗日戦争は戦略的反攻段階に入った。八路軍、新四軍、およびその他の人民軍隊は朱徳総司令の命令に則り、投降を拒絶する敵を断乎として消滅した。8月15日日本政府は無条件降伏を宣布せざるを得なくなり、9月2日正式に無条件降伏書に署名した。ここに至って中国人民の抗日戦争はついに最後の勝利を勝ち取った」。

この後にさらに説明があり、1945年7月中・英・米3国がポツダム宣言を発したが、日本政府が拒絶した。その結果、8月6日、9日アメリカ空軍が広島、長崎に原爆を投下し、それと同時にソ連が中国東北に出兵した。日本の鈴木首相は「今朝、ソ連が参戦した。我々は最終的な窮地にあり、すでに作戦を続けることはできない」と述べた。太平洋には英米200万の軍隊が集結し、日本本土上陸の準備をしたことなど経緯が記述される。

そして、「抗日戦争勝利は中国人民のここ100年〈アヘン戦争〉以来、帝国主義反対闘争で勝ち得た最初の完全勝利である。それは全国人民の自尊心と自信を大々的に増強し、全国における民主革命勝利に確固たる基礎を固めた。中国抗日戦争は世界反ファッショ戦争の重要な構成部分であり、中国戦場は日本ファッシズムの侵略に反対する主要戦場であった。中国人民抗戦は欧州とアジア、その他の地区の反ファッショ戦争の勝利に戦略的に呼応するという重要な役割を果たした」と高く評価し、総括している（55～56頁）。

【コメント】　戦争の帰趨を決定する上でソ連参戦を重視し、それと呼応・連動した中共軍が最後の決戦を挑み、日本を敗戦に追い込んだという構図が示される。その結果、アメリカによる原爆投下の位置づけが低くなる。ともあれアヘン戦争以来、初めて中国が獲得した勝利であり、中国の抗戦は世界的反ファッショ戦争の一環を形成し、その勝利に大きく貢献したとする。

◀台　湾▶

❶『高級中学　歴史』第3冊、国立編訳館主編、1996年第12版

日本降伏と抗戦終了

「独・伊・日の3枢軸国は、まずイタリアが1943年9月に降伏、次いでドイツが1945年5月降伏し、日本は孤立し、絶望的境地に陥った。7月、中・米・英3国はポツダム

宣言を発表し、日本に無条件降伏を勧告した。日本は依然としてあがいていたが、8月6日、9日にアメリカの原子爆弾が前後して広島、長崎に投下された。14日、日本の天皇は降伏を宣言した〈玉音放送により天皇が日本国民に降伏を知らせたのが15日〉。蔣介石主席は文書で、「不念旧悪」〈旧悪を言わず〉、「与人為善」〈人に与えるに善をなす〉と述べ、ただ日本軍部を敵とし、日本人民を敵とせず報復しない、と声明した。この日本に対する寛大な政策は中日間の民族的恨みを消滅させることにあり、実にアジア和平の前途のために着想されたものであった。9月2日連合軍は東京湾で〈日本の〉降伏を受諾した。我国は徐永昌が代表として参列した。9日、中国派遣軍総司令の岡村寧次が南京で我陸軍総司令の何応欽に降伏文書を差し出した。8年抗戦はここに終わった(156～157頁)。

【コメント】 蔣介石・国民政府の日本に対する「寛大な政策」をとり、日本軍部のみを敵とし、報復せず、アジア和平を目指したことが述べられる。報復合戦が通常おこなわれる中で、この意義は決して小さなものではない。もちろん中共との抗争が待っており、日本問題の処理を急いだ面があるとはいえ、この歴史事実は重いと考えられる。これにより、日本側は過重な賠償金支払いを免れ、敗戦の痛手を最小限に抑えることができた。

アジア各国民族の独立

日本は戦争を始め、いわゆる「亜洲共栄圏」〈「大東亜共栄圏」〉を建設するとして、中国を植民地にしようとしたばかりでなく、〈欧米列強〉各国のアジアにおける植民地を尽く奪おうとした。中国の対日抗戦はアジア各国の民族独立運動の発生を促進した。例えば、朝鮮、ベトナム、ビルマ、インドなどの民族独立運動はすべて中国の共鳴と支持を受けていた。1942年2月、蔣〈介石〉委員長は夫人〈宋美齢〉を伴ってインドを訪問し、独立運動指導者と面会し、その自由を求める考えに同意を示した。カイロ会談では、戦後の朝鮮独立を主張している。日本降伏後、アジア各国、例えば、インドネシア、フィリピン、インド、ビルマ、韓国（朝鮮）、マレーシア、シンガポールなどは前後して独立を勝ち取った。不幸にも、共産党は民族独立運動を口実にベトナム、北韓〈北朝鮮〉、及び中国大陸の政権を奪った（166頁）。

【コメント】 国民政府はアジア各地の民族独立運動を支援し、その独立に大きく寄与したとする。ただし、結果的にベトナム、北朝鮮、そして中国が共産党政権になったことには不満そうである。ところで、日本が英米などからの「アジア各国の解放」を目指し、戦後、独立に寄与したと強弁する日本人研究者・評論家・政治家もいるが、英米などの植民地支配に取って代わろうとしたことは明白で、日本敗戦を契機に独立がもたらされたと考えるべきであろう。ただし、日本の南進・侵略が英米などの植民地支配能力を弱体化させ、復活できないようにした側面も1要因として一概に否定できない。

全民奮起して共に国難に赴いた

第1節　満洲事変、日中戦争、太平洋戦争の記述を巡って　93

　8年間の艱苦抗戦は、蔣委員長の指導下で全民奮起し、共に国難に赴き、挙国一致の精神を示した。……大会戦22回、重要な戦闘1000余回、小戦闘3万8000余回。死傷した将兵321万余人。軍人は国のために犠牲となり、感動すべき壮挙は枚挙にいとまがない。青年の服役・従軍は徴集と志願の両種に分かれる。徴集されたのは多くが民間人で、8年間で壮丁1400余万人であった。志願の多くは青年学生で、民国33〈1944〉年蔣委員長の「10万青年従軍」の呼びかけに応じて活発に呼応し、すぐに12万人に達した。選抜した8万余人で青年遠征軍を編制した。長期抗戦は経済的支援に頼る必要があり、農民は成年男子と食糧を供出し、負担が最も重かった。労働者は増産に努め、戦闘を支援し、最も苦しかった。商工企業は戦時生産・運搬に呼応し、抗戦力を増大させた（158頁）。

【コメント】　蔣介石を高く評価し、彼の下で「全民」、すなわち軍人、青年学生、農民、労働者などが力をあわせて勝ちとった抗戦勝利であることが強調される。ここには党派的区分がされておらず、中共の役割は捨象される。中共は抗戦をむしろ妨害したとの認識の延長線上にある。戦闘回数など、具体的に出している点は評価したい。なお、徴兵逃れなどもあり、それほど順調でなかった地域もあることは押さえておく必要があろう。

　では、最近の台湾の歴史教科書はどのように記載しているであろうか。

❷　『歴史』（必修）第2冊（中国史〈下〉・龍騰文化〈台湾〉・2008年版）

　「この戦争〈8年抗戦〉での中国側の犠牲者は厳しく、将兵の死傷者約320万人、人民の死傷者2000万人以上、難民1億人以上と見積もられる。軍事支出は算出が困難であるが、〈国民〉政府は増税、国公債、並びに大量の紙幣を発行せざるを得なかった。物資は欠乏し、多くの経済活動は落ち込み、かつインフレのため、戦後に至っても依然として解決する術がなかった」。それに対して、中共が圧倒的に勢力を伸ばしたことが述べられる。「抗戦期間、国共双方とも『民族統一戦線』のスローガンを擁護したが、実際にはすでに2つの政権、すなわち1つは重慶、1つは延安に分裂していた」。中共は急速に発展し、1945年戦争が終わった時、党員は120万人、正規軍90万人以上、民兵220万人に上った。また19の「解放区」〈共産地区〉人口は約9500万人で、全国人口の5分の1を占めた、とする。とはいえ、8年抗戦の意義は、中国の団結抗日の行動を促進し、さらに民族主義を凝集、発展させた外、重大な意義は不平等条約を廃止したことである。「1943年初頭、中国と英米は平等な新条約を締結し、1942年以来の100年の桎梏を解き放ち、真の独立自主の国家となった」（210～211頁）、と強調するのである。[4]

【コメント】　ここでは、蔣介石の名は出てこない。そして、抗戦による被害実態に焦点を当てる。また、「民族統一戦線」といいながら、すでに分裂政権で、2つの政権があり、この時期、中共が飛躍的増大を示したことが述べられる。これらが抗戦期、お

よび直後のマイナス状況ととらえ、若干矛盾するようにも見えるが「団結抗日」、「民族主義」の凝集した意義を指摘する。特に不平等条約廃止により中国が「真の独立自主の国家」になったという極めて大きな意義があったと自負するのである。

おわりに

　第1に、日本の高校の歴史教科書は時代の流れを簡潔に押さえているが、抽象的な記述〈日本人執筆者は客観的というかもしれない〉が多く、逃げの姿勢も感じられる〈日本の教科書販売、紙幅の問題、経費や文部科学省の検定への配慮、自己規制などの結果であろうか〉。ところで、太平洋戦争までは中国戦線について記載されているが、太平洋戦争後、教科書までも「南進」してしまい、東南アジア、日米関係が重点的に論じられる一方、その時期、日本軍占領地域の統治形態や実態、および日本史教科書では中共軍のゲリラは触れられても、中国戦線全体がどのようになっていたかは不明なまま残されている。世界史教科書に至っては、この時期の中国戦場が完全に捨象されている。この結果、中国戦線においても日本が惨敗しはじめた状況が不明となり、アメリカに敗北したとの構図が意識的、無意識的に生み出される。日中戦争に関する限り、日本史教科書の方が世界史教科書よりも新たな研究に敏感で、それを導入しようとする姿勢が感じられる。もちろん日本史教科書は日本の視点、日本との関連でのみ世界を見る傾向があり、視野が狭くなる危険性がある。そこで、世界、アジアの中での日本の位置づけるという視点が必要である。世界史教科書はやはり欧米中心の傾向があり、日本が属するアジア、特に東アジアへの視点を早急に確立する必要があろう。換言すれば、「日本→東アジア〈アジア全体〉→世界」、「世界→東アジア〈アジア全体〉→日本」を繰り返し循環させながら生徒の考えを深化させていくことが肝要と思う。なお、中国、台湾、韓国などの大学、研究所を訪問した時、教科書問題としてではないが、「日本は加害者ではなく、むしろ被害者としての側面を強調しているのではないか」との質問を何度も受けた。「日本人も多種多様で、そうとは一概に言えない」と一応答えたが、なぜかすっきりしなかった。

　第2に、中国の歴史教科書は従来、中国近現代史というより中共党史の色合

いが強く、それが価値基準の大きな柱となってきた。また、実態把握、内容面で充実しているが、客観性に欠ける感情的記載や、感覚的な形容詞が多く、勧善懲悪的な傾向がある。したがって、中国教科書を見るポイントであるが、①中共の扱い方とその役割への評価が正当か否か。これに関して、中共中心史観の傾向が弱まり、客観的になってきたとする意見もあるが、現在に至っても本質的部分、筋に関しては原則的に妥協、変更はない。関連的にいえば、②毛沢東の史的役割〈文革期の失敗にもかかわらず、抗日戦争を勝利に導いた貢献〉、③近代化とナショナリズムの関係の処理、④国内問題としての国共対立と融和〈国民党戦場の再評価という研究を反映している。また、台湾との第三次国共合作を目指している点からの政治的判断とも合致させている〉、それに対する⑤国際関係と中国の国際的位置、特に現在的問題関心からいえば、今回は言及できなかったが、⑥少数民族問題の扱い方等々があげられよう。さらに、抗日戦争は重点的に論じられ、日本よりも各事件に対する背景、経過、結果が詳細に論述されている。ただし全般的に国際情勢、およびそれにおける中国の位置については充分描き切れていない。当時、政権党でなく、中共中心に論じると、勢い国際関係が稀薄になる。今後、中共党史を骨幹とする内容をいかに相対化し、中国近現代史全体の中に正確に位置づけられるかがさらに問われることになる。

　第3に、台湾の歴史教科書は従来、「国史」とは中国史を意味していた。なぜかというと、蔣介石が「光復大陸」を鼓吹し、中国に戻り、政権を回復することを前提としていたからである。かくして、台湾の教科書は国民党史としての色彩が強かった。その特色を見ると、①国民党の骨幹となる孫文、さらに蔣介石の評価問題、②戦時期、中国政府の政権党であった関係上、中国の教科書よりも国際関係をとりあげることが多く、とりわけアメリカの支援を重視している、③満洲事変時期の日本のみならず、ソ連の侵略を問題視する、④「安内攘外」論を評価、⑤抗日戦争を遂行する国民党、国共合作を利用しながら抗戦を妨害する中共という構図、特に⑥西安事変での張学良、楊虎城の行動に対する不満、⑦日本軍の大陸打通作戦などが国民党のみに大打撃を与え、結果的に中共を助け、その延長線上に中華人民共和国が成立した。その結果、蔣介石・国民党は台湾に逃亡せざるを得なくなったなど、こうした独特な見解が示され

る。なお、台湾、中国の各教科書はともに抵抗に関しては日本の教科書に比して力点を置いて詳述される。

　とはいえ、台湾の教科書の変化が最も大きく、現政権が蔣介石の死去後、国民党の蔣経国、李登輝、そして陳水扁の民進党各政権を経る中で、中国史と並列させ、もしくは独立した形で台湾史を教科書の中で真正面からとりあげ始めた（現在は再び馬英九の国民党政権）。「日本統治時代」（日本植民地時代）の限界のみならず、意義についても論じられるようになった。この結果、国民党を相対化し始めたのはよいとしても、その延長線上で戦時期の国民党の史的役割を過小評価しすぎているのではないかと感じることすらある。なお、中共に対する批判は継承されている。興味深いことに、中国では蔣介石・国民党が再評価され始め、台湾では蔣介石・国民党の評価が相対的に下がってきているという逆転現象が見られる。

　第4に、1つの改善策であるが、日本、中国、台湾、さらに韓国・朝鮮で媒介となる人物をピックアップし、そうした人物を各国教科書で共通にとりあげることが肝要である。例えば、反戦放送の詩人長谷川テル、国民党地区における反戦兵士の指導者鹿地亘、共産地区で反戦運動を指導した岡野進（野坂参三）、および朝鮮三・一独立運動に理解を示した柳宗悦などがそうである。なぜ、これらの人々をとりあげることが重要かといえば、侵略と被侵略という固定化した概念を乗り越える可能性を広げるからである。戦争当時、日本人でも日本の戦争を誤りと考え、反戦運動をした人物がいたことを、日本人生徒のみならず、中国、台湾の中高生に教えることができる。この結果、当時の日本人がすべて侵略に加担したという平板な見方に修正を加えることができる。中国人の抗戦、日本人の反戦を対の概念として位置づけ、各国歴史教科書に新たな歴史的地平を切り開く必要がある。

〔註〕
1）　日本の文部科学省の姿勢を知るため、参考までに、文部科学省『高等学校学習指導要領解説―地理歴史編』（平成11〈1999〉年12月、平成17年1月1部補訂）を出しておきたい。これによれば、高等学校の科目履修に対しては、「国際化の進展をはじめとする社会の変化に対応して高等学校生徒に必要とされる資質を養うという観点などから、世界の歴史をすべての生徒に学ばせることとし、『世界史A』及び『世界史B』のうちから1科目並びに『日本史A』、『日本史B』、『地理A』及び『地理B』のうちから1科目

の合計2科目、4単位以上を必履修としている」(9頁)。

「各科目の目標」の『世界史A』、『世界史B』をとりあげよう。『世界史A』は、「近現代史を中心とする世界の歴史を、我が国の歴史と関連付けながら理解させ、人類の課題を多角的に考察させることによって、歴史的思考力を培い、国際社会に主体的に生きる日本人としての自覚と資質を養う」。すなわち、①世界の歴史全体を均等に扱うのではなく、あくまでも近現代史中心に扱う。②日本人にとっての世界史という観点から、また、世界の歴史を踏まえて、現代の人類が直面する課題を政治、経済、社会、文化など様々な観点から考察する。③世界の構造や成り立ちを歴史的視野から考察する能力、自己の属する国や地域の理解の上に、他国、他地域との協調関係を築いていく。こうして、「民主的、平和的な国家・社会の一員としての自覚、国際社会を主体的に生きる日本人としての資質を養う」(13〜14頁)。

では、例えば、具体的に第一次・第二次世界大戦、および戦間期についての取り扱いをどのように求めているのか。

「二つの世界戦争と平和―第一次世界大戦と第二次世界大戦の原因や総力戦としての性格、それらが及ぼした影響を理解させ、平和の意義などについて考察させる」。具体的には、①第一次世界大戦の原因、性格、戦争がもたらした世界の変化を理解させる。総力戦体制、ロシアでの社会主義革命、戦後国際秩序での国際連盟、アメリカの役割、ヴェルサイユ・ワシントン体制、アジア諸国での民族運動など、②世界恐慌が戦間期の国際秩序に危機をもたらし、新たな国際対立を生みだしたことを理解させる。アメリカのニューディール政策の修正資本主義的な要素に着目させる。また、ドイツのナチズムを事例に取り上げるなどして、全体主義の台頭の背景を大衆社会化現象と関連付けて理解させる。東アジアでの日本の動向については、世界の動きと照応させて把握させる。③第二次世界大戦については複合的な性格を理解させる。米ソ冷戦の芽や原爆使用の戦後の国際政治もつ意味。さらに、戦争のもたらした人的・物的被害の甚大さに触れ、国際連合に込められた平和や人権の確立への願いに気付かせる(31頁)、とある。

ここでコメントを述べれば、ドイツと日本の全体主義化を切り離して論じ、日本のファッショ化の事実を弱めようとする意識が働いているのではないか。「戦争のもたらした人的・物的被害の甚大さ」をもたらした大きな要因の1つが日本の侵略にあったことを明記すべきではないか。そうした疑問がある。

『世界史B』も実際は内容的にそれほど差があるとは思えないが、「世界の歴史の大きな枠組みと流れを我が国の歴史の展開との関連に留意しながら理解し、現代世界の特質と文化の多様性を広い視野から考察することにより、歴史的思考力を培うことを一層重視する」(4頁)、とある。いわば『世界史A』が「世界の歴史を、我が国の歴史と関連付けながら理解させ」るというように、日本中心なのに対し、『世界史B』は世界史の枠組み中での日本の位置という形で、一応アプローチしようとしていることになる。

2)『日本史A』は、「近現代史を中心とする我が国の歴史の展開を、世界史的視野に立ち我が国を取り巻く国際環境などを関連付けて考察させることによって、歴史的思考力を培い、国民としての自覚と国際社会に主体的に生きる日本人としての資質を養う」(82頁)、と。実際の教育現場でそうなっているか疑問であるが、日本史でも「近現代史」、「世界的視野」が一応強調されていることは押さえておく必要がある。ここで、『世界史A』と同じく、世界大戦期を摘出してみよう。例えば、「両大戦をめぐる国際情勢と日本―諸国家間の対立や協調関係と日本の立場、国内の経済・社会の動向、アジア近隣諸国との関係に着目して、二つの世界大戦とその間の内外情勢の変化について考察させ

る」(98頁)、とある。

　①第一次世界大戦については、その前後の国際情勢や大陸への勢力の拡張、中国・朝鮮における民族運動の高揚、国際的な協調体制に着目して、日本の外交政策への大戦の影響などを考察させる。②世界恐慌による資本主義国の経済危機とブロック経済への動向、全体主義の台頭による協調関係の崩壊という国際動向から、日本を取り巻く内外情勢の変動を考察させる。すなわち、中国での民族運動、日本の大陸政策の転換、昭和恐慌への対応と国家主義思想の台頭、満州事変、国際連盟脱退などに留意して、国際関係の変化、軍部の台頭による政治状況の変化などを考察させる。③中国との戦争長期化、戦時体制強化などを理解させ、太平洋戦争に突入していく過程を理解させる。また、戦時体制下での経済・学問・思想・教育の統制により国民生活・意識の変遷を考察させる。その際、中国側、および太平洋戦争勃発後の東南アジア諸地域の動向に留意する。なお、第二次世界大戦では、我が国が多くの国々、とりわけアジア諸国の人々に多大の損害を与えたこと、我が国も広島、長崎への原爆投下をはじめ空前の戦禍を被ったこと、「世界の諸国家・諸民族に未曾有の惨禍をもたらし、人類の文化と生活を破壊したことに着目させ、平和で民主的な国際社会の実現に努めることの重要性を自覚させる」(99頁)、とする。

　『日本史B』は、「我が国の歴史に対する認識を深め、……我が国の歴史の展開を世界史的観点に立って総合的に学習できるようにする」(4頁)。いわば『世界史B』と呼応する形で、「世界史的観点」から日本史を総合的に理解させようとする点に重点がある。

　このように、文部科学省の規定によれば、世界史は必修のはずであるが、受験対策として姑息にも日本史しか教えない、もしくは学んでいない高校生が多数に上り、未履修が問題となった。これは、現在どこまで改善されているのであろうか。すなわち、高校時代、日本史しか学ばなかった学生が多数を占めていることは憂慮される。これでは、世界史的視野を養うことなど到底不可能である。また、世界史でもあまりに日本史との関連を強調しすぎる。かくして、下手をすれば、独りよがりな日本中心史観を生みだし、世界史の中での自己（日本）を相対化できなくなる。かつ世界史は西洋史中心で、東洋史は相対的に軽視される。果たして日本を包括する東アジア・近隣諸国の歴史を軽視して世界史、日本史は成り立つものなのであろうか。さらに文部科学省は近現代史重視というが、世界史、日本史に限らず、古代史から順次やっていくため、時間的に、もしくは高校教師の力量から近現代史のさわり、日本史は明治維新や第一次世界大戦あたり、世界史のアジア部分では辛亥革命あたりで終止符を打たれることも多い。かくして、高校時代、近現代史をあまり教えられていないという憂うべき状況が生み出されているのである。例えば、私の勤務する愛知学院大学では負担軽減・「学生数確保」の観点からか、歴史学科にもかかわらず、大学受験では日本史か世界史の1科目しか課していない。この結果、世界史的視野を持つ有能、もしくは潜在力を有する学生の確保がかなり難しい状態に陥っている。これに連動した形で、入学後の学生は歴史学の本質的な重要性を考えず、安易に好き嫌いで（面白いか否かという価値基準だけで）日本史、それも前近代史を卒論テーマに選択する傾向があり、圧倒的多数がそれにのみ集中するという歪みを生じさせている。これは独り愛知学院大学文学部だけの問題とは考えられず、こうした大学の現状いかに打開するのか真剣に考えるべき時期に来ていると思う。

3) 服部龍二『日中歴史認識―『田中上奏文』をめぐる相剋1927-2010』(東京大学出版会、2010年は、田中上奏文の偽造、流布を情報戦、プロパガンダの側面から本格的に解明しようとしている。本書の主張通り、田中上奏文が偽書であることは間違いないが、

それが実際に1920年代後半に作成されていることから、プロパガンダの側面のみならず、当時、日本による侵略を見る視点の1つとして、またその警鐘を鳴らした歴史資料としてアプローチし直すことは可能であろう。

4）　なお、『歴史』下巻（龍騰文化）には、「歴史」の語原が書かれ、興味深い。それによると、中国語〈漢文〉では、「歴」と「史」はずっと切り離されて使用されてきた。明朝の万暦年間に袁黄（1533-1606）の著作『歴史綱鑑補』で「歴史」という単語が初めて使用された。だが、「歴」と「史」は連結され始めたとはいえ、普及することはなかった。1663年、日本人が『歴史綱鑑補』を訳した。その後、19世紀中葉に至って習慣化され、漢字の「歴史」を英語の 'history' に相応するものとした。中国語の「歴史」は清末に日本から〈逆に〉輸入されたものである（122頁）。また、本教科書における歴史の定義によれば、人々の過去の事実に対する認知と表現の結果とする。そして、「歴史学習の意義は歴史意識、現実意識、および生命意識の絶えざる鍛錬と向上にある」（146頁）、とする。

第2節　重要諸問題
——「南京大虐殺」・傀儡政権・「従軍慰安婦」・東京裁判・戦後日本の評価など——

はじめに

　歴史教科書問題は、日本と、中国、台湾、韓国間のアキレス腱であり、ともすれば国家間、各国国民間で論争を巻き起こす。そこで、本節では時に激論を惹起する現代史の重要諸問題を摘出して比較検討することにした。具体的事例・事件としては、①「南京大虐殺」、②臨時政府、維新政府、さらに南京の汪精衛政権など傀儡政権とその統治問題、③毒ガス・細菌戦・生体実験、④強制連行、「従軍慰安婦」、⑤東京裁判（極東軍事裁判）、および⑥戦後日本の評価問題などである。これらの諸問題を看過できない理由は、各歴史教科書（執筆者・出版社）の姿勢のみならず、国定制度、もしくは検定制度を通じて、その背後にある各国政府の姿勢をも浮かび上がらせるからである。また、これを学ぶ各国・各地域の生徒たちに異なった歴史認識を持たせ、さらには彼らの成長と共に、よい意味でも悪い意味でも、各国で異なる1つの有力な世論を形成する可能性がある。では、これらの事件や諸問題について、果たして日本、中国、台湾、韓国の各歴史教科書はそれぞれどのように記述しているのであろうか。

Ⅰ　「南京大虐殺」問題

◀日　本▶
❶『詳説世界史』山川出版社、2005年
　37年末までに、日本は華北の要地と南京を占領したが、南京占領の際には多数の中国人を殺害して（南京虐殺事件）、国際世論の非難をあびた（308頁）。

❷『詳説日本史』山川出版社、2005年
　日本はつぎつぎと大軍を投入し、年末には国民政府の首都南京を占領した（脚註：南

京陥落の前後、日本軍は市内外で略奪・暴行をくりかえしたうえ、多数の中国人一般住民（婦女子を含む）および捕虜を殺害した（南京事件）。南京の状況は、外務省ルートを通じて、はやくから陸軍中央部にも伝わっていた）（330頁）。

❸『日本史B』三省堂、2009年

　日本軍は北京と天津を、8月上海を占領した（第2次上海事変）が、中国国民の抵抗ははげしく、国民政府の首都である南京占領にさいし多数の中国軍人や民衆を殺害した（南京大虐殺・南京事件）（脚註：南京を占領した日本軍がくり広げた掠奪・放火・集団的な虐殺・暴行がおこった。犠牲者数については諸説があるが、歴史学者の秦郁彦は4万人、洞富雄は20万人をくだらない数、中国側は30万人、としている）（320頁）。

【コメント】『詳説日本史』は、陸軍中央が早くからその事実を認知していたことを挿入した。この事実は極めて重要であり、教科書執筆者がどうしても挿入したかったものであろう。管見の限り、日本の教科書で虐殺の犠牲者数を出しているのは三省堂『日本史B』だけである。『詳説世界史』、『詳説日本史』と異なり、「多数」と逃げずに、具体的に各種の説・数字を並記したことは学問的、かつ教育的な姿勢として評価できる。ただし、三省堂『日本史B』は「南京占領にさいし」と記述しているが、こうした虐殺事件は南京占領後に多発している。なお、中国の歴史教科書などに比して、日本の歴史教科書、特に『詳説世界史』は割いている紙幅はあまりに少ない。

◀中　国▶

❶『高級中学課本 中国近代現代史』下冊（必修）、人民教育出版社、1993年

　1937年12月、日本軍は南京を攻略した。国民政府は重慶に移り、重慶を戦時首都とした。日本軍は南京でこの世のこととは思えぬような大虐殺をおこない、南京の軍・民の死亡者は30万人以上に達した。

　南京大虐殺の目撃者で、当地の住民である史栄禄の証言によれば、日本兵は1グループの中国人を大窩子に駆り立て、彼らの頭目に一日中、殺害した遺体を長江に投棄させ、その後、これら中国人も銃殺した。私はこの眼で、日本軍が3日間連続して虐殺しているのを見た（33頁）。

❷同前、2003年版では、後半部分が当地の住民ではなく、日本人記者の目撃証言に差し替えられている。日本人による文章の訳文を出し、より客観性、説得力を増すためであろう。差し替えられた内容は以下の通り。

　1人の日本人記者は日本軍の南京での暴行を目撃した。彼が書いたことによれば、「埠頭の至るところに黒こげの遺体があり、1人1人積み重ねられ、遺体の山を築いて

いる。その遺体の山の間を、50から100人前後の人影がゆっくりと動いており、江岸まで遺体を引きずっていき、江に投げ入れている。呻吟する声、どす黒い血痕、痙攣する手足、さらに無言劇のような静寂、これらは私に深刻な印象を与えた」(31〜32頁)。

【コメント】 中国が主張する「30万以上」説、および証言からその虐殺の具体的な状況を中国の生徒に把握させようとしている。欲をいえば、激論が戦わされている問題だけに、証言だけでなく、崇善堂、紅卍字会などの埋葬死体数なども明記し、補強すべきではなかったか。ただ中国の歴史教科書は「呻吟する声、どす黒い血痕、痙攣する手足」などを引用し、感情移入が激しく、情緒的なところが気にかかる。日本人記者の記述を挿入したのは、客観性を考えてのことか。ならば、やはり典拠がほしい。

◀台　湾▶

❶『国民中学 歴史』第3冊、国立編訳館主編、1996年第7版

「日本軍の暴行」上海陥落後、国民政府は重慶に遷都した。〈民国〉26〈1937〉年12月、日本軍は南京を攻略し、結局、将兵がほしいままに略奪、砲火、姦淫するのを容認し、大規模な虐殺をおこなった。我国の無辜の同胞が少なくとも30万人が殺害された。歴史上、「南京大虐殺」と称される(76頁)。

【コメント】 台湾の歴史教科書は、中国の歴史教科書以上に厳しい論調で書いている。実は、南京での虐殺数・「30万人」説は、南京軍事法廷でBC級戦犯裁判をおこなった際、提起された人数で、現在、台湾だけでなく、中国でもこの数を追認し、かつその人数の実地調査、実証を試みている。

❷『高級中学 歴史』第3冊、国立編訳館主編、1996年第12版

12月12日、南京が陥落し、日本軍はほしいままに我(国)平民を惨殺した。死者は30万人余りであり、これを南京大虐殺事件という。南京陥落前、政府は重慶遷都を宣布し、長期抗戦の決心を示した(141頁)。

【コメント】 台湾の高校教科書では、中学教科書ですでに言及した「南京大虐殺事件」については簡単に触れるだけで、むしろそうした状況にもめげず、重慶遷都による「長期抗戦」を決意したと強調する。また、虐殺されたのが「平民」としており、注目される。なぜなら日本では「便衣兵」がことさら強調されるのに対し、本教科書では「平民」、いわば一般市民が主に虐殺されたことを強調することになるからである。

最近の台湾の高級中学教科書である❸『歴史』(必修)第2冊(中国史(下)・龍騰文化、2008年版)はむしろ厳しい筆致で書いている。すなわち、「日本軍は元来、25万人の戦闘部隊を投入し、3ヵ月で中国を占領する計画を立ててい

た。だが、上海の一戦〈第二次上海事変〉でこの計画は破産した。日本軍は12月南京を占領し、すぐに大虐殺を始めた。約30万人の投降兵士と民衆が凌辱、殺害され、現代戦争史上、人々を激怒させる一大暴行であった」（210頁）とし、「現代戦争史上」の「一大暴行」と厳しく批判していることは注目に値し、かつ第二次上海事変と連動させてとらえていることは歴史の流れを押さえる意味で重要であろう。

Ⅱ　汪精衛などの傀儡政権とその統治実態

◀日　本▶
❶『詳説世界史』山川出版社、2005年

　1940（昭和15）年、日本は東亜新秩序建設をかかげ、重慶政府に対抗して、南京に汪兆銘〈精衛〉の親日政権を設立させたが、中国民衆の支持をえられず事態解決の展望はみえなかった（308頁）。

【コメント】　事実のみを簡単に書き、実態へのアプローチは見られない。世界史的視野でいえば、フランスにあったナチス・ドイツ傀儡のヴィシー政権などと汪精衛の傀儡政権の共通性と差異は何か。もしくは、日本の傀儡政権政策とナチス・ドイツのそれとの共通性と差異は何か。最近、汪精衛政権については研究も進展しているので、それらの成果をとり入れることが望ましい。

❷『詳説日本史』山川出版社、2007年

　〈国民政府が重慶に退き、日中戦争は泥沼のような長期戦となったため〉、日本側は、大規模な攻撃を中断して、各地に傀儡政権を樹立する方式に切りかえた。1938年1月には近衛首相が「国民政府を対手とせず」を声明し、国民政府との交渉による和平の可能性をみずから断ちきった。さらに近衛は、同年末、戦争の目的が日・満・華3国連帯による東亜新秩序建設にあることを声明した（脚註：1938年11月3日「東亜新秩序声明」、及び12月22日「善隣友好・共同防共・経済提携をうたった近衛三原則声明」の2回にわたってなされた近衛声明をいう。……〈日本側が改めて表明した理由はヨーロッパが危機的状況になり〉イギリスの対アジア政策が軟化したため、中国内部の親日勢力を引き出して対中国支配確立の好機ととらえたからである）。そして、ひそかに国民政府の要人汪兆銘（精衛）を重慶から脱出させ、1940年にようやく各地の傀儡政権を統合して、汪を首班とする親日の新国民政府を南京に樹立した。しかし、汪政権は弱体で、日本の戦争終結の政略は失敗に帰し、国民政府は米英などからの物資搬入路であるいわ

ゆる援蒋ルートを通じて援助を受けて、その後も抗戦を続けた（330〜331頁）。

【コメント】　本教科書は、『詳説世界史』より汪精衛の傀儡政権を成立させた実態、日本の狙いが明確で、理解しやすい。ただし、事実の経緯、歴史の流れに重点を置いている結果、もう一歩内実には入り込めていない。「汪政権は弱体」とするが、どのように「弱体」なのか、なぜ「弱体」になったのか。

◀中　国▶
❶『高級中学課本 中国近代現代史』下冊（必修）、人民教育出版社、1993年

汪精衛集団の傀儡政権設立

戦争が対峙段階となり、日本の「速戦速決」で中国を滅ぼすという計画は破産した。よって日本は戦略方針を改めた。それは主要兵力を集中し、共産党指導の抗日根拠地を進攻するというものであった。国民政府に対しては政治的投降を誘うことを主とし、軍事打撃を補とした。……こうした状況下で、1938年12月、国民党副総裁・国民政府行政院院長の汪精衛を頭とする親日派集団は公然と国に背き敵に投降した。1940年春、汪精衛は南京で日本に忠節を誓う傀儡「国民政府」を成立させ、恥ずべき最大の漢奸・売国奴となった。汪傀儡政権は日本が中国侵略政策を遂行する上での産物、手段であり、ほしいままに国家民族の利益を売り渡し、日本侵略者が中国の占領区に対する植民統治を強化するのを支援し、かつ傀儡軍を組織し、人民抗日武力に侵攻した。汪精衛らは……抗戦開始と同時に「抗戦必敗」の亡国論調を積極的に鼓吹した（36〜37頁）。

【コメント】　汪政権成立の背景がよく書かれている。だが、日本側については説明があるが、汪精衛側の考え方が不明確で、全体として修飾語が多く、勧善懲悪的な記載になっている。日中戦争開始後、汪精衛が「抗戦必敗」を主張、対日和平運動を展開したことは事実である。その背景には、日本の軍事力への過剰な評価と、中国抗戦力の過小評価があった。

野蛮な経済掠奪

日本はほしいままに陥落区の鉱工業を掠奪し、植民機構を利用し、直接コントロールし、軍管理と「委託経営」などの方式を実施した。日本はさらに「日中合弁」を名目に鉱業、鉄工業、交通運輸業を「統制事業」とし、日本の会社が専ら経営した。日本は陥落区を日本工業の原料基地に変え、侵略戦争の需要を満足させるために使用し、かつその中から巨額の利潤を獲得した。……日本は陥落区の大量の耕地を強制的に占拠、破壊し、道路、防禦用の溝、および飛行場などの修築・建設に用い、あるいは日本開拓民に分配した。日本軍は食糧を「統制」し、自由運搬を禁じ、農村は普遍的な食糧不足となり、餓死者が至るところにいた（38〜39頁）。

【コメント】　日本の歴史教科書には書かれていない植民地的経営・統制などの実態が明らかにされている。結局、「満洲国」や占領地域から収奪した利益はどのように配分

されたのか。例えば、日本の研究では、華北からの「満洲国」への労働力移動があり、「満洲国」の経済政策の「成功」・インフラ整備を肯定的にとらえようとする傾向がある。私見をいえば、華北のどの地域からの労働力移動なのかが問題と考えている。すなわち、日本軍占領地域からの移動なのか、それとも国民政府地域、中共地域なのかという問題である。それによって「成功」の質が異なってくる。

奴隷化教育の遂行

日本傀儡政権は陥落区に一系列の植民地的な教育体制を打ち立て、中等教育と高等教育の学習年限を短縮し、初等教育段階を全学制学習年限の比重を重くした。その目的は、学校を通じて幼い頃から青少年に奴隷化思想を教え込むことにあった。教科書は「日中親善」、「共存共栄」、「大東亜新秩序」などの誤った考え方を基本内容としていた。傀儡「満州国」において、日本語が各級学校必修の「国語」科とされた（40頁）。

【コメント】 この捉え方に関しては、現在のところ私としては大筋で異存がない。ただし、それを担当した当時の教師の実態について若干でも踏み込んでもよかったと思う。

日本傀儡の残虐な統治と陥落区人民の反抗闘争

日本の酷使の下、陥落区人民は完全に身体の自由を失い、亡国奴の生活を送っていた。日本軍は華北で「治安強化運動」を推進し、村落合併、戸口精査、「良民証」の発行、保甲連座制度の実施などの方法を採用し、陥落区内の抗日力の粛清を企てた。華中においては、日本傀儡政権は「清郷運動」を発動し、抗日愛国人士にテロ政策を実施した。……中国共産党は陥落区において「精鋭を隠し、長期にわたって潜伏させ、力を蓄え、時機を待つ」という方針を採用し、大衆を指導し、日本傀儡政権と各種形態の闘争を進め、植民統治に反対した。開灤炭鉱・上海郵電・水道各労働者と電車運転手は相継いでストに入った。江南10数万人の農民は暴動を起こし、日本傀儡軍の食糧徴発隊を消滅させた（41頁）。

【コメント】 日本軍占領地域における強圧的な統治とそれへの抵抗が明確に示される。中共のみ突出させた書き方をしているが、各種の抵抗勢力を区分けして論じた方がよかったかもしれない。それによって各階層にわたる抵抗があったことが論証できる。また、生徒にとって理解困難かも知れないが、一般人の漢奸〈民族の裏切り者〉や売国奴の動向も入れた方が実態に近づく可能性がある。

◀台　湾▶

❶『高級中学 歴史』第3冊、国立編訳館主編、1996年第12版

日本の「以華制華」

内容を要約すると以下の通り。

日本は占領地区の統制と経済収奪のため、「以華制華」〈中国人と中国人を戦わせ、かつ日本の戦力・経済力などを補強させる〉の手段を用いて傀儡政権を組織した。北平・天津・上海・寧波を占領後、北平に傀儡「臨時政府」、南京に傀儡「維新政府」を成立させ、多くは過去の失意軍閥や腐敗官僚などを利用したが、うまくいかないため、ついには汪兆銘を引き出した。武漢陥落後、汪は日本と秘密裏に結託し、1938年12月重慶からハノイに逃亡し、日本の「東亜新秩序建設」に呼応した。蔣介石はこれ〈「東亜新秩序建設」〉が、実に奴隷中国を造りだし、ついには太平洋に覇を唱え、世界分割を企てるものである、と非難した。……汪傀儡政権は自主的権力は全くなく、ただ日本の「以華制華」の道具となるだけで、国民に唾棄された。少数の漢奸以外、付和する者も非常に少なく、影響も大きくはなかった（144頁）。

❷高級中学『歴史』（必修）第2冊（中国史（下）・龍騰文化・2008年版）

　戦況が思うように進まず、日本はついに「以華制華」の戦略を強化した。1940年汪精衛を策動し、南京に別に傀儡「国民政府」を組織させ、また「〈反共〉青天白日満地紅」旗を国旗とした。しかし「国民政府」の有効統治地域はただ東南各省に限られていた。他に華北、内蒙にも傀儡組織を有し、加えて東北の「満洲国」もあった。日本人の「分而治之」〈分けて統治する〉の企ては明白であった（210頁）。

【コメント】　台湾の歴史教科書は、旧来のものの方が具体的でわかりやすい。臨時・維新両政府の設立を経て、影響力を高めるため、汪精衛の傀儡政権を設立したが、自主的権力はなく、地域的に限られ、「付和する者」も少なく、蒙疆政権を含めて、やはり「影響力は大きくなかった」と見なしているようである。ただし、以前の教科書も、現在のそれも日本の傀儡政権利用は失敗したと断言する点で変更はない。

Ⅲ　毒ガス・細菌戦・生体実験

◀日　本▶

❶『詳説世界史』山川出版社、2010年

　記載なし

❷『詳説日本史』山川出版社、2007年

　脚註：中国戦線では毒ガスも使用され、満州などにおかれた日本軍施設では毒ガスや細菌兵器の研究がおこなわれた。満州のハルビンには、731部隊とよばれる細菌戦研究の特殊部隊（石井四郎中将ら）がおかれ、中国人やソ連人捕虜を使った生体実験がおこなわれた（341頁）。

【コメント】 本文の記述はなく、脚註だけではあるが、日本の歴史教科書ではこのスペースに書くので精一杯なのであろうか。ただし毒ガス、細菌兵器、および生体実験について簡潔に押さえていることは評価できる。執筆者が脚註に入れただけでも意味があると思う。後は高校教師の教える力量が期待される。

◀中　国▶

❶ 初級中学『中国歴史』第4冊、人民教育出版社、2002年

　残虐な日本侵略者は東北〈満洲〉に細菌戦を専門に研究する部隊を成立させ、「石井部隊」〈731部隊のこと〉と称した（軍医少佐石井四郎が率いていた）。主にペスト、コレラ、腸チフスを研究し、これらの細菌爆弾を製造した。人間性を失った侵略者は事もあろうか生きたまま実験し、大量の中国人を殺害した。石井は捕まえた中国人を「マルタ」〈丸太〉と称し、細菌を注射で注入、細菌で汚染した飲食物などを与える実験をした。そして甚だしいことには、生きたまま解剖したのである。実験により殺害された中国人は3000人あまりに達した。石井部隊が製造した伝染病菌は浙江省寧波、湖南省常徳地区、および晋察冀抗日根拠地などに撒布され、無数の軍人や民衆に被害を与えた（50頁）。

【コメント】 731部隊による生体実験の実態、国際法違反の細菌戦による各地域での被害状況を詳細に記述している。このように、中国の初級中学の歴史教科書には731部隊に関する記述はあるが、高級中学のそれには記述はない。初級中学と高級中学の各教科書で同じ事がらを繰り返さない積み上げ方式のためであろうか。なお、当時、石井四郎は「少佐」ではなく、中将だったのではないか。

❷『高級中学課本 中国近代現代史』下冊（必修）、人民教育出版社、2003年

　1944年、豫湘桂戦役〈大陸打通作戦〉において、湖南省で日本軍は長沙占領以後、衡陽に向かって進攻した。衡陽は粤漢鉄道と湘桂鉄道の結節点であり、また中国の空軍基地があった。日本軍は大量の毒ガス弾と焼夷弾を使用し、衡陽城内は「燃えさかる大火となり、火が天を突き、全城が火の海となった」（40頁）。

【コメント】 このように大陸打通作戦の時、日本軍は衡陽戦で毒ガスを使用した。これ以外にも、日本軍は中国各地で頻繁に毒ガスを使用しており、当時、中国は「国際法違反」と非難した。

◀台　湾▶

❶『国民中学 歴史』第3冊、国立編訳館主編、1996年第7版

　さらに残酷なことには、中国人を細菌実験に利用している。このこと〈「南京大虐殺」

を含めて〉は中華民族の大災害であるのみならず、人類史上の一大惨劇である（76頁）。

【コメント】「中国人の細菌実験」や「南京大虐殺」などを、単なる戦争の問題ではなく、「人類史上の一大惨劇」とする。

Ⅳ　強制連行、「従軍慰安婦」問題など

◀日　本▶

❶『詳説世界史』山川出版社、2010年

　1930年末から「創氏改名」などの同化政策が強められた朝鮮では、開戦後日本の支配が過酷さを増し、労働力不足をおぎなうために、労働者が日本本土へ強制的に連行され、戦争末期には徴兵制も適用された（333頁）。

【コメント】『詳説世界史』は朝鮮のみで、同様な状態にあった台湾に対する記載はない。全体としての記述量が少ないのは、日本史の範疇と考えてのことだろうか。それにしても上述の内容だけでは具体性がなく、高校教師の補足説明が必要であり、その力量が問われることになろう。なお、「従軍慰安婦」に関する記述はない。

❷『詳説日本史』山川出版社、2007年

　数十万の朝鮮人や占領地域の中国人を日本本土などに強制連行し、鉱山や土木工事現場などで働かせた（脚註：朝鮮では1943年、台湾では1944年に徴兵制が施行された。しかし、すでに1938年に志願兵制度が導入され、植民地からも兵士を募集していた。また戦地に設置された「慰安施設」には朝鮮・中国・フィリピンなどから女性が集められた（いわゆる従軍慰安婦））（342頁）。

【コメント】『詳説日本史』も「詳説」と銘打っているにもかかわらず、強制連行、徴兵制、「従軍慰安婦」に関しても説明不足が否めず、日本の政策を明らかにすることはできない。なお、「慰安施設」という書き方でよいのか。一定地域にとどまる軍「慰安所」と、軍と共に移動する「従軍慰安婦」を区別して記述した方がよいのではないか。なお、台湾での徴兵制の公布は1944年、実際に実施されたのは1945年1月である。

◀韓　国▶

❶『韓国の中学校歴史教科書』明石書店、2005年

民族抹殺政策：　太平洋戦争を遂行するため、「日帝は戦時動員体制を発動して、わが民族を戦場に動員した」。民族精神を根絶やしにするため、いわゆる「日鮮同祖論」を

主張し、「内鮮一体」と「皇国臣民化」のスローガンを掲げた。また、韓国語の使用、韓国史を教えることも禁じた。さらに日本式の名前に変えるように強要し、各地に日本の神社を建てて参拝させた。「このような日帝の蛮行は世界史に類例」がないと強調する（263頁）。

物的・人的資源の収奪：　「日帝の侵略戦争によってわが国は戦争物資を補給する兵站基地に変わった」とし、金属、機械、化学系統の軍需工場を建設し、鉄、石炭、タングステンなどの増産を促した。供出という名目で食糧や各種物資、戦争末期には屑鉄、真鍮の器の供出から、飛行機の燃料として松ヤニまでも採取させた。そればかりではない。強制徴用によって鉱山や工場での労働を強要し、志願兵制度、学徒兵制、徴兵制を実施して多くの青年を戦場に追いやった。女性たちも勤労報国隊、女子勤労挺身隊の名目で連行し、労働力を搾取した。さらに多くの女性を強制的に動員して、「日本軍が駐屯しているアジアの各地域に送って軍隊慰安婦として非人間的な生活をさせた」。

その上、「学習の手助け」として「軍隊慰安婦」が再びとりあげられ、「軍隊慰安婦とは韓国、中国、フィリピンなど、日本の植民地や占領地で日本軍によって強制的に戦場に連れていかれ、性奴隷の生活を強要された女性たちをさす言葉である。1930年代はじめから行われたこのような蛮行は、1945年日帝が敗北するまで続いた」との説明が付される。さらに「日本軍慰安所」の写真も掲載され、その下に「日本軍は慰安婦たちの生活を徹底的に統制した」（264頁）、と書かれている。

【コメント】　日本植民地支配を、皇民化政策による「民族抹殺政策」、および物的・人的資源の収奪などに分けて論じている。特に「軍隊慰安婦」は「学習の手助け」でも重点的に述べられる。日本の教科書が自己規制が進んでいるのに対し、ある意味で対照的である。しかし、これは歴史的事実であり、むしろ現在の日本の歴史教科書の方に問題がある。「強制的に戦場に〈まで〉連れていかれ」たのは、各民族の中で朝鮮人慰安婦が圧倒的に多く、その点を強調してもよかったのではないか。

❷ 『韓国の高校歴史教科書』明石書店、2006年

「特に、日帝は強制徴用によって韓国人労働力を搾取し、学徒志願兵制度、徴兵制度などを実施して数多くの若者を戦争に動員した。また、若い女性を挺身隊という名前で強制動員して軍需工場などで酷使し、そのうちの一部は戦線に連行して日本軍慰安婦とする蛮行を犯した」（126頁）。

これには、「読み物資料」（『韓国挺身隊問題対策協議会教育資料』1）が付されている。すなわち、「日本帝国主義は1932年頃から侵略戦争を拡大し、占領地区で『軍人の強姦行為や性病感染を防止し、かつ軍事機密の漏洩を防ぐ』という口実でわが国や中国、台湾および占領地域の10〜20万人に及ぶ女性をだましたり、暴力で連行した。彼女たちは満洲、中国、ビルマ、マレーシア、インドネシア、……太平洋のさまざまな島や日本、韓国などにある慰安所で人権を剥奪された性的行為を強要された。戦争が終わっても……現地で捨てられたり、自決を強要されたり、虐殺された場合もある。運よく生

存して故郷に戻った日本軍『慰安婦』の被害者たちは、社会的な疎外と羞恥心、貧困、病弱となった身体で一生を呻吟しながら生きていかなければならなかった」（126頁）、とある。

【コメント】　このように、高校の歴史教科書ではより実態に入った形で記述され、「軍人の強姦行為や性病感染を防止し、かつ軍事機密の漏洩を防ぐ」という「口実」であった点にまで踏み込んで記述している。さらに被害者たちの戦後の生活、環境にも言及する。加害者であった日本における歴史教科書が風潮の中で自己規制し、もしくは児童・生徒への「教育的配慮」などと弁明するが、そうした弁明が一切通らない厳しさが韓国の中学校、高校各歴史教科書にはある。被害国である韓国の歴史教科書の記載に比して、日本では生徒が「臭いものに蓋」という感覚の日本の歴史教科書を学んだ場合、将来、これらの点に関して、日本人が韓国人との間で歴史事実に基づいた会話ができなくなることが憂慮される。

V　東京裁判

◀日　本▶

❶『詳説世界史』山川出版社、2010年

「第16章　冷戦と第三世界の自立」
「1　東西対立の始まりとアジア諸地域の自立」の「戦後の国際政治・経済秩序」
　敗戦国の扱いについては、ドイツへの方針が1945年8月の米・英・ソ3国のポツダム協定で決定され、フランスをふくめた4国による分割占領と共同管理、旧首都ベルリンの分割管理、民主化の徹底などが実行された。同時にニュルンベルクに国際軍事裁判所が設置され、ナチス・ドイツの指導者の戦争犯罪が追及された（脚註：裁判では平和や人道への罪が問われ、ナチス・ドイツの指導者12名が死刑判決をうけた）。……日本はおもにアメリカ軍からなる連合国軍に占領されたので、アメリカの主導で軍隊の解散・財閥解体・農地改革・教育改革などの民主的改革が実施され、東京では極東国際軍事裁判所〈東京裁判〉が設置されて戦争犯罪がさばかれた（脚註：東条元首相ら7名が死刑判決をうけた）（339頁）。

【コメント】　本教科書は戦争裁判それ自体に関心がある。したがって、ナチス・ドイツの指導者の戦争犯罪を裁いた米・英・ソ・仏によるニュルンベルクでの国際軍事裁判所と同時に、アメリカ主導の東京裁判について記述するという構成をとる。これは比較検討する際、もしくは世界的視野で考える際、有益である。

❷『詳説日本史』山川出版社、2007年

「第11章　占領下の日本」

第2節　重要諸問題　111

「1　占領と改革」の「占領と改革の開始」
　1945年9月から12月にかけて、GHQは、軍や政府首脳など日本の戦争指導者をつぎつぎに逮捕したが、うち28名がA級戦犯容疑者として起訴され、1946年5月から東京で設置された極東国際軍事裁判所で裁判がはじまった（東京裁判）。
　戦犯容疑者の逮捕が進むとともに、内外で天皇の戦争責任問題もとり沙汰された。しかし、GHQは、天皇制廃止がもたらす収拾しがたい混乱をさけ、むしろ天皇制を占領支配に利用しようとして、天皇を戦犯容疑者に指定しなかった。1946年元旦、昭和天皇はいわゆる人間宣言をおこなって、「現御神」としての天皇の神格をみずから否定した。
　またGHQが同年1月、戦争犯罪人・陸海軍軍人・超国家主義者・大政翼賛会の有力者らの公職追放を指令したのにもとづき、1948年5月までに、政・財・官界から言論界にいたる各界指導者21万人が戦時中の責任を問われて職を追われた。
　さらに、非軍事化の観点から軍需産業の禁止や船舶保有の制限がおこなわれたうえに、日本国内の産業設備を解体・搬出して中国・東南アジアの戦争被害国に供与する現物賠償をおこなうことになった（348～349頁）。

【コメント】　本教科書の特色は、他教科書と異なり、「天皇の戦争責任問題」が浮上したことに踏み込み、結局、GHQはむしろ天皇制を占領支配に利用しようとしたと記述する。この点は事実を生徒に押さえさせるという意味で評価できる。また、政・財・官界・言論界など各界指導者21万人が公職追放された。そして、戦争被害国への現物賠償に言及する。だが、それでは不十分であった。台湾に関しては、1952年「日華平和条約」締結の際、蔣介石による対日賠償放棄、中国に関しては、1972年日中国交正常化の際、共同声明で周恩来が賠償放棄をした。とはいえ、個人、もしくは集団賠償は放棄していないとして、中国の場合、731部隊や重慶大爆撃の被害者が日本の裁判所に訴訟を起こしている。平頂山事件に関しては、その虐殺を認めながらも、「国家無答責」を理由に日本の裁判所は退けた。台湾に関しては元高砂義勇隊の補償問題などがあり、韓国とは1965年日韓基本条約で、経済協力という形で、戦争補償請求を放棄したが、個人賠償は残っているとし、「従軍慰安婦」、樺太残留者帰還、および各日本企業への賠償提訴などがおこなわれている。北朝鮮からは多額の戦争補償を求められているが、日本人拉致問題も絡まり、交渉は停滞している。

　これには、コラム「東京裁判」が付されており、その内容は以下の通り。

　ポツダム宣言は戦争犯罪人の「厳重なる処罰」を明記していたが、GHQは〈日本が〉侵略戦争を計画・実行して、「平和に対する罪」を犯したとして、戦前・戦中の多くの指導者を敗戦直後から逮捕した（A級戦犯）。GHQの一部局として設置された国際検察局を中心に被告の選定が進められた結果、1946年4月まずは28人の容疑者が極東国際軍事裁判所に起訴された。審理の結果、1948年11月、東条英機以下7名の死刑をはじめとして全員（病死など3名を除く）に有罪の判決が下され、翌12月死刑が執行された。こ

の裁判で、国家の指導者個人が戦争犯罪人として裁かれのは、例のないことであった。しかし、11名からなる裁判官のあいだには意見の対立があり、朗読された多数派判決のほかに、インドのパル、オランダのレーリンクらが反対意見を書いている。

A級戦犯のほかに、戦時中に捕虜や住民を虐待し戦時国際法を犯したもの（B・C級戦犯）として、オランダ・イギリス以下関係諸国がアジアに設置した裁判所で5700人余りが起訴され、984人が死刑、475人が終身刑の判決を受けた（349頁）。

【コメント】　東京裁判におけるA級戦犯容疑者裁判を記載し、同時にアメリカは昭和天皇利用の観点から訴追しなかった。「国家の指導者個人が戦争犯罪人」として裁くのは「前例がない」。また、インドのパル、オランダのレーリンクらの反対意見にも触れている。これらは歴史を客観的に認識する上で重要な観点ともいえよう。なお、現在の研究動向も反映して、BC級戦犯に言及しているが、生徒に当時の戦犯裁判の多重構造を理解させる一歩として不可欠なものといえる。

◀中　国▶

❶普通高級中学『世界近代現代史』下冊（試験修訂本・選択必修）、人民教育出版社、2002年

日本降伏後、アメリカ軍は「連合軍」名義で日本を占領した。1946年極東国際軍事法廷が日本ファッショ戦犯に対して裁判を開始した。アメリカは自己の利益から、数多くの中国人を殺害した幾人かの日本人戦犯を免訴にした。その上、アメリカは方法を講じて日本の天皇制を残した。

1946年5月から48年11月まで極東国際軍事法廷は日本人戦犯に対して裁判をおこなった。その結果、A級戦犯25人が有罪となり、内、7人が絞首刑、16人が無期懲役、2人が有期懲役との判決が下った（66頁）。

【コメント】　東京裁判では「アメリカは自己の利益から……幾人かの日本人戦犯を免訴」し、「天皇制を残した」と、日本よりもアメリカを批判する。東京裁判の国際検察局・弁護人という形態、パルの反対尋問などにはまったく関心がないようである。これは中国でおこなった行為、裁判など無関係に虐殺された民衆を鑑みれば、「裁判を受けられるだけでも幸せ」、「厳しく裁かれて当然」との潜在意識があると思われる。なお、普通高級中学『中国近代現代史』下冊（必修）、人民教育出版社、1993年版、2003年版には、関連記述はない。

◀台　湾▶

❶普通高級中学『歴史』4、龍騰文化、2005年

東京裁判の結果

1946年5月から連合国は東京で、前後2年半にわたって戦犯を裁判した。国際裁判の

法廷では、東条英機（1884〜1948。太平洋戦争発動）、板垣征四郎（1885〜1948。九・一八事変の発動と「満洲国」設立を画策）、松井石根（1878〜1948。南京大虐殺時、日本軍の華中地区における最高指揮官）ら7人が死刑、他16人が終身禁固刑との判決を下した。しかし、東京裁判は日本の台湾・朝鮮植民地統治の犯罪行為、および慰安婦などの問題には踏み込まず、日本のアジア各国に対する戦争責任も未だ終わっていない。その結果、日本のアジア各国に対する戦争責任も清算されず、これらの問題は現在に至るまで依然としてアジア区域におけるトラブルの原因となっている（148頁）。

【コメント】　現在の台湾の歴史教科書も東京裁判の限界を指摘し、「日本のアジア各国に対する戦争責任も未だ終わっていない」と明言し、したがって「依然としてアジア区域におけるトラブルの原因」と断言している。結局、インドのパルなどに言及するのは、日本の歴史教科書だけということになる。

Ⅵ　戦後日本の評価問題

◀日　本▶

❶『詳説世界史』山川出版社、2010年

　1946年には、主権在民・戦争放棄をうたった日本国憲法が公布された（339頁）。
　朝鮮戦争勃発後、日本は警察予備隊（のちの自衛隊）を設置し、1951年、社会主義国と一部のアジア諸国の不参加や反対をおして、サンフランシスコ講和会議で平和条約に調印した。日本は独立を回復し、朝鮮・台湾・南樺太・千島を正式に放棄した（脚註：北方4島は1855年［安政元年12月］日露和親条約以来、日本の領土と認められている）。同時に、日米安全保障条約も結ばれ、アメリカは事実上、日本の防衛を引きうけ（脚註：1960年の条約改訂時に、アメリカの日本防衛義務が明文化された）、日本はアメリカ軍の駐留、軍事基地と関係施設の存続を認めた（345頁）。
　日本は朝鮮戦争勃発後、国連軍への物資補給を引きうけ（朝鮮特需）、鉱工業生産を飛躍的に発展させた。1955年には自由民主党が成立して、以後長期にわたって政権をにぎる体制ができた。56年、ソ連との国交を回復し、また同年には国際連合にも加盟して、国際社会に復帰した。1960年には日米相互協力および安全保障条約が改定され、日米間の結びつきが強化されたが、国内では改定をめぐって激しい対立がおこった。60年代の高度成長期をへて、日本は先進工業国の一員となった。なお、1965年、日本は韓国と日韓基本条約を結び、国交正常化を実現した。1960年代末には、フランス・西ドイツなど西欧の先進国や日本で、戦後の政治・社会制度と、経済成長によって変容した社会とのずれを批判した学生運動や労働運動がひろがった（349〜350頁）。
　〈1972年〉米中接近は日本をふくめ各国に波紋をひろげ、日本の田中首相も1972年、北京を訪問して日中国交正常化をはたして台湾との関係を絶ち、78年には日中平和友好条約を結んだ。71年、国連総会は中華人民共和国に中国代表権を認め、台湾の国民党政

府の追放を決定した（360頁）。

〈2003年〉イラクは米・英軍を中心にした占領統治下におかれ、日本も復興支援のため自衛隊を派遣した（370頁）。

【コメント】『詳説世界史』は問題の重要性に比して歴史的事例を並べるだけで、相対的にその記述は簡単である。おそらく詳細については日本史に譲るということであろう。確かに平和憲法、日本の独立回復に伴い、朝鮮・台湾・南樺太・千島を「放棄」、および日米安全保障条約によるアメリカ軍の日本防衛義務、その基地の存続などを記述する。それと同時に、日本がアメリカの軍事戦略の一環に組み込まれたと明記してもよかったかもしれない。朝鮮戦争特需のみならず、ベトナム戦争新特需も記述する必要がある。日韓基本条約の問題点、台湾追放後も台湾との経済関係を強化したことなども記述してもよかったのではないか。イラクへの「復興支援」のため、自衛隊派遣とし、日本政府の公式見解をそのまま記述するだけで、分析はない。このように、戦後日本に関する限り『詳説世界史』の記述は表面的な事実の羅列であり、平板な印象を免れない。

❷ 『詳説日本史』山川出版社、2007年

新憲法制定は手続き上、大日本帝国憲法を改正する形式をとり、改正案は衆議院と貴族院で修正可決（脚註：GHQ 草案がそのまま新憲法になったのではなく、政府案作成や議会審議の過程で追加・修正された。草案では衆議院1院制であったが、日本政府の強い希望で2院制となった。また、芦田均の発案で第9条第2項に「前項の目的を達するため」の字句が加えられ、自衛のための軍隊保持にふくみを残した）されたのち、日本国憲法として1946年11月3日に公布され、1947年5月3日に施行された。新憲法は、主権在民・平和主義・基本的人権の尊重の3原則を明らかにした画期的なものであった。国民が直接選挙する国会を「国権の最高機関」とする一方、天皇は政治的権力を持たない「日本国民統合の象徴」となった（象徴天皇制）。また第9条第1項で「国際紛争を解決する手段」としての戦争を放棄し、第2項で「前項の目的を達するため」戦力を保持せず、交戦権も認めないと定めたことは、世界にも他に例がない（352～353頁）。

「朝鮮戦争がはじまると、在日アメリカ軍が朝鮮に動員された後の軍事的空白をうめるために、GHQ の指令で警察予備隊が新設された。旧軍人の公職追放解除も進められ、旧軍人は警察予備隊に採用されていった。これより先、GHQ は日本共産党幹部の公職追放を指令し、戦争勃発に続いて共産主義者の追放（レッドパージ）がはじまり、マスコミから民間企業・官公庁へと広がった」（359頁）。

1951年9月サンフランシスコ平和条約が調印された。1952年日本は独立国としての主権を回復した。この条約は交戦国に対する日本の賠償責任を軽減したが、領土に関しては厳しい制限を加え、朝鮮の独立、台湾・南樺太・千島列島などの放棄が定められ、沖縄・小笠原諸島はアメリカの施政権下におかれた。平和条約の同日、日米安保条約が調印され、独立後も日本国内にアメリカ軍が「極東の平和と安全」のために駐留を続け、

第 2 節　重要諸問題　115

日本の防衛に「寄与」するとされた（361頁）。

　1952年「平和条約発効とともに海上警備隊が新設され、警察予備隊は保安隊に改組されたが、アメリカの再軍備要求はさらに強まり、吉田〈茂〉内閣は防衛協力の実施にふみ切った。1954年 MSA 協定（日米相互防衛援助協定など4協定の総称）が締結され、日本はアメリカの援助（兵器や農産物など）を受けるかわりに、自衛力の増強が義務づけられ、政府は同年7月、新設された防衛庁の統轄のもとに、保安隊・海上警備隊を統合して、陸海空の3隊からなる自衛隊を発足させた（364頁）。

　その後、本教科書は以下のように記述する。再軍備反対の左派社会党は総評の支援を受けて議席を増やした。1955年2月の総選挙で、社会党は左右両派あわせて改憲阻止に必要な3分の1の議席を確保、10月両派は統一。それに対して財界の要望を背景に、11月、日本民主党と自由党が合流して自由民主党（保守合同）を結成し、初代総裁は鳩山一郎が就任。以降、保守勢力が3分の2、革新勢力が3分の1を維持して推移（55年体制）が40年近く続いた。第3次鳩山内閣は防衛力増強（再軍備）推進のため、国防会議を発足し、憲法改正をとなえて憲法調査会を設置した。他方で、「自主外交」をうたい、1956年10月、日ソ共同宣言に調印して国交正常化し、ソ連の支持も得て、12月に日本の国連加盟が実現した。1957年に成立した岸信介内閣は革新勢力と対決する（脚註：例えば、教員の勤務評定実施、これに対して日教組は全国で激しく抵抗。警察官の権限強化のための警職法改正案は革新勢力の反対のため断念）一方、「日米新時代」をとなえ、日米関係の対等化のため安保改定を目指した。こうして、1960年、調印された新安保条約によりアメリカの日本防衛義務の明文化、および日本を含む「極東」での事前協議が定められた。革新勢力は「アメリカの世界戦略にくみ込まれる危険性」を指摘、改定反対運動を組織した。1960年5月、衆議院で批准を強行採決されると、社共両党・総評、全学連の学生、一般市民からなる巨大なデモが連日国会をとりまいた（60年安保闘争）。条約批准案は衆議院の議決をへぬまま6月に自然成立した（366〜367頁）。続いて LT 貿易、日韓基本条約、ベトナム戦争の激化、非核3原則〈密約問題には踏み込まず〉、沖縄返還とアメリカ軍基地存続の問題が記述される。

　なお、本教科書の「国際貢献」に関する記述は以下の通り。アメリカに「国際貢献」をせまられた日本は、「多国籍軍」に多額の資金援助をおこなったが、続発する地域紛争に国連平和維持活動（PKO）で対応する動きが国際的に強まるなか、1992年から、内戦の続くカンボジアなどへの自衛隊の海外派遣を開始した（脚註：自衛隊の海外派遣の違憲性などをめぐって意見が対立したが、1992年に宮沢喜一内閣のもとで PKO 協力法が成立し、自衛隊派遣が可能になった）。2001年のアフガン戦争、2003年のイラク戦争に際しては、一連の特別措置法にもとづき自衛隊を派遣した（382頁）。

【コメント】　本教科書はポイントを押さえると共に、具体例を入れながら歴史的な流れについて記述する。日本国憲法の精神は国民の支持もあり、内容も画期的なものであったが、朝鮮戦争、冷戦によるアメリカの政策転換により、世界戦略の一環として日本の再軍備が進み、自衛隊までも発足させた。そして、保守3分の2、革新3分の

1という55年体制が続いた。その間も60年「アメリカの世界戦略にくみ込まれる危険性」があるとする安保改定に反対の大規模デモが続く中、新安保条約が成立した。こうした記述から、生徒は次第に日本の再軍備は進められたことを理解できる。とはいえ、本教科書は「アメリカに『国際貢献』をせまられた」という形で日本を受動的に記述するが、実際は日本の中にそうした状況を能動的に利用しながら、再軍備、海外派遣を推進した勢力が存在したのではないか。また、「国際貢献」とするが、日本・アメリカ中心に考えて、イラクやアフガンの人々をどれだけ考えているのか疑問である。それは、旧日本軍が日本を守るどころか、日本を滅亡の危機に陥れたことを想起させ、日本国憲法の精神を否定してまでもア・プリオリに国家存在には軍隊が必要と考える政治勢力、経済勢力の存在を示唆する。なお、「戦力を保持せず」などは「世界にも他に例がない」とするが、中米のコスタリカはどうか。

◀中　国▶

❶初級中学歴史教科書『世界歴史』（周谷城・周一良等顧問、王宏志・李隆庚主編・人民教育出版社歴史室編）第2冊（1995年）

　日本軍部の台頭、日本敗戦が論じられる。そして、朝鮮戦争後、日本は米軍の「後方基地」となることで、経済回復、発展を示し、さらに米国からの援助、生産技術の導入、教育重視による人材育成の成功により70年代には「第2の経済大国」となったことが書かれる（82～83、131頁など）。

【コメント】　ここから、日本の米軍基地化、および教育による人材育成の成功などに注目していることがわかる。

❷普通高級中学『世界近代現代史』下冊（試験修訂本・選択必修）、人民教育出版社、2002年

　戦後、日本はかなり広範な社会改革を実施し、封建的要素をさらに消滅させ、経済発展のための基礎を築いた。この間、冷戦が厳しくなり、特に中国情勢の変化に伴い、アメリカの対日政策が変更された。1951年にはサンフランシスコ講和会議が開催され、日本占領は終了した。日本は戦後、国民経済の非軍事化を進め、全力で経済建設をおこなった。「外向型の経済発展戦略」により最先端の科学技術を導入し、生産効率を高めた。同時に教育発展に努め、人材を育成した。1955年以降、日本経済は速やかに発展時期に入った。これと前後して朝鮮戦争、ベトナム戦争が勃発し、アメリカ軍は大量の軍事物資と補給物資を発注し、このことはさらに日本経済の発展を刺激した。60年代末には日本はアメリカ資本主義に次ぐ世界第2の経済大国となった。……

　この後、具体的に数字をあげ、朝鮮戦争期間、アメリカが36億ドルの軍事物資などを発注し、かつ日本を〈中国やソ連など〉社会主義国家に対抗する重要拠点とするため、1954～58年に4億6600万米ドルを支援したことなど、説明を加える。そして、経済力の

増強に伴い、日本は政治大国の地位を求め始め、国連の中でさらに大きな影響力を持つことを望み始めた。70年代中期以降、日本の軍事費は毎年増加し、アメリカの重要な戦略パートナーとなった。1975年以降、日本政府は「防衛」を名目に軍事力の増強を始め、アメリカとの軍事協力を強化した。その上、90年以来、日本は「国際協力」を名目に、ほとんど毎年軍隊〈自衛隊〉を海外に派遣し、日本軍事力の膨脹はアジア各国人民の高度な警戒を引き起こしている（72～73頁）。

　ここで、注目すべきは本教科書の中で、すでに「日本右翼勢力の台頭」として靖国神社参拝、教科書問題を真正面からとりあげていることであろう。要約すると、以下の通り。

　第二次世界大戦終結から半世紀余り、日本右翼勢力は終始自ら〈日本〉の失敗を認めず、日本政府もずっと日本ファッショの侵略を受けたアジア各国の人民に心からの謝罪をしていない。日本経済の高まりに伴い、日本軍国主義思想が再び台頭し、日本政府閣僚を含む議員がほとんど毎年、A級戦犯を祀る靖国神社に参拝している。同時に日本右翼勢力は歴史教科書を一歩一歩改竄し、アジア人民に対する侵略行為を否認している。例えば、中国への侵略を「進出」に書き換え、日本の戦争目的はアジア民衆の「解放」と称し、日本軍による犯罪を根本から隠蔽する。また、ある種の世論と呼応し、南京大虐殺は「虚構」とか、日中戦争は中国の「挑発」によるとか称している（75頁）。

【コメント】　経済・科学技術立国としての日本の成功が記述され、特に朝鮮戦争特需が日本経済の飛躍的発展の後押しをした〈なお、中国は朝鮮戦争を朝鮮の内戦と捉えているようである〉。経済面での成功後、政治大国としての国際的地位を求め始めた。その後、アメリカの戦略的なパートナーとなり、「防衛」を名目として軍事力増強、さらに90年代以降は「国際協力」を名目に自衛隊を海外派遣し、軍事的に膨脹しているとする。これは、日本が中国経済力の飛躍的発展に伴う軍事力増強・不透明化を批判するのと同様の論理、対の関係にも見える。本教科書の中で、日本は侵略戦争という過去を清算していないのみならず、「日本軍国主義思想」の台頭を背景とする靖国神社参拝、教科書問題を手厳しく批判する。ただし「日本経済の高まり」に伴い、右翼勢力の台頭とするのは誤りで、むしろ日本経済の低迷による日本人の自信喪失を背景としているのではないか。

◀台　湾▶

❶『歴史』（必修）第4冊（世界史（下）・龍騰文化〈台湾〉、2005年）は、第二次世界大戦後における東アジアの変化を述べる。ここでは、日本中心に見ていきたい。

日本の転換
　日本は敗戦・投降したが、主権と領土は連合国により保障された。アメリカを主とす

る連合国は日本の武装解除〈非軍事化〉のみに責任を負った。同時に平和憲法・人権尊重を制定し、民主国家となるように指導した。昭和天皇（1926〜1989年在位）は戦争責任を追求されなかったのみならず、かえって新憲法に基づき、民主主義の日本再建の象徴となった。

民主、および反共の位置

戦後、日本民主化への改革は非常に困難を伴ったが、民心を反映して順調であった。だが、すぐに米ソ対立、中国内戦での形勢逆転〈国民党の劣勢・中共の優勢〉、かつ朝鮮の南北分裂、冷戦の激化により、アメリカ主導下で日本は反共基地としての位置が鮮明となった（148頁）。

朝鮮戦争の日本に対する影響

朝鮮戦争の期間、アメリカ軍は日本で大量の物資を購入し、日本経済を甦えらせる鍵となった。この他、時局の必要からマッカーサーの指示の下、日本は警察予備隊（自衛隊の前身）を組織し、その後の日本再武装化の伏線となった（151頁）。

【コメント】　台湾の歴史教科書の記述は、簡潔にポイントを押さえながら民主化、武装化の2本の柱から構造的に記述している。日本の敗戦後、連合国は日本を非軍事化し、民主国家にしようとしたが、昭和天皇は戦争責任を追求されなかった。民主化は民意を反映して当初順調だったが、冷戦、朝鮮戦争により「反共基地」の一環を担い、かつ警察予備隊は日本「再武装化」の起点となったとする。その場合、「反共基地」・「共産中国」包囲網の重要な一環を、日本のみならず、台湾や韓国も担ったことを明記すべきと考える。

おわりに

以上のことから、以下のようにいえよう。

第1に、「南京大虐殺」問題については、中国、台湾の各教科書と比較しても記述の絶対量が少ない。(1)当時、加害者たる位置にある日本では、犠牲者数の問題などが提起され、諸説あるとの日本政府や文部科学省の逃げ込み先になっており、かつ執筆者の自己規制も働いている。『詳説世界史』は世界史の範疇にもかかわらず、「多数の中国人を殺害」、「国際世論の非難」とのみ書く。これだけでは、具体的な実態は生徒に伝わらない。外務省を通じて「陸軍中央部にも伝わっていた」との『詳説日本史』の指摘は重要であろう。また、三省堂の『日本史B』が「諸説がある」と断りながら、秦郁彦、洞富雄、中国側の見解を並記しているのは学問・教育的姿勢として評価できよう。ただし、

私見を言えば、十分統計をとれない当時の状況を鑑みれば、犠牲者数で論争するのはあまり生産的ではないと考える。むしろ実態や要因の解明、今後、再発防止にはどうすればよいのか、および中国各地での虐殺事件との共通性と差異などを議論する必要がある。(2)当時、被害を受けた中国の歴史教科書は怒りが背後にあり、感情的な記述も多い。それを裏付けるため、住民や日本人記者の供述などを出しているが、客観的に考察するためにも、埋葬作業に当たった慈善結社である崇善堂などの記録も出した方がよい。(3)台湾の歴史教科書は「南京大虐殺」の実態を論じながらも、筆致も厳しく、「現代戦争史上」の「一大暴行」と断じる。「南京大虐殺」を、重慶に遷都する国民政府の「長期抗戦」の中に位置づけようとする記述は当時の流れからいって正確な認識といえよう。中国、台湾の各歴史教科書に関して私見を述べれば、日本軍の中に大量の難民、逃げ遅れた南京市民を放置して武漢、重慶へと移動を続けた蔣介石・国民政府の責任をどのように歴史的に評価すればよいかという問題である。もちろん、だからといって、日本軍による「南京大虐殺」を免罪できるものではない。

　第2に、汪精衛政権に関しては、(1)日本の教科書は「大東亜新秩序」建設の流れの中に位置づける。『詳説日本史』は長期の泥沼戦争になったことを機に「大規模な攻撃を中断」し、傀儡政権樹立に切り替えたとする。ただし、統治実態まで明らかにするものではない。それに対して、(2)中国の歴史教科書はその成立背景、経済略奪、教育、治安、それへの抵抗という形で、かなりの力点を置いて記述する。「速戦速決」から対峙段階に入り、日本は政策転換を余儀なくされ、汪精衛傀儡政権を樹立したこと、そして日本に対してよりも、それに乗った汪精衛を「最大の漢奸・売国奴」と罵る。次いで占領地域での鉱工業資源の略奪、統制を述べ、農村での食糧不足と餓死に言及する。さらに日本側の洗脳教育といえる「奴隷化教育」、および「治安強化運動」、「清郷運動」による管理、弾圧を述べ、それに対する中共・民衆の抵抗という形で論理展開をする。感情過多、局部における修正は必要かも知れないが、大筋で間違いないと考える。(3)台湾の歴史教科書は、統治実態にまでは言及していないが、「以華制華」を明確に押さえ、臨時・維新両政府から汪精衛政権という傀儡政権形成の流れを明らかにしている。日本、中国、台湾の各歴史教科書の共通点は、

汪精衛政権が弱体で、勢力拡大はできず、影響力はさほどなく、日本の傀儡政権樹立政策は「失敗」と見なしていることであろう。

　第3に、(1)『詳説日本史』は、脚註で満洲などの日本軍施設で毒ガスや細菌兵器の研究が行われたことを認めている。ただ毒ガスよりも生体実験との関連で細菌兵器、731部隊による生体実験に相対的にウエートを置いて記述する。なお、『詳説世界史』には該当部分がないが、やはり脚註でよいので触れておく必要があったのではないか。(2)中国の歴史教科書では、毒ガスについて1944年衡陽戦で使用したと記述している。だが、むしろウエートを置いているのは731部隊についてであり、軍医「少佐」の石井四郎が率いていたこと、病原菌の種類、生体実験のやり方、具体的に実験で殺害された中国人は「3000人」であること、および病原菌が撒布された地域などを具体的に論じ、質量とも日本の歴史教科書との相違が大きい。(3)台湾の歴史教科書は簡単で、紹介している程度であるが、「南京大虐殺」を含め、単なる戦争の問題として片づけられず、「人類史上の一大惨劇」とまでいい切っている点が印象的である。

　第4に、「従軍慰安婦」問題は、日本と韓国の歴史教科書の差が際だつ。(1)『詳説世界史』は「創氏改名」、強制連行、徴兵制を羅列するだけで、「従軍慰安婦」に関する記述はない。『詳説日本史』はそれよりは具体的に強制連行、脚註に徴兵制・志願兵について記述されているが、十分とはいえない。「従軍慰安婦」についても触れている程度である。それに対して韓国の歴史教科書は中学校、高校と連続でその実態を記述する。例えば、「民族抹殺政策」としての「日鮮同祖論」、「創氏改名」、「物的・人的資源略奪」として軍需関連の各種物資、強制徴用、徴兵制に言及した後、「軍隊慰安婦」について述べる。そして、「学習の手助け」でも、「軍隊慰安婦」をとりあげ、「強制的に戦場に連れて行かれ」、日本軍の管理下で「性奴隷の生活を強要された」とする。さらに高校の歴史教科書では、日本兵の「強姦行為や性病の防止」などの口実にまで踏み込んで記述し、かつ被害者であった「軍隊慰安婦」の戦後の精神的苦しさ、貧困、病気などについても記述する。「従軍慰安婦」問題については、現実にその被害者が存在していることから否定できぬ歴史事実とし、日本、もしくは日本人による韓国・朝鮮人全体に対する民族侮蔑と捉え、不退転の覚悟のように見受けられる。そして、日本がそれを軽微な問題、もしくは否定しよう

とする姿勢を歴史改竄、もしくは誠意が感じられないと非難する。

　第5に、東京裁判に関しては、(1)日本では、『詳説世界史』がニュルンベルクにおけるナチス・ドイツに対する国際軍事裁判所との流れで東京裁判を位置づけ、生徒に世界史的視野から考えさせる。この点に関しては、『詳説日本史』が天皇制問題に踏み込んでいること、公職追放、非軍事化、賠償問題について記述する。そして、コラムでは東京裁判の審理過程、判決、およびパルらの反対意見について述べる。このまとめ方に異論があるわけではない。ただし、生徒に反対意見のみを印象づけると、日本の一部で見られる「勝者による敗者への裁判」のみが強調され、中国などに対する侵略行為・侵略戦争を過小評価、もしくは免罪する傾向に繋がる危険性もある。(2)中国の歴史教科書は、むしろアメリカの姿勢を問題にし、東京裁判の審理過程には興味を示さず、天皇制を残したこと、「幾人かの日本人戦犯を免訴にした」ことに不満を感じているようである。(3)台湾の歴史教科書は東京裁判の限界を重視する。7人に厳罰を下したのは当然のこととし、むしろ東京裁判が台湾・朝鮮に対する植民地統治の犯罪行為や慰安婦問題には踏み込まなかった限界を指摘する。そして、日本の戦争責任問題は未だ継続中と断言する。このように、日本と、中国、台湾各教科書はかなり異なった視点から東京裁判を記述する。

　第6に、(1)日本では、『詳説世界史』が平和憲法、朝鮮戦争、日米安保条約改定における対立、高度成長、日中国交正常化、およびイラクへの「復興支援」など基本的事実を述べる。そして、1960年末、西欧や日本で学生運動、労働運動がひろがったことを押さえる。次いで、『詳説日本史』は当該時期について詳細、かつ重点をおいて記述し、他国の各歴史教科書の追随を許さない。とはいえ、日本国内の意見対立と混乱を述べながら、結局、日本がアメリカの「反共戦略」・「共産中国包囲網」に組み込まれた事実までは論及していない。また、「国際貢献」もアメリカに「せまられた」とするなど、よい意味でも悪い意味でも日本の能動性が見えてこず、全体として歯切れが悪い印象を与える。次いで、(2)中国の歴史教科書はアメリカとの関係・経済力成長・教育の3本柱から構成する。戦後改革が経済発展の基礎となったとの認識を示し、「非軍事化」も経済発展に有効であったと見なす。その後、冷戦激化・中国情勢の激変により、アメリカの対日政策が変更し、特に朝鮮戦争の特需、ベトナム戦

争での新特需が日本経済を押し上げ、「世界第2位の経済大国」になったとする。だが、この間の平和憲法制定、民主化、日米安保改定反対デモ、及び日本国内での政党・国民間の意見対立などは捨象される。これでは、中国人生徒に日本の戦後史を正確に教えることができず、誤った歴史認識を与えてしまうのではないか。その後、「政治大国」指向、軍事費増大、「防衛」名目の「軍事力増強」、「国際協力」名目の「軍事力の膨脹」、および右翼勢力の台頭、閣僚などの靖国神社参拝、歴史教科書問題が強調される。これらは、確かに日本の一面を鋭く突いているものの、中国人生徒に日本は「危険な国家」との印象を与え、かつ中国における軍事費増大、軍事力増強、軍事力膨脹の口実ともされ、両国民の中に日中間の軍拡競争を肯定する歴史認識が拡大し、それが悪循環を招くことが憂慮される。(3)台湾の歴史教科書は、民主化、「再武装化」（再軍備）の2本柱からアプローチする。日本の民主化・非軍事化は連合国、および民意を反映して順調であった。だが、昭和天皇の戦争責任を追求されず、かつ米ソ対立、中国内戦、朝鮮分裂、冷戦激化によりアメリカ主導下で「反共基地」になったとする。この時、韓国などと共に台湾もその一角を占めたことを明記すべきではなかったか。なお、日本の経済成長などには関心がないようで、捨象している。

　その他、「はじめに」でも触れたが、「満洲国」は重要問題にもかかわらず、各国教科書とも、それに関係する記載の絶対量が少ないのは何故なのか。関連研究はここ数年、多数発表されているが、主張は多種多様で、まだ一定方向が導き出せないことと関係するのであろうか。日本の場合、台湾史、朝鮮史もそうであるが、主に日本史執筆者が担当しているが、「満洲国」や植民地問題は果たして日本史が担当すべきものなのか、それとも世界史が担当すべき事がらなのか。その狭間に存在しているようで、研究が多いにもかかわらず、教科書にはそれが反映せず、実態の説明とその分析、解説などが不足する傾向にある。私は日本史、世界史双方に記載してかまわないと思う。

　以上のことから明白になることは、繰り返しにもなるが、要約すると、(1)日本の歴史教科書は東京裁判に関する記述が充実しているが、それ以前の侵略実態、植民地・占領地の統治実態などの記述は弱い。それに対して、特に(2)中国の歴史教科書は侵略実態、植民地・占領地の統治実態に関する記述に圧倒的な

力量を注ぎ込み、東京裁判の経過などには関心がなく、判決自体を当然の結果と見なしているようだ。(3)台湾の歴史教科書は上述諸問題に関する記載の絶対量は少ないが、「南京大虐殺」、中国人の生体実験には厳しい視線を向け、「人類史上一大惨劇」と断じ、かつ台湾植民地などの「犯罪行為」を裁ききれなかった東京裁判の限界を指摘する。また、戦後日本の「再武装化」には注意を払っている。(4)韓国の歴史教科書は特に「従軍慰安婦」に関しては、それを通して日本軍により韓国それ自体の名誉、誇りを犯されたという感覚が潜在的にあり、圧倒的力量をかけ記述し、それを簡単に触れたり、もしくは隠蔽したい日本との姿勢の違いを特に際だたせている。

〔註〕

1) 在日本大韓民国民団中央民族教育委員会企画『歴史教科書 在日コリアンの歴史』（明石書店、2006年）は、「慰安婦」問題や「自虐史観」問題に関して、「過酷な運命をたどった女性たち〈「日本軍慰安婦」〉について、自虐史観（脚註：自国の歴史の負の部分をことさら強調し、正の部分を過小評価する歴史観。しかし、一部の人々に都合よく解釈され、……戦前の皇国史観に回帰する傾向が強まっている）克服を叫ぶ人たちは、資料的根拠がはっきりしないからそんなものはなかったと言っていますが、日本政府もこの問題に軍部が関与していたことを認めました。しかし、国家レベルでの補償は拒否したままです」(54～55頁)、と批判する。

2) なお、『歴史教科書 在日コリアンの歴史』同前は、戦後の在日コリアンの国籍問題について、1952年4月〈サンフランシスコ〉平和条約の発効に伴う朝鮮人・台湾人等に関する国籍及び戸籍事務の処理についてが出され、本人が知らぬ間に、「日本国籍」が剥奪された。その問題は、①本人の国籍選択権の無視。例えば、敗戦国ドイツは合併されていたオーストリア人に国籍選択の自由を与えている、②「国籍条項」によって、在日コリアンを外国人とし、「戦傷病者戦没者遺族等援護法」の対象から除外したことなど(74～75頁)を批判的に述べる。

第3章
歴史教科書の中の台湾
―― 日本植民地時代と関連させて ――

第1節　日本・中国各教科書の中の台湾

はじめに

　台湾は、政府レベル、民間レベルの歴史研究交流・共通歴史教科書作成の動きからも疎外されている。それは、意識的にも無意識的にも、中国が主張する「1つの中国」、台湾に根強く残る「2つの中国」という複雑な政治論争を避けるという政治判断が働いているからであろう。そのため中国からすれば、「中国の一部」で国内にあり、単なる地方政府の台湾をあえて国際シンポジウムに招聘する必要ないと考えている可能性がある。だが、台湾は日本の植民地となり、戦後も資本主義国家として中国大陸とは異なる独自な歩みをしてきた。したがって、東アジア史を論じる場合、台湾史は極めて重要であり、これを捨象してはその全貌と本質を本格的に解明できないことも確かである。そこで、台湾史を真正面からとりあげることにした。

　周知の通り台湾は日清戦争後の1895年、下関条約で日本に割譲され、それから1945年日本敗戦までの約50年間も日本の植民地であった。すなわち、第1節で、台湾を割譲せざるを得なくなった中国、それを植民地にした日本、第2節で、台湾自身の各歴史教科書をとりあげる。このことによって、日本、中国、台湾の3極から構造的、かつ立体的な分析が可能となる。各歴史教科書はいかなる捉え方をしているのか。それぞれの特色、共通性と差異は何か。その比較検討を通して教科書に記述される台湾史の問題点に分析を加えたい。

　具体的には、まず①日本歴史教科書をとりあげる。台湾前近代史も視野に入れるが、近現代史に重点を置く。現在、ある程度、改善されたが、元来、日本の歴史教科書における台湾に関する記述は極めて少なく、かつ問題も多かった。そこで、本章では山川出版社の教科書に限らず、他出版社の教科書も俎上に載せる。②中国の歴史教科書はどうか。中国は原則として台湾を地方史として扱う形をとる。上述の如く、中国は台湾を日本に割譲せざるを得なかった。

こうした歴史的背景をもつ中国がいかなる人物、事件、問題に着目し、どのように記述しているか。

I　日本における歴史教科書の中の台湾

ここでは、まず過去と最近の山川出版社のみならず、三省堂、清水書院の各歴史教科書もとりあげる。その理由は、前述のごとく台湾に関する記述の絶対量が少なく、かつ各教科書間で差異も見受けられるからである。

◀山川出版社▶
❶『詳説世界史』（江上波夫・山本達郎・林健太郎・成瀬治：1998年）

まず、台湾の説明では、「中国文化圏の外」にあって「中国との関係はうすく」、1624年オランダ人が貿易拠点を築く。だが、61年明の遺臣鄭成功がオランダ人を駆逐し、台湾を拠点に清に抵抗した。83年清は鄭氏を下し、直轄領とし、それ以降、福建・広東方面から多くの中国人が移住したことを指摘する（194～195頁）。この部分は台湾に関する他の部分から見ると、よく書かれている方である。

それ以降、約200年間は記載なく、「朝鮮の開国」（260頁）で、日清戦争後の下関条約（1895年）で台湾・澎湖諸島の割譲だけが平板に書かれる。かくして、日本の植民地となったことで、日本史の範疇と考えたためか、台湾に関する記載は一切なくなり、「中華人民共和国の成立」で「49年12月蔣介石は大陸から追われて台湾にのがれ、ここで中華民国政府を維持した」（326頁）とのみ触れられる。次いで、台湾に関する記述があらわれるのは、「米中国交正常化と中国の内政転換」で、「中国は1971年10月に、中華民国政府にかわって国際連合の代表権が認められた。……日本も1972年9月、田中内閣のもとで中国との国交正常化にふみきり、台湾との外交関係を断ち、さらに1978年日中平和友好条約を結んだ」（342～343頁）とだけ書かれ、1970年代に台湾は韓国、香港、シンガポール、ブラジルとともに工業育成に成功したことで、「新興工業経済地域（NIES）」とよばれる「中所得国」に上昇したことが記載される。

【コメント】　以上が台湾に関する記述のすべてで、日本植民地支配における抵抗運動も、経済問題も捨象される。鄭成功や清朝統治が若干詳細なだけで、後は中国の受動的存在としてのみ描かれ、突然、時代が飛躍し、何ら背景の説明もなく、NIESの記載となる。これでは、客観的な叙述というより、断続的に切り貼りされている感があり、歴史の推移がわからなくなるのではないか。執筆者の中にアジア近現代史の専門家がいないことも問題のような気がする。

❷『日本史 A』（石井進・笹山晴生・高橋直助：1998年）

　まず、「琉球処分」（120頁）との関連で台湾が付随的に登場する。すなわち、1871年台湾で「琉球漁民殺害事件」がおこり、この事件を巡り、琉球の宗主権を主張する清との間に保護責任問題でもつれ、1874年台湾出兵をおこなった。交渉は難航したが、英国の調停もあり、清は日本の出兵を正当と認め、賠償金支払いに同意した。「日清戦争と三国干渉」で、やはり下関条約で台湾・澎湖諸島の割譲を記述する。その後、1895年「海軍軍令部長の樺山資紀を台湾総督に任命し、島民の強固な反対を武力で鎮圧した」（150頁）ことを記載する。そして、半頁を使用し、「コラム：台湾の支配」に「台湾民主国」や台湾民衆の「根強い抵抗」とそれへの弾圧を記述し、同時に地主・商人の懐柔策について述べる。また、台湾総督府の設立、土地制度の近代化、台湾銀行や精糖会社など産業振興策も目配りよく書いている（151頁）。なお、蒋介石・国民党が台湾に逃亡して中華民国政府を存続した（254頁）点に関しては他教科書と大同小異であり、その後、「経済大国」日本とその周辺の工業生産基地・アジア NIES が世界経済の活力の中心となった（282頁）ことが強調される。

【コメント】　全体として限られたスペースによくまとめている。なお、今回見た日本の歴史教科書の中では、なぜか「台湾民主国」に言及しているのはこれだけである。ただし、「土地調査事業」を「土地制度の近代化」と単純にいえるのかどうか。植民地朝鮮で実施された「土地調査事業」との共通性と差異は何か。

◀三省堂▶

❶『世界史 B』（中屋健一・松俊夫・栗原純：1995年）

　1683年清が鄭氏を滅ぼした後、台湾を直轄領とした（138頁）。〈1895年〉下関条約で台湾・澎湖諸島の割譲（266頁）が述べられる。その後、記載がなく、再び台湾が登場するのは、1943年11月蒋介石も参加した「カイロ宣言」であり、日本の無条件降伏とともに、台湾の中国への返還が盛り込まれたことを脚注で記述する（330頁）。中華人民共和国が成立すると、その関連で、蒋介石・国民政府の台湾逃亡が記載され、アメリカが国民政府を「唯一の中国政府」としたため、中米関係が次第に悪化した（335〜336頁）。朝鮮戦争が起こると、アメリカは日本との講和を急ぎ、1951年サンフランシスコ講和会議が開催されたが、中台双方とも招聘されなかった。日本は沖縄を米軍政下に置くことを承認し、同時に日米安全保障条約を結び、また1952年4月台湾の国民政府を「中国政府」とみなして講和条約を締結したことを書く（337頁）。1971年国連で台湾に代わり中国の正当な代表権が認められ、中国の国際的立場が著しく強化され、翌年日本とも国交正常化されたことを記述するが（353頁）、台湾に関しては何らの言及もない。

【コメント】　本教科書は山川出版社の『詳説世界史』よりも台湾に関しては平板であり、台湾史に関しては断絶し、不明点が多すぎる。中国、アメリカの受動的存在とし

てのみ描かれ、台湾の主体的動きが全く見えてこない。ただし、戦後の記述には力点を置いているようで、台湾を巡る国際関係と歴史的変遷は理解しやすい。

❷『新日本史 B』（家永三郎・田中義昭・井原今朝男・斎藤善之・大日方純夫：1995年）

「国境の確定」で、台湾が「琉球処分」との関連で僅かに記載されるにとどまる。すなわち、1874年日本は琉球島民が台湾島民に殺害された事件を口実に台湾に出兵し、清朝に琉球が日本領土であることを示そうとした。琉球支配層はこれまで通り清との関係を続けようとしたため、1879年廃藩置県を強行し、沖縄県を置いたが、清国との間に紛糾をもたらすことになった（202頁）。この後は、下関条約で台湾等が割譲された（229頁）という事実のみを指摘する。ただし、この時期の教科書の中では唯一「霧社事件」に論及し、重い重労働、徴発などの不満にたえかねた山岳地原住民の一団は、1930年霧社で蜂起したが、航空機を含む日本の軍隊や警察に鎮圧された（259頁）と簡潔、かつ的確にまとめる。1949年中華人民共和国の成立とともに、大陸の中国領土はことごとく「共産党政府」の支配下に入り、蔣介石の政府は台湾に逃れたことのみ指摘する（305頁）。1971年国連が圧倒的多数で中華人民共和国を唯一の中国代表と議決したため、日本政府も政策の全面的転換の必要を認めざるを得なくなった。1972年田中角栄が首相になると、中国との間の戦争状態の終結と国交正常化が図られることとなった（319頁）、と書く。

【コメント】　霧社事件については当然触れるべき問題であり、その点は評価したい。「朝鮮『皇民化』」で、朝鮮における「皇民化」政策の推進、徴兵制度、強制連行等については詳述しているにもかかわらず（286〜287頁）、同様な状況にあった台湾に関しては、脚注で僅かに「1945年には台湾でも徴兵制を実施」と書くにとどまる。朝鮮に比して、やはり日本植民地であった台湾に関して日本史の中でもこれほど軽視される理由は理解しがたい。もちろん中国の状況、国際政治における位置などを重視することに対しては異論がない。だが、当時の台湾の状況や、それと連動した形で日本が台湾との外交関係を断絶した歴史事実も明確に押さえておく必要があろう。なお、その後の台湾経済発展に関する記述もない。

その他、清水書院『要解日本史 B』（村井章介、佐々木寛司、中島博司等：1998年）を見ると、下関条約による割譲の記載は他の教科書と同様（153頁）である。「5　太平洋戦争と国民」の「戦争とアジア諸国」（185頁）で、朝鮮と台湾で皇民化政策が推進されたとするのはよいが、朝鮮に関してだけ僅かに具体例を出すにとどまっている。「毛沢東を主席とする中華人民共和国が成立し、国民党軍は台湾に逃れた（国民政府）。大陸での影響力を失ったアメリカは、極東政策を大きく転換し、日本を『反共の防壁』とすることをめざす」（194頁）と

記述する。1972年9月田中角栄内閣は「日中共同声明を発表し、中華人民共和国を中国唯一の合法政府と認め」、日中国交正常化を実現させた（200頁）とする。

【コメント】　台湾に関しては、記述の絶対量が少なく、内容も断絶、時代的にも飛躍する。重要な問題であるはずの「台湾民主国」、霧社事件にも触れていない。同様に日本植民地にされた韓国・朝鮮に比して台湾への関心はあまりに低いと断じざるを得ない。これでは、生徒に台湾史、特に台湾近現代史を十分教えることはできない。アメリカは極東政策を大転換し、「日本を『反共の防壁』とすることをめざす」（194頁）とするが、日本だけでなく、韓国、台湾などもその一環を形成していた事実を指摘すべきではなかったか。

では、最近の日本の歴史教科書は、台湾に関してどのように記載されているのか。変化はあるのか。あれば、具体的にどのように変化したのか。山川出版社の歴史教科書を例に考察してみたい。

❶『詳説世界史B』（佐藤次高・木村靖二・岸本美緒など：2010年発行）

「日本と中国のあいだの銀と生糸の貿易は、16世紀から17世紀にかけて大きな利益をあげたものであり、中国人や日本人・ポルトガル人・オランダ人などがその利益をめぐって争った。そのなかで、ポルトガル人が拠点としたマカオ、ついでオランダ人が拠点をきずいた台湾など、新たな貿易中心地が成長した」（171～172頁）。

「東海沿海で武装貿易船団をひきいて反清活動をおこなっていた鄭成功（脚註：福建地方の軍事・貿易の実力者鄭芝竜を父とし、日本人を母として平戸にうまれた。明の滅亡後、明の遺王をたすけて活動し、明朝の朱姓をたまわったので国姓爺とよばれる）とその一族は、オランダ人を駆逐して1661年に台湾を占領し、これを拠点に清に抵抗した」（173頁）、と「母が日本人」であることを指摘することで、生徒の興味、関心を引き出そうとする。

「日本は、ロシアと樺太・千島交換条約を結んで北方の国境を定めるとともに、当初より積極的な海外進出の姿勢を示し、台湾出兵（脚註：台湾に漂着した琉球島民が、台湾の先住民に殺害されたことを理由に、日本軍が台湾に出兵した事件。琉球島民は日本人か、台湾先住民は清朝政府の支配下にあるのか、という点が日清間で問題となった）や琉球領有（脚註：明治政府は琉球の清への朝貢をやめさせ、1879年に琉球藩を廃して沖縄県を置いた）のほか、朝鮮にも勢力をのばして、宗主国の立場をとる清と対立した」（274頁）。

【コメント】　16、17世紀に国際貿易面において台湾の地理的位置が次第に重視されてきた状況を伝える。執筆陣に中国史の岸本美緒が加わったためか、充実度が増した。た

だし、依然として「台湾民主国」や霧社事件に関する記述はない。また、日本にとっての北と南の国境線・領土問題を論じるが、この記述だけから、元来、琉球が独立国であったこと、薩摩の琉球侵略問題を一般の生徒が読みとることは難しい。台湾に関しては、日清戦争後の下関条約で、「台湾・澎湖島の割譲」(275頁) が触れられるだけである。

「中国は戦後、5大国の一員としての地位を認められたが、国内では大戦末期から国民党と共産党の衝突が再燃した。蔣介石は1948年に総統となったが、国民党幹部の腐敗、激しいインフレーションによる経済混乱で、民衆の批判をあびた。共産党はこの間、農村で土地改革を実行して農民の支持をえ、47年から反攻に出た。国民党軍は敗退をかさね、49年12月、蔣介石は台湾にのがれ、ここに中華民国政府を維持した」(341〜342頁)。

【コメント】 特に中国東北〈満洲〉で激戦になったことを記載してもよかったかもしれない。とはいえ、従来の教科書に比して、歴史的事実や相互の関係について丁寧に説明されており、わかりやすく、その意味で改善されているといえよう。

「米中接近は日本をふくめ各国に波紋をひろげ、日本の田中首相も1972年、北京を訪問して日中国交正常化をはたして台湾との関係を絶ち、78年には日中平和友好条約を結んだ。71年、国連総会は中華人民共和国に中国代表権を認め、台湾国民政府を追放した」(360頁)。いわゆる「台湾の国際的な孤立化」である。にもかかわらず、「輸出産業が成長し、経済力をつけた台湾も、国内的には戒厳令下で国民党の一党支配が続いていた。しかし、1987年に戒厳令は解除され、88年から総統に就任した李登輝は民主化推進につとめた。2000年の総統選挙では、はじめて国民党に属さない陳水扁が当選した」(370頁)。

【コメント】 田中角栄の訪中、72年日中国交正常化、78年日中平和友好条約の締結、そして国連総会による台湾追放という流れが押さえられる。その後、台湾は経済力が伸張、87年戒厳令が解除され、民主化が進展した。周知の如く、現在、馬英九が総統になり、国民党が政権に復権したが、流動的である。

❷ 『詳説日本史B』(石井進・五味文彦・笹山晴生・高埜利彦：2007年) は、『詳説世界史B』よりも日本と台湾との関連について軍事・行政・司法・経済各側面から重点的に論じている。

1871年に台湾で琉球漂流民殺害事件が発生した。清国とのあいだで琉球漂流民保護の責任問題がもつれ、軍人や士族の強硬論におされた政府は、1874年に台湾に出兵した (台湾出兵・征台の役)。これに対し清国はイギリスの調停もあって、日本の出兵を正当な行動と認め、事実上の賠償金を支払った。ついで1879年には、日本政府は琉球藩およ

び琉球王国の廃止と沖縄県の設置を強行した（250頁）。

【コメント】　台湾出兵問題と絡んで、イギリスの調停により清朝は日本に賠償金を支払ってしまった。台湾と琉球問題は連動しており、その辺の説明に一工夫が必要だったかもしれない。また、「征台論」との関連に触れてもよかったのではないか。

〈日清戦争の日本の勝利後〉「1895年4月、日本の全権伊藤博文・陸奥宗光と清国全権李鴻章のあいだで下関条約が結ばれて講和が成立した。(1)清国は朝鮮の独立を認め、(2)遼東半島および台湾・澎湖諸島を日本に譲り、……。しかし、〈三国干渉によって〉遼東半島を返還した日本政府は、新たに領有した台湾の統治に力をそそぎ（脚註：台湾総督には陸海軍の大将・中将が任命され、軍事指揮権のほか、行政・立法・司法に大きな権限を持った。1898年以降、台湾総督児玉源太郎の下で後藤新平が民政に力を入れ、土地調査事業に着手し土地制度の近代化を進めた。また、台湾銀行や台湾製糖会社が設立されるなど、産業の振興がはかられた。台湾の支配は、現地の地主・商人などの富裕層を懐柔しながら進められたが、その一方で貧農などの民衆は日本の支配への抵抗を続け、たびたび反日武装蜂起をおこした。日本はこれに対して徹底した弾圧でのぞみ、その支配は1945年まで続いた）、1895年、海軍軍令部長の樺山資紀を台湾総督に任命し、島民の頑強な抵抗を武力で鎮圧した」（268頁）。

【コメント】　台湾「島民」の「頑強な抵抗」と書く以上、やはり具体的に「台湾民主国」には少なくとも触れるべきであったと考える。ただし「脚註」は充実しており、台湾総督は軍事・行政・立法・司法に大きな権限（絶対的権限？）を有していた。台湾銀行や製糖会社など産業振興を図ったことは押さえておくべき事実であろう。また、「貧農などの民衆」による抵抗と、それに対する弾圧もこの記述でよいとは思う。しかしながら、やはり道路、鉄道、水利面でのインフラ整備の意義と限界、抵抗も「貧農など」下層民衆に限られたものではなく、請願運動など知識人階級による抵抗運動にも言及する必要があったのではないか。また、土地調査事業に関しては、植民地朝鮮のそれとの共通性と差異、歴史的評価がやはり気にかかるところである。

「時〈1927年金融恐慌時〉の若槻礼次郎内閣は、経営が破綻した鈴木商店（脚註：貿易商として出発した総合商社の鈴木商店は、大戦中に台湾銀行の融資に支えられて急速に各部門に進出し、三井物産・三菱商事にせまったが、戦後の不況で破産に瀕していた）に対する巨額の不良債権をかかえた台湾銀行を緊急勅令によって救済しようとしたが、枢密院の了承が得られず、総辞職した」（316頁）。

【コメント】　鈴木商店に関する脚註はわかりやすく理解を助ける。ここで知りたいことは台湾銀行、日本銀行、朝鮮銀行の関係、および金融面での役割の共通性と差異であろう。

1945年2月には、「アメリカ・イギリス・ソ連の3国の首脳会談（ヤルタ会議）がおこなわれており（脚註：これより先の1943年に、アメリカ大統領フランクリン＝ローズ

ヴェルト・イギリス首相チャーチル・中国国民政府主席蔣介石がエジプトのカイロで会談し、連合国が日本の無条件降伏まで徹底的に戦うことのほか、満州・台湾・澎湖諸島の中国返還、朝鮮の独立……など、日本領土の処分方針を決めた)、さらに3国は7月には、ベルリン郊外のポツダムで会談をして、ヨーロッパの戦後処理問題を協議していた」(344頁)。「脚註」では、「カイロ宣言」における「満州・台湾・澎湖諸島の中国返還」については簡単に記述される。

その後、「中国では、農民の強い支持を受けた共産党が、アメリカに支援された国民党との内戦に勝利し、1949年10月に北京で中華人民共和国(主席・毛沢東)の成立を宣言した。翌年には中ソ友好同盟相互援助条約が成立し、新中国は東側陣営に加わった。一方、敗れた国民党は台湾に逃れて、中華民国政府(総統・蔣介石)を存続させた」(356~357頁)。

【コメント】 カイロ・ヤルタ両会議については基本的な事実を押さえている。中共の勝利についてであるが、中共は「農民の強い支持」を受けただけではない。労働者、第三勢力・民主派の支持を受け、形勢を逆転していったのである。

「佐藤(栄作)首相の引退を受けて、1972年田中角栄内閣が成立すると、田中首相自身が訪中して日中共同声明(脚註:日本側が戦争における加害責任を認め、反省する態度を表明したうえで、両国間の『不正常な状態』の終結を共同で宣言し、さらに、日本は中華人民共和国を『中国で唯一の合法政府』と認めた。これにともなって、日本と台湾の国民政府との外交関係は断絶したが、貿易など民間レベルでは密接な関係が続いている)を発表し、日中国交正常化を実現した」(377頁)。

【コメント】 田中角栄の訪中、日中共同声明、そして中国を「唯一の合法政府」と認め、台湾との外交断絶という基本的な流れを記述する。もう少し具体的事実や統計資料を入れた方がよいと考えるが、政治的には日台外交断絶にもかかわらず、経済的には民間貿易関係などが存続したことを的確に押さえている。

Ⅱ 中国における歴史教科書の中の台湾

では、中国の歴史教科書の中に台湾はどのように記載されているのであろうか。その前提として、「台湾は中国の不可分な領土」とし、「台湾史は中国史の一地方史」と位置づけていると考えられる。したがって、中国の歴史教科書は、日本の侵略・台湾割譲に対する抵抗について力点を置いて記載する。

(1) 初級中学の歴史教科書(周谷城・周一良等顧問、王宏志・李隆庚主編・人民教育出版社歴史室編)は『世界歴史』2冊、『中国歴史』4冊である。

❶『中国歴史』の第3、4冊(1994年)が近現代史である。第3冊の第15課

は「馬関条約」〈下関条約〉後の台湾軍民の割譲反対闘争が実に5頁にわたり、重点的、かつ詳細に論じられる。

例えば、北京において科挙の会試受験で台湾「高山族」（少数民族）挙人の胡盛興が清朝に台湾割譲反対の上申から記述し始め、唐景崧ら官吏が戦わず逃亡したとし、他方、台湾苗栗出身の秀才・徐驤が台湾義軍を組織し、劉永福と呼応して戦ったことが、地図を示しながら、個々の戦闘に至るまで具体的に詳述される。しかし、台湾軍民の割譲反対闘争は食糧、武器、弾薬不足から厳しい局面に陥り、劉永福は何度も大陸の沿海各省に援助を求めたが、清朝政府は日本軍との「信義」を守るとして援助を禁止した。それに対して、「英雄的な台湾人民と愛国清軍は祖国領土を防衛するため、流血犠牲を恐れず戦い」、孤立無援の状況下で日本侵略者と「5ヵ月」血戦し、近衛師団の半分の3万2000人余を死傷させた後、潰滅したとし、「中国近代史上、外国侵略に反抗した最も悲壮な一頁」との歴史的位置づけを与える。そして、それ以降も「台湾各族人民の日本植民統治への反抗は祖国復帰を勝ち取るまで一刻も停止することはなかった」（87〜91頁）、と強調する。

【コメント】　つまり清朝政府の腐敗と、対照的な形で「台湾人民と愛国清軍」の対日抵抗をとりあげ、高い評価を与える。そして、「台湾各族人民」が一貫して闘い続けたとするが、具体的にどのような闘争を指し、いつまでの時期と考えているのであろうか。

その後、台湾が再び登場するのは、❷『中国歴史』の第4冊である。「新中国」（中華人民共和国）成立後、人民解放軍は続けて国民党の残余軍隊を追撃し、殲滅した。1951年5月チベットを「平和解放」し、台湾といくつかの島嶼を除いて全国領土をすべて「解放」したとする（150頁）。また、朝鮮戦争後、国民党特務、残余勢力はアメリカ・蔣介石反動派の支持の下、交通を破壊し、倉庫と工場に放火し、中共幹部や大衆を暗殺して武装暴動を企てた。そこで、50年末から全国的に反革命運動を鎮圧した（155〜156頁）。54年ジュネーブで中、ソ、米、英、仏5ヵ国が外相会談し、朝鮮・インドシナ両問題を討論した。これは「新中国」成立後の初の国際会議で、中国政府は周恩来を派遣した。中、ソ、ベトナムの代表の尽力で、インドシナ停戦協定が締結され、「朝

鮮」(韓国)、インドシナ、台湾3方面から中国に脅威を及ぼす戦略・戦争政策は再び失敗したという(214頁)。

【コメント】　チベットと台湾を同列に「解放」とすることには疑問を抱く。その実態や差異について具体的に論じるべきであった。また、台湾の「白色テロ」と大陸の「反革命鎮圧」が、ほとんど同時期に両岸で同時並行的におこなわれていたことが判明する。なお、「共産中国包囲網」が、1954年ジュネーブ会議で一定時期、失敗を余儀なくされたとの認識を示している。ただし、その後、フランスに代わって、「共産中国包囲網」の形成と、「共産主義ドミノ理論」阻止を掲げるアメリカによりベトナム戦争が開始されることになる。

(2)　高級中学歴史教科書『中国近代現代史』上下冊(周谷城・周一良等顧問、王宏志・李隆庚主編・人民教育出版社歴史室編・1994年・必修)

　「馬関条約」を南京条約以来の最も重大な「売国条約」との歴史的位置づけを与え、帝国主義の資本輸出、世界分割の侵略要求を反映しており、この段階から外国資本主義の中国侵略は新段階に入り、中国社会の「半植民地化」の程度は大いに深まったとする。その例として、李鴻章と伊藤博文の談判状況、および李の条約締結以前のイギリスとの借款交渉、露、独、仏への借款を統計表も入れて具体的に論じる。そして、「馬関条約」の工場設立規定を利用して、列強は中国に大規模投資して工場を設立し、中国民族資本の発展に阻害したことを指摘するなど(上冊49～54頁)、充実している。

【コメント】　割譲の際の台湾での対日抵抗には一切触れていない。これは、すでに初級中学教科書が詳述しているためであろうか。このことからも、中国の歴史教科書が原則的に重複を避ける積み上げ方式であることを確認できる。

　「第3章　人民解放戦争」(国共内戦期)における民主派の動向では、『華商報』に掲載された「台湾民主自治同盟」(1947年・香港設立)の「反蒋反米を堅持して解放を勝ち取ろう」という「台湾同胞」への呼びかけの新聞記事のコピーが載っている(下冊68頁)。国民党の台湾逃亡後、大量の反革命分子がとどまり、種々の破壊活動をおこなったとする。朝鮮戦争の時、蒋介石は「反攻大陸時期」が到来したと考え、反革命気運がさらに高まった。反革命分子は工場、鉄道、橋を破壊、倉庫に放火、財物を略奪、デマをまき散らした。甚だしいことには、争乱を起こし、革命幹部や大衆を惨殺した。50年「新解放区」では4万人の幹部と大衆が殺害された。その内、広西が7000人余に達するという。アメリカ情報局に指示された特務分子は迫撃砲などの武器を隠し、50年国慶節に天

安門を砲撃しようとした。そこで、50年10月中共中央は「反革命活動鎮圧に関する指示」を出し、全国で鎮圧運動を展開した（下冊100頁）。その後、71年に中国は国連の合法権利を得て、安全保障理事会で常任理事国の地位を獲得した（下冊149頁）ことを強調する。

【コメント】　このように、反革命の被害が極めて大きかったことが力説される。それは中共政府により鎮圧された。ただし、その鎮圧の具体的な状況についての記載はない。他方、台湾では蔣介石・国民政府により共産主義者などへの「白色テロ」がおこなわれ、いわば大陸、台湾両岸で政府当局による全く逆の思想・活動に対する鎮圧・弾圧が実施されていたことになる。

おわりに

　以上のことから以下のことがいえよう。
　第1に、日本の歴史教科書は、同じ植民地であった朝鮮に関する記載も十分とはいえないが、台湾に触れる部分はあまりに少ない。相対的にポイントを押さえているのは山川出版社の『日本史A』である。だが、「根強い抵抗」を書く以上、霧社事件には触れるべきではなかったか。つまり各種教科書を併せて読むことによって、やっと台湾の歴史の全貌がある程度わかるというのはやはり問題と思われる。現在の教科書は以前よりは関連紙幅〈もちろん量だけではなく、質が伴わなくてはならない。だが、紙幅がなければ具体的実態に踏み込めないこともまた事実である〉も増え、歴史事実や相互関係がわかりやすく説明されており、その点では改善されているといえよう。ただし、多くが重要事件である「台湾民主国」や霧社事件などを相変わらず捨象している。すべての教科書が下関条約の記述を平板にしないためにも、台湾割譲とともに、最低「台湾民主国」には触れるべきであろう。これによって当時の状況を構造的、かつ動態的理解が可能になる。また、アジア史、とりわけ東アジア近現代史をもっと重視すべきではないか。東アジア、そしてアジアの中での日本を正確に位置づけて、初めて世界の中の日本の位置を的確に掌握できるからである。大学でさらに歴史学を学ぶ学生を除いて、日本における高校生、大学生の台湾に関する一般的知識水準が、これら教科書レベルにとどまっている可能性が憂慮

される。

　第2に、中国の歴史教科書では割譲に際しての清朝の無能が際だち、同時に抵抗運動への支援を禁じたことを批判する。また、唐景崧の評価はあまりに低く、「台湾民主国」の固有名詞すら出てこない。このことは、「台湾民主国」が「台湾独立」を想起させるものとして、注意深く避けているのであろうか。歴史は現在から考えるとはいうが、これでは現在の政治から歴史を恣意的に割り切りすぎており、むしろ当時の歴史的背景の中でまずはその実態を実証的に記載する必要がある。「台湾民主国」を評価せず、唐景崧を切り捨てながら、徐驤、劉永福だけを高く評価するのは矛盾する。なお、「馬関条約」〈下関条約〉後、中国の「半植民地化」は深まったとする記述は実証があり、それなりに論理性をもつとはいえ、洋務運動評価や中国資本主義の発展問題とも連動し、一概にそうは言えないものを含んでいる。また、台湾植民地の実態にも踏み込んで記述されるべきではないか。

　このように、日本の歴史教科書と中国のそれは、歴史項目・事件などはほぼ同じものがとりあげられるが、日本の静態的記述に対して、中国は対日抵抗に重点が置かれるという相違がある。とはいえ、日本、中国の教科書を通観すると、最大の問題点は台湾の場合、歴史が断絶し、連続性がないことであり、それだけは共通していることである。また、台湾史は中国、日本、アメリカ各史の中で受動的に論じられる。つまり、台湾史はこれら各国史の中に埋没し、各国史でもあまり触れられず、空白が多すぎる。

〔註〕
1）　これに関しては、黄昭堂『台湾民主国の研究―台湾独立運動史の一断章』（東京大学出版会、1970年）が詳しい。
2）　これに関しては、若林正丈『台湾抗日運動史研究（増補版）』（研文出版、2001年）が参考になる。

第2節　台湾における歴史教科書の中の台湾

はじめに

　看過されがちな台湾の歴史教科書をあえてとりあげる理由は、台湾自体の問題のみならず、日本の植民地統治、対日抵抗、近代化などの諸側面から決して捨象できないと考えるからである。その上、台湾の歴史教科書が最も変化しており、かつ流動化している。その嚆矢として二・二八事件を記述し、日本植民地時代の限界と意義を明確にする作業も開始されており、その成果は教科書にも反映し始めた。そして、ついに台湾史が高級中学歴史教科書の第1冊目として刊行されている。

　本節では、台湾の歴史教科書を本格的にとりあげるが、その前に、①ほとんど知られていない台湾の教科書制度を明らかにした上で、②従来の台湾の歴史教科書の内容、特徴を押さえ、最後に、③現在の台湾における歴史教科書の目的、主張点、内容、特色などを具体的に明らかにする。

I　台湾の教科書審査（検定）機関「国立編訳館」

　では、台湾自身の教科書は自らの歴史をいかに叙述しているのか。この点は重要である。台湾の教科書関係機関・作成・検定制度、および教科書の目的、作成の姿勢はほとんど知られていない。そこで、その説明から始めたい。国立編訳館は従来、国民政府教育部の所属機関であった。そして、国定教科書時期は、教科書編纂から刊行まで一手に引き受けていた。だが、教科書出版の自由化を受け、現在は教科書検定を担当する機関に改編された。その組織機構は図表3-1の通りである。

　パンフレット『国立編訳館』によれば、以下のように紹介されている。[1]

　国立編訳館は「1932年6月14日に〈中国で〉設立され、〈国民政府〉教育部

第 2 節　台湾における歴史教科書の中の台湾　139

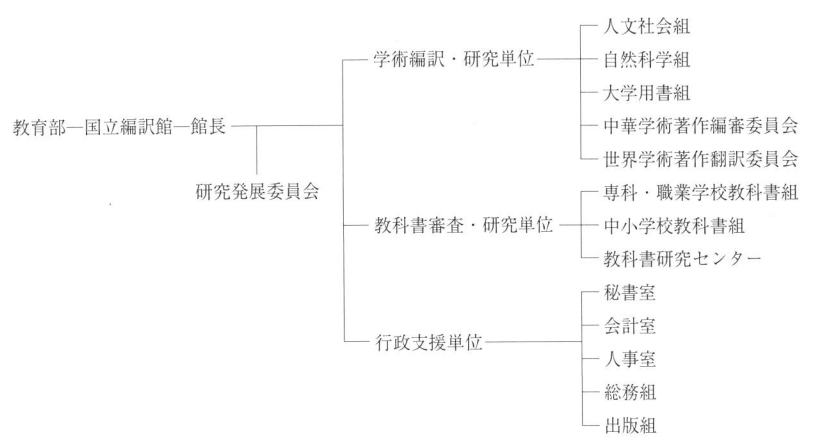

図表 3-1　国立編訳館組織機構図

```
教育部―国立編訳館―館長―┬―学術編訳・研究単位―┬―人文社会組
　　　　　　　　　　　　│　　　　　　　　　　　├―自然科学組
　　　　　　　　　　　　│　　　　　　　　　　　├―大学用書組
　　　　　　　　　　　　│　　　　　　　　　　　├―中華学術著作編審委員会
　　　　　　　　　　　　│　　　　　　　　　　　└―世界学術著作翻訳委員会
　　　　　　　　　　　　├―研究発展委員会
　　　　　　　　　　　　│
　　　　　　　　　　　　├―教科書審査・研究単位―┬―専科・職業学校教科書組
　　　　　　　　　　　　│　　　　　　　　　　　├―中小学校教科書組
　　　　　　　　　　　　│　　　　　　　　　　　└―教科書研究センター
　　　　　　　　　　　　│
　　　　　　　　　　　　└―行政支援単位―――――┬―秘書室
　　　　　　　　　　　　　　　　　　　　　　　　├―会計室
　　　　　　　　　　　　　　　　　　　　　　　　├―人事室
　　　　　　　　　　　　　　　　　　　　　　　　├―総務組
　　　　　　　　　　　　　　　　　　　　　　　　└―出版組
```

出典：『国立編訳館』（同館からの提供パンフレット）から作成。

に所属し、中国最高編纂・翻訳機構で、学術文化書籍、および教科書の編纂・〈海外の関連本の〉翻訳に関することを専門におこなってきた。70年来、本館は各種の専門人材を招聘し、学術著作を編輯し、海外の古典・経典・著作を翻訳し、学術用語を定め、辞典、辞書を編纂し、豊富な成果をあげ、学界で有名であった。並びに教育政策、および課程基準を何度も改訂公布し、中小学校〈日本の高校相当を含む〉、職業学校の教科書の編集・審査」を担った。現在は教育部の委託を受け、職業学校、高級中学、および国民中小学校の各教科書の審査・決定（検定）の業務をおこなっている唯一の国立機関である。

　このパンフレットから、さらに教科書関連の部分を重点的に摘出すると以下の通り。

　①教材選択の自由化、多元化の政策に基づき、「〈民国〉90年度」〈2001年度〉における「9年一貫課程」〈小学校6年・国民（初級）中学3年〉の実施以来、国立編訳館は中小学校教科書の編輯を停止した〈従来、国立編訳館が中小学校教科書の編輯・作成を一手に握っていた。換言すれば、それまで台湾には国立編訳館による各教科1種類の国定教科書しかなかったのである〉。同時に教育部の委託を受け、職業学校、高級中学、国民中小学校の教科書検定をおこ

なっている。

　②中小学校教科書組は高級中学、国民中小学校教科書の検定業務処理は、「課程綱要」の各科目教科書検定規則によって受理される。

　③〈台湾〉国内の人権教育の発展を促進し、人権理念を普及させるために、人権教育出版物を奨励し、選定活動をおこなっている。

　④国内の大学院生が教科書関連問題に対して深く系統的な研究することを鼓舞するため、本館は特に教科書研究の修士・博士論文を奨励支援し、ならびに論文発表会を開催し、台湾教科書の学術研究の水準を高めようとしている。

　⑤本館教科書研究センターが所蔵する歴年の課程規則、および中小学校教科書などの資料は極めて歴史的意義と研究価値のあるものである。ならびに教科書発展学術討論会を開催し、教科書の研究、発展を確かなものにする。

　このように、国立編訳館は多方面での業務をおこなっているが、現在、教科書に関していえば、編纂・作成・出版という業務から離れ、検定に特化したといえよう。

　国立編訳館の教科書資料センターによれば、研究、編輯検定者の参考、比較のため、日本、中国、アメリカ、ドイツ、フィンランドを中心に小中学校教科書、教師用マニュアルを収集しているとする。不思議なことに韓国には重点が置かれていないようである。なお、編訳館館員に聞くと、台湾の検定制度は日本のそれを参考にしたと言っていた。

　では、教科書、ここでは高級中学歴史教科書がどのような具体的な理念や基準に基づいて編纂され、もしくは検定を受けているのであろうか。

　「高級中学課程標準総綱」の「目標」によれば、「高級中学教育は継続して普通教育を実施し、健全な公民を養成、生涯教育を促進、学術研究や専門知識の基礎を確立することを目的とする」とある。そして、学生に達成させる目標の１つとして「創造的、批判的な思考、かつ社会変化に適応し、終生学習する能力を増進する」という（3頁）。

　ここで、カリキュラムを見ると、1学年1学期が歴史3時間（1時間は50分）、地理2時間、2学期が歴史2時間、地理3時間と逆転する。2学年は「世界文化」（歴史・地理各2時間）、現代社会2時間の計6時間から4時間を選択。3学年は各学期に選択必修で歴史・地理各3時間。その他、関連科目と考

えられるものに「社会科学導論」がある（5～15頁）。台湾特有で、日本と異なるのは「三民主義」が1学年で週2時間組み込まれていることと、「軍事訓練」〈看護・養護を包括〉が1、2学年で週2時間、3学年で週1時間が組み込まれていることであろう。

学年別・学期別、および各課程別に目標、構成、内容、および実施方法が記載されているので、それを見ておきたい。最初に押さえるべきことは、「文化」には、いわゆる文化のみならず、政治・経済・社会・科学技術などが広範囲に包括されている。

「高級中学歴史課程標準」（第1学年1、2学期）によれば、その「目標」は①生徒の歴史的興味を喚起し、自発的に歴史を学習できるようにさせ、歴史経験を吸収し、人文学の素養を高める。②生徒に歴史知識の特質を理解できるように導き、時代における歴史変遷の重要性を認識させ、思考力、分析力を強化する。③生徒に【人と我】、【群〈団体・社会・国家〉と我】の関係を思索させ、社会・民族・国家に対するアイデンティティーを養成する。④生徒の世界観を養成し、広い角度から中国歴史文化の世界歴史文化における位置を考察させる（18頁）。ここでの問題は、国家などに対する一体感と、ともすれば矛盾・対立することもある世界観、あるいは中国伝統文化と世界文化をいかに整合性をもたせ、発展的に教えることができるかにかかっている。

では、高級中学1年の教科書はどのようなものか。「1～10」までは「1 中国歴史の起源」から「10 明清における西洋との直接交流」まで中国の前近代史がとりあげられる。その後、近現代史に入り、「11 アヘン戦争前の中国」、「12 台湾の開発と経営」、「13 ウエスタン・インパクトと清末の変動」、「14 台湾省設置と〈日本への〉割譲」、「15 民国初年の内憂外患と政治変遷」、「16 民国初年の経済・社会・文化」、「17 抗日戦争と中共政権の創設」、「18〈国民政府の〉台湾移遷の〈新〉『体験』」、「19 台湾社会・文化の変遷」とある。この構成を見る限り、中国大陸中心で、「19」はともあれ、台湾は受動的に書かれている（19～20頁）。

これらの「実施方法」として、編纂要領は①教科書の編制は生徒の思考・判断能力を刺激することを重んじ、比較分析を多くする必要がある、②教科書は現代史・社会経済史の比重を増やし、古代史、政治史の分量をやや減らすとあ

る。教授方法としては、①歴史的事件の原因、経過、結果、意義と影響などを明白に教え、生徒の正確な認識を養成する。孤立した事件は詳細に教える必要はなく、かつ年代、人名、地名を強調する必要はない。②歴史的事件は「成敗得失」、歴史的人物は「忠奸善悪」（勧善懲悪）によって生徒が深く考えるように指導し、総合的な分析、理性的な思考、正確な判断能力を養成する（20頁）などとある。歴史的事件を原因から、経過、結果、影響まで体系的に教える姿勢は歴史学、もしくは歴史教育のイロハとはいえ、重要であろう。ただし、「成敗得失」、「忠奸善悪」は固定化した考えを生徒に注入することにもなりかねず、慎重に進めるべきものといえるのかもしれない。

「高級中学世界文化（歴史編）課程基準」によれば、第２学年で毎週２時間で、「目標」は①近代のヒューマニズム、政治思想、大衆文化を明らかにし、世界文化へと認識を広げる。②近代社会における種族〈民族〉、「階段」〈この場合、階級・階層〉、両性〈男女〉の関係を明らかにし、多元的な文化という世界観を増進する。③文化の変遷と影響を明らかにし、歴史的な思索法を養成する、とある。ここでは、具体的には世界史観、産業革命、フランス革命、近代政治と社会思想、メディア、大衆文化、ヒューマニズムと進歩史観、世界的文化交流などがとりあげられる（23頁）。いわば、この学年で世界へと視野が広がる。

「高級中学選修〈選択必修〉科目歴史課程標準」によれば、第３学年に毎週３時間であり、前期に「中国文化史」、後期に「世界文化史」を履修する。「目標」は、(1)「中国文化史」では、①中国文化の起源と発展、および世界文化史における位置を明確にする。②歴代の重要な法令制度の変遷、および学術思想、宗教信仰、文学芸術、科学技術方面などの成果を明らかにする。③中国伝統文化の「兼容並蓄」〈異なる文化を包容し、蓄積する〉精神、および中国近代文化の変遷と新文化の発展を明らかにし、生徒の中国文化の価値と現代的意義を自発的に考えることができるように鼓舞する。(2)「世界文化史」では、①人類の思考法の発展を押さえ、世界文化の全体としての変遷を理解させる。②「各区域」〈国家〉毎の文化得失を重視し、文化交流に対する正しい態度を身につけさせる。③文化思想の変遷を認識させ、思考・理解力を増進させる（25頁）、とある。ここで、中国文化と世界文化の相互関係、および世界文化の中

での中国文化の位置づけを考えさせる。

　看過できないのが「普通高級中学課程暫行綱要総綱」（教育部2004年8月発布）である。「目標」は、国民教育段階を継続する目的の外、一般の教育素養を向上させ、心身健康を増進させ、「術・徳」を兼ね備えた現代の公民を養成することにある。その実現のために、生活素養、生涯発展、生命価値の3方面から以下の目標を達成するとし、①思考力、判断力、審美眼、創造力を強化する。②団体・グループ協力・民主法治の精神と責任感を増進する。③自学能力と終身学習の施政を強化する。④生命尊重と全地球が永続して発展するとの観念を深く植え付ける（29頁）。カリキュラムを見ると、「社会領域」は「歴史」・「地理」・「公民と社会」で構成され、第1、2学年で週各2時間ずつ履修する。ここで特異なのは「国防通識〈常識〉」で遺憾ながらその内容は詳らかでないが、第1、2学年で週1時間ずつ履修することになっており、各校は必要に応じて週2時間にしてもよいとする。

　「歴史」に焦点を当てると、高級中学第1学年前期が台湾史、後期が中国史、第2学年は前後期通じて世界史となっている。核心は、①時間（時代）の観念（(イ)時期・時代区分、(ロ)過去と現在の差異と関連性）、②歴史理解（(イ)教科書を含めた歴史文章の内容と意義、理解と把握、すなわち、著者の立場での探究・分析・解釈、(ロ)1つの歴史事件について、試しにその場にいたと仮定して理解を進める、(ハ)歴史の脈絡の中で重要性や意義を評価する）、③歴史解釈（(イ)異なる歴史解釈に分けてその要因、すなわち、過去における異なる解釈、選んだ史料の差異と量、時代的背景・個人的好感度、関心を説明する、(ロ)歴史の原因と影響から解釈する）、④史料による証明（(イ)史料の書庫としての適切性の判断、(ロ)テーマに基づいて自ら史料収集をおこなう、(ハ)史料を用いて新たな問題の設定、あるいは自ら歴史叙述をおこなう）という大きく4つに分けられる（35〜39頁）。

　ここで、「教材綱要」から高級中学第1冊の「台湾史」のテーマ、重点などに関する説明をみておきたい。単元としては「一　早期の台湾」で台湾原住民族をとりあげ、重点は①「考古発掘と歴史前文化」、「『歴史なき民族』の歴史」（台湾史の明確な記述はこの4、500年前からで、その文字記録以前から原住民が住んでいたとする）から始まり、②台湾とオランダ・スペインとの関係、鄭成功政権がとりあげられる。

「二　清代の長期統治」では、重点は①「台湾の政治経済発展」をとりあげ、重点は「漢人社会の出現」、「農商業の発展」を重視する。また、台湾は清朝帝国の辺境にあり、消極的な統治政策と特殊な行政措置（例えば、移民制限、番界の画定、班兵制度など）がとられた。また、人口増により土地開発、統治範囲の拡大に伴い行政区画と機構が調整されたことを講義する。さらに商業交易活動を大陸との間、および都市・郷村間に分けて教える。②「社会文化の変遷」において「社会の実態と社会問題」では族群、身分、財産に分けて教え、異なる族群間の協力と衝突を講述する。内容は原住民、閩〈南〉人、客家関係などを包括する。和平共存では通婚、「合夥」〈共同作業〉など。衝突では抗清事件、漢・番〈原住民〉衝突を武闘、幇会、「盗匪」などの問題に分けて討論する。また、台湾は移民社会であり、士紳階層が形成され、彼らは儒教文化の影響を受けた。③「ウエスタン・インパクトと近代化」では、重点はアヘン戦争の影響、1860年代の開港と通商、1874年「牡丹社事件」〈日本で言う台湾原住民による琉球人殺害と「台湾出兵」〉などを包括する。また、キリスト教布教なども併せて述べる。そして、清朝による「開山撫番」〈山地を開き、原住民を慰撫する〉と政府主導の近代化事業を述べる。

「三　日本統治時期」の(1)「植民統治前期の特色」では、重点は①「統治政策と台湾民衆の反応」であり、日本の台湾領有過程で、その統治方式は１つは軍隊・警察による圧制、１つは紳商を籠絡し、建設に従事させ、民心を掌握することにあった。②「インフラ建設と経済発展」では、まず圧制に対して民衆が武装抗日活動を展開したことを１、２例紹介する。次いで統治政策の変化（例えば、軍人総督から文官総督への転換、「同化政策」下の各種改革など）、および台湾人の非武装抗日運動（1930年代上半期まで続く）を紹介する。他方で、日本植民政府〈台湾総督府〉は民心を獲得、かつ植民地の価値を高めるため、交通、水利、電気、金融制度などのインフラ建設と経済発展に努力したことを述べる。

(2)「社会と文化の変遷」では、重点は①「植民地の社会と文化」で、新たな知識人の精鋭分子〈エリート〉が形成され、反抗運動、各種思想の鼓吹などを指導したことに言及する。その社会の特色は日本・台湾社群の関係、差別待遇、習俗改良などである。②「文学芸術の発展」では、西洋近代文学・芸術への接近を開始した。重要な作家、芸術家、およびその作品について討論させ

る。ただし伝統文化が存続していることを押さえさせる。

(3)「戦争期の台湾社会」では、重点は①「皇民化運動などの施策」、②「太平洋戦争と戦時体制」にあり、「日本帝国の東亜における発展」を叙述し、「九一八事変」〈満洲事変〉、「蘆溝橋事件」〔ママ〕、「太平洋戦争」から第二次世界大戦の終了までで、その内容は台湾社会がこの時期に受けた衝撃と反応を重視する。また、「植民政府」〈日本〉が台湾において推進した南進政策、皇民化運動、工業化の3項政策について叙述し、かつ日本の「大東亜共栄圏」構想に言及する。さらに、1937年秋以降、台湾人民は日本の対外戦争の軍事動員（例えば、軍夫、台湾人志願兵など）、および太平洋戦争勃発語の物資統制、社会動員などを含む包括する種々の局面に直面した。なお、戦争後期の連合軍による台湾爆撃も併せて述べる。

「四 現代の台湾と世界」の(1)「政治：戒厳令からその解除まで」で、重点は①「国民政府による接収と中華民国政府の台湾遷移」にあるが、主観的論述を避ける。第二次世界大戦の終結後の台湾政治史を簡潔に述べる。その内容は内政・外交、および両岸関係に重点を置く。例えば、二・二八事件、長期戒厳令、朝鮮戦争、および冷戦などで、補充説明をし、展望を示さなくてはならない。とはいえ、過去60年間の台湾政治史は極めて複雑で、簡単に論じられるものではない。そこで、②「民主政治の道」に重点を置くこともできる。③「国際情勢と両岸関係」では、中国政権が代表と承認されて以降、〈台湾は〉国際的に孤立化の道を歩んだ。にもかかわらず、(2)「経済：成長と挑戦」では、経済発展は政府の政策と民間によりもたらされた。だが、早期経済は順調な成長であったが、ここ10年間は成長が伸び悩む傾向にある。これを国内、国際的な要因から分析する。(3)「社会：変遷と多元化」では、戒厳令時期の思想、言論、行動は幾重にも制限を受け、社会表現も一元化された。戒厳令が解除された後、言論が自由となり、各種外来文化が開放され、人民の日常生活は大きく変わった。(4)「グローバルな世界における台湾」では、重点が「文化の発展」、「ネットワーク世界と地球村」に置かれ、台湾の未来と希望について生徒に考えさせる（40〜45頁）。

ところで、教科書編纂の原則を以下のように説明する。①高級中学1、2学年の台湾史（第1学年前期）、中国史（第1学年後期）、世界史（第2学年）は「略

古詳今」〈前近代史を簡単に、近現代史を詳しく〉の原則に基づき、各冊とも政治史を主軸に歴史的変遷を示し、文化史、社会史をできる限りそれに配した。第１冊のテーマ〈台湾史〉は生徒が自ら成長した地域から歴史的思考を養成する。第２冊のテーマ〈中国史〉は中国政治・文化の伝承、および近代史において直面した種々の問題を理解させることにある。中国史の内容は豊富で、かつスパンが長い。そこで、教科書編纂の時、国民中学の教科書の中国史に関する部分を検討し、もし内容が重複している時は簡略に説明し、一方で教えることと学習の負担を軽減し、他方で中国史解釈の全体像を維持する。世界史のテーマは世界史の構造を示すことにある。15世紀以前は「世界文化遺産」の視角から着手し、15世紀以降は東西交流に関して影響と対比をとりあげ、とりわけ東西世界の歴史を完全に孤立〈分離〉させる章立てや節立てはよくない。②教科書に現在の歴史学界の研究成果を反映させてもよいが、学界で共通認識となった観点、あるいは多くが賛同できる説を採用する。学者１人の言を採用すべきではなく、濃厚な党派的色彩を帯びる歴史的解釈も避けるべきである（74頁）。このことは、当然のことながら過去の国民党視点からの過度に偏った記述をおこなったことに対する反省に基づくものであろう。

「歴史専題」下巻〈例えば、後述の高級中学第３学年（選択必修）の『歴史』下巻〉で「華僑から海外華人へ」がとりあげられる。その「テーマと重点」では、①「異郷客」〈異邦人〉、および「族群」（ethnics）の心理・態度の転換から移民の一体感を理解する。②(イ)16世紀から19世紀中葉、(ロ)19世紀中葉から第二次世界大戦、(ハ)戦後から現在に分けて、中国大陸、および台湾から海外への移民の歴史状況を叙述する。③重要地域、例えば、東南アジア、アメリカを選び、討論対象とする。その他の地域は簡単に叙述すればよい。

その「説明」では、①ここ500年に海外移住した華人を主として、異なる時期に海外に移住した主要動機、移住地区、および華人の文化と政治の一体感を探究する。②いわゆる華僑とは 'sojourners'〈寄留者〉であり、心理上、「異郷客」に属し、依然として出身地の文化と社会に一体感をもっている。それに対して、海外華人は心理的にすでに「異文化受容」〈文化変容〉（acculturation）、すなわち当地の社会・文化・政治をかなり受け入れている。華人はすでに当地の１つの「族群」に属する。「華僑から華人へ」はただ歴史上の現象だ

けではなく、さらに分析する必要がある。③16世紀から19世紀まで、明・清帝国の政局、人口増、華南の特殊な事情から人々は次第に海外に移住した。あるグループは澎湖島、台湾に向かい、あるグループは遠く東南アジアに向かった。とりわけ18世紀以来、南洋移民と商売は質量とも大きな変化があった。④19世紀中葉からいくらかの移民は転じてアメリカ、ヨーロッパ、そして世界各地に向かった。彼らがいかに生活し、いかに当地の社会と文化に適応し、一代一代と経るごとに次第に心理・態度が変化していった。⑤第二次世界大戦後、中国大陸から海外へと避難する移民の流れが発生した。1960年代以降、台湾からのアメリカへの留学、および移民が次第に増大した。彼らは海外華人の機構を改変し、同時に当地の経済や社会に影響を及ぼし、甚だしいことには少数の人々が政治に参画し、当地や台湾の政局を左右しようと試みた。⑥直接入手した資料、および現在の学者の歴史論文を採録し、生徒の分析・判断能力を高める。ただし、1960年代以降の歴史著作は依然として不十分とはいえ、教室での討論は客観的におこない、独断は避けるべきである（82頁）。「独断を避ける」ということは、前述した「偏った記述」と同様、過去にこうしたことが頻繁に起こっていたことの証左ともいえよう。

Ⅱ　従来の台湾歴史教科書

『国民中学歴史教科書』（国立編訳館国民中学歴史科教科用書編審委員会・李国祁主任委員・教育部検定済み、1996年改訂本。なお、国民中学は日本の中学校に相当）の「国史」部分である第1〜3冊を入手できた（第4〜5冊は外国史であるが未入手）。

　近現代史に関するのは第3冊であり、第13章清末の状況で、第1節アヘン戦争から、第23章「北伐統一と対日抗戦」で、日本の無条件降伏まではほとんど中国史である。台湾に関しては、日本は1874年台湾出兵、75年には「琉球併呑」をし、同時に積極的に「藩属朝鮮」に手を伸ばそうと画策したことのみが触れられる（18頁）。ここから力点が置かれ、日本の植民地統治に対する批判が明白に貫かれる。特に「馬関条約」〈下関条約〉での割譲では、「これ以降、日本は我が国を侵略する最も凶悪な国家の一つとなった」との位置づける。そ

して、具体的な内容に入り、台湾官民は義憤を感じ、割譲に反対し、丘逢甲らが自発的に「台湾民主国」を組織し、巡撫唐景崧を総統として義軍を成立させた。日本は台北を陥落させ、唐は廈門に逃げたが、台南の劉永福が指導を続け、日本軍に対して阻止攻撃し、打撃を与えたが、結局軍糧、武器とも欠乏し、敵は多く、台湾は陥落した。その後も英雄的な抗日事件が次々と起こった（19〜20頁）、とする。

【コメント】 以上のように、日本の侵略に対して厳しい評価が貫かれる。ただし全体として説明不足の感は否めず、「その後も英雄的な抗日事件が次々と起こった」とする以上、具体例をいくつか示す必要があろう。1930年霧社事件が抗日武装闘争の頂点で、それ以降は武力方式での闘争はほぼ終息したことを明記すべきであったかもしれない。

　第24章「戦後の動乱」の「台湾光復」では、林献堂〈改良主義的な民族運動指導者。台湾第一中学校の創設にも尽力〉の言を引用し、「異民族〈日本人〉の統治下で政治的に差別され、経済的に搾取され、法律的にも不平等で、最も悲しむべきことは愚民化教育であった」とする。そして、日本統治下で40回以上の抗日運動が発生したと指摘するが、まず抗日運動全体を概観する必要があったのではないか。その後で、やはり40回以上とする抗日運動の中のいくつかを例として出すべきであったのではないか。ところで、辛亥革命期の1911年羅福星が抗日組織により台湾を解放しようとしたが、日本当局に逮捕され、殉難した。その後、林献堂、蔣渭水らが「台湾同胞」の政治的、経済的地位の改善に尽力し、同時に文化啓蒙運動を展開し、民族意識の啓発に貢献したとする。さらに、多くの台湾人が大陸で対日抗戦に参加し、かつ台湾革命同盟会を成立させ、台湾義勇隊を組織し、台湾解放活動に尽力している。かくして、日本が投降した時、「台湾同胞」は狂喜した（85〜86頁）、とする。

　とはいえ、「台湾光復」初期、戦時の破壊、戦後の動乱、生産停滞、インフレ、多くの失業者により社会不安と人心動揺があった。その上、台湾省行政長官の陳儀は軍政大権を一身に集中させたが、政治・経済措置がまだ「台湾同胞」の普遍的理解と支持を獲得しておらず、不平等感を増幅させた。こうした背景の下、二・二八事件が勃発したことに言及する。すなわち、47年政府の闇煙草取締りにより、官民の衝突を発生させ、本省籍、外省籍の多くの罪のない

民衆が災難に遭ったとする。80年11月行政院は「二二八事件専案小組」を成立させ、事件の真相を究明し、ならびに「死難者」〈犠牲者〉の家族に哀悼の意を表し、記念碑を建立した。李登輝は「死難者」家族に謝罪するとともに、政府は補償金を支給した（86〜87頁）。その後、「政治建設」で地方自治、中央民意代表の選挙、「経済建設」では土地改革、貿易振興、および交通、工業、農業等の12項重大建設に成功し、「アジアの4小龍」と称されるようになったことを誇る（103〜104頁）。

【コメント】 二・二八事件被害者の名誉復活の部分が、この時期の教科書としては画期的な点である。すなわち、二・二八事件で台湾民衆を一方的に断罪してきた国民党が姿勢を大転換した。戦後の政治、経済的混乱という背景を示し、かつ処刑した陳儀に全責任を負わせることで、不幸な事件という感じを出しながらも、多くの民衆は「無実」であると名誉回復し、政府が謝罪したことであろう。ただし、ここで押さえるべきことは、二・二八事件での蔣介石の責任であり、陳儀と蔣介石の関係、および事件での蔣の役割であろう。この点が依然として不明確なままである。また、「外省籍」の民衆も「災難に遭った」とは具体的に何を指すのであろうか。なお、1895年以前はほとんどが中国史で、それ以降は台湾史に重点が置かれ、歴史が真っ二つに割れている感がある。これは当時の台湾の置かれている政治状況が、歴史教科書に反映した結果といえよう。

Ⅲ　台湾歴史教科書の新たな動向——台湾史の重視——

　台湾の歴史教科書に限っていえば、現在、内容が一変している。その背景には、1975年蔣介石死去、86年民主進歩党（略称は民進党）が成立、87年戒厳令解除、96年台北新公園の「二二八和平記念公園」への名称変更などがあった。そうした経緯の中で、2000年民進党の陳水扁が総統に就任するに及んで、本省人（閩南人、客家）を中心に「台湾人」意識が強まり、独自な台湾史研究が盛んとなり、台湾史を独立させ、一貫したものとして教科書にも反映させたものといえよう。

　普通高級中学『歴史』（教育部「普通高級中学歴史科課程暫行綱要」2005年教育部発布に基づいて編纂作成・2008年後、使用開始、龍騰文化、以下、2008年版）の第1〜4冊は1、2年生の必修である。前述の如く、第1冊が台湾史、第2冊が中国史、第3冊が世界史（上）、第4冊が世界史（下）である。特に注目される

のが、第1冊目の台湾史である。そこで、まずその構成を見ておきたい。

　　第一編　はるかな起源
　　　第1章　歴史前と歴史初期の原住民（考古学／「歴史なき民族」の歴史）
　　　第2章　17世紀：歴史に記載される初期の台湾（世界と台湾の接近／漢人政権・鄭成功一族）
　　第二編　大清皇帝の「子民」
　　　第3章　政治経済の発展
　　　第4章　社会現象と文化形成
　　　第5章　外力によるインパクト下の対応——開港から割譲へ——（牡丹社事件と清仏戦争、日清戦争と台湾割譲などを包括）
　　第三編　日本統治時代の台湾
　　　第6章　植民地統治の特色（抗日運動／近代化の基礎建設と経済発展）
　　　第7章　社会と文化の変遷
　　　第8章　戦時期の台湾社会（皇民化・工業化・南進基地化／太平洋戦争と戦時体制下の台湾）
　　第四編　現代の台湾と世界
　　　第9章　戒厳令から民主化への道
　　　第10章　成長と挑戦
　　　第11章　社会：変遷と多元化
　　　第12章　世界体系の中の台湾
　　　付録　台湾史大事年表

　第1冊は、台湾史を貫通させ、通観するのは、高級中学歴史教科書として初めての試みであり、不十分な点があるとはいえ、かなりの力作である。ここでは、台湾近現代史において日本と関係する事がらを中心にその内容を要約し、その特色をみておきたい。

　第二編第5章「外力によるインパクト下の対応」で、中国が列強と天津条約（1858年）、北京条約（1860年）を締結した際、台湾の安平、淡水を通商港として、外国人に合法的な貿易を許可した。その後の交渉で、雞籠（基隆）、打狗（高雄）も開港し、実質的に4港を開放した（73〜74頁）。

　周知の琉球問題に言及し、琉球が一方で清朝に朝貢し、他方で日本の「臣」である両属問題に触れる。琉球の宮古島と台湾は遠くなく、1871年12月宮古島民が海難事故で漂流し、屏東に流れ着き、牡丹社などの原住民に殺害された。

殺害されなかった者は清朝当局が琉球に送り返したにもかかわらず、日本は清朝を詰問し、ついには1874年出兵、牡丹社などの原住民を攻撃した。原住民は英雄的に抵抗したけれども、死傷者が少なくなかった。最終的にはイギリスの斡旋があり、清朝は50万両の賠償金を支払い、かつ日本側の行為を「保民義挙」〈国民を守るための正義の戦い〉と認めたことで、日本側は撤兵した。この後、清仏戦争の際、1884年8月フランス軍が台湾を攻撃し、澎湖島を占領した（77～78頁）ことなどが書かれる。

【コメント】 台湾を巡る清国・日本、イギリス・フランスの構図が描かれる。これらから、特に日本の理不尽さや強引さが浮かび上がるが、日本の歴史教科書に比して詳細に記述され、かつ原住民の対日抵抗にも言及される。

ともあれ清朝は「牡丹社事件」、清仏戦争で台湾の重要性を認識し、台湾問題の解決に積極的に乗り出した。しかし、1894年朝鮮問題で日清戦争が勃発した。清朝は日本軍がこの機に乗じて台湾に侵入することを心配し、唐景崧を台湾巡部として台湾北部、劉永福に南部を防禦させた。だが、清朝の北洋艦隊が敗北し、李鴻章が日本との和議に派遣された。1895年4月17日「馬関条約」が締結され、台湾、澎湖島、および周辺島嶼はすべて日本に割譲された（79頁）。

【コメント】 清仏戦争後、清朝も台湾の重要性を認識せざるを得なくなった。日清戦争後の下関条約での2億テールの賠償金などについては、台湾とは直接関係がないと考えてか、捨象される。しかしながら、この賠償金が日本の八幡製鉄所〈現在の新日鉄〉を中心とする重工業発展に繋がったことにより日本資本主義の進展が植民地経営に反映することを考えれば、間接的に台湾と無関係といえず、やはり記述する必要があったのではないか。

ところで、清朝は元来、積極的な台湾建設計画はなかった。しかし、国際情勢と国防上の必要から、まず第1に沈葆楨を欽差大臣に任命し、牡丹社事件などの善後処理をおこなわせた。①台湾全島の土地と人民を清朝統治下に置く。そのため、台湾南部の南回り公路、中部の八通関古道、および蘇花〈蘇澳―花蓮〉公路の前身を開通させた。②行政区画の整理。台湾北部は台北府を成立させ、その管轄下に新竹、淡水、宜蘭各県、および基隆庁を置いた。南部台湾府には恒春県を増設した。③防衛上、安平と打狗に砲台を設置した。④3大禁令の解除。すなわち、(イ)原住民の権利を適度に保証しながら、一般人民に入山を

許可、㈡大陸人民の自由往来の許可、㈢鉄器輸入・販売の制限撤廃であった。

　第2に、沈に継いで福建巡撫の丁日昌もいくつかの新政を実施している。一方で原住民の慰撫工作を継続するとともに、他方で広東潮州、汕頭の人民を招き、開墾させた（82〜83頁）。

　第3に、台湾改革に本格的に着手したのが劉銘伝である。劉は1884年台湾に来て、フランスの侵略に対する準備をおこなった。〈清仏〉戦争終結後、台湾経営を開始し、「飴と鞭」の政策を用いて大部分の原住民を統治した。その後、教育を進行し、それによって彼らの習俗を改変、生活を改善した。1886年には、「撫墾局」を設置し、原住民に対する事務と招いた移民開墾を扱った。劉銘伝の最も重要な業績は行政改革と近代化の努力にある。①保甲制度の改善、および土地所有者と実際の土地面積を精査し、増税の基礎とした。②近代化建設。㈠基隆炭鉱の採掘開始、㈡台湾・福建の船舶運輸事業を発展させ、さらにシンガポール、サイゴン、ルソンへと延ばした。淡水・福州間の海底ケーブル、台北・台南間の電報ルートは1888年には完成した。㈢近代的な郵政制度、㈣台北城の都市建設、㈤小型発電廠の設置等々である（84〜85頁）。

　かくして、茶、砂糖黍、樟脳は台湾の3大輸出品となった。清朝前期における最大の輸出品は南部での砂糖生産であり、行政中心は台南にあった。通商港の開放以降、茶、樟脳が主要な位置を占めるようになり、台湾経済の重心もこれに伴い北に移った。行政中心がまず台中、最終的には台北に落ち着いた。このような政治・経済中心の北に移る現象は、開港後30年間に完成したのである（87頁）。

【コメント】　このように、欽差大臣沈葆楨により清朝なりの統治強化、交通開発、行政整備、および防衛強化などを実施している。次いで、福建巡撫の丁日昌が原住民の慰撫工作を続け、潮州、汕頭の民衆に開墾させた。そして、初の台湾巡撫の劉銘伝による教育、基隆炭鉱の採掘、台湾・福建間の船舶運輸事業、郵政、台北の都市建設、小型発電廠など近代化政策に高い評価を与える。これらのことから、清朝時代にすでに行政・経済など各方面の基盤が形成され、生産・輸出も増大し、後の日本植民地時代の発展に繋がったとも読みとれるのである。もしそうならば、清朝時代の洋務運動などによる近代化、インフラ整備と日本植民地時代のそれとはいかなる有機的関連を有するのか。もしくは断絶しているのか。部門・業種毎に緻密な考証が必要と考える。換言すれば、日本植民地時代のメリット、デメリットを冷静な眼で見極めようとする

本教科書であるからこそ、双方の時代の関連、継続性と断絶に関する分析は重要と考える。

第三編「日本統治時代の台湾」

その「導論」において、日本植民統治の50年間に社会、政治、経済、文化などでかつてない「近代化」の経験をした。その中で「清潔」、「識字」は近代文明社会を構築する上で持つべき基本要件であった（89頁）、と本格的近代化は日本時代であるとして、ある意味で肯定的評価を下す。

第6章「植民統治の特色」
第1節「植民統治と抗日活動」

(1)「台湾民衆の日本接収に対する反応」

　台湾割譲後、日本は速やかに基隆を掌中に収めた。唐景崧は抵抗に尽力せず、6月4日大陸に逃げ帰り、数日後、日本軍は台北城に入った。6月17日台湾統治を開始した。同時に日本軍は南下し始め、しばしば台湾民衆の抵抗にあったが、遺憾ながら急ごしらえであったため、往々にして持久的に戦う術がなかった。ただ台湾南部で劉永福指導下で10ヵ月間持ちこたえた。「台湾民主国」の宣言では、「台湾全島は自立し、民主の国に改め、官吏は皆、民選により、一切の政務は公平に処理する」としたが、実際は真の独立を求めるものではなく、また民主を実施する機会もなかった。そして、「台湾民主国は列強の承認を獲得することもなく、主要な人々も最後までそれを堅持する決心もなかった」（91～92頁）、と手厳しい。

【コメント】　台湾民衆の抗日活動に触れるが、従来よりも「台湾民主国」に対する評価は相対的に低くなっているように感じられる。しかしながら、私見を述べれば、「台湾民主国」は国際的には認知されなかったとはいえ、アジア初の「共和国」であり、かつ下関条約における日本への台湾割譲に真っ向から異を唱え、抵抗を繰り広げたものであり、その歴史的意義は過小評価できない。

(2)「日本による台湾統治の基本体制」

　日本は欧米の圧力下で不平等条約の束縛を受けていた。欧米列強は「ほとんど半植民地に陥っている国家〈日本〉がどうして植民地経営をできるのか」と分析していた。「馬関条約」の規定により、台湾住民は2年間の過渡期に自由に国籍を選択できることとなっていた。300万と見積られる人口の内、台湾を離れたのは1％以下であった。最大の要因は苦しみながら築いてきた仕事を失いたくなかったからである。また、総督府も当地民衆の風俗、例えば弁髪、纏足、アヘン吸飲などの禁止を強行する兆しがなかったからである（92～93頁）。

【コメント】　この辺の欧米列強の日本に対する見解は興味深い。間違いなく日本の力量、危険性を過小評価していた。当時、台湾を離れる者が少なかった理由は、生業を失いたくなく、当初、総督府が弁髪、纏足、アヘン吸飲などに対して緩い政策を示し

図表 3-2　台湾抗日運動地図

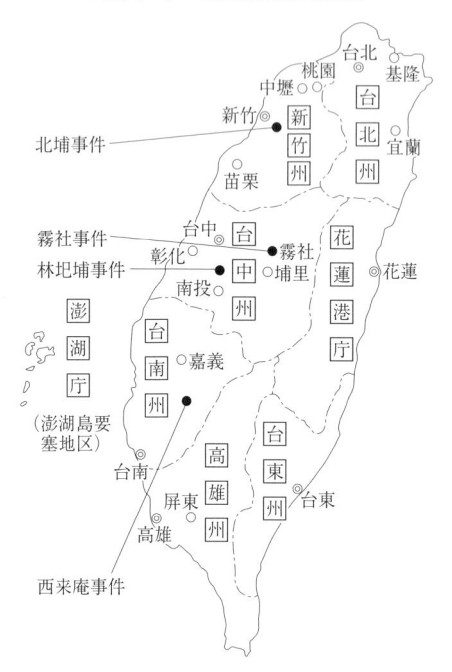

たからとする。

(3)「飴と鞭併用の統治政策」

　植民統治初期、台湾島内の劣悪な衛生環境、および継続するゲリラ的抵抗のため、日本の国会は一時台湾経営を放棄し、「1億円」で中国かフランスに売却しようとした。1898年第4代総督に就任した児玉源太郎と民生庁官後藤新平の赴任後、面目を一新した。後藤の在任期間（1898-1906年）、総督府の基本方針は、まず旧来の習慣を調査して対応策を出し、かつ「漸進的同化主義」を採ることにあった。士紳階層には各種の勲章を授与するなど懐柔策が採られた。他方、清朝以来の保甲制度（1898年総督府制定の「保甲条例」では10戸が1甲、10甲が1保）を踏襲し、連座・監視・密告方式により懲罰、治安目的を維持した。この他、「匪徒刑罰令」、「匪徒招降策」などにより、帰順させ、「帰順儀式」も挙行し、就業斡旋もおこなったが、「帰順儀式」を口実に投降した者や反抗する者を一挙に射殺することもあった（94〜95頁）。

【コメント】　日本が一時期、台湾を放棄しようとしていたことは周知の事実である。台湾経営が本格化するのは、児玉源太郎、後藤新平の時期で、「漸進的同化主義」を採り、士紳に対する懐柔策と共に、保甲制度の実施、反抗者の銃殺など「飴と鞭」の政策を採った。この評価は異論のないところであろう。

(4)「反日抵抗形態の変化」

　「台湾民主国」以降、台湾島内の武装抗日活動は続いた（図表3-2）。

　まず第1に、台湾各地に盤踞する「土匪」と称された抗日ゲリラ勢力は、多くが「台湾回復・清朝に忠」をスローガンとしていた。例えば簡大獅ら「抗日三猛」は「清国の命を奉じ、暴虐日本の打倒」を標榜した。

　第2に、植民地体制に対する不満から反日闘争が発生した。1912年、日本当局は南投・竹山一帯の公有林を三菱製紙に引き渡した。それが契機となり、勃発したのが「林杞埔事件」であり、「近代社会体制に不満な典型的案件」とする。当時、竹山一帯は「林杞埔」と称され、縦貫鉄道の開通と産業政策の推進に伴い、三菱製紙が総督府の委

託を受け、竹山一帯に工場設置の計画を立てた。そして、総督府は周辺林野を一括して三菱製紙の経営管理に移した。この計画は竹林に依拠して生活してきた竹山、嘉義、斗六一帯の民衆１万2000人の生計に不可避的に影響を及ぼした。不満を持った農民12人が劉乾の指導下で付近の頂林派出所を襲い、日本人巡査２人を殺害した。

　第３に、体制内抗争への転換。日本統治初期から1915年「西来庵事件」（脚註：1915年現在の台南県玉井郷一帯で大規模な武装暴動事件が発生した。首謀者は余清芳で「神主」が出現したと謡言を飛ばし、「大明慈悲国」を建設し、日本人を追い出すとした。その蜂起密謀の中心が西来庵であった。密謀は発覚したが、大衆を率いて派出所を攻撃した。総督府は最終的には軍隊、警察により山狩りをして余清芳を逮捕した）までで、各種の武装抗日事件は、1913年「羅福星事件」（脚註：羅福星は1903年一家で広東から台湾に移民した。1906年中国に戻った際、厦門で同盟会に加入し、1912年台湾で革命党を秘密裏に組織した。1913年日本警察により革命党は破壊され、その後、淡水で羅福星も捕縛、処刑された）が背後に「中国革命同盟会」〈中国同盟会〉との関連があり、いくつかの合議制の「共和思想」を有していた。それ以外の抗日〈活動〉の多くは朝廷を変えるという「易姓革命」の観念をもっていた。首謀者は農労民衆を率いて抗争し、自ら「総統」、あるいは「皇帝」を自称した。このように、近代民族運動の特質をまだ有していなかった。ただし、近代教育の普及、世界的な「反資本主義」、「反帝国主義」の思想の影響下で、台湾民衆は次第に武装抗日を放棄し、体制内〈改革〉の方式で自己の権益を勝ちとることを試み始めた。このことが、1920年代台湾での各種社会運動の発展を醸造した（95～97頁）、とする。

【コメント】　ここでは、日本植民地化以降の対日抵抗とその変遷がとりあげられる。図表３-２を見ればわかる通り、各蜂起は地域的に分散し、広範囲に渡っていたことがわかる。①清朝復帰を目指す抗日運動、②三菱製紙との生活をかけた抗日闘争である「林杞埔事件」、③「西来庵事件」、「羅福星事件」などの対日武装闘争を経て、次第に日本植民地体制内の改革運動に転換していったとする。そして、それが1920年代の各種の〈いわば改良主義的な〉社会運動に繋がったと肯定的評価を下す。

⑸　「『理蕃政策』と霧社事件」

　第５代総督佐久間左馬太は就任後、1910年「５年理蕃計画」を立案し、武力鎮圧方式で頑強に抵抗する原住民を帰順させ、ならびに山区を隔てる有刺鉄線沿線で外との連絡道路の修理建設を計画した。「理蕃計画」の中で総督府が最も手を焼いたのが、1914年太魯閣族の掃討であった。太魯閣族を完全に降伏させるため、佐久間総督は自ら陣頭指揮を採った。「理蕃計画」が一段落した後、総督府は警察本署内に「理蕃課」を設置した。それは専ら原住民の行政業務をおこない、また武力をもって討伐する「理蕃政策」に終止符を打ち、教化、就業協力などで原住民を管理するように改めたとする。

　ところが、軌道に乗ったかに見えた原住民政策であったが、当局は霧社事件の勃発で大きな衝撃を受けた。日頃から警察の傲慢な態度、強制労働、甚だしきは原住民婦人を騙す所行に不満を抱いていた霧社地区の原住民が、1930年公学校の運動会の機を利用し

て、村内の140人に近い日本人居住民を殺害した。その上、警察局、公共機関、官舎などを襲撃した。武器弾薬を奪った後、蜂起した原住民は付近の深山に退いた。総督府は軍隊、武装警察隊、「親日派」原住民、さらに漢族主体の「壮丁団」など計2700人を出動させ、掃蕩をおこなった。山区に隠れていたため、掃蕩は容易ではなく、総督府は飛行機で国際法上、禁止されていた毒ガスを撒布し、彼らに投降を迫った。50数日かかりやっと事件は終息した。モーナ・ルダオら首謀者の多くはすでに死去したが、投降を願わない者は集団自殺した。平定後、10余人が主謀者と見なされて処刑され、その他は強制的に収容所に入れられ、隔離された。

　霧社事件は終息したが、総督府のこれまでの「理蕃政策」は大打撃を受けた。例えば、ダッキース・ヌービン、ダッキース・ナウィは師範学校卒業後、警官となり、日本人の姓名(「花岡一郎」、「花岡次郎」)に改めた原住民の中のエリートである。彼らも反抗運動に参加していたことから、総督府は原住民政策を再検討せざるを得なくなった。風土、民情、社会福利などの角度から新たに「理蕃政策」が練り直された。原住民を慰撫するため、「蕃人」という呼称を禁止し、「高砂族」に改めた(脚註:「蕃人」には軽蔑の意味がある。琉球語で台湾を「Takasagu」と称し、「高砂」は台湾の別称である)(98〜99頁)[3]。

【コメント】　平地での反抗勢力が次第に終息した後、総督府は統治力を原住民の山区へと伸張させた。総督府は清朝時代の鉄条網で原住民の外との交通を遮断し、他方で帰順した原住民に対しては森林伐採、土地開墾などに従事させた。こうして、平地での対日武装闘争は押さえ込まれ、一段落したと考えた総督府は「理蕃課」を設けた。だが、山地では霧社事件が起こった。これは平地、山地を包括して日本植民地時代の対日武装蜂起の頂点に位置するものといえよう。なお、「花岡一郎」、「花岡次郎」は「反抗運動に参加していない。それを止めようとしたが、止め切れず、責任を感じて自殺した」〈水越幸一「蕃人教育重要性」『台湾四十年回顧』1936年〉との説もある。これ以降、平地、山地とも大規模な武装蜂起は発生していない。それは、ある意味で総督府の統治が巧妙になった傍証となるかもしれない。ところで、霧社の原住民は、現在、セデッカ族として独立民族とされているが、従来セデッカ族は「タイヤル族」の一部族とされてきた。

第2節 「近代化のインフラ建設と経済発展」
(1) 衛生環境の改善

　総督府がまず手を焼いたのが台湾島内の劣悪な衛生環境であった。ペスト、マラリア、チフス、コレラが流行していたからである。1895年日本軍による台湾接収の際の戦役を例にとれば、伝染病での帰国療養者、当地療養者、および死傷者は戦役での戦死者、負傷者の100倍〈200倍?〉前後に上った(脚註:日本が台湾接収中に伝染病で死亡した将兵・軍夫は計4642人、日本に帰国して療養した者2万1748人、台湾の医院で治療した者5246人である。それに対して、戦役で死亡した者は僅かに164人、負傷者は115人であった)。台湾接収の責任者北白川宮能久もマラリアで死去した。したがって、日本

統治における近代化インフラ建設はまず衛生に重点が置かれた。当地の医療人員の養成、公共医療機関の設置、上下水路から着手され、さらに警察行政機構を通して伝染病患者を徹底的に隔離し、かつ民衆に予防注射を強制した（101〜102頁）。

【コメント】　日本軍の接収における最大の障害はゲリラ的な反抗勢力の外、伝染病であった。台湾総督府はそれを克服しようとし、近代化インフラ建設の重点を衛生に置き、医療人員・機関の充実、下水道、予防注射などをおこなった意義が書かれる。

(2) 投資環境の調査

①土地調査。総督府は土地・林野などの調査作業に着手した。台湾、および周辺島嶼の面積、地形などの正確な地図を作製したこれは日本にとって治安・管理統制面で有益であった。他方で、台湾は「大小租戸制」で、税制上、混乱していた。そこで、総督府は各種事業の公債補償を打ち出し、「大租戸」〈「租戸」は「借り主」、「借受人」という訳語であるが、この場合、むしろ「大地主」の意味に近いようである〉に土地所有権の譲渡を促し、これらの土地所有権を「小租戸」〈この場合、「小地主」だが、むしろ「自作農」を意味しているように見える〉に移譲した。かくして、総督府は土地所有権を獲得した「小租戸」を土地税徴収の唯一の対象としたのである。また、所有者のない土地は国有化し、その一部を日本国内の退職官吏や企業に安価で転売した。これによって、日本国内の資金を台湾に呼び込み、台湾の資本主義発展を加速させた。

②人口調査。1905年台湾での人口調査の際、総督府と統計学者は島内情勢や特殊民情の掌握のために、「第1次臨時台湾戸口調査」、1915年「第2次臨時台湾戸口調査」を実施した（脚註：1920年日本政府は帝国内の国勢調査を実施したが、その時、台湾・澎湖島地区でも実施している）（102〜103頁）。

【コメント】　このように、治安・統治側面からの土地調査、税収安定、国勢調査・人口調査などが述べられる。国有化した土地の一部を日本の官吏や企業に安価で転売し、資金を呼び込み、「台湾の資本主義発展を加速させた」との肯定的評価を与えているように見える。植民地朝鮮の土地調査事業・林野調査事業は完全否定的に記述される場合が多いが、植民地台湾のそれとの共通性、差異は何か。気にかかるところであろう。

(3) インフラ投資

①交通網の整備

産業発展と関連するインフラ整備で、緊急なのは南北を結びつける運輸と通信網である。縦貫鉄道の敷設、公路修築、港湾建設から郵便局・電信局の開設に至る迄、総督府は積極的に推進した。このことは、「島内一体」の概念を醸造し、「台湾人」意識の萌芽をもたらしたとする。

②電力資源の開発

1903年「台北電気作業所」が設立された後、亀山水力発電所が建設され、1905年以降、電力を供給し始めた。この後、公営・民営の中小発電所が相継いで開設された。

1919年総督府は日月潭で、当時、アジア最大の水力発電所創設に着手し、公営・民営各発電所を合併し、台湾電力株式会社に改組して、その後の台湾電力発展の基礎を築いた。

③新式教育

総督府は社会教育と学校教育を通して纏足停止、断髪奨励から開始し、予防注射を施す一方、道で痰を吐いたり、ゴミを捨てることを禁止するなど、衛生習慣を培った。

④公立学校の設立

1896年から各重要都市には「国語伝習所」が設けられ、在地の基層公務員、通訳を養成した。さらに「国語伝習所」は6年制の「公学校」に改組された。「公学校」は日本人子弟の通う小学校と異なり、「国語」（日本語）学習に比重が置かれた。こうした初等教育学校以外に、「公学校」教師や実業人材を養成する中等教育の「台湾総督府国語学校」があり、さらに1899年には「台湾総督府医学校」が創設され、台湾人子弟が学ぶことを奨励した。1920年代になると、総督府は教育体制を「日本内地と一体化」させるため、「内台人共学制」を打ち出し、「内地人」〈日本人〉、「本島人」、「蕃人」などの差別呼称の使用を禁止し、状況はやや改善した（103～105頁）。

【コメント】　交通網の整備、電力開発、公学校設立、さらに教育体制で「内台人共学制」を打ち出すなど、インフラ整備について述べられ、それぞれ問題点よりも近代化側面での意義が強調される。差別状況は「やや改善」と筆を押さえるが、進学問題などにまで視野を広げると、差別状況は根強く残ったと評してもおかしくない。

(4) 米・糖経済の発展

総督府は土地調査と官有地の摘出を通して、可耕地を確保した外、水利灌漑施設の整備に力を尽くした。

①嘉南大圳。1920年より総督府は台湾南部で嘉南大圳の建設に取りかかり、総土木技師八田与一の計画の下、水利工事は10年の歳月を費やし30年竣工した。建設費の半分は総督府の補助であり、不足分は水利組合が出資した。その目的は灌漑・洪水防止・高潮防止・排水であり、南北90キロ、東西20キロで、現在の台南県市、嘉義県、雲林県を包括する15万甲〈10×15万で150万戸〉が灌漑により受益した。この竣工後、耕地面積の増大、単位面積当たりの生産量の増大はまた地価、小作料収入をアップさせた。

②総督府は農作物の品種改良にも尽力している。1912年農業技師の磯永吉は台湾米の品種を日本人の味覚に合う「台湾蓬莱米」に改良した。台湾米は日露戦争時期、軍用米として用いられた外、大量に日本に移出され、その食糧問題を解決した。その他、1901年農学博士の新渡戸稲造を招聘し、製糖技術の向上、製糖工場の設備改善に協力した。実際、総督府の糖業奨励策は台湾財政の独立のみならず、砂糖消費税の増収のみならず、総督府の豊かな歳入基礎となったのである（106～107頁）。

【コメント】　水利灌漑の整備、受益農田の増大、農作物の品種改良、および糖業奨励などに言及し、政治家などではなく、技師の八田与一、磯永吉、および新渡戸稲造らの

活躍に正当な評価を与えようとしている。このように、台湾の歴史教科書は政治家、軍人、企業家はともあれ、技術者、学者に対する眼差しが優しい。ただし我々日本人としては、彼ら技術者が台湾にインフラ整備などに誠心誠意努力し、貢献した点を喜びながら、同時に歴史学的には日本の国策に沿っていた点は押さえておく必要があろう。

(5) 台湾銀行と財政独立計画

1899年台湾銀行が正式に成立した。1904年発効の台湾銀行券が台湾島内の貨幣を統一した。台湾銀行総店は台北にあったが、総経理は東京に駐在していた。台湾銀行の金融・貿易統制により日本内地の資金が台湾に流入し、資本主義化を加速した外、最終目標は日本の資金に協力して中国、東南アジアにスムーズに進出することであった（107頁）。その後、1904年台湾が財政面で独立自主、「自給植民地」になったこと、公売制度ではアヘン、樟脳、煙草、食塩、アルコールの5大産業が包括されていたことなどが述べられる。

【コメント】 確かに台湾銀行設立と貨幣統一により資本主義化が進んだ側面を否定できない。ただし、日本銀行・台湾銀行・朝鮮銀行3者間の資金の流れと、その意義のみならず限界にも言及すべきではなかったか。また、1904年には、台湾が財政面で独立自主、「自給植民地」になったことなどが述べられる。

第7章「社会と文化の変遷」

(1) 新民会と台湾議会設置の請願運動

日本統治時代、台湾社会は従来と異なるインパクト、すなわち「近代化」という社会経験をしていた。総督府は台湾民衆の近代化、啓蒙に尽力していたが、当然のことながら教育、公職従事者は日本人に比して多くの制限、差別待遇を受けた。1945年日本敗戦まで、台湾人の公職を担った人数は微々たるものであったばかりか、その多くは教職、あるいは下級公務員であった。こうした植民地官僚体制に、台湾社会のエリートは深い不満を有していた。多くの新式教育の洗礼を受けた知識青年は、日本社会が政党政治へと歩む1920年代、民主主義の高まりの下、次第に台湾民族運動の先駆となっていった。

ところで、1920年代、東京で就学する台湾留学生の総数は約2400人であった。この時、第一次世界大戦後、世界的な「民族自決」、および日本における「社会主義」、「自由民権思想」は台湾人留学生に衝撃を与えた。1920年日本留学の台湾人知識青年100人余が新民会を組織し、林献堂が会長となり、台湾の政治と社会の改革を目指した。そして、新民会のある部分が日本帝国議会に台湾人自らの議会を設置することを要求した。これは、1921年より開始され、14年間にわたる「台湾議会設置請願運動」となった。この運動は台湾民衆が〈植民地〉体制内で自己の権益を獲得しようとした始まりである。請願期間、前後15回にわたり帝国議会に議会設置を求めた。最も多い時で請願署名者は2600人に達した（109～111頁）、という。

【コメント】 ここでは、職業差別と、有為な知識青年の反発、そして体制内改革運動が

真正面からとりあげられる。台湾民衆、特に知識青年らは教育や職業面での差別に不満を持ち、かつ日本国内の政治動向に影響を受け、台湾民族運動に突破口を求めたことが述べられる。また、日本にいる台湾留学生は「民族自決」、「社会主義」、「自由民権思想」に刺激を受け、その結果、新民会が組織され、その延長線上に「台湾議会設置請願運動」がおこなわれた。いわば植民地体制内での改革運動へと転換していった。その意義と限界は何か、具体的に明示する必要があったと思われる。

(2) **台湾文化協会と『台湾民報』**

台湾では、蔣渭水が1921年台湾文化協会を設立し、各種の文化活動を通して台湾社会の民衆知識水準を高めようとした。会員は1000人余で、台湾社会のエリート、学生が多く、若干の労農階級も参加していた。文化協会は台湾各地で社会教育運動を展開し、とりわけ文化講演は民衆に歓迎された。

1923年台湾民族運動に参画していた人々は台湾人の言論機構の必要性に鑑み、東京で『台湾民報』を刊行した。当初、半月刊であったが、旬刊となり、さらに、1927年から週刊として台湾で発行された。その後、台湾民報社は改組され、『台湾民報』は『台湾新民報』に改称し、週刊のままであったが、1932年からは日刊に改められた。正式に総督府の発行許可を得た後も継続して台湾民衆の言論と思想を代弁し続けた。1920、30年代、『台湾民報』〈『台湾新民報』〉以外に当局側の立場をとる『台湾日日新報』があった。だが、『台湾民報』は総督府に眼を付けられ、「新聞紙条例」などの検閲制度により制限されたが、『台湾民報』は台湾言論の自由史の中にその名を刻み込んだ（112～113頁）。

【コメント】このように、台湾で蔣渭水により台湾文化協会が設立され、社会文化改革をおこなったが、その隠れた意図は反帝民族解放にあったとする。当時の台湾各種新聞についても叙述され、民族運動の一手段、もしくは一環であったとの位置づけを与える。ただし、総督府は『台湾民報』に対して検閲し、弾圧したが、「言論自由」の歴史の中で重要な位置にあると高い評価を与え、注目される。

(3) **政党組織と社会団体**

台湾人は自由民権の洗礼を受け、請願と合法的結社の枠組みの中で、総督府・植民地政権に対して各種の批判と建言を開始し、かつ政党と社会運動団体を組織し、自己の権益のため請願闘争を持続した。当時の比較的に代表的な政党、社会運動団体としては、台湾民衆党、台湾共産党、台湾農民組合、台湾工友総同盟、台湾地方自治連盟などがあった。だが、総督府の左派系人士の活動に対する厳しい弾圧の状況下で、台湾民衆党、台湾農民協会、新文協〈1929年台湾文化協会は思想、主張の対立から分裂し、左派が勢いを得て新文協と称した。蔣渭水らは文化協会を脱退、別に台湾民衆党をつくった〉などの左派系の社会運動団体は1930年代前後に封鎖される運命にあった（112～115頁）。

【コメント】合法の枠内での政党・団体も組織されたが、特に左派系団体は、1930年前

後に弾圧され、解散させられたとする（**図表3-3**）。植民地体制下でも台湾でこうした活動が展開した事実は過小評価できない。

(4) 地方自治と選挙

　行政区画と地名が変更された。1920年総督府は「台湾州制」、「台湾市制」、「台湾街庄制」とすることを公布し、州・市・街庄が行政区画であるのみならず、地方公共団体であるとした。総督府は台湾全島を台北・新竹・台中・台南・高雄の5つの州、それに花蓮港・台東・澎湖の3つの庁に区画した。そして、州・庁の下には郡・市・市庁・街庄・区などの行政単位を設けた。各級地方の行政首長、あるいは諮問担当機構の協議会議員はすべて当局が派遣した。また、総督府は行政区画変更の際、台湾の旧地名の変更を進めた。例えば、台北の「艋舺」を「万華」などに変更した。現在の台湾の多くの地名は当時の〈変更した方の〉地名を援用している。

　1920年代台湾社会における民族解放と自治運動は日増しに白熱し、総督府は部分的に自治権を与えることを考慮せざるを得なくなった。1935年総督府は地方制度改革の新法令を公布し、州と市の協議会を廃止し、改めて政策決定権を有する州会と市会を設置した。その他、正式に地方選挙制度を確立し、市会議員、街庄協議会議員の半数を民選で選出した。そして、残り半数を州知事が任命することとした。また、州会議員の半数は市会議員と街庄協議会議員から間接選挙で選出し、残り半数は総督府が任命する。とはいえ、州会、市会、街庄協議会の議長は依然として当局が派遣した州知事、市尹、街庄長が兼任し、彼らは同時にそれぞれの行政首長でもあった。制度改正は自治としては不完全ではあったが、台湾史上、初めて選挙で民選議員を選出したものであった。ただ当時の選挙は制限選挙で満25歳、年納税額5円以上（当時、労働者階級の5日間の賃金が大体5円）、および同地に6ヵ月以上居住した男子にのみ選挙権が与えられた。日本統治時代、2回の選挙がおこなわれただけで、元来、1943年に予定されていた3回目の選挙は戦局の悪化で停止された（115～116頁）。

【コメント】　以上のように、行政区画も整備されたが、1920年代の民族解放自治運動の進展により、総督府は部分的に自治権を与え、1935年に州会と市会を設置せざるを得なくなったとする。その結果、不完全で、かつ制限選挙とはいえ、民選議員を選出することができた。ただし、戦局の悪化により1943年の第3回目の選挙は停止されたという。[4]

第8章「戦時期の台湾社会」
第1節「皇民化・工業化・南進基地化」
(1) 華南銀行の設立

　1919年1月台湾の林本源の家族とジャワ華僑の合資により華南銀行が創設された。華南銀行は東南アジアの各大都市に分支店を有していた。華南、東南アジアの日本商人、台湾商人と資金面で融通しあっていた。華南銀行は台湾の民間銀行の起源のみならず、華南、東南アジア各地区の経済動脈の情報源を掌握し、1930年代後期には日本の南進政

図表3‐3　1920、30年代における台湾の主要な政党・団体

政党・団体名称	政党・団体の創設・組織機構・活動実態など
台湾農民組合	1926年台湾全島的な台湾農民組合が高雄鳳山で成立した。略称を「農組」と称する。台湾各地には元々地方的な農民組合が存在していた。それらは台湾農民組合に加入し、地方支部となった。こうして、台湾全島に計支部23、組合員2万4000人余を擁した。台湾農民組合は労農勢力を結びつけ、無産階級の政治闘争をおこなうことを目的とした。台湾農民組合は各種の抵抗運動を実施する外、経常的に農村で巡回講演をおこなっている。
台湾民衆党	1927年台湾文化協会の構成員は思想や主張の対立から分裂した。その左派に勢いがあり、「新文協」と称される。元創始者の蔣渭水は台湾文化協会を離脱し、別に台湾民衆党を組織し、「民主政治の確立、合理的な経済組織の樹立、不合理な社会制度の改善・排除」を訴えた。台湾全島に支部15を有し、これが台湾史上、初の「近代的政党」と称される。蔣渭水の指導下で台湾民衆党は、初期には民族運動と労働運動を支援する路線をとり、また台湾文化協会以来の文化啓蒙運動を継続したが、後期にはやや左傾化した。
台湾工友総連盟	左派の「新文協」は労働運動推進に尽力し、台湾民衆党もこの方面に力を示した。1928年台湾民衆党幹部の奔走の下、台湾各地の労働団体は連絡しあって台湾工友総連盟を組織した。同連盟の宗旨は労働者と一般の被雇用者の権益を図り、その生活を改善する。1年も経ないうちに40数団体が加盟し、連盟員は1万人余に達し、その勢力は「新文協」を凌駕した。
台湾共産党	1928年台湾共産党は上海に成立し、日本共産党に属する台湾民族支部となった。その主な主張は「台湾民族独立」と「台湾共和国の設立」であった。1929年台湾共産党の指導者の1人である謝雪紅は台湾に戻り、秘密活動に従事し、「新文協」と台湾農民組合をその外郭組織にしようとした。だが、2年後、党内分裂後、すぐに組織は日本当局によって破壊された。
台湾地方自治連盟	台湾民衆党の発展後期、積極的に労働運動に従事したため、左傾化の疑惑が生じ、一部の比較的に穏健な構成員は台湾地方自治連盟を組織することを提唱し、1930年それは台中に成立した。連盟員は1000人余である。その究極目標は地方自治を推進することにあった。その具体的な主張は、総督府当局に市・街・荘の協議員を民選に改めることを要求し、並びに協議会を政策決定機関に改組することにあった。台湾地方自治連盟は左傾化を避けるために、地主、ブルジョワ階級を参画させた外、同時に目的の達成後、組織を解散すると強調した。したがって、すべての社会運動団体中、総督府に最も容認された団体の1つとなった。しかし、1937年日中戦争が勃発し、台湾島内の政情は緊張し、台湾地方自治連盟は自発的に解散した。

出典：普通高級中学『歴史〈台湾史〉』第1冊、2008年版、114～115頁の内容から作成。

策の確固たる基礎となった（128頁）。

(2) 日月潭水力発電廠の設立

1934年、日月潭発電廠の完成により、大量の安価な電力を供給し、台湾社会の工業発展に連動した。農作物加工による産業発展策略は、1930年代後期「皇民化・工業化・南進基地化」の提起後、明白な変化があった。当局は工業機械設備を日本本土から台湾に運び込み、東南アジアの原料と組み合わせ、工場を設立、生産をおこなった。だが、日本本土の産業発展と同様、台湾の工業生産は主要に軍事上の需要を受けて化学工業、金属工業などに偏重していた（129〜130頁）。

(3) 台北帝国大学の創設

1928年創設され、台湾初の大学で、現在の台湾大学の前身である。主要学科は台湾、〈中国〉華南、東南アジアの人文・史地〈歴史・地理〉を研究する文政学部、熱帯医学に重点を置く理農学部などから構成されていた。学生の8割が日本人子弟で、一方で日本の南方発展の人材養成であった。他方で、台湾人進学のパイプとなり、少なくない優秀な台湾人子弟が進学して学んだ（130頁）。

(4) 〈日本〉施政40周年記念台湾博覧会

1933年日本は「満洲国」問題で国際連盟を脱退し、国際社会から孤立した。博覧会〈施政40周年記念台湾博覧会〉[5]は日本の「南進」政策〈計画〉がすでに完成したことを海内外にアピールするためであった。1936年小林躋造は台湾総督に就任すると、すぐに「皇民化・工業化・南進基地化」のスローガンを提起した。このスローガンは、1937年盧溝橋事件により勃発した中日戦争と呼応し、時勢に順応し、台湾は日本帝国の「南進」基地となった（131頁）。

【コメント】 日月潭発電廠の完成により工業発展に連動した。だが、台湾の工業生産は軍事面から化学工業、金属工業などに偏重していた。すでに1930年代後期には「皇民化・工業化・南進基地化」が提起されている。換言すれば、日月潭発電廠、華南銀行、台北帝国大学、博覧会いずれも「南進」政策と密接な関係があり、台湾が重要な基地として形成されたといえよう。

第2節「太平洋戦争と戦時体制下の台湾」

(1) 内外地行政一体化

1942年9月日本の内閣は「内外地行政一体化」を打ち出し、総督の権限を大幅に縮小させた。総督府の職務は内務大臣の「監督」下、内務省の管轄に置かれた。

(2) 皇民化政策

1937年7月7日、中日戦争が勃発し、そのことが「皇民化政策」提起の重要な契機となった。戦争動員の需要に伴い、総督府は「皇民化運動」に着手し、推進し、台湾人の「皇国精神」を強化した。1940年身許がしっかりしている台湾人家庭に対して「創氏改名」し、家族間では日本語で会話することを奨励し、かつ神道を受け入れさせた。しか

し、「創氏改名」運動の効果は予期したほど上がらなかった。1943年末、台湾全島600万余の人口中、日本人の姓名に変えた者は12万人前後に過ぎなかった（134頁）。

【コメント】　日本帝国内における台湾の地位は「大東亜共栄圏」の核心に上昇し、台湾人に対して実施される「皇民化政策」が当然のことながら主要な課題となったのである。また、1942年「内外地行政一体化」を打ち出し、総督府の権限を低下させ、内務省管轄に移行させたが、そのことは台湾を「大東亜共栄圏」の核心に据えることにあった。そのため、「皇民化政策」を推し進めるが、例えば、「創氏改名」したのは僅か12万人〈全体の２％〉に過ぎなかったというのは驚きである。

(3) 志願兵制度と高砂義勇隊

　1937年中日戦争の秋から、日本は台湾で軍夫を募集し、軍内の雑役に従事させた。この後、若干の通訳も調達し、日本の海外戦地工作に投入した。

　㈤陸軍特別志願兵

　1941年太平洋戦争の勃発後、翌年の４月まで日本は台湾で「陸軍特別志願兵制度」を実施し、台湾籍「日本兵」を募集し、出征させた。1945年制度廃止までに募集できた志願兵は約5500人であった。

　㈬高砂義勇隊

　同時期、原住民は「高砂義勇隊」に組織され、「軍属」（従軍文民人員）の身分で東南アジア戦区に派遣され、戦地の各種雑務に協力した。日本敗戦までに投入された原住民は約２万人前後であった[6]。

　㈨海軍特別志願兵

　1942年６月、日本はミッドウエー海戦の敗北後、戦況はますます不利となった。兵源の不足が厳しい状況下で、1943年８月、陸軍に続き、「海軍特別志願兵制度」を実施し、1944年この制度が廃止されるまで、約１万1000人を募集できた。当時、台湾青年が志願兵に応じたのは、主要に戦時経済統制下で求職がかなり困難で、軍は１つの選択肢であったことによる。さらに重要なことは、「皇民化」という雰囲気の中で若者が志願兵となることは「愛国」の具体的表現と考えたからであった。

　戦況が厳しくなるに伴い、総督府は1944年徴兵制実施を公布した。凡そ徴兵年齢の男子は軍隊に徴集されることになったのである。日本投降までに台湾籍「日本兵」は８万人余、「軍属」、あるいは軍夫に徴集された者は12万6700人余。この他、学生（中等学校以上）は学徒兵として徴集され、軍需工場で仕事に従事した。その内、太平洋戦争で犠牲になった台湾籍「日本兵」、および「軍属」は３万人余、原住民の戦死者は約3000人であった。その中で戦死者２万8000人余の戦死者の位牌が、戦後、靖国神社に安置され、各界の参拝を受けている（135～137頁）。

【コメント】　日本は兵力不足を補うため、1944年台湾でも徴兵制を準備し、45年１月実施した〈台湾総督府『台湾統治概要』1945年、72頁〉が、その結果、多くの死者を出した。戦死者〈戦没者？〉２万8000人余の位牌が靖国神社に安置されたことを論評な

しに述べている。ただし、これに対する不満もキリスト教徒の多い原住民の中でくすぶっており、かつ遺族年金を支払われていない問題も存続している。日本政府は、台湾人が当時「日本人」ゆえ、靖国神社に安置するが、現在は「外国人」なので遺族年金を支払わないとの姿勢をとる。こうした姿勢はあまりに便宜的で到底、台湾人遺族を納得させるものではなく、日本に対する信頼を失わせる大きな1要因となっている。

(4) **連合軍による空襲**

①「高千穂丸」の沈没。1943年春、台湾と日本の海上交通は連合軍によって封鎖された。当時、台湾・日本間を最速で往来していた豪華郵船〈客船〉「高千穂丸」が基隆港沖に到達しようとした時、アメリカ軍の魚雷攻撃に遭い、1000名に上る乗客が死去した。その中に台湾人も少なくない。「高千穂丸」は民間船であったが、アメリカ軍は日本兵員が乗船しているとして執拗に攻撃したのである。

②戦時体制。総督府の動員命令発布後、すぐにアメリカ軍機が台湾上空に侵入して爆撃を実施した。まず新竹であった。新竹地区の軍事基地、飛行場、鉄道設備は爆撃を受けた。その後、戦火は次第に台湾全島各地に拡がった。軍隊は充分な食糧を確保するため、配給制度を始め、また、民間では自発的な義勇隊を組織し、さらに台湾史上、初の徴兵制を実施した。台湾社会は完全な戦時体制に入った。

③アメリカ軍による絨毯爆撃。1944年秋からアメリカ軍は大量の爆撃機を出動させ、各大都市、飛行場、江湾、発電所、工場設備などを次々と爆撃した。日本敗戦までに、アメリカ軍を主とする連合軍は15回に分けて台湾を爆撃した。台湾全島にわたる空襲下で民衆の死傷者は甚大で、各地の建物も壊滅的な破壊を受けた。太平洋戦争中、台湾は幸いにもアメリカ軍による上陸作戦の被害こそなかったが、焼夷弾による絨毯爆撃で日本軍の他地区での活動が牽制された。都市住民は空襲を避けて次々と田舎に疎開した。総督府の「大東亜聖戦」の掛け声の下、台湾民衆は毎日、戦争の憂鬱な生活を送っていたのみならず、精神上の苦悶は筆舌に尽くしがたいものであった（137～138頁）、とする。

【コメント】 つまり日本では東京、大阪、名古屋を始めとする日本各地の空襲のひどさのみが強調されるが、実は日本の植民地で、かつ重要な戦略基地であったばかりに、台湾もアメリカ軍の猛爆にあっていた。日本人はこの歴史事実を知らなくてはならないはずである。また、こうしたことを見てくると、沖縄戦でのアメリカ軍の上陸作戦は地理的に中間に位置する沖縄に割って入ることにより、実質的に日本本土と台湾を切り離した。なお、日本の敗戦、台湾の植民地からの解放は台湾民衆に平和と安定をもたらすはずであった。しかし、新たな困難、混乱が待っていたのである。そのことについては、次編以降で述べられる。

第四編「現代の台湾と世界」
第9章「戒厳から民主化への道」第1節「国民党政府の接収」

(1) 中華民国への復帰

日本降伏後、中華民国政府〈蒋介石・国民党政権〉はすぐに重慶で「台湾省行政長官公署」の成立を決め、陳儀を台湾の行政長官兼警備総司令に任命した。陳儀が台湾で着任後、〈1945年〉10月25日連合軍を代表して日本軍の投降を受諾した。この日を、政府は「台湾光復節」に定めた。台湾社会には「祖国」〈中国〉歓迎の熱情を巻き起こった。多数の民衆は「祖国」のことを一切知らなかったけれども、「光復」慶祝行列に参加した。台湾社会の若干の名士や知識界人士は「国民政府歓迎準備会」を共同で設立し、中華民国旗を印刷し、原価で一般民衆に販売した（143頁）。

(2) 未知なる「祖国」への期待

8月15日から10月15日までの間、第1陣の投降受入責任者が台湾に来る前、無政府状態に陥った。日本統治時代の行政機構は権限を喪失し、台湾各地で無頼漢が警察と日本人に報復するという流言があった。多くの台湾人はすでに「主客の入れ替わった」日本人を保護していた。地方の知識青年は青年服務隊を組織し、自発的に農村の治安を維持した。10月25日、中国戦区台湾省における降伏受諾式が台北の中山堂で挙行された。代表は台湾省行政長官の陳儀であり、最後の総督安藤利吉が日本政府を代表して投降書に署名した。他に台湾の民衆代表数十人が参加していた（143～145頁）。

【コメント】　ここでは、日本植民地から解放された台湾民衆の素朴、かつ自発的な中国復帰への喜び、歓迎振りが書かれている。台湾は一時無政府状態に陥ったとはいえ、多くの台湾人は日本人を保護、かつ農村でも青年服務隊により治安が維持されたとする。思いの外、混乱していなかったのである。この事実は押さえておく必要があるかもしれない。

(3) 中華民国政府による接収

受諾式が終わった後、台湾省行政長官公署と警備総司令部は共同で「台湾省接収委員会」を設立し、実際の接収業務を開始した。「政府」〈総督府〉と公営機関は逐一接収された後、すべての日本人は官民にかかわらず、「日僑」〈日本居留民〉と称された。当時、台湾にいた日本人は約48万人、その内、軍人が16万人であった。1945年12月末、グループ毎に帰国を開始した。日本人は各自1000円、リック2つなど簡単な袋を身につけ、台湾を離れた（145～147頁）。

【コメント】　満洲からの引揚げは有名で、多くの報道、写真、回顧録などによって知られている。それに対して、日本人の台湾からの引揚げ状況はあまり知られておらず、日本人生徒の関心をひくであろうし、かつ教えなくてはならない内容ともいえる。

第2節「権勢体制の展開」

(1) 台湾省各級民意機関の設置

新時代の到来に直面して、一般民衆から知識階層、名士に至るまで憧憬と期待が充満していた。民主政治は「地方自治」をまず重んじ、地方事務は地方人士が自ら管理す

る。だが、この時、重慶にあった中華民国〈国民党〉政府は決してそうではなかった。当時、中華民国政府は「台湾同胞は国語・国文〈中国語・中国文〉がわからない」ことなどを理由に、大陸籍の人々が日本人の統治地位にとって代わった。「台湾省行政長官公署」を例にとれば、21人の上級人員中、台湾籍は1人、中級人員は316人であるが、台湾籍は17人しかいなかった。「行政長官公署」は日本統治時代の総督府の性質に極めて似ており、その権力は政治、経済、資源を全面的に独占した。台湾社会は文化面などでも発展しており、次第に心理、生活習慣、言葉面、その上、政治的な不当なやり方でも厳しい摩擦が生じ始めた。台湾民衆は「理想の祖国」と「現実の祖国」に落差を感じ始め、いつしか絶望へと変わった（148～150頁）、とする。

【コメント】　日本敗戦後、「祖国復帰」して国民党による政治が始まるわけであるが、当初、台湾の人々は大きな喜びと共に、希望と期待を持っていた。ところが、すぐにそれが裏切られ、絶望へと変わる。結局、大陸の中国人が各種方面で実権を握った。こうなると、台湾統治が日本人から大陸の中国人に代わっただけとの印象を持ったとしても不思議ではない。その上、台湾人は日本植民地体制の中で非合法・合法の多くの抵抗を繰り返し、それなりの権利も獲得し、文化面でも中国大陸よりも発展していた部分も多かった。したがって、必然的に諸側面で摩擦が発生し始めた。

(2) 二・二八事件

　1947年2月27日、煙酒公売局の監視員が台北で、煙草密売を摘発していた。そして、密売していた寡婦林江邁を捕獲し、売上金などを没収した。林は哀願したが、監視員はピストルで林の頭部を殴った。林は出血して倒れ込んだ。これを周りで見ていた民衆は義憤に駆られて監視員に抗議した。大衆は膨れあがり、監視員は現場から逃げだそうと威嚇発砲した。それが市民の1人に命中した。大衆はさらに憤慨し、警察局、憲兵隊を包囲し、監視員を差し出し、処罰するように要求した。だが、要求は通らなかった。翌28日早朝、大衆は煙酒公売局台北分局に突入し、また、「行政官公署」（現在の行政院所在地）前の広場でデモ・請願をおこなった。その結果、憲兵隊から機銃掃射を受け、数十人が死傷した。大衆が騒がしい状況下で、台北の商店は門を閉じ、工場は操業を停止し、学生は授業放棄のストに入った。民衆はラジオ放送局（現在は「二二八記念館」となっている）に突入し、台湾全島に向けて事件の顛末を放送、抗争に立ち上がることを呼びかけた。民衆の不満は台湾各地に拡がり、時折、外省人が殴打されたとの話も伝わってきた。ついに収拾しがたい段階に入り、警備総司令部は直ちに戒厳令を発布し、武装軍警に市区を巡回させた。甚だしきことには発砲、掃射した。台北市参議会は緊急会議を開催し、解決法を相談、行政長官陳儀もそれを受け入れる姿勢を示した。そこで、3月1日戒厳令を解除し、翌日、民意代表を主とする「二二八事件処理委員会」が組織された。処理委員会は、軍隊が3日午後6時までに駐屯地に戻り、地方の治安は治安警察と学生が組織する治安服務隊が共同で維持することを最終的に決定し、かつ政治改善の要求を提起した（150～151頁）。

【コメント】　以上のことは周知の事実だが、生活のため闇煙草を売らざるを得なかった寡婦への暴行を契機に、民衆の鬱積した怒りが爆発した。それを国民党は徹底的に弾圧したのであった。

　陳儀は改善に同意しながら、他方で南京〈国民政府〉に救援を求めた。3月8日、南京からの支援部隊が上陸した時、処理委員会が提出した「処理大綱」は受理されず、陳儀の拒絶にあった。3月9日警備総司令は再び戒厳令を出し、支援部隊は基隆から一連の鎮圧、捜査逮捕をおこなった。この頃、すべての人が危険であり、「濫捕濫殺」〈勝手気ままに逮捕、殺害〉という状況下で、社会のエリート、民意代表、甚だしきは処理委員会の構成員を包括する多くの無辜の民衆が軍警の銃弾の下に冤罪で死去し、あるいは故なく逮捕された後、行方不明となった。3月14日警備総司令は民衆に向けて事件がすでに平定されたことを告げ、同時に共同で政府に協力し、「奸匪暴徒」を一掃することを要求した。国防部長白崇禧が蔣介石に代わって慰撫のため、台湾に来て、民衆に向けて二・二八事件処理の基本原則を放送し、かつ軍事鎮圧は一段落告げたことを宣布した（151～152頁）。

【コメント】　こうして弾圧された民衆運動だが、その怒りは台湾民衆の脳裏に深く刻み込まれた。他方、中国大陸で追い詰められていく国民政府は焦りと猜疑心の固まりとなり、台湾で自ら逃げ込む基盤を創るため、さらなる弾圧を繰り広げることになる。やはり、ここで再び気になるのが二・二八事件の際の蔣介石の役割、言動である。

(3) 国民党政府の台湾遷移
「清郷」
　こうして、表面的には二・二八事件は次第に終息したが、別の災難が始まろうとしていた。警備総司令は戸口調査を名目に台湾全省各地で、区毎に「清郷」〈この言葉のニュアンスから農村部のみで実施されたように感じるが、都市部でも展開されたと見なせる〉計画を推し進め、全面的に捜索・逮捕活動によって二・二八事件関係者を徹底的に追跡しようとした。社会での数多くの名士、エリートも無実なのに害せられ、人心は戦々恐々として、社会には恐怖の雰囲気が充満した。日本統治時期の台湾社会にはすでに左翼思想が出現していた。多くの知識青年は多少なりともすでに左翼的な読書会、あるいは社会活動に参画した経験を有していた。二・二八事件に続く「清郷」後、国民党政府は逮捕を続け、甚だしきに至っては共産党を背景とする不満分子と疑い、殺害した。法制が整わない状況下で、各種の逮捕、尋問、監禁がおこなわれ、多くの無辜の人々が拘禁され、害せられた。その結果、かなりの長期間、台湾社会には「精鋭階層」〈優れた階層の人々〉がほとんどいない空白状態に陥ったのである（152頁）。

「海外の台湾独立運動」
　台湾社会には、粛清テロの雰囲気が充満した。ある部分の海外に逃亡できた台湾人知識分子は、海外に反政府組織を成立させた。1948年9月廖文毅（1910-1976）は香港に「台湾再解放同盟」を組織し、国際連合に請願書を送り、台湾の帰属問題は「公民投票」

第2節　台湾における歴史教科書の中の台湾　169

によって解決すべきだと訴えた。1950年廖文毅らは日本の京都に「台湾民主独立党」を組織した。続いて、1956年には「台湾共和国臨時政府」を東京に成立させ、廖文毅が臨時大総統に推挙された。だが、1965年に廖文毅は国民党政権に投降したことにより、海外の独立運動勢力は少なからず打撃を受けた。とはいえ、独立を勝ちとろうとする活動は決して停止することはなかった。1960年代になると、アメリカに留学する台湾人学生は日増しに増大し、独立運動の重心は日本から次第にアメリカへと移った。1970年「台湾独立連盟」（その後、「台湾独立建国連盟」に改称）がアメリカに成立し、1つの世界的な組織に発展した。総部はニューヨークにあり、その他、台湾島内（地下組織）、東京、ロサンゼルス、パリ、及びサンパウロなどに分支機構が設けられた（153頁）。

【コメント】　この辺は、日本ではほとんど知られていない事実である。廖文毅がなぜ「国民党政権」に投降したのか、複雑な事情で書きにくかったのだと思うが、その要因について若干書き添えてもよかったように感じられる。

「『匪諜』粛清の代価」
　国民党政府が1949年台湾に移ってきてから1年間、共産党勢力が台湾に浸透するのを防御するとして、「懲治反乱条例」、「匪諜検査粛清条例」などの法規を制定した。これら法規の内容はかなり曖昧で、刑事責任のみが非常に重く、ややもすれば「唯一死刑」で処理するのに都合がよかった。情報治安当局は法律の曖昧さを利用して安易に罪名を並べ立てた。その結果、台湾社会の人々は恐れおののき、多くの民衆は夜も安心して眠れない状況に陥った。「匪諜消滅」を名目に無辜の人々を逮捕、殺害する殺伐たる雰囲気の中で、1950年代前期の「白色テロ」が醸造されたのである（154頁）。

【コメント】　ここで押さえておくべきことは、二・二八事件の問題の重大さはそれにとどまるものではなく、さらに1950年代の「白色テロ」へと連動したことにある。中国大陸を失った蔣介石・国民政府は台湾での生き残りをかけ、かつ実際には不可能であったが、台湾を「大陸光復」の拠点にしようとした。それゆえ、なり振り構わぬ弾圧に走ったといえよう。これが台湾史に深刻な傷痕を残すことになった。

「戡乱（騒乱鎮圧）動員時期の開始」
　中華民国政府が台湾に来る前の1947年12月25日、『中華民国憲法』は効力を有し、実施されていた。だが、1948年5月政府はすぐに「動員戡乱時期臨時条款」を制定、発布し、1年前から実施していた憲法条文を凍結した。政府は「戡乱体制」下で、国会は改選を停止し、第1回立法議員、監察委員、国民大会代表が続投し、かつ総統も行政院を経ることなく、直接国家安全会議によって権勢統治をおこなった。この「臨時条款」は台湾ではずっと有効で、1991年になってやっと廃止された。続いて1949年5月から開始された戒厳令により、憲法で賦与された国民の基本的人権は凍結され、警備総司令部は民衆の自由を制限し、ならびに行政、司法を掌握した。戒厳令は38年間も施行され、1987年になって初めて解除された。いわゆる「白色テロ」の多くは戒厳令下、「戡乱体制」下の産物である。少なくない人々の青春、生命財産が白色テロ時代に犠牲となった

（152〜155頁）。

【コメント】　こうして、1949年５月から1987年まで40年近い「戒厳令」体制という異常事態を現出させたのである。なお、本教科書が「国民党政府」と「党」をあえて入れているのは、「民進党政府」もあり、それとの区別を意識してのことであろう。

　ところで、『歴史』（必修）第４冊（世界史〈下〉・龍騰文化〈台湾〉、2005年）によれば、朝鮮戦争は冷戦期における台湾の戦略的地位の重要さを突出させた。よってアメリカは台湾を防衛システムに組み込み、大々的に軍事・経済方面の援助を与えた。国民党は〈崩壊という〉危険な状態から挽回できた。1950年代よりアメリカは台湾海峡の中立化に尽力し、中共が海を渡って台湾に対する攻撃するのを阻止すると同時に、国民党政府のいかなる「反抗大陸」の行動も防止し、両岸の長期分立・対峙状況を確立した（152頁）。

【コメント】　朝鮮戦争後、台湾の戦略的位置は急浮上した。こうして、問題を多く孕み、崩壊寸前だった国民政府・国民党を軍事・経済両面から支援し、結果的に救ったのはアメリカであり、冷戦体制への突入という時代的背景にあったとする。こうした状況を歴史学的にはいかに評価するか、熟慮、実証、理論化が必要であろう。

Ⅳ　台湾の高校歴史教科書における華僑史の重視

　高級中学３年生（選択必修）で学ぶ『歴史』下巻（龍騰文化、2005年。2008年使用開始）は第１〜４章で構成されているが、特筆すべきことは、第１章が華僑に関してであり、かなりのスペース（１〜51頁）を割いている点である。

　　第１章　華僑から海外華人へ
　　　第１節　「落葉帰根」の華僑──16世紀から19世紀中葉──
　　　第２節　祖国〈中国〉を懐かしむ華僑──19世紀中葉から20世紀中葉・海外華僑の民族意識──
　　　第３節　華僑から海外華人へ──1945年以降──

　第１節で、成祖以来、〈15世紀前半に〉鄭和が大艦隊を率いて南洋各地に遠征したが、持続的発展には結びつかなかった。明末神宗・万暦以来、福建・広東地区の人民は活発に東南アジアの海上貿易に従事した（４頁）。その後、フィリピン、マレー半島、タイなどの「華人」について述べられる。そして、当時の「華人」の多くは「落葉帰根」（最終的には祖国中国に戻る）の理想を心に持っていた（10頁）、という。

次いで、台湾に焦点を当て、「明清時期の台湾移民」をとりあげる。いわば台湾への移住もある意味で「華僑・華人」と見なしてのことであろう。すなわち、漢人の台湾移住は極めて早い。オランダ人がバタビアを占領した際、1624年台湾も占領した。漢人は雇われて原住民の管理に協力した。例えば、オランダ人と原住民の仲介を果たしている。また、漢人は原住民の日常生活に入り込み、塩、鉄、酒の交易をおこなった。1661年鄭成功が軍を率いて鹿耳門に上陸後、すぐに屯田制を実施した。一方で兵士を訓練して戦いに備え、他方で兵士に耕作させ、食糧を得た。この他、鄭成功の統治時期、陳永華は儒教文化と教育を台湾に導入した。清朝は海上封鎖政策を採り、漢人が台湾に行くことを厳禁したが、清朝が台湾を占領後、康熙帝は施琅の建議を受け、正式に台湾を治めることになった。とはいえ、依然として厳しい移民制限政策を採った。漢人が台湾に来た当初、被雇用人、農耕、あるいは要所の夜間警備などだけで、生活は極めて厳しかった。だが、ある部分の漢人は次第に儒教伝統に同化し、ある部分は台湾に同化した。こうした状況は1875年まで続いたが、沈葆楨が移民禁止令を取り消した後、それが持続し、漢人は自由に台湾に移住できるようになった（11頁）。

【コメント】　当初、中国人の海外進出は断続的ではあるが、続いていた。当時、意識的には多くが「落葉帰根」であったとする。台湾への移住は、1624年でオランダ人に雇われて、原住民との仲介をし、次いで61年鄭成功時代、兵として上陸、儒教が導入された。その後、康熙帝（在位1661～1722）が台湾統治をしたが、厳しい移住制限は続けられたとする。1875年沈葆楨の移民禁止令を取消後、移住者が増大したとする。このように、台湾への漢民族移住は主に約400年前からで、さほど歴史は古くない。

第2節では、西欧帝国主義は東南アジアで新たに寛大な植民地政策を採り、「華人」の待遇は改善され、さらに多くの華人が開発に投入された。その後、スペイン、イギリスの植民地経営と、「華人」の商業活動、砂糖や煙草製造の工場開設など発展について述べる。また、アメリカにおける「華人」が説明され、19世紀中葉、英米が黒人奴隷貿易を禁じたため、華工（中国人労働者）が代替され、あるいは「猪子」〈弁髪を「豚の尾」（pig tail）と侮蔑し、誘拐した中国人の子供を「猪子」と称した〉とされ、中南米のキューバやペルーなどに売りとばされた。1848年華工はアメリカのカルフォルニア州で金鉱採掘に当

たった。開発中のアメリカは大量の廉価な労働力を求めており、多くの「華人」が仲介され、あるいは誘拐され、アメリカに仕事に来たとする。その後、華人社会における賭博、アヘン吸飲など、文化的差異から白人の偏見を招いた。1882年には排華法案が採択されている（15〜18頁）。

【コメント】　アメリカにおいて中国人労働が黒人奴隷労働の代替として扱われたことが記載されるが、「華人」社会における「アヘン吸飲」、「文化的差異」などから排斥されたと自省的に述べる。それも事実であろうが、それだけでなく恐慌による白人労働者（poor white を含む）の失業など、政治的経済的背景の下で排斥されたことにも言及する必要があったのではないか。

　近現代中国と「華人」との関係には力点が置かれて書かれている。要約すると、立憲君主制を提唱する康有為、革命を提唱する孫中山〈孫文〉は南洋「華人」から資金を募集したのみならず、新聞経営や学校設立によって勢力を拡大した。彼らはハワイやアメリカの華僑社会の中で活動した。孫中山指導の革命運動が清朝を打倒し、中華民国を樹立した時、海外華僑は重要な役割を果たした。例えば、シンガポールは革命運動を推進する重要基地であり、孫中山自身、同地を8回訪れている。アメリカ華僑も孫中山の革命を支持し、中国が民主へと歩むことを希望した。なぜなら強大な祖国が海外「華人」の地位向上を支援することになるからである（21頁）。

【コメント】　ここでは、変法派の康有為、革命派の孫文との関係について述べられる。そして、新聞経営、学校設立により勢力拡大を図ったとする。孫文支持は当然のことながら、中国の国際的地位向上が現地国での「華人」の地位向上に繋がることもあり、支援に力が入った。だが、思いの外、この部分に紙幅は割かれていない。なお、備考欄に、孫文の有名な言葉「華僑は革命の母」の標語が付されている。

　ところで、ナショナリズムの影響もあって、海外華僑と祖国〈中国〉はさらに結びついた。清朝政府、次いで中華民国政府〈国民政府のみならず、北京政府も包括〉も南洋華僑による祖国工業・資源開発に対する投資を引きつける努力した。1914年から1937年に至る期間に、華僑為替は中国国際収入において15.7％を占めた。この他、海外華僑も熱心に中国政府に対して資金援助をし、日本の侵略に抵抗した。1937年シンガポール華僑も「シンガポール華僑籌賑祖国傷兵難民大会委員会」を組織し、陳嘉庚が主席に就任した。彼らは「主和」

第2節　台湾における歴史教科書の中の台湾　173

〈対日和平〉の汪精衛を痛烈に批判し、国民政府に為替献金をした。アメリカ華僑も祖国に対する関心は低くなく、例えば、多くの華僑が国民党右派の『少年中国晨報』〈国民党の在米機関紙〉を支持し、汪精衛擁護の『国民日報』を批判した。抗戦期間、「在米華僑統一義捐救災総会」を組織した（22頁）。

【コメント】　事実、清朝時代、むしろ国民政府の成立以降、特に華僑による投資を促し、大きな成果をあげた。ただし、1911年前後の孫文・辛亥革命との関係、民国初期の状況から、一挙に1937年の抗日戦争にまで飛躍し、その間の状況に関する記載が稀薄である印象を受ける。また、抗日戦争時期には多くの華僑が国民党を支持し、汪精衛を批判した。ただし、華僑が蔣介石派と汪精衛派に分裂し、実態はもう少し複雑であったようだ。

　華僑の祖国に対する忠誠と資金援助はついには在地国の怒りを惹起したという。背景として、19世紀末から20世紀にかけて東南アジア各地では次第にナショナリズムが勃興し、「欧州植民地帝国」のみならず、「華人」が当地の資源を収奪しているとひどく恨んでいたことが指摘される。実際は、「華人」と華工による広大な未開発地区に対する開墾という功績を否定できないと反論するのである。とはいえ、中華民国政府は華僑財産を借りて中国経済を発展させようと望んでいた。1920年以降、中国から大量の教師が東南アジアの学校で教鞭を採り、「華人は自ら中国人であることを忘れてはならない」、「中国に対する責任」を鼓舞した。こうした状況下で、華僑は中国の指導に従い、民族熱情にかられ、「国民党政府」と南洋「華人」・アメリカ「華人」と親密な関係を樹立した。言うまでもなく、華僑の祖国に対する忠誠と支持、貢献は間違いなく非常に大きい。だが、異郷、とりわけ東南アジアで、華僑は多数をもって幾つかの商業機構を掌握したことは必然的に当地住民の激しい反撃にあった（22～23頁）。

【コメント】　ここでは、祖国中国への支援のみならず、在地国と華僑間の矛盾対立にまで踏み込んでいる。この側面を記述したことは史実に客観視する姿勢として評価できる。これにより当時の華僑を構造的に考察することが可能になるからである。なお、国民政府、「国民党政府」、「中華民国政府」が混在し、かつ華僑と「華人」が恣意的に用いられ、混在していることが気にかかる。

　第3節では、戦後の東南アジアは、反植民地・反帝国主義のナショナリズム

という背景の下、次第に新興の多元的な種族国家が形成された。だが、種族間には依然として緊迫感が充満し、「華人」がこの種の状況に対応するのは難しかった。タイ政府は左派を圧倒し、「華人」の多くは現地化の傾向を示している。マラヤでは、ある部分は現地に同化、ある部分は中国に同化、さらに一群のグループは英語教育を受けた現地生まれの「華人」で、イギリスに同化している。中華人民共和国の成立は、「華人」が故郷である中国と往来できない苦境に陥れた。各地の「華人」は自らが存在する環境に適応しなければならず、「華人」の特質もまた「時空」の差異によってさらに多様で複雑なものとなった（29〜30頁）。

【コメント】　このように、東南アジア諸国の独立とナショナリズムの盛り上がりを示す状況下で、「華人」は複雑な状況に陥り、ある部分が現地に同化、ある部分は中国に帰属した。特に中華人民共和国の成立後、「華人」も分裂、さらに複雑な状況に陥ったことが述べられる。このことは、蔣介石が台湾に亡命、国民政府を成立させたことと密接に関連するはずであるが、その点は捨象されている。

　この後、シンガポール、マラヤ、インドネシア、東南アジアの台湾商人、および主に戦後のアメリカ華僑が述べられているが、ここでは紙幅の関係からシンガポールの部分を中心に要約しておきたい。

　「シンガポールが積極的に打ち出した新たな『華族』の特質」。第二次世界大戦後、イギリスに同化した「海峡華人」は、まず「シンガポール進歩党」を結成し、イギリス植民地政府に参画して共同してシンガポールを治めた。しかし、1946年、70万人の「華人」中、60％が依然として中国籍で、祖国の事がらにかなり関心を寄せていた。1950年代、「共産中国」の華僑政策は伝統的な血統主義を放棄することにあり、海外「華人」に現地国籍の取得を奨励した。これによって、海外華僑は中国との政治的連繋を断たれたのである。これが転換点となり、華僑の現地化運動が展開されることになる。この時、元来、華僑を代表した中華総商会は華僑のために公民権を勝ちとることに努力した。明白な形で、シンガポール人口の過半数以上の華僑が「移民」の心理状態から現地化へと転換したのである（30頁）。

【コメント】　すなわち、1950年代に「共産中国」〈中華人民共和国〉自体が「華人」に現地国籍の取得を奨励したとする。

1959年シンガポールは自治政府を成立させ、リー・クアンユー（李光耀）の指導下で、「シンガポール人」を形成し始めた。政府が積極的に英語教育を提唱し、中国語人口は大幅に下落した。1960年代、当地に符合させるカリキュラム基準修訂の時、華文中学の教科書を中国文学、マレー文学、および各国文学を並立させた。そして、中国語を第2外国語とした。その上で、アジア伝統の道徳観念を注入し、西洋文化の不足を補おうとした。かくして、政府の苦心の指導下で、シンガポールの「華人」はシンガポールを「自らの家」と見なすようになった（30頁）。

【コメント】　いわばシンガポールでは、精神的にも実質的にも「華僑・華人」の現地化が進んだ。その上、1960年代には、教育面でも英語が最も重視され、中国語を第2外国語に位置づけるなど、かなり大胆な政策をとった。これに関して、私の出会ったシンガポール国立大学教授、マスコミ関係者、および一般華人・華僑は不満を述べていた。この歴史的影響、意義と限界は慎重に考察する必要があるかもしれない。

　とはいえ、中国文化は決してシンガポールで消失したわけではない、と強調する。政府は西欧化政策を経た後、一系列の多元的文化システムを推し進めた。『儒家倫理』は1984年出版され、仏教、イスラム教と並ぶ道徳教育とされ、それらは特に「済弱扶貧」〈弱きを済い、貧しきを扶く〉を推奨したことは「華人」の伝統社会の特質である。かつ会館は依然として彼らの重要な社交場となっている。社会下層の伝統的「華人」は大多数が相変わらず伝統文化を保持しているのである（30〜31頁）。このように、中国伝統文化は消失したわけではなく、存続していることを強調する。「要するに、政府の苦心推進した多元文化政策の下、シンガポールは多元的な宗教・文化・言語・民族の国家であり、それらが融合して1つの民族、1つの国家となった。中国の伝統文化もシンガポールの文化特質の1つを形成している。シンガポールは新興国家であり、『シンガポール人』は良好なアジア人の特質を持つべきである。ただシンガポールが提唱している儒教倫理がグローバル化の波を形成できるか否かは、やはり着目するに値する」（31頁）、という。

　そして、小結として最後に、「一般的に言って、東南アジアのナショナリズムの風潮に直面して、華人は大体、政治面で現地化に転換した。だが、文化面では中国伝統を堅持している。確かにアメリカ華人は政治・文化両面でアメリ

カに同化する傾向がかなりある。だが、地域を問わず、あるいは多元文化か否かを問わず、第1代移民について言えば、元来の故郷〈中国〉に対する想いは断ち切れないようである」(41頁)と締めくくる。[8]

おわりに

　以上のように、従来の台湾の歴史教科書は1895年以前についてはあまりに中国史に偏りすぎていた。だが、1895年以前の時期の台湾史も捨象できず、それも追究することによって、歴史の流れを構造的に明確に押さえることができたはずであった。また、日本植民地時期に関する記載も、抗日運動、啓蒙運動のみならず、政治、経済、社会の諸側面を出すべきではなかったか。当然のことながら林献堂の言の引用だけでは不十分で、それ以外にも具体的に実証的に示す必要があったと思われる。そのことによって、日本植民地支配の功罪が明白に浮かび上がらせることができる。と同時に、その連続性から「光復」期の歴史的位置づけと問題点も明らかになるからである。換言すれば、政治・経済・社会諸側面における日本方式の強制と国民党方式の導入による矛盾対立と止揚の問題にも迫ることができる。従来の台湾の歴史教科書にはこうした問題点が間違いなくあった。

　そうした閉塞した状況を打開したという意味で画期的なのは、新たに出版された台湾の歴史教科書の第1分冊である。それまで断絶していた台湾史を一貫したものとして編輯した。清朝時代の劉銘伝の近代化施策、そして日本植民地化への抵抗、日本による近代化や日本植民地時代の限界のみならず、意義にも着目している。ただし、意義を強調するあまり、日本の国策、背景分析が若干弱い感じがした。何が意義で何が限界かを具体的に押さえ、その理由も明示する必要があろう。特に評価すべき点は、国民政府による台湾回復後の最大の問題点で、政治での汚点の1つともいうべき二・二八事件とそれに続く「白色テロ」なども客観視し、それらの歴史的事実を生徒に教えようとしていることである。華僑に関しても、華僑自体の問題点を指摘した上で、シンガポールやアメリカなど世界各地の華僑の歴史と実態を明らかにしようと試みている。このことは、将来、海外に居住するかもしれない生徒に外国に出国した差異の心得

を教えようとしているのだろうか。まだ不十分で、各所に問題が残るとはいえ、この新教科書自体が教科書の域を越えて、読み応えのある質の高い台湾通史、もしくは台湾史概説書というべきものとなっている。この点では、日本、中国の各歴史教科書に比しても、むしろ高い評価を与えてしかるべきと考える。

〔註〕

1）このパンフレット『国立編訳館』は同館で提供された。所在地は「台北市大安区和平東路」である。なお、戦前・戦時期における国民政府の教育行政・機関、教科書政策、すなわち、国立編訳館（前身は教育部編審処）、および教科書検定などに関しては、以下の2論文が参考になる。①高田幸男「重慶国民政府の教科書政策」（『重慶国民政府史の研究』東京大学出版会、2004年）があり、国民政府の教科書政策は元来、「審訂制」（検定制）であったが、抗戦（1937年）以降、「国定制」が実施された。その「国定制」実施の背景、要因と問題点を指摘する。また、②孫安石「南京国民政府と教科書審定―教育部編審処と国立編訳館の会議記録を中心に」（『中国研究月報』第746号、2010年4月）は、1927年以降の南京国民政府〈ただし同政府の正式成立は1928年10月〉がいかなる教科書審査をおこなっていたのか、「愛国主義」と「排外主義」をからめて論じる。そして、日中間の歴史教科書問題が先鋭化したのは満洲事変を契機としてであるが、その根源は1915年「二十一ヵ条要求」以降、険悪化する日中関係と日本品ボイコットに求められるとする。

2）劉銘伝（1836-1896）は安徽省合肥出身。清末の軍人・洋務派官僚。1862年李鴻章の淮軍に編成され、太平天国軍の鎮圧に功績を挙げ、直隷提督に昇進した。その後、捻軍鎮圧をおこなった。この時、劉は銘軍1万2000人余を配下に置き、淮軍の中で最も強力な軍隊となっていたという。1870年陝西の回教反乱を鎮圧したが、左宗棠とそりが合わず、帰郷。1880年イリ帰属問題でロシアとの交渉が難航した。この時、劉は鉄道建設を進言し、軍事、商工業、および中央集権化に有利であると主張した。1884～85年清仏戦争で台湾防衛のため戦い、フランス軍を撃退、85年台湾省の新設の際、最初の台湾巡撫に就任。台湾の鉄道、電信、学校、鉱山開発、行政・税制の整備、さらに台湾防衛の砲台設置などに尽力、その近代化を進めたとされる（徳岡仁「劉銘伝」山田辰雄編『近代中国人名辞典』霞山会、1995年、513～514頁参照）。

3）私がタイヤル族の林昭明氏にインタビューした際、「『高砂』という言葉は日本が台湾植民地の領有という『祝い』の意味で命名したと思う」と言っていた（ワタン・タング著・菊池一隆訳「1950年代台湾白色テロ受難の回憶」東洋文庫『近代中国研究彙報』第21号、1999年3月を参照されたい）が、本教科書では琉球語から来ているとする。そうであるならば、琉球語の「Takasagu」の内包する意味を知りたいところであろう。

4）ただし、『歴史』第4冊（世界史〈下〉・龍騰文化〈台湾〉、2005年）の「台湾人民の反植民地闘争」によれば、日本植民地下の台湾人参政権問題に関してニュアンスが異なる。すなわち、「台湾人の参政権に至っては、日本は1935年になってやっと州以下の地方議員選挙を開始したが、その定員〈地方議員〉の半数が当局が派遣した者、残り半数が選挙で選出された者であった。その上、財産・収入枠という制限の下、大部分の台湾

人は選挙権を獲得する術がなかった」(120頁)、と強調する。日本の意にかなった者が半数で、かつ制限選挙であったという、むしろ否定的側面を強調する。このように、台湾歴史教科書は分冊形式であるためか、各分冊を通して読むと、執筆者同士の意見が矛盾したまま、記載されている場合すらある。学ぶ生徒は混乱しないか、大学入学試験に問題は生じないかなど余計な心配もしたくなる。このように、各教科書間での対立・矛盾は現在の台湾歴史教科書の1つの特色でもある。これは確かに問題もあるが、一定水準を保っていればよく、歴史の歪曲などの問題がなければ、可とすべきなのだろう。これは台湾の検定制度が緩い証左とも考えられ、また、逆に国民党一党独裁下での国定教科書時代の苦い経験を乗り越え、新たな歴史教科書を創り出すための産みの苦しみにも見える。国定や厳しい検定制度により国家意思の枠にはめられ、統一的、かつ断定的な書き方を強いられる各国歴史教科書に比して、台湾の歴史教科書はむしろ未来を指し示すものと言えるのかもしれない。

5）これについては、柴田哲雄・やまだあつし編著『中国と博覧会』(成文堂、2010年) 所収の第5章「台湾：展覧会の始まりと台湾博覧会」が参考になる。
6）私のタイヤル族の方々へのインタビューによれば、高砂義勇隊入隊は強制ではなく、「あくまでも志願であった」と強調していた（拙稿「現地調査：台湾桃園県復興郷角板山のタイヤル族—『和夫さん』と日本人妻緑さん」『愛知学院大学文学部紀要』第38号、2009年3月)。
7）この点に関しては、菊池貴晴『増補：中国民族運動の基本構造』汲古書院、1974年、同『現代中国革命の起源〈新訂〉』（巌南堂、1973年）などが参考になる。
8）日中戦争期の華僑については、拙著『戦争と華僑—日本・中国国民政府公館・傀儡政権・華僑間の政治力学』（汲古書院、2011年）などを参照されたい。

第4章

歴史教科書の中の韓国・朝鮮
―― 日本植民地時代と関連させて ――

第1節　日本・中国・台湾各歴史教科書の中の韓国・朝鮮

はじめに

　本節では、歴史教科書でとりあげられる韓国・朝鮮について言及したい。なぜなら朝鮮・韓国史も日本との関連が深く、近現代史のみならず、東アジア歴史教科書を考察する際、極めて重要と考えられるからである。では、日本、中国、台湾各歴史教科書は、韓国・朝鮮史を果たしていかなる視点から、いかなる史実をとりあげ、どのような論理構成で記述しているのであろうか。その特色、共通性と差異は何か。各歴史教科書に記載された韓国・朝鮮近現代史を、日本を巡る関係を重視しながら考察するものである。

　第1に、日本は、韓国・朝鮮を植民地支配した歴史を有している。もちろん教科書執筆者は歴史・教育の専門家、および現場の教師であり、客観的記述をしていると強調する。大筋で異論はないが、重要問題を捨象していないか。植民地政策への自己弁明的な意識は働き、無意識的にも日本を免罪している部分はないのか。

　第2に、中国では、韓国・朝鮮史は世界史の方でとりあげられる。日本の植民地化された韓国・朝鮮に対して、中国は激しい対日抵抗により植民地を免れたとはいえ、各地域が占領され、「満洲国」や汪精衛政権（南京）など傀儡政権もつくられた。また、重慶爆撃、毒ガス戦などにより多くの被害を受けた。このような中国が韓国・朝鮮史のいかなる史実に着目し、どのようなアプローチをし、いかなる歴史的評価を与えているのか。

　第3に、同様に日本の植民地にされた台湾が韓国・朝鮮近現代史、および日本をどのように見ているのか。日本の植民地政策には台湾と朝鮮で共通性と差異があったと考えられるが、後者にいかなる歴史的評価を与えるのか。興味深いところであろう。なぜなら、その評価自体が台湾植民地化の問題と表裏一体の関係にあるからである。

I　日本における歴史教科書の中の韓国・朝鮮

❶『詳説世界史』山川出版社、2005年

第13章　東アジア諸地域の動揺
「3　東アジアの動揺」の「東アジア国際秩序の再編」

　1860年代にはいると、欧米諸国は鎖国を続ける朝鮮に対し開国をせまるようになった。しかし高宗の摂政大院君はこれを拒否し、攘夷につとめた。日本は、75年に江華島事件（脚註：日本の軍艦が朝鮮沿岸で挑発的な演習をおこない、江華島付近で両国軍が衝突した事件）をおこしてこれを機に朝鮮にせまり、翌76年に領事裁判権などをふくむ不平等な日朝修好条規（江華島条約）を結んで、釜山など3港を開港させた。当時、朝鮮内部では、日本に接近して急進的な改革をおこなおうとする金玉均らと、清との関係を維持して漸進的な改革をおこなおうとする外戚の閔氏一族などが対立し、壬午軍乱（脚註：漢城（現在のソウル）でおこった軍隊の反乱。大院君を擁立して閔氏一派の要人を殺害し、日本公使館を襲撃したが、清軍に鎮圧された）や甲申政変（脚註：急進改革派が漢城で日本の武力を借りて閔氏政権を倒した政変。清軍の進撃で3日目に敗れた）など内争が激しくなり、日清間の対立も深まった。このため、日清両国は85年に天津条約を結び、両国軍の撤兵、将来出兵時の事前通告などを約した。

　1894年、全琫準（本教科書には全の写真が配されており、「『東学』の思想は、外国の脅威や政府の重税による社会不安を背景に、農民層にひろまった」と説明）らが甲午農民戦争（東学党の乱［脚註：東学とは1860年ころ崔済愚が創始した新宗教をいう。キリスト教の西学に対抗し、朝鮮在来の民間宗教に儒・仏・道の3教などを融合したもので、排外的傾向をもっていた］）をおこすと、両国軍が出兵して日清戦争となった。

　戦い〈日清戦争〉に敗れた清は、翌95年の下関条約で、朝鮮の独立、日本に対する遼東半島・台湾・澎湖諸島の割譲、賠償金の支払い、通商上の特権付与、開港場での企業の設立などを認めた。この結果、日本は大陸侵略の足場を朝鮮にきずくことになり、極東で南下をめざすロシアとの対立を深めていった（258頁）。

【コメント】　日本政府内の動き、日本の動機、要因などは捨象される。後述する『詳説日本史』に比して朝鮮内の動向は詳述される。しかし、「急進的改革」と「漸進的改革」それぞれの具体的内容を若干でも示した方がよかったのではないか。また、一定程度、日本国内の動きと組み合わせた形で論述した方が構造的な把握できたのではないか。さらに、日清戦争後、下関条約の説明は一般的で、かつ「ロシアとの対立を深め」る状況はもう少し分析があってもよかった。

第14章　帝国主義とアジアの民族運動
「3　アジア諸国の改革と民族運動」の「日本の韓国併合」

日本は韓国に対し、3次にわたる日韓協約（1904〜07年）によって、統監府（脚註：日本政府を代表してソウルに常住し、韓国の外交を監督した。日本の韓国支配をおしすすめた初代韓国統監の伊藤博文はハルビンで安重根に暗殺された）の設置や韓国の保護国化など、実質的支配をおしすすめた。これに対し韓国では、皇帝の高宗がハーグの万国平和会議に密使をおくって国際世論に訴えたり、各地で民衆が武装抗日闘争（義兵闘争〔これには写真が配されており、「朝鮮では、国家の危機に際し、自発的にたちあがった人々を義兵とよび、19世紀末から20世紀にかけて、反日をとなえる義兵闘争がくりかえされた」と説明）をおこすなど抵抗をおこなったが、日本は列強の黙認のもと、これをおさえ、1910年に韓国を併合した。日本はソウル（京城）に朝鮮総督府をおき、憲兵による武断政治をおこなった（275頁）。

【コメント】　高宗や義兵闘争の抵抗を抑えた点はよいと思う。「日本は列強の黙認のもと」として、列強自らが植民地支配をしており、それゆえの「黙認」であったことを示唆するが、果たして高校の生徒レベルで、その点を読みとれるだろうか。「侵略」や「植民地化」などの文字を注意深く避けている感もある。ここでは、日露戦争との関連では論じられていない。また、列強も具体的に国名をだした方が分かりやすいのではないか。

第15章　帝国主義とアジアの民族運動
「3　アジア・アフリカ民族主義の進展」の「日本の動きと民族運動」

　日本統治下の朝鮮では、ロシア革命や民族自決の潮流に呼応して、独立への要求が高まった。1919年3月1日、独立万歳をさけぶデモがソウルではじまり、たちまち全国〈植民地朝鮮なので、「全国」というより全朝鮮半島、もしくは朝鮮全土とした方がよいのではないか〉にひろがった（三・一独立運動〈これには、同運動に参加した女子学生たちの写真が配されており、「この運動は全土にひろがり、日本の軍・官憲による弾圧をうけ多数の死傷者を出しながらも、5月までくりかえされた」との説明が付されている。ここでは「全土」と書かれている〉）。総督府も軍隊を動員して運動を鎮圧（脚註：約1年間の鎮圧行動で、朝鮮人のあいだに数千人の死者、5万人近い検挙者が出たといわれている）したが、この事件に衝撃を受け、武断政治をある程度ゆるめて「文化政治」とよばれる同化政策に転換した。同年4月には、朝鮮の独立運動諸団体を統合して大韓民国臨時政府が上海で結成された（296〜297頁）。

【コメント】　三・一独立運動の目的は、当然のことながら植民地統治からの「独立」ということになる。武断政治と「文化政治」のそれぞれの具体的な説明、両者の関連をより詳細に説明し、その歴史的位置、評価をおこなうべきではなかったか。この後、この間の金九・光復軍、朝鮮義勇隊などの中国大陸での抵抗、および植民地朝鮮内での改革運動などは捨象され、一挙に1930年末に飛躍する。この記述の仕方でよいのだろうか。疑問に感じる。

「5　第二次世界大戦」の「独ソ戦と太平洋戦争」

1930年代末から「創氏改名」などの同化政策が強められた朝鮮では、開戦後日本の支配が過酷さを増し、労働力不足をおぎなうために、朝鮮から労働者が強制的に連行され、戦争末期には徴兵制も適用された（315頁）。

【コメント】「創氏改名」、強制連行、徴兵制が簡単に紹介されるに過ぎない。

❷『詳説日本史』山川出版社、2007年
　第9章　近代国家の成立
　「2　明治維新と富国強兵」の「初期の国際問題」
　　新政府は発足とともに朝鮮に国交樹立を求めたが、当時、鎖国政策をとっていた朝鮮は、日本の交渉態度を不満として正式な交渉には応じなかった。1873年、留守政府首脳の西郷隆盛・板垣退助らは征韓論をとなえたが、帰国した大久保利通らの強い反対にあって挫折した（脚註：留守政府は、西郷隆盛を朝鮮に派遣して開国をせまり、朝鮮政府が拒否した場合には武力行使も辞さないという強硬策をいったんは決定した。しかし、岩倉使節団に参加して帰国した大久保利通・木戸孝允らは、内治の整備が優先であるとして反対した。論争は大久保らの勝利に帰し、西郷ら征韓派は下野した）。そののち1875年の江華島事件を機に日本は朝鮮にせまって、翌1876年に日朝修好条規（江華条約）（脚註：海路測量の任にあった日本の軍艦雲揚が首都漢城近くの江華島で朝鮮を挑発して戦闘に発展した事件。日朝修好条規は、釜山ほか2港［仁川・元山］をひらかせ、日本の領事裁判権や関税免除を認めさせるなどの不平等条約であった）を結び、朝鮮を開国させた（250頁）。

【コメント】「征韓論」とその異論、大久保利通・木戸孝允らの「内治の整備」優先の考え方など、日本政府内が一枚岩でないことの指摘は重要だが、江華島事件・朝鮮開国の際の日本政府内の動きが不明なまま残されていることは惜しまれる。また、「征台論」との関連でも「征韓論」を論じた方がわかりやすかったと思われる。なお、些細な問題ではあるが、前述の『詳説世界史』では「江華島条約」、本教科書では「江華条約」と「島」が抜けている。統一した方がよいのではないか。

「3　立憲国家の成立と日清戦争」の「朝鮮問題」
　1876年に日本が日朝修好条規によって朝鮮を開国させて以後、朝鮮国内では親日派勢力が台頭してきた。しかし1882年朝鮮では、日本への接近を進める国王高宗の外戚閔氏一族に反対する大院君を支持する軍隊が漢城で反乱をおこし、これに呼応して民衆が日本公使館を包囲した（壬午軍乱、または壬午事変）。反乱は失敗に終わったが、これ以降、閔氏一族の政権は日本から離れて清国に依存しはじめた。
　これに対し、日本と結んで朝鮮の近代化をはかろうとした金玉均らの親日改革派（独立党）は、1884年の清仏戦争での清国の敗北を改革の好機と判断し、日本公使館が援助するなかクーデタをおこしたが、清国軍の来援で失敗した（甲申事変）。この事件できわめて悪化した日清関係を打開するために、翌1885年、政府は伊藤博文を天津に派遣

し、清国全権李鴻章とのあいだに天津条約を結んだ。これにより日清両国は朝鮮から撤兵し、今後、同国に出兵する場合には、たがいに事前通告することになり、当面の両国の衝突は回避された。2回の事変をへて、日本の朝鮮に対する影響力が著しく減退する一方、清国の朝鮮進出は強化された。同時に清国・朝鮮に対する日本の世論は急速に険悪化した。

こうしたなかで、福沢諭吉が「脱亜論」（1885年）を発表した。それはアジアの連帯を否定し、日本がアジアを脱して欧米列強の一員となるべきこと、清国・朝鮮に対しては武力をもって対処すべきことを主張するもので、軍事対決の気運を高めた（265～266頁）。ここには2つのコラムが載っている。

①福沢諭吉「日支韓三国の関係」（「社説」『時事新報』1882年8月24日）「韓人が日本人を恐れ日本人を悪むこと甚だし。その原因は文禄壬辰の役にあり。豊公（豊臣秀吉）朝鮮征伐の紀事はわが国に伝わるものと韓人の史記口碑に存するものとは大に異にして、彼の国人の伝ふ所にては、当時日本軍人の惨虐なりしこと実に名状すべからず。……云々は今日に至るまでも彼の人民一般の信ずる所にして、その日本人を恐れて之を悪むの情は、満清を視るに比すれば幾倍を加うるものなり」。

②福沢諭吉の「脱亜論」。「今日の謀を為すに、我国は隣国の開明を待て、共にアジアを興すの猶予ある可らず、寧ろ其伍を脱して西洋の文明国と進退を共にし、其支那朝鮮に接するの法も隣国なるが故にとて特別の会釈に及ばず、……。我れは心に於て亜細亜東方の悪友を謝絶するものなり」（「社説」『時事新報』1885年3月16日）（266頁）。

【コメント】 近代国家・立憲国家の成立部分に朝鮮植民地化の経緯を挿入すると、近代国家・立憲国家の成立には植民地が不可欠との認識を導きだす可能性があるが、それでよいのだろうか。日清戦争悪化を打開するための天津条約との位置づけを与える。福沢諭吉の①は「両国民の歴史認識の相違」とするが、韓国人の感情を示す場合、福澤諭吉の言ではなく、韓国人の言を引用すべきではなかったか。当時の状況を表すものとはいえ、2つとも福沢諭吉の言を出す必要があったのであろうか。

「日清戦争と三国干渉」

天津条約の締結後、朝鮮に対する影響力の拡大を目指す日本政府は、軍事力の増強（脚註：これよりさき、陸軍は1878年、参謀本部を新設して統帥部を強化し、また1882年に、軍人勅諭を発布して、「大元帥」である天皇への軍人の忠節を強調し、軍人の政治関与を戒めた。そののち、1888年に軍人編成が、国内治安対策に主眼をおいた従来の鎮台から師団に改められるなど、対外戦争を目標に軍事力を充実させていった）につとめるとともに、清国の軍事力を背景に日本の経済進出に抵抗する朝鮮政府との対立を強めた（脚註：1889年から翌年にかけて、朝鮮の地方官は大豆などの穀物の輸出を禁じた［防穀令］。これに対し、日本政府は同令を廃止させたうえで、禁輸中の損害賠償を要求し、1893年に最後通牒をつきつけてその要求を実現した）。

1894年朝鮮で東学の信徒を中心に減税と排日を要求する農民の反乱（甲午農民運動、東学の乱）（脚註：東学はキリスト教［西学］に反対する民族宗教であり、農民反乱は

東学幹部に指導されて、朝鮮半島南部を制圧する勢いとなった）がおこると、清国は朝鮮政府の要請を受けて出兵するとともに、天津条約に従ってこれを日本に通知し、日本もこれに対抗して出兵した。農民軍はこれをみて急ぎ朝鮮政府と和解したが、日清両国は朝鮮の内政改革をめぐって対立を深め、交戦状態に入った。当初は日本の出兵に批判的だったイギリスも、日英通商航海条約に調印すると態度を変えたので、国際情勢は日本に有利になった。同〈1894〉年8月、日本は清国に宣戦を布告し、日清戦争がはじまった。……1895年4月、……下関条約が結ばれて講和が成立した。その内容は、(イ)清国は朝鮮の独立を認め、(ロ)……、(ハ)賠償金2億両（当時の日本貨で約3億1000万円）を日本に支払い、(ニ)……などであった（267〜268頁）。

【コメント】　なお、これには「日清戦争の賠償金の使途」が付されており、遼東半島還付の代償3000万両を加えると、計2億3000万両で、これに運用利益金850万円を加え、日本円で約3億6450万円で特別会計がつくられたとする。挿入されている円グラフを見ると、軍備拡張費が62.0％、臨時軍事費が21.7％などとなっている（267頁）。だが、具体的に八幡製鉄所などの使用したことなどは不明であり、かつこの両軍事費の配分項目、および具体的な使用法も明らかではない。

「4　日露戦争と国際関係」の「中国分割と日英同盟」

　宗主国であった〈日清戦争での〉清の敗北は、朝鮮の外交政策にも影響をあたえ、ロシアの支援で日本に対抗する動きが強まり、清露政権が成立した（脚註：日清戦争の直接のきっかけとなった日本軍による王宮占拠で成立した大院君の親日政権は、三国干渉後、まもなく閔妃らの親露派に倒された。日本の駐韓公使三浦梧楼は大院君をふたたび擁立しようと公使館守備兵に王宮を占拠させ、閔妃殺害事件をおこした。王妃を殺害された国王高宗はロシア公使館に逃れ、親露政権が成立した）。この政権は、日本に対抗する意味もあって、1897年、国号を大韓帝国（韓国）と改め、朝鮮国王も皇帝と名乗った。

　北清事変〈清朝も義和団に同調、列強に宣戦布告〉を機にロシアは中国東北部を事実上占領し、同地域における独占的権益を清国に承認させた。韓国と陸続きの中国東北部がロシアの手中に入れば、日本の韓国における権益がおびやかされるため、日本はロシアとの協調政策を変更しはじめた。日本政府内には伊藤博文をはじめロシアとの「満韓交換」（脚註：「満州」とは中国東北部を占める東北三省をさす旧称である。ロシアに満州経営の自由をあたえるかわりに、日本が韓国に対する優越権を獲得しようという考えであった）を交渉でおこなおうとする日露協商論もあったが、桂内閣はイギリスと同盟してロシアから実力で韓国での権益を守る対露強硬方針をとり、1902年に日英同盟協約（脚註：この協約には、両国がたがいに清国および韓国の独立と領土の保全を認めあうこと、清国における両国の利益と韓国における日本の政治・経済・産業上の利益を承認すること、もし同盟国の一方が他国と交戦した場合には他の同盟国は厳正中立を守り、さらに第三国が相手国側として参戦した場合には他の同盟国も参戦することが定められていた）が締結された（日英同盟）（271頁）。

【コメント】　ここの部分は、日本・清・ロシア・イギリスの国際関係の中で翻弄される朝鮮・韓国を描いており、朝鮮・韓国の主体性が全く見えてこない。こうした強国の中での力関係や国際関係のみを強調すると、日本の行動に対して歴史的に致し方ないとする肯定的評価が引き出されるのではないか。

「日露戦争」
　ポーツマス条約によって「ロシアは、(1)韓国に対する日本の指導・監督権を全面的に認め、(2)清国からの旅順・大連の租借権、長春以南の鉄道とその付属の利権を日本に譲渡し、さらに、(3)北緯50度以南のサハリン（樺太）と付属の諸島の譲渡と、(4)沿海州とカムチャッカの漁業権を日本に認めた」（272～273頁）。

【コメント】　ここは、基本的な歴史的事実の確認。

「日露戦争後の国際関係」
　日露戦争後の日本は、戦勝で得た大陸進出拠点の確保につとめた。まず1905年、アメリカと非公式に桂・タフト協定を結び、イギリスとは日英同盟協約を改定（第2次）して、両国に日本の韓国保護国化を承認させた。これらを背景として日本は、同年中に第2次韓国協約（脚註：日露戦争中の1904年に結んだ第1次日韓協約では、日本が推薦する財政・外交顧問を韓国政府におき、重要な外交案件は事前に日本政府と協議することを認めさせた）を結んで韓国の外交権をうばい、漢城に韓国の外交を統轄する統監府をおいて伊藤博文が初代の統監となった。
　これに対し韓国皇帝高宗は、1907年にオランダのハーグでひらかれた第2回万国平和会議に密使をおくって抗議したが、列強に無視された（ハーグ密使事件）。日本は、この事件をきっかけに韓国皇帝高宗を退位させ、ついで第3次日韓協約を結んで韓国の内政権をもその手におさめ、さらに韓国軍を解散させた。これまでも植民地化に抵抗して散発的におこっていた義兵運動は、解散させられた韓国軍の元兵士たちの参加を得て本格化した。日本政府は、1909年に軍隊を増派して義兵運動を鎮圧したが、そのさなかに前統監の伊藤博文が、ハルビン駅頭で韓国の青年民族運動家安重根に暗殺される事件がおこった。日本政府は憲兵隊を常駐させるなどの準備のうえに立って、1910年に韓国併合条約を強要して韓国を植民地化し（韓国併合）、漢城を京城と改称してそこに統治機関としての朝鮮総督府を設置して、初代総督に寺内正毅陸相を任命した。朝鮮総督は当初現役軍人に限られ、警察の要職は日本の憲兵が兼任した。総督府は、地税賦課の基礎となる土地の測量・所有権の確認を朝鮮全土に実施したが（土地調査事業）、その際に所有権の不明確などを理由に広大な農地・山林が接収され（脚註：これによって多くの朝鮮農民が土地をうばわれて困窮し、一部の人びとは職を求めて日本に移住するようになった）、その一部は東洋拓殖会社や日本人地主などに払い下げられた（273～274頁）。
　なお、「東洋拓殖会社京城本店」の写真が付されており、同会社は「韓国の資源開発・殖産振興を目的として成立され、土地調査事業による収公地の払下げを受け、地主経営などを展開した」（274頁）と説明される。

【コメント】 日露戦争後の日韓関係が述べられ、第1〜3次日韓協約により日本は一歩、一歩韓国を支配下に置いていったことが書かれる。当然のことながら、高宗の第2回万国平和会議に密使を派遣、義兵運動、安重根による伊藤博文暗殺などの抵抗が書かれる。ここで、没落両班青年が義兵運動に参加したことも書く必要があったかもしれない。かくして、1910年韓国併合となる。日本での研究ではその合法性を主張する向きもあるが、抵抗の中での強引な植民地化であったことは疑いえない。その後の土地調査事業などに関しては、前章で明らかにした如く、台湾では、ある面、肯定的評価を下されており、台湾、朝鮮それぞれの土地調査事業の共通性と差異を知りたいところであろう。

第10章　近代日本とアジア
「2 ワシントン体制」の「中国・朝鮮における民族運動」

中国では、1919年5月から6月にかけて山東半島の返還などを求める学生・商人・労働者の反日国民運動（五・四運動）（脚註：一連の運動は、5月4日の北京の学生による街頭運動に端を発したものである）が起こり、また日本の二十一ヵ条の要求によって結ばれたとり決めの撤回を会議で否決されたことから、ヴェルサイユ条約の調印を拒否した。

これよりさき、民族自決の国際世論の高まりを背景に、東京在住の朝鮮人学生、日本支配下の朝鮮における学生・宗教団体を中心に、朝鮮独立を求める運動がもりあがり、1919年3月1日に京城（ソウル）のパゴダ公園で独立宣言書朗読会がおこなわれたのを機に、朝鮮全土で独立を求める大衆運動が展開された（三・一独立運動）。この運動はおおむね平和的・非暴力的なものであったが、朝鮮総督府は警察・憲兵・軍隊を動員してきびしく弾圧した。しかし、国際世論への配慮と、原内閣の方針により、現役軍人に限られていた朝鮮総督の資格を文官に拡大したり憲兵警察を廃止するなど、若干の改善もなされた（304〜305頁）。

【コメント】 朝鮮三・一独立運動の結果については、「朝鮮総督の資格を文官に拡大したり憲兵警察を廃止するなど、若干の改善」とのみ簡単に意義を記載し、限界、問題点への言及はない。また、朝鮮三・一独立運動が中国五・四運動に多大の影響を及ぼした事実を鑑みれば、「これよりさき」とは書かれているが、やはり歴史の順番として三・一独立運動を先に出すべきではないか。前述の『詳説世界史』と同様、このあと一挙に第二次世界大戦へと飛躍し、その間の韓国・朝鮮人による対日抵抗は捨象される。これでは、日本の生徒は抵抗がなくなったと錯覚はしないか。

II　中国における歴史教科書の中の韓国・朝鮮

では、中国の高校歴史教科書はどのような内容となっているであろうか。

❶『高級中学教科書 世界近代現代史』上冊（選択必修）、人民教育出版社、2002年（試験修訂本）

第4章　独占資本主義の形成
第2節　主な資本主義国家の帝国主義への移行

　明治維新後、日本は資本主義経済の迅速な発展のための条件を造りだし、産業革命を開始した。1885年前後、日本産業革命は高まりを示した。1894～95年の「中日甲午戦争」〈日清戦争〉は日本経済の発展に重要な影響を及ぼした（112頁）。

　同戦争後、日本は朝鮮を統制したのみならず、中国に2.3億テールの白銀を強要し、中国において資源の略奪、商品ダンピング、および工場開設の特権を獲得し、さらに一歩、日本資本主義の発展を促進した。20世紀初頭、日本の産業革命は基本的に完成した。工業発展の過程において明治政府は重要な役割を果たした。同政府の保護下で日本は独占組織を生み出した。そして、19世紀末から20世紀初頭、日本も帝国主義段階へと移行した。日本は多くの封建的残余を残しており、国内市場は狭く、資源は不足し、農業が落後しているなどを原因として、日本帝国主義は経済的手段を通して、その他の帝国主義国と競争する術はなかった。そこで多くは軍事手段を用いて植民地、市場、および資源地域を奪取しようとした。そこで、濃厚な「封建的独占集団」〈財閥を指していると考えられるので、「封建的」とするより「資本主義的」とすべきではないか〉と「軍閥集団」〈軍部〉が結託し、侵略拡張政策を推し進めたのである。日本は「軍事封建的な帝国主義」と称されよう（112頁）。

　日本の「天皇制政府」は極力軍国主義を発展させ、中国征服を中心とする「大陸政策」を制定し、朝鮮征服を中国征服の第一歩とした。早くも1876年、やっと資本主義の道を歩み始めたばかりの日本は武力を以て朝鮮を脅迫し、「江華条約」締結させた。そして、朝鮮に通商港を開放させ、日本人にその場所で工商業を経営させた。また、朝鮮に対して、日本が通商港に領事館設立の許可を迫り、領事裁判権を承認させた。これが、朝鮮が資本主義国家と締結した最初の不平等条約である。それ以降、アメリカ、イギリス、ドイツ、ロシアなどとも類似の条約を締結した。

　1894年日本は「甲午戦争」を挑発した。腐敗した清朝政府は敗北し、日本は朝鮮支配の力量を増強させた。1904年日本は日露戦争を始めた。1905年日本は日露戦争勝利に乗じて、アメリカの支持の下、朝鮮を実質的な植民地に変えた。1910年日本は朝鮮政府に迫り、「日韓合併条約」〈1897年朝鮮は国号を「大韓帝国」に改めた〉を締結させ、正式に朝鮮を併呑した（112～113頁）。

【コメント】　歴史的な流れを簡潔に書く。明治維新後の日本資本主義化・産業革命から論じ始め、特にそれに日清戦争の勝利が重要な意味を持った。「日本は多くの封建的残余を残しており、国内市場は狭く、資源は不足し、農業が落後」しているなどの諸原因から、「軍事手段を用いて植民地、市場、及び資源地域を奪取しようとした」とする。そのため、「中国征服の第一歩」として朝鮮を圧迫、結局のところ植民地にしたというのである。明治維新後おける資本主義化と「封建的残余」の問題を指摘す

る。なお、日本を「軍事封建的な帝国主義」と位置づけるが、その概念規定に関しては緻密な議論が必要であろう。

　アメリカの斡旋の下、1905年日露は「ポーツマス条約」を締結し、〈ロシアの〉ツァーリ政府は朝鮮が日本の勢力範囲になることを承認した。また、中国大連・長春の租借権、長春から旅順間の鉄道、及びその支線の権利を日本に譲り渡すことに同意した。日本はサハリン（樺太）とその付近の島嶼を獲得した。日露戦争〈終結〉後、日本は武力で朝鮮を圧迫して条約を締結させ、日本が朝鮮の外交事務を監督し、軍隊を派遣し、朝鮮地方官員の指揮する権利を有すると規定した。1905年伊藤博文が朝鮮駐在の最初の日本統監に就任し、それ以降、統監の権力は絶えず拡大し、朝鮮の事実上の統治者となった（113頁）。

　なお、写真入りで「官営」の八幡製鉄所の説明が付されており、「1897年に日本創設の大型冶金企業」とし、「八幡製鉄所建造のある部分の資金は、甲午戦争後の中国の賠償金である。その使用する鉄鉱石は中国の大冶鉄廠に強制的に提供させたものである。……その創設は近代日本の重工業の基礎を定めた」との説明を加える。

　これには、「練習問題」もあり、①日本は強制的に門戸を開放させてから朝鮮併呑までの歴史的事実を通して、日本が「大陸政策」の第一歩をいかに実現したかを説明しなさい。②イギリスの1840年の中国侵略と、日本の1876年の朝鮮侵略の共通点と差異を比較しなさい（114頁）、とある。

【コメント】　日本は後進資本主義から帝国主義化への歩みを示し、朝鮮植民地化の経緯が述べられる。特に日露戦争の日本勝利後に締結されたポーツマス条約、および朝鮮植民地に果たしたアメリカの役割が論述される。なお、日清戦争の賠償金で八幡製鉄所が建設され、それが「近代日本の重工業の基礎になった」との評価は通説ではあるが、異論なきところであろう。「練習問題」では、①「田中上奏文」を偽書ではなく「本物」で、その内容は自明の理と見なしているようで、日本の「大陸政策」に関しての質問が用意されている。②イギリスのアヘン戦争による侵略と、日本の1876年の朝鮮侵略の共通点と差異に関して興味深い質問をしている。

第3節　アジアの反植民地化運動

　日本が次第に朝鮮を併呑する過程に、朝鮮人民は継続して日本帝国主義に反対する闘争を展開した。1907年に日本は朝鮮で強制的に軍隊を解散させられ、広範な愛国将兵が奮起して反抗した。人民大衆の支持の下、武装闘争を展開し、全国〈朝鮮全土〉的な義兵運動の高まりを形成した。義兵運動は最後には失敗したけれども、朝鮮民族の解放闘争史上、輝かしい一頁を刻んだ（121頁）。

【コメント】　このように、義兵闘争に極めて高い評価を与える。レジスタンスという側面から高い評価を与えることに異論があるわけではない。ただし、両班との関係、意義のみならず限界を具体的な事例をあげながら述べる必要があったと思われる。

190　第4章　歴史教科書の中の韓国・朝鮮

❷『高級中学教科書 世界近代現代史』下冊（選択必修）、人民教育出版社、2002年（試験修訂本）

第1章　ロシア十月社会主義革命と民族解放運動の高まり
第2節　アジア・アフリカの民族解放運動
戦後〈第一次世界大戦後〉アジア・アフリカ民族運動の高まり

　第一次世界大戦期間、帝国主義列強は欧州で相互に戦うことに忙しく、しばらくの間、植民地・半植民地への統制を緩め、その地域に対する資本輸出と商品輸出を減少せざるを得なかった。この時期、幾つかのアジア・アフリカ国家の民族資本がかなり発展し、民族資本家階級とプロレタリア階級の力量もそれに伴い増大し、戦後の民族解放運動に新たな特色が現れた。各国の発展が不均衡なことによって、民族解放運動に多くの型が生まれた。ロシア十月革命の影響下で、中国などにはプロレタリア階級の革命政党が設立され、自らの国の特徴に適合する民族解放の道が模索され始めた。インド、トルコ、エジプトなどの国家〈と植民地？〉では、ブルジョワ民族主義政党、あるいは組織が設立され、迅速に発展し、「本国」〈自国、地元？〉の民族解放運動を指導した。第一次世界大戦の終結後、帝国主義戦勝国は植民地を新たに瓜分〈再分配〉し、さらに植民地・反植民地国家の人民と帝国主義の間の矛盾を激化させた。アジア・アフリカでは民族解放運動の高まりの新局面が生まれた。その中で影響がかなり大きなものに、中国の五四運動、インドの非暴力不服従運動、トルコのケマル・パシャによるブルジョワ革命、エジプトのワフド運動、朝鮮の三一運動がある（8〜9頁）。

【コメント】　民族資本家階級とプロレタリア階級の力量増大に伴い、「民族解放運動に新たな特色が現れた」とする。アジア・アフリカにおける帝国主義との矛盾を指摘し、中国五・四運動をはじめ、インド、トルコ、エジプトなど世界史的な民族解放の流れの中で押さえた点は評価できよう。ただし、それらの「非暴力」的特質を捨象する。民族解放運動におけるブルジョワ階級、プロレタリア階級のそれぞれの役割の共通性と差異への言及が欲しいところであった。もちろん階級闘争と民族解放運動との間には矛盾もあるし、階級闘争史観で割り切れないことも多い。その点をじっくり考えてみる必要がありそうだ。

朝鮮"三一"運動

　日本は朝鮮を併合した後、そこで残虐な植民統治を実行した。朝鮮人民の反日運動は絶えず高まった。1919年初頭、日本により罷免され、長期に亘り幽閉されていた前朝鮮国王が突然死亡した。一説によれば、日本人に毒を盛られたという。そのニュースが伝わると、民衆は激昂した。3月1日、幾千人の青年学生と、各地から集まってきた無数の大衆は漢城〈京城〉で集会を開いた。会場では、朝鮮ブルジョワ階級の民族主義者が起草した「独立宣言書」が読み上げられ、引き続き声高らかにデモを挙行した。数日後、デモは武装蜂起に転換し、さらに全国的な反日民族の大蜂起に発展した。闘争に参加した者は200万人を越えた。日本植民地当局は血なまぐさい鎮圧をおこなった。この

年の下半期、蜂起は基本的に終息した。この民族運動は朝鮮人民が独立を勝ちとるために犠牲を恐れぬ闘争精神を示し、日本植民地統治に有力な打撃を加えた。

　朝鮮人民の闘争は中国人民の支持と声援を受けた。三一運動の勃発後、李大釗主宰の『新青年』などの刊行物は数十編の報道や文章を掲載し、日本による朝鮮植民地統治を糾弾し、朝鮮人民の反日闘争を支持した。さらに、「ある人」〈朝鮮儒林の郭鍾錫のことか？〉はパリ講和会議に出席する中国代表に電報を打ち、朝鮮独立承認の要求を提起するように促した。1919年4月、朝鮮愛国者は中国の上海に大韓民国臨時政府を成立させた。朝鮮人民の反日民族大起義の前後、朝鮮愛国志士は中国東北に来て根拠地を建設し、長期の抗日武装闘争を展開した。中国人民と朝鮮人民は日本による侵略反対闘争でさらに緊密に団結した（9～10頁）。

　なお、これには、朝鮮三一運動の「独立宣言書」が資料として付されている。「我らはここに宣言する。我が朝鮮が独立国で、朝鮮人は自由民であることを、これを以て世界万邦に告げ、人類平等の大義を鮮明にする。これを以て、子々孫々、永久に民族自存の政権であることを告げる」。

【コメント】　朝鮮三・一独立運動にかなりのスペースを割き、他の各国運動から独立して論じているところに、同運動への重視が見てとれる。朝鮮人民の独立への闘争精神、「日本植民地統治に有力な打撃」と極めて高い評価を与える。なお、「非暴力」としての本質よりも「武装蜂起」としての側面を強調する。もちろん一部に暴動化した地域はあったが、全体として「非暴力」であったことを過小評価している。中国が「非暴力」では日本に打撃を加えられないと無意識のうちにも見なしている証左といえよう。ただし、これでは三・一独立運動の本質を理解できない。また、中国の歴史教科書であるので、三・一独立運動と中国との関連を出したのは当然のこととはいえ、国際的反響という点からも重要な指摘といえよう。そして、この運動を契機に中朝両国人民の対日連帯が強化されたとする。「朝鮮ブルジョワ階級の民族主義者」起草の「独立宣言書」とするのは違和感を禁じ得ない。果たして天道教、キリスト教、仏教の各宗教指導者を「民族主義者」といえても「ブルジョワ階級」と称するのは難しいのではないか。民族解放運動をすべて階級概念から分析するのは無理がある。

Ⅲ　台湾における歴史教科書の中の韓国・朝鮮

　ではここで、やはり日本の植民地にされた台湾の高校歴史教科書が韓国・朝鮮史をどのように記述しているか見ておきたい。

❶普通高級中学『歴史』第4冊、龍騰文化、2008年（第2学年）使用開始

　第3章　歴史の転換

第3節　アジアの反植民地化運動
「東アジア地区の反植民化運動」
　20世紀初頭、列強の東アジアでの植民活動は依然として活発であったが、日本は地理的位置からその侵略が生み出した衝撃は最も重大であった。日本は明治維新後、すぐに「台湾攻略」と「朝鮮征服」が重要な課題となっていた。そこで、台湾・朝鮮問題が1880年から1890年代に至る日本と清朝の間の最も厳しい紛争をもたらした（119頁）。

【コメント】　台湾と朝鮮を絡めて論じている点に特色がある。列強の中で日本からの侵略が、同じアジアで近隣ということで「衝撃は最も重大」とする。この指摘は考えてみればその通りと思える。

　台湾人民の反植民地闘争→略。本書第3章第2節「台湾における歴史教科書の中の台湾」を参照されたい。
　(1) **朝鮮人民の闘争**
　日本の朝鮮内政への干渉は19世紀後半からすでに日増しに強まっていた。1894年一部の朝鮮農民は「東学道」という壮大な勢力を有する民間宗教を信じていた。「東学道」は宗教をもって名とし、元来、キリスト教に抵抗し、最終的には東洋のやり方で外からの侵略に抵抗しようとするものに転換した。蜂起した農民は一方で腐敗した政府を攻撃し、「賤民階級」の解放、不公平な租税制度の廃止を要求したが、同時に日本の侵入への抵抗に尽力した。だが、複雑な国内外の情勢により改革を推進することは難しく、また農民の武力では精鋭な日本軍に対抗する術なく、朝鮮の政局は中国・日本の勢力の消長により急激に変化した（120頁）。

【コメント】　ここで押さえるべきことは、東学党の乱を農民運動と見なし、「朝鮮人民の闘争」の一環として位置づけていることである。それは「腐敗した政府」への攻撃と、「賤民階級」解放、不公平な租税制度廃止など先駆的、かつ開明的なものであったとする。そして、それは日本の侵略にも抵抗した。これらの指摘に異論はないが、それを口実とする日本の侵略を増長させた面にもメスを入れる必要があるのではないか。

　(2) **朝鮮政府の改革**
　朝鮮政府は日清戦争後、自主的改革、例えば新式学校の設立、軍隊強化、工商業の振興などを試み、同時に自発的に1896年1月1日には太陽暦を採用、日本に倣って「週」を実施した。当時、日本以外にも、西欧勢力も絶えず侵入し、港、関税をコントロールし、最恵国待遇、領事裁判権などの特権を有していた。アメリカ、フランスなども日本と、朝鮮の鉄道権を争奪した。朝鮮は日本文化の侵入を拒絶し、一方で新式学校では英語、算数などの西欧教育課程を用い、他方で「国語」、「国史」などの科目を重視し、学生の民族精神を養った。その他、「韓国文字」〈訓民正音・ハングル〉を「国文」とし、漢字に代える努力もおこなわれ始めた（121頁）。

【コメント】 日清戦争後、日本の脅威を感じ、また日・米・仏の鉄道利権争奪の対象となっていたため、「朝鮮政府」は日本文化を拒絶しながら、西洋的教育や富国強兵の改革を推し進めたとする。

(3) 民間改革の訴え

民間でも「救亡図存」の信念に基づき、一部の改革派の政府官員、士紳、あるいは知識分子は自発的に社会団体を創設し、刊行物を発行し、私立学校などを運営し、思想の啓蒙や民族精神の発揚に尽力した。民間改革派もまた議会設置運動に尽力し、政府に財政改革、参政権の付与を要求した。朝鮮政府は皇権の軛に繋がれており、民間の要求を受け入れる術がなかった。官側からの改革は終始小規模なもので、民衆の要求とはかけ離れていた（121頁）。

【コメント】 こうした政府の改革では不十分であったことから、民間改革要求が高まった。こうした民間改革要求の意義を認めながらも、政府がその受け皿となり得なかったと、その限界を指摘する。

(4) 日露戦争後の朝鮮情勢

1904年日露戦争が勃発し、朝鮮は人力、物資を調達し、日本を支援することを迫られた。戦争に勝利した日本は朝鮮の内政、外交に対して全面的な統制が可能となった。当時、日本が特に注意を払ったのは、すべての新聞、新聞社の検査であり、日本側の検閲を経てニュースが削除された。その部分を□〈ブロックの中を空白〉にすることで、新聞社の言論自由と民族精神への意思を伝えた（121頁）。

【コメント】 私はこれまで□は検閲の結果、当局側の強制による削除と単純に考えてきたが、本教科書では、□が新聞社側の抵抗の現れと見なす。この点に関しては、実証的に考察を深める必要がありそうだ。

(5) 日本の朝鮮併呑

朝鮮政府は1910年以前、日本に抵抗するため、各種の手段で国際的支援を求めようとした。だが、積極的に呼応してくれるところはなかった。民衆側は「罷工」〈ストライキ〉、「罷市」〈商店を開かない〉をおこない、かつ武力闘争を実施したが、日本による大規模な軍事鎮圧を招いた。1910年日本は朝鮮最後の皇帝である隆熙帝〈純宗李坧のこと。高宗と閔妃の嫡男。1907～10年在位〉を圧迫し、合併条約に調印させ、正式に朝鮮を併呑した。総督府を最高統治機関とし、彪大な人数の警察、憲兵を通して朝鮮人民を厳しく監視統制した。だが、朝鮮の愛国志士は依然継続して兵を起こし、日本の侵略に反抗し、海外でも「復国」〈独立回復〉運動が組織された（122頁）。

【コメント】 簡潔ではあるが、韓国併合が日本に圧迫されて強制されたものであり、そのため、その後も抵抗が続いたことを明記する。日本人がよく主張する「合法」、「合意の上」などを真っ向から否定する内容を含んでいる。

(6) 三一運動

　1919年3月1日太上皇・高宗の出棺日、数十万人の大衆が「漢城」〈京城〉に集まった。朝鮮愛国志士は国際的な民族自決の雰囲気に鼓舞され、「大衆的」な「非暴力」という行動綱領を掲げて、朝鮮は日本から離脱して独立することを宣言した。これが著名な「三一運動」である。この独立運動は速やかに朝鮮全半島に拡がった。朝鮮総督府は鎮圧することを決定し、朝鮮人民にかなり多くの死傷者を出した。運動に参加した少なくない者たちが国外に亡命した。ただし、日本の植民地統治方式もこの運動により調整されることになった（122頁）。

【コメント】　三・一独立運動の「非暴力的」側面を指摘している。ただし、一部で暴動化したところもあるので、非暴力を「綱領として掲げ」たと筆を押さえているのかもしれない。鎮圧実態への言及はない。また、独立運動の中国など海外への影響は何故か捨象される。

(7) 日本による「文化政治」推進

　三一運動後、新任の朝鮮総督斎藤実は「文化政治」の実施を宣言し、憲兵による監視統制制度を取りやめ、部分的に言論・集会・結社の自由を許可し、朝鮮人の教育機会を拡大し、さらに文官が総督に就任すると表明した。しかし、「文化政治」はただの形式だけで、その目的は懐柔し、朝鮮の親日派勢力を養成し、植民地統治を強化することにあった。実際、朝鮮総督府は警察権力を増強し、「治安維持法」により「植民地統治に反対し、民族独立」を勝ちとろうとする、いかなる人物も処罰した。教育面では依然として差別がおこなわれ、かつ「国語」（日本語）、修身、日本歴史・地理が教えられた。進学を望む絶対多数は実業教育を受けることができるだけで、下層技術人員となった。その他、言論・集会・結社の自由を開放すると称しながら、同時に総督府は厳しい新聞検閲制度を実施し、かついかなる社会団体の集会も警察が列席して監視し、警察は集会を中止させる命令ができた。並びに法令違反と見なされた者を逮捕した。なお、文官総督は1945年日本植民地統治が終わるまで、1人としていなかった（122～123頁）。

【コメント】　朝鮮民衆の三・一独立運動における抵抗の結果、日本は「文化政治」を採らざるを得なかった側面もあった。とはいえ、確かに限界があった。台湾の歴史教科書はその点を強調し、他国の教科書と異なり、むしろ「文化政治」のマイナス面にウエートを置く。「言論・集会・結社の自由」も名ばかりで、実際は監視、弾圧が続いたとする。各国教科書とも「文化政治」の意義と限界を明確にする必要があろう。

(8) 大衆文化の近代化

　日本の植民地時期、多くの朝鮮民衆は激しく抵抗し、日本の影響を排斥しようとしたが、多くの都市・社会・文化の変遷は重大である。1920年代、多くの近代的な事物が京城など大都市に満ちあふれた。大衆文化が形成され始め、映画、流行歌、バー、ダンス場、大衆小説、漫画などはますます普及した。一部の女性は流行の短髪にし始め、社会活動に参加し、自らの職業と収入を獲得した（123頁）。

【コメント】 周知の事実とはいえ、これらの社会大衆文化に対する指摘は重要である。日本植民地下でも京城などでは一時的に大衆文化の華が開いた。大正デモクラシーなどの影響も考えられ、また、ある意味で「徒花」（あだばな）とはいえ、日本植民地の状況を複眼的に考察することが可能となる。

(9) 社会主義の動向

資本主義の発展に伴い、農民や都市の労働者は日増しに厳しい貧困、失業などの社会問題に直面した。国際共産主義運動の影響下で日本共産党と朝鮮共産党が成立し、双方は連繋して日本と朝鮮の農民、労働者の苦しい環境を改善しようと尽力した。しかし、日本政府による社会主義思想の拡張防止に対する措置は厳しく、日本国内、あるいは朝鮮植民地における共産党活動は尽く鎮圧され、根を下ろすことができなかった（123頁）。

【コメント】 台湾の歴史教科書なので、反共的色彩が強いのではないかと考えられがちであるが、植民地統治の社会経済矛盾の中で、日本共産党、朝鮮共産党の創設と活動、および社会主義思想を肯定的に評価しており、注目される。レジスタンスの一環と見なしてのことであろう。ただし、非力で鎮圧されたとする。これらの点は日本の歴史教科書に触れられていない。

おわりに

以上のことから以下のようにいえよう。

第1に、日本の歴史教科書はわかりやすく、もしくは簡単に事実を追っている。ただし、朝鮮を植民地にしていく時期の日本国内の状況、国際関係、および経過は理解しやすい。高宗の抵抗、義兵闘争、そして三・一独立運動などについてはある程度詳述される。だが、日清・日露両戦争時期までは朝鮮にかなりのウエートが置かれているにもかかわらず、それ以降、戦間期にはほとんど触れずに、一挙に1930年代末まで飛び、日本の植民地支配に若干触れるにとどまる。この結果、その間の武力抵抗や改革運動は捨象される。これでよいのだろうか。これらを使う日本の生徒は三・一独立運動以降、抵抗はなくなったと錯覚するのではないか。日本側は種々の内容の歴史教科書があると強調するが、検定制度を意識し過ぎている面は否めない。つまり自由執筆・出版といいながらも決して自由ではない。海外というよりも、日本国内で僅かでも反対の世論があると、各説があると言い訳をしながら、トラブルや論争を恐れ、捨象

するか、僅かに触れるだけで逃げの姿勢が見られる。

　第2に、中国の歴史教科書は、三・一独立運動や対日武力闘争に対して高い評価を与える一方、体制改革・改良やその動向に関しては捨象する傾向にある。日本の明治維新後の動向について、資本主義化をメルクマールに書かれる。そして、日本は後進資本主義で封建的母斑を残し、国内市場の狭さ、資源不足、農業落後という現状の中で、経済面で他の帝国主義国に対抗できず、軍事力に訴えた。日本は財閥と「軍閥」（軍部）が結託した「軍事封建的な帝国主義」と見なす。そして、ポーツマス条約締結の際、朝鮮植民地化にはアメリカが加担したとする。ここでは、高宗の抵抗は捨象され、義兵運動が述べられ、「朝鮮民族の解放闘争史上、輝かしい一頁を刻んだ」と極めて高い評価を与える。第一次世界大戦後の世界情勢については、アメリカのウィルソン大統領による民族自決は捨象され、ロシア十月革命の影響が全面に押し出され、アジア・アフリカでの民族ブルジョワジーとプロレタリア階級の台頭という形で階級概念からの分析が示される。そして、中国、インド、トルコ、エジプトなどでの民族解放運動の一環として朝鮮三・一独立運動が位置づけられるが、それらの非暴力運動としての特質には触れられない。このことは、中国では非暴力闘争だけでは勝利できないとの考えが根強くあり、その位置づけが相対的に低いためであろう。なお、階級概念・階級闘争からの分析が中国の歴史教科書の大きな特徴であるが、宗教指導者を「民族主義者」とするのはともあれ、「ブルジョア階級」とするのは無理であろう。三・一独立運動の『新青年』など中国に対する影響を書くが、この点は周知の事実とはいえ、国際的影響を考える上で重要である。さらに上海の大韓民国臨時政府、中国東北における根拠地建設など、朝鮮人民による日本の侵略反対闘争の継続に具体的に言及している点は、日本の歴史教科書では捨象されており、評価できよう。ただし三・一独立運動の結果としての「文治政治」に関しては一切言及がない。

　第3に、台湾の歴史教科書は、列強の侵略の中で日本の侵略が地理上、近隣であったため、衝撃が最も大きかったとする。これを前提に以下のような論理を展開する。日本の朝鮮内政への干渉は19世紀後半から強まった。その時、東学党の乱が発生したが、それは朝鮮政府に対する攻撃のみならず、「賤民階級」解放など先駆的要求も出したとする。そして、それを「朝鮮人民の闘争」の一

環と見なす。日清戦争後、朝鮮政府は重い腰をあげ、西洋的な新式学校の設立、富国強兵策などが推進された。防衛と、特に教育を重視した結果であろう。また、民間改革もおこなわれたが、結局、政府や官僚の旧い体質から十分実施することができなかった。ここに大きな限界があった。日露戦争後も抵抗があり、1910年日本により韓国併合が強引に実施されるわけだが、各方面での多くの抵抗を述べ、それがいかに不当・不公正なものであったかを示唆する。それら抵抗の頂点に位置するのが三・一独立運動であるが、大衆的な「非暴力」闘争であったことが指摘されるだけで、その実態を詳述しているわけではない。台湾の歴史教科書はその後にむしろウエートを置き、「文化政治」（文治政治）の限界を強調する〈ただし韓国の教科書とも異なり、限界のみに偏りすぎているともいえよう〉。すなわち、「文化政治」へと転換したが形式だけで、懐柔、親日派勢力の養成などにより植民地統治体制を強化するものであったと断言する。さらに治安維持法などによる弾圧・差別教育などの実態を指摘する。これは三・一独立運動の意義を強調し、限界の指摘のない日本の歴史教科書と好対照をなす。その後、京城などでの大衆文化、社会経済矛盾の中での社会主義思想の台頭、朝鮮共産党の成立にまで言及し、全体像の把握、歴史学的な視点、問題点の摘出、および争点の提示など、各国教科書の中でも優れた点を多く有しているのではないか。

〔註〕
1）日韓歴史共同研究委員会『報告書』（第１期2002-2005年）第３分科（近現代）には、①坂本茂樹「日韓間の諸条約の問題―国際法学の観点から」、②鄭昌烈「乙巳条約・韓国併合条約の有・無効論と歴史認識」などが所収されている。①は、当時の国際法に限定しながら、国家に対する強制の場合、有効で、代表に対する強制の場合、無効である。「今日から見て違法な行為が過去に遡り、無効となるわけではない」と主張し、「第２次日韓協約や日韓併合条約も、有効に締結された条約」と主張する。それに対して、②は多くの論争を紹介しながら、４つの類型(イ)旧条約有効・植民地支配合法・植民地支配不当（例えば、佐藤栄作）、(ロ)旧条約有効・植民地支配有効・〈道義的意味で〉植民地支配不当（例えば、村山富市、海野福寿、坂本茂樹など）、(ハ)旧条約無効・植民地支配有効・植民地支配不当（例えば、白忠鉉）、(ニ)旧条約無効・植民地支配無効・植民地支配不当（例えば、李泰鎮や北朝鮮）に分けられるとする。そして、「重要な問題には旧条約の無効問題も含まれているが、歴史認識の問題に関連して、帝国主義と植民主義を根元的に超えられない欧米中心の近代主義的な歴史認識方法に対する反省の問題が浮き彫りになった」とする。この指摘は傾聴に値する。これには、③補論として李相燦

「1900年代初、韓日間諸条約の不成立再論」も第1韓日協約から日韓併合までの条約の不備と不当性を力説し、これらの条約は「委任、調印、批准の成立手続きを全て経たものは1つもない」、その上、「帝国主義国家間で形成された国際法秩序が適用さえされなかった」と断言する。

この問題を考察する上で、歴史学的には、国際法の分析だけではこの問題を解明できないとのスタンスをとる必要がある。マクロ的視点から歴史的背景、当時の国際関係、実体解明が不可欠で、その上で当時の国際法を位置づけ、朝鮮植民地化の問題を究明することが大切である。ただし、当時の国際法としても「合法的」と断言するには「国家による強制」、「代表に対する強制」両面で疑義が多く〈坂本の如くには割り切れず、説得力不足である〉、かつ国際法自体が列強の観点・「国益」が全面に出た未成熟なものであったと見なせる。また、韓国併合を列強も認めた歴史的背景は、周知の如くイギリスによるインド統治、アメリカによるフィリピン統治、フランスによる「仏印」統治があり、その相互承認という意味合いがあったことは押さえておくべき歴史事実であり、このことを無視できない。

2）なお、李淑子『教科書に描かれた朝鮮と日本—朝鮮における初等教科書の推移（1895-1979)』ほるぷ出版、1985年は、韓国併合以降の日本植民地下の初等教科書における内容の推移を具体的に論述する。当時の歴史背景とも密接にかかわるので、ここでとりあげておきたい。すなわち1895年、朝鮮が「小学校令」制定後、日本の「保護政治期」(1905～1910年)、日本「統治（植民地）期」（1910～1945年）を経て「現在」（1945～1979）に至るまでの朝鮮語・日本語・修身各教科書から初等教育史を考察している。その際、朝鮮・日本が各教科書の中でいかに捉えられているかを明らかにする。特に第3編では、日本植民地時代の教科書を、①韓国併合直後、②「忠良ナル臣民」期、③「一視同仁」期、④「八紘一宇」期に区分して論述する。そして、例えば、『朝鮮語読本』に掲載されていた朝鮮人の歴史的人物が植民地時代になると、ゼロとなり、三・一独立運動後、再登場するが、統治上の障害になると見なされ、武人は除外され、朝鮮語時間の減少、消滅によって歴史的人物のみならず、朝鮮関係の記述が全般に減少していった。第4編は解放・独立後における韓国の国語教科書をとりあげ、武人を含む朝鮮の歴史的人物が一挙に多数再登場するのに対し、当然のことながら日本の歴史的人物が大幅に減少し、それも否定的に扱われたとする。

第2節　韓国歴史教科書の中の韓国・朝鮮

はじめに

　韓国の歴史教科書は、自らの歴史である韓国・朝鮮史を果たしていかなる視点から、いかなる史実をとりあげ、どのような論理構成で記述しているのであろうか。この点は重要である。ここでは、『韓国の中学校歴史教科書（中学校国定国史）―世界の教科書シリーズ13』（三橋広夫訳、明石書店、2005年。なお、本教科書は盧武鉉政権時代に作成）をとりあげる。これは高校歴史教科書ではなく、中学歴史教科書である。これをとりあげる理由は、高校歴史教科書は政治・経済・社会・文化などテーマ別にとりあげており、他国教科書との比較検討に適さないこと、また韓国の中学校歴史教科書は自国史のため、他国の高校教科書以上に詳細、かつ時系列にとりあげており、その理念、歴史認識、実態把握について比較検討しやすいことにある。ただし、『韓国の高校歴史教科書』の関連する重要部分は摘出し、〔註〕に挿入している。

　ところで、『朝日新聞』（2008年12月25日）の記事によれば、韓国内でも歴史教科書問題で混乱が生じ、政府当局は韓国高校の近現代史教科書計6冊の内、4冊53ヵ所に修正を勧告した。その背景には、2008年2月発足の保守系・軍事政権の流れをくむ李明博政権が、独立運動、軍事独裁の評価、および北朝鮮の一部の記載を巡り、「憲法の精神に欠け、偏向している」、「韓国の正統性を損なってはならず」、「北の社会主義に正統性があるかのような教科書がある」として修正を求めたことにある。これは革新系の盧武鉉前政権の教科書姿勢に対する揺り戻しとされる。それに対して、執筆者や教員労組が「言論弾圧」、「表現の自由を侵害された」と反発、対立が深まっているという。なお、韓国の「国史」〈韓国史〉は国定教科書、近現代史は民間出版社本を検定するシステムである。したがって、本教科書は国定で、それも高校ではなく中学教科書なので、直接には問題になっていないと思われるが、日本に関する記述というよ

り、朝鮮民主主義人民共和国（北朝鮮）評価問題を巡って動揺をきたしているようにも見える。その上、2013年には韓国教科書は全面改訂の予定とする。

I　韓国における歴史教科書の内容と特色

『韓国の中学校歴史教科書（中学校国定国史）』（三橋広夫訳）の近現代史部分「Ⅷ」〜「Ⅹ」をとりあげる。

「Ⅷ　主権守護運動の展開」
1　独立協会と大韓帝国
(1)「乙未義兵が起きた理由は？」
　「三国干渉でロシア勢力の優位が現れると、日本に対して不満を抱いていた高宗と明成皇后〈閔妃〉は、ロシア勢力を利用する政策をおし進めた」。日本はこうした動向に困惑し、明成皇后を朝鮮侵略を妨害する人物と考えた。そこで、王宮で「明成皇后を殺害するという蛮行を犯した」（乙未事変、1895年）。一方、親日内閣は陰暦廃止と陽暦使用、郵便制度実施、断髪令などの改革をおこなった（乙未改革、同年）。日本による皇后殺害と内政干渉、特に断髪令は国民の怒りを爆発させた。これは表面的には近代化政策であったが、「韓国の伝統を断ち切って韓国人の民族精神を弱めようとする」日本の政略が隠されていた。したがって、断髪令に抗議して官職を辞退したり、学生が退学する事態が発生した。これらを契機に抗日義兵が起きるようになった。「義兵運動は日本の侵略をくい止め、国と民族を守る民族運動の流れの一つ」との評価を与える（222〜225頁）。

【コメント】　高宗らはロシアより日本が危険と考えてのことであろう。その上、日本は邪魔な存在とはいえ、閔妃殺害という野蛮な側面を見せた。断髪令も「韓国人の民族精神」を弱める日本の陰謀と見なす。多くの抵抗運動に言及し、義兵運動に対しても「日本の侵略をくい止め」、「民族運動の流れの一つに続く〈を形成する〉ことになった」と評価は高い。

(2)「独立協会の指導層がつくろうとした社会は？」
　明成皇后殺害に不満をもっていた高宗はロシアの助力で日本の脅威を避けられると考え、居をロシア公使館に移した。これを「俄館播遷」という。高宗は約1年間、ここに留まっている間、ロシアは財政・軍事顧問を送って内政に干渉した。この時期、ロシアをはじめ、アメリカ、日本などは鉱山採掘権、鉄道敷設権などの経済的利権を奪った（226頁）。

　こうした状況下に、国民の間に国の自主独立を守ろうとする動きが起きた。徐載弼と開明派知識人らが中心となって独立協会を組織した（1896年）。「特に、独立協会は国民

の権利を尊重する政治」の必要を述べ、「これが国を富強にする根本だ」と主張した。また、外国が利権を奪うことに反対した。活動の中で活溌であったのは一般市民参加の万民共同会であった。近代的な議会政治など、革新的改革も国王に建議した。こうした言動に脅威を感じた一部の保守的な政治家たちは、独立協会幹部を逮捕させ、ついには解散に追い込んだ。とはいえ、その「活動は国民の間に自主独立の意識を拡大し、以後外勢〈外国勢力〉の侵略に対抗する民族運動の展開に大きな影響をおよぼした」（226～228頁）とする。

【コメント】　開明的知識人らによって組織された独立協会も「保守的な政治家」によって弾圧され、解散されている。それほど朝鮮政府内部も時代の流れを見通す政治家に欠け、保身に傾き、腐敗が進んでいたことの傍証となるであろう。独立協会は挫折したとはいえ、その後の侵略に抵抗する民族運動への影響は大きいものであったと総括する。

(3)「**大韓帝国が自主国家をつくるために傾けた努力は？**」
　大韓帝国の成立：独立協会を中心に自主独立を主張する国民の声が高まると、高宗はロシア公館から一年ぶりに慶運宮（徳寿宮）に戻った。国の威信を高めるため、国号を「光武」と定め、皇帝即位式を挙行して自主国家の姿を整えた。
　光武改革：近代国家となるための諸改革をおし進めた。特に産業の発展と教育の振興に力を注いだ。農民生活の安定と財政確保のため、土地を新たに測量し、また商工業発展のため、各種会社と工場を設立した。技術者、経営者養成のための商工学校、実業学校、医学校などを設立した。多くの私立学校も設立された。国家防衛のために軍制を改編、王宮・ソウルを守る軍隊を増強し、また地方にも軍隊を駐屯させた。だが、政府高官の中には改革に反対する保守的な人物も少なくなかった。結局、独立協会を解散させた。特に政府高官の外国勢力依存的な姿勢によって、主要鉱山が外国人経営となり、鉄道敷設権も奪われた。このことは民族資本を養い、近代国家に発展する上で障害となった（229～230頁）。

【コメント】　周知のごとく、宗主国の清国が日清戦争で日本に敗北したことから、1897年に李氏朝鮮は国号を「大韓帝国」に改称した。これは清朝との宗属関係を解消し、自主的な「独立国」であることを示す狙いがあった。国王の高宗は自ら皇帝に即位して権力強化を図ったが、1905年第二次日韓協約で外交権を奪われ、日本の保護国となり、1910年に「韓国併合」で消滅した。ところで、「富国強兵」を目指す光武改革という改良政策の意義と限界、そして、その後に対する影響を明確に押さえる必要があろう。中国では民族資本家が改革、革命、利権回収運動、日本品ボイコットなどで急先鋒となった。朝鮮の植民地前、植民地後を含めて、中国との相違と共通性は何なのか、緻密な分析が必要なのかもしれない。

2　日帝の侵略と義兵戦争
　韓国の歴史教科書では「義兵戦争と愛国啓蒙運動は、抗日民族運動のもっとも大きな

2つの流れ」と位置づける点に特徴がある。
(1)「わが民族は乙巳条約にどのように抵抗したか？」
　清日戦争後、ロシアはわが国にも勢力を浸透させようとした。ロシアの勢力が大きくなり、日本との対立が激化すると、イギリスは同盟を結んで日本を助けた。露日戦争で勝利した日本はわが国に対する侵略を本格的におし進めた。日本はわが国の外交権を奪い、ソウルに統監府設置を主とする乙巳条約を強要した（1905年）。この条約によってわが国の外交権を奪ったばかりか、内政全般に干渉し始めた。
　高宗の拒否にもかかわらず、日本が条約を発表すると、民族の怒りが爆発した。商人が抵抗、学生も授業放棄した。元高官や儒生が条約無効を主張した。張志淵が『皇城新聞』で日本の侵略を非難、条約締結の先頭に立った親日大臣を激しく批判した。『大韓毎日申報』や『帝国新聞』も民族の抗日精神を鼓舞した（235〜236頁）。
　こうした状況下で、高宗は条約締結の無効を宣言した。特にアメリカに対しては朝米修好通商条約の相互協力条項を根拠にハルバートを特使として派遣し、支援を要請した。そして第2回万国平和会議が開かれていたオランダのハーグに李相卨、李儁、李瑋鍾を特使として派遣し、条約無効を国際社会に知らせようとした（1907年）。だが、こうした外交努力は列強の韓国支配を認める世界情勢の下では成功しなかった。

【コメント】　これには「学習の手助け」として「ハーグ特使」のコラムがあり、「日本の激しい妨害工作によって3特使は会議に列席」できず、それを痛憤した李儁が抗議の自殺したことが書かれている。高宗の条約締結無効の宣言、ハーグへの特使派遣など抵抗が続けられたことは重要である。

　他方、大規模な義兵が日本軍と戦った。代表的人物として閔宗植、崔益鉉、および平民出身の申乭石がいる。申が率いる義兵は数千人に達したが、彼が平民であったことは義兵運動が全民族的な国権守護運動として展開したことを意味する。この後、国内外で義挙活動が続けられたとし、サンフランシスコで田明雲らは日本の韓国侵略支持の発言をしたスチーブンスを射殺、また、安重根が「初代統監としてわが国侵略の先頭に立っていた伊藤博文」をハルビンで射殺し、「民族独立の意志を明らかに示した」ことなどが記述される（237〜238頁）。
　「義兵闘争の拡大」については以下の通り。高宗の強制退位後、日本は軍隊を強制的に解散した。これに抵抗して軍人は抗日闘争を展開、ソウル市内、晋州などで日本軍と戦った。解散させられた軍人は義兵部隊に合流し、組織的となり、近代武器を整え、戦闘力も向上した。これらは「汎国民的な対日戦争の性格」を有していたとする。
　ソウルから日本を追い出すため、各地の義兵部隊が連合する計画を立てた。これにより、1万人あまりの義兵が李麟栄を総大将に京畿道楊州に集結した。うち300人あまりの先発隊がソウル付近まで進軍したが、日本軍の先制攻撃を受けて失敗した。以後も各地で抗日戦が続けられたが、武器や戦闘経験の面で日本軍に比べて劣勢であり、義兵活動は次第に弱まっていった。一部の義兵部隊は後に満州に移動して、独立軍として活動した（240頁）。

【コメント】　安重根による伊藤博文暗殺を「民族独立の意志」を明らかにしたとして高い評価を与える。日本では、伊藤博文は開明的で、朝鮮植民地化に反対していたともされるが、初代統監になった以上、韓国で朝鮮植民地化・統治の象徴と見なされたとしても致し方ない。義兵に対しては、「全民族的な国権擁護運動」、「汎国民的」な「抗日戦争〈闘争〉」と見なす。なお、「1907年8月から1909年までに日本軍」に「虐殺された義兵」数として「1万6000人あまり」とする（240頁）。

　ここに、日本と領土問題ともなっている「独島〈竹島〉問題」が組み込まれている。「独島は鬱陵島に付属した島で、早くからわが国の領土として連綿と伝わってきた」が、「日本は露日戦争中に一方的に独島を彼らの領土に編入してしまった」という。「独島の強奪」として「1905年2月、日本は独島を『竹島』と名づけ、いわゆる島根県告示第40号」で「一方的に日本に編入した」とする。また「読み物資料」で、「于山（独島）と武陵（鬱陵島）の2島は県（蔚珍県）の真東の沖合にある。……新羅時代には于山国と称した」（『世宗実録地理誌』）（242頁）との説明を加え、主張を強化している。

【コメント】　領土問題は大変敏感な問題である。例えば、竹島〈独島〉に関しては日本・韓国双方が領有権を主張している。日本では、日本政府の見解に沿い、東京書籍が「韓国が不法占拠」、教育出版・清水書院・帝国書院などが「日本固有の領土」としている（『朝日新聞』2011年3月31日）。問題は具体的にいかなる理由で領土なのかを、日韓双方の教科書とも、両政府見解を正確に並記しておく必要がある。これは韓国の教科書のみならず、日本の教科書にも求められる姿勢であろう。両国民が都合のよい一方の政府見解だけを聞かされ、教育され、それを鵜呑みにすると、国家・民族紛争にまで拡大する危険性を内包する。そして、両国民を愚民化する。なお、この問題に関しては、池内敏「竹島・独島論争とは何か」『歴史評論』第733号、2011年5月などが参考になる。

3　愛国啓蒙運動

⑴「新民会が民族実力養成運動をおし進めた理由は？」

　「わが民族は抗日民族運動として義兵戦争とともに愛国啓蒙運動を展開した。……教育と産業を興して国を富強にしようとした。……このような過程で……国産報償運動を展開した」とある。

　　愛国啓蒙運動：独立協会は保守的な執権層よって解散させられたが、教育と産業を興して富国強兵をおこなうため、知識人や元役人が政治団体・教育・言論・学問・宗教・経済各分野で国民啓蒙運動をくり広げた。政治団体として輔安会は露日戦争中に日本による荒地開拓権の強要に反対する先頭に立ったが、日本によって解散させられた。その後、独立協会出身の人々による憲政研究会が組織され、近代的な立憲議会制度を主張した。乙巳条約以後、統監府により韓国人の政治活動が禁止されると、憲政教育会の中心人物は大韓自強会を組織し、高宗強制退位に反対する運動をくり広げた。

　　新民会の運動：統監府の抑圧に対して秘密裏に新民会が組織された（1907年）。新民

会は安昌浩、李昇薫らを中心に教師や学生が多く加わった。その活動目標は自主独立できる国民力量を養うことに置いた。特に民族教育の推進、民族産業の育成、民族文化の開発に重点を置いた。また、満州に独立運動の基地を建設した（245～246頁）。

【コメント】　愛国啓蒙運動は、知識人や役人が政治団体・教育・言論・学問・宗教・経済各分野で実施した。極めて広い範囲で各層各分野の国民啓蒙運動的色彩を有していたことは過小評価できない。これには、「日本の警察によって護送される新民会会員たち」の写真が付されており、「日帝はいわゆる105人事件を捏造して新民会を弾圧した」(246頁)とする。

(2)「近代教育と言論活動が民族運動におよぼした影響は？」

近代的学校に対して、「新しい学問を教え、民族精神を養い、外勢〈外国勢力〉の侵略に対抗する民族運動の基礎となった」との高い評価を与える。そして、政府が英語講習機関、及び咸鏡道の徳源では住民が元山学舎（1883年設立、住民と役人の出資）を建て、新知識と外国語を教えたが、これが近代教育の出発点とする。

その後、政府が育英公院（アメリカ人教師3人、両班子弟を対象）、また、外国人プロテスタント宣教師が培材学校、梨花学堂などを建て、西洋文化、英語を教えた。甲午改革過程でも、政府は師範学校、外国語学校、小学校を次々と建設、大韓帝国の成立後も中学校や各種実業学校を建てた。このように、「民族の自主独立、民権の確立」のために、教育を重視する姿勢が政府のみならず、国民の間にも広まった（247～248頁）、とする。

この後に「言論活動」が書かれ、ハングルと英文の『独立新聞』(1896年)の啓蒙、自主精神養成、外国人にわが国の状況を伝え、次いでハングルと漢文の『皇城新聞』は乙巳条約が発表されると、日本の侵略を糾弾する先頭に立った。また、『帝国新聞』は婦女子を対象にハングルを多用し、国民啓蒙や民族精神を高める論説、記事を掲載した（249頁）。

【コメント】　教育とマスメディアに関しては現場の教育のみならず、現在、歴史研究でも脚光を浴びている分野である。果たしてこれらが歴史的にどのような役割を果たし、影響を及ぼしたのか。当然、教育とマスメディア双方で当局と反対勢力の激しい言論合戦の場となった。本教科書でも、教育、マスメディアを極めて重視し、民族精神の育成、民族運動の基盤形成など、日本植民地体制に対する抵抗の観点から言及されている。

(3)「国債報償運動はなぜ起きたのか？」

経済自立運動：開港以後、外国の経済浸透に対抗して、民族資本育成に努力がはらわれ、運輸、銀行、鉱山分野などで近代的な経営体制が導入された。だが、「日本の経済侵略によって大韓帝国政府の財政自立は困難であった」(250頁)、と結論づける。

国債報償運動：日本はわが国の近代化を名目に道路、水道を整え、銀行、学校、病院などを設立した。こうした施設は日本人のためであったにもかかわらず、日本政府から

の借款という形態を強要された。国民は日本の干渉からのがれるため、その借金を国民の力で返還すべきと考えた。そうして、国債報償運動が1907年大邱で始まり、全国に拡大した。国民は禁煙・禁酒による金や指輪などを拠出、諸団体や言論団体も募金活動の先頭に立った。こうして、民族運動の性格を帯びて展開されたが、統監府の妨害で中止された（250〜251頁）。

【コメント】 また、本教科書は、経済自立運動、国債報償運動も対日レジスタンス、独立を目指すものと位置づけられ、その観点から評価する。こうした運動も挫折を余儀なくされ、インパクトの面から弱い感じもするが、レジスタンス、もしくは自立・独立の動きの広がり、方法の多重構造を理解し、考察する意味で重要であろう。なお、日本による「近代化」を全面否定する韓国の歴史教科書と、ある面、評価する台湾の歴史教科書の相違が際だつ。相違はなぜ生まれるのか。考える必要があろう。

「学習の整理」で、①愛国啓蒙運動は教育と産業を興し、富国強兵をおこなうもの、②新民会は教育・産業の振興、独立運動基地の創設、③近代教育は民族志士とプロテスタント宣教師による学校建設であり、近代知識の普及、民族意識を高めることに貢献、④言論活動は、『独立新聞』がハングルで書かれた最初の新聞で国民啓蒙に貢献、『皇城新聞』、『大韓毎日申報』は日帝の侵略糾弾、民族意識を鼓吹、⑤国債報償運動は国民の力で日本からの借金を返そうとする経済救国運動、とそれぞれ要約している（252頁）。

ここで、驚かされるのは「単元総合遂行課題」であり、「国を危機から救うために立ち上がろう！」とのタイトルが付してある。つまり生徒に対して、当時の歴史に入り込んで「自らどのようなやり方で、国を救うか」を考えよ、という実践的な問を発しているのである。まず、①「主題」で「救国方案文を書く」、②「目標」で救国運動の諸民族運動勢力の動きを調べる、③「内容」で、「日帝の侵略に対抗して展開されたわが民族の救国運動を理解し、……当時の人々の立場で、国を救うための方策を整理する」とある。特に④「留意事項」では、「この課題は当時の愛国者の立場で考える」とする。そして、どの立場に立つか選択するとして、㈠独立協会参加者、㈡大韓帝国での改革者、㈢義兵、㈣学校を設立し、民衆啓蒙を目指した教育者などを出し、自己の主張を提示することを求める（253頁）。

【コメント】 これは、他国教科書には見られない特色である。「生徒を一定方向に誘導

する点で問題」と批判的に考える人々もいる可能性もある。ただし、こうしたテーマ設定の適否はともあれ、当時の歴史に入り込み、ディベートをさせるというのは、別テーマであってもある意味で有効なやり方かもしれない。また、この中に社会主義者、共産主義者の選択肢を入れれば、より構造的な把握が可能となるであろう。なお、韓国の現状、中学生の発展段階などから難しいとは思うが、「親日派」も入れると、より構造的になるかもしれない。

「Ⅸ　民族独立運動」
1　「民族の受難」
　「学習概要」で、「国権を強奪された後、……朝鮮総督府の強圧的な武断統治を受けなければならなかった。朝鮮総督は立法権、司法権、行政権、軍事権を掌握し、憲兵警察を動員してわが民族の自由と権利を蹂躙し、土地と資源の収奪をほしいままにした。三・一運動後、日帝はいわゆる文化統治を掲げたが、それはいつわりの民族分裂政策にすぎなかった。……しかしわが民族は……ねばり強く独立運動を展開した」(256頁)。
(1)「日帝の憲兵警察統治の実像は？」
　「国権侵奪」〈「侵奪」は日本語になじまず、「横領」、もしくは「略奪」と訳した方がよいかも知れない〉：日帝は韓国植民地化のために、一進会の李容九ら親日派が日本との併合の各種請願書などを出した。このようにして、「国権侵奪」が韓国人の要請のように「偽装」した。そして、「日帝は軍隊と警察を全国各地に配置してわが民族の抵抗をあらかじめ遮断し、李完用を中心とする売国内閣、いわゆる合邦条約を締結した(1910年)」。この結果、「わが民族は国を奪われ、日帝の奴隷状態」に陥った（257頁）、とする。
(2)「日帝の経済収奪政策は？」
　土地の略奪：総督府は土地所有関係の近代的整理の名分で、土地調査事業をおし進めた。これにより、少数の地主を除いた大多数の農民の急速な没落をもたらす契機となった。土地申告主義により申告しなかった多くの人々が被害を被った。村の共有地、王室や公共機関所属の土地は所有者のいない土地に分類され、多くが総督府の所有地となった。総督府はこれらの略奪した土地を東洋拓殖株式会社、および韓国に来た日本人に安く譲り渡した（260～261頁）。
　「産業の侵奪」：日帝の「産業侵奪」政策によってわが民族の経済活動は大きく衰退し、民族産業の発展は抑圧された。日本の金融機関は日本商人の活動を支援し、新しい貨幣により韓国の金融を支配した。朝鮮総督府は会社令を公布して韓国人による会社設立を許可制とした。それは、韓国人の企業活動を抑制し、民族資本の成長を抑圧する措置であった。朝鮮人参、塩、タバコなどは専売制度となり、朝鮮総督府の収入となった。森林資源も朝鮮総督府と日本人の所有となり、金、銀、タングステン、石炭などの鉱山、韓国沿岸の主要漁場も、日本人がほとんど独占的に支配した。また、韓国を大陸侵略の足がかりとするため、鉄道、道路、港湾などを整えた（261～262頁）。

【コメント】　日本の強圧的な統治実態、経済・資源の略奪を目的としていることを明ら

かにする。鉄道・道路整備なども中国大陸侵略への基盤を確立するためとする。韓国資本主義化に貢献したとの議論もあるが、それを過大評価はできず、日本の国策に則り利権確保とその拡大を目指したという点は否定できないだろう。

食糧収奪：日本は第一次世界大戦を契機に都市人口が増大、深刻な食糧問題に直面した。日帝は韓半島で、品種改良、水利施設の拡充によって産米増産計画を実施して食糧問題を解決しようとした。日帝は増産量より多くの米を日本にもっていった。これによってわが国の食糧事情はかなり悪化した（262頁）。

表4-1　米の生産量と日帝の収奪量　　　　　　　　（単位：千石）

年度（平均）	生産量(A)	収奪量(B)	(A)−(B)	(B)/(A)%
1912〜1916	12,303	1,056	11,247	8.6
1917〜1921	14,101	2,196	11,905	15.6
1922〜1926	14,501	4,342	10,159	29.9
1927〜1931	15,798	6,607	9,191	41.8
1932〜1936	17,002	8,757	8,245	51.5
1937	19,410	7,161	12,249	41.1

注：なお、米の残留量（(A)−(B)）、および収奪の生産量における比率（％）は私が算出。

【コメント】　日中戦争・太平洋戦争との関係から重要な時期である1938〜45年が不明なことは遺憾であるが、この統計数字は興味深いものがある。1927〜1937年は朝鮮で産出された米の4、5割が日本に移送された。1937年は産米増産計画がある程度成功しているように見え、米の残留量は1224万9000石もあった。各年別統計ではなく、他にも統計数字がある可能性もあるが、実証的に種々考察する必要があろう。

2　「三・一運動」

「学習概要」で、三・一運動は高宗の死と二・八独立宣言を契機に、民族あげての運動で、完全な自主独立を主張したできごとであった。その結果、内には大韓民国臨時政府が樹立され、外にはアジア各国の民族運動を刺激した、とする。

(1)「三・一運動の展開過程とその意義は？」

三・一運動の背景：「独立運動は19世紀末以後、外勢の侵略に対抗して展開されていた国権守護運動の延長だった」。わが民族の独立運動団体は、民族自決主義の提唱〈アメリカ大統領ウィルソンは平和5原則を発表、植民地問題の解決に民族自決を提唱した〉の動きを知ってパリ平和会議に代表を派遣、独立運動の資金を集めた。日本留学の韓国人学生は変化する国際情勢を独立運動の機会と捉え、東京で朝鮮青年独立団を組織し、〈1919年2月8日、朝鮮YMCAにおいて〉独立宣言書と決議文を発表した〈これには、「読み物資料」として「二・八独立宣言決議文」が付されている〉。

三・一運動の展開：第一次世界大戦が終わる1918年から、国内では孫秉熙、李昇薫、

韓龍雲ら宗教界中心の民族運動指導者が民族をあげた独立運動を準備していた。ソウルでは孫秉煕ら民族代表33人が3月1日正午に「泰華館」〈泰和館？〉で独立宣言式をおこない、同時刻に学生と市民が「タプコル公園」〈パゴダ公園〉で独立宣言書を朗読し、太極旗をうち振って独立万歳デモを繰り広げた。各地方でも万歳デモを展開した。日本の警察と軍隊は平和的方法で「独立万歳」を叫ぶデモ隊を、銃剣で鎮圧した。日本軍は華城堤岩里の住民を教会に押し込んで火をつけ、銃撃を加える蛮行をおこなった。数多くの民家や学校なども日帝の蛮行によって破壊されたり、焼かれてしまった（266～269頁）。

「学習の手助け」には、忠清南道で独立万歳デモを指導した「柳寛順の抗日戦争」が載っている。「柳寛順は裁判所で『私は堂々たる大韓の国民である。大韓の人である私がお前たちの裁判を受ける必要もなく、お前たちが私を処罰する権利もない』と叫び、抵抗した」。「法廷侮辱罪」まで加算され、女性として最高刑の懲役7年の判決を受けたが、獄中闘争をくり広げ、激しい拷問で「殉国」したとする。

また、「読み物資料」には『韓国独立運動の血史』の一部が掲載されている。「三・一運動以後、わが民族は老若男女と内外、遠近を問わず、一つになって活動し、一致団結して動き、水火も問わずに飛び込み、数多くの死も厭わなかった。これまでは伊藤博文を狙撃した者は安重根1人だったが、今日では数百の安重根がいる。……すなわちすでに運動は展開〈開始〉されたのである（朴殷植）」（269頁）。

三・一運動の意義：三・一独立運動は「韓民族の民族独立運動を一つにまとめ、民族をあげて展開された最大規模の独立運動だった」。三・一運動はわが民族の目標が完全な自主独立であることを確認させ、国内外で多様な展開をみせ、その結果、大韓民国臨時政府が樹立された。三・一運動は「日帝強占期はもちろん、以後民族が分断された時期にもわが民族を一つにまとめる精神的土台となった」。更に、アジア各地の民族運動にも少なからぬ影響をおよぼした。特に、その影響により中国やインドでは大規模な民族運動が展開された（270頁）。なお、「三・一運動の規模と被害」として、集会総数は1542回、参加人数は202万3098人、検挙された者は4万6948人、死亡者は7509人、負傷者1万5961人（同頁）との統計数字が示されている。

【コメント】 朝鮮三・一独立運動に関しては具体的事例も幾つもだし、力点を置いていることがわかる。三・一独立運動に「国権守護〈擁護〉運動の延長」との位置づけを与える。そして、その流れの中で大韓民国臨時政府が樹立されたとする。アメリカ大統領ウィルソンの民族自決に強い影響を受け、独立運動が展開されたという歴史の流れを押さえている。ただしロシア十月革命の影響への言及はない。三・一独立運動が中国、インドに影響を与えたことは事実である。「平和的方法」としているものの、エジプトのワフド運動などを包括して、さらに世界史において非暴力抵抗が重要な位置にあったと、もっと強調してもよかったのではないか。また、レジスタンスの継続を強調するため捨象されてしまったのだろうが、この運動によって朝鮮植民地支配がいかに変わったのか、もしくは変わらなかったのかを具体的に指摘することも大切と

(2)「大韓民国臨時政府の樹立過程とその活動は？」

　大韓民国臨時政府の樹立：漢城政府〈三・一独立運動中にソウルに13道の代表が集結、政府樹立を宣言〉、上海の大韓民国臨時政府、さらにアメリカなどでも臨時政府樹立を推し進めた。沿海州でも大韓国民議会という臨時政府が組織された。こうした国内外に樹立された種々の臨時政府は上海の大韓民国臨時政府に統合した。大韓民国臨時政府は自由民主主義と共和制を基本とした国家体制を整え、李承晩を初代大統領に選出した。

　大韓民国臨時政府の活動：臨時政府は金奎植をパリ講和会議に民族代表として派遣し、韓国独立を主張、アメリカに欧米委員部を設置してアメリカ政府、国民に独立を訴えた。また、臨時政府は「連通制」（秘密行政組織を通じて国内外の連絡するシステム）により国内各地域の独立運動を指導し、資金を準備した。そして、『独立新聞』を発行し、国内外の同胞の独立精神を喚起し、各独立運動団体に方向性を示した(271〜273頁)。

【コメント】　中国上海、アメリカなどに大韓民国臨時政府が樹立された事例は三・一独立運動後の抵抗という側面と、独立を回復した後の受け皿を考察する上で看過できない事実といえる。また、『独立新聞』発行の意義にも言及する。

3　「独立戦争の展開」

　「学習概要」では、「三・一運動以後、わが民族の独立運動はいくつかに分かれて展開された。その主な流れの一つは、日帝の侵略に武力で対抗して戦う独立運動と義挙だった。独立戦争は満州や中国本土を根拠地にして、日帝が敗北するまで絶え間なく展開された。特に大韓民国臨時政府は韓国光復軍を創設して日帝に宣戦布告をし、連合軍とともに対日戦争に参戦した。そして義烈団や韓人愛国団のような愛国団体も義挙活動を通して民族精神を呼び覚ます役割を果たした」(275頁)。

【コメント】　大韓民国に繋がる民族系運動のみをとりあげ、ここでは、北朝鮮に繋がる社会主義系は完全に捨象している。私見によれば、この双方が日本の侵略に抵抗し、打撃を加えており、一方だけでは当時の抵抗状況を正確に明らかにできないのではないか。

(1)「独立軍の武装独立戦争が収めた成果は？」

　間島地方に居住する同胞社会を基盤に独立運動の基地を建設した。「国を失った後も間島地域には多くの学校が設立され、軍事訓練も実施して武装独立運動の基礎を整えていった。……国内の民族教育運動と武装義兵活動は、日帝の武断統治によって衰退せざるをえなかった。そうして日帝の手があまりおよばない豆満江の対岸の龍井、延吉、琿春などの韓民族集団居住地域が抗日民族運動の中心地となった。……特に、間島地方の大韓独立軍、北路軍政署軍……と沿海州の血誠団などが代表的な独立軍部隊だった。……これらの中には……国内に進入し、日本軍と警察署など植民統治機関を攻撃して多

くの戦果を上げた」(276頁)。

【コメント】　本教科書は、学校での民族教育と武力抵抗を両輪として重視していることがわかる。間島地方は複雑な地域で、植民地朝鮮から脱出した独立運動家を含め、約50万人中、朝鮮人（当然のことながら韓国系も包括）が38万人（76％）、中国人が12万人であった。このように、朝鮮人の方が圧倒的に多く、その「民族基盤」と称されるほどであった。1930年農業恐慌によってさらに多くの朝鮮人農民が移住した。さらに日本は間島地方の朝鮮人を利用し、彼らを梃子に満洲進出を画策した。間島地方の朝鮮人が、結果的に日本による満洲侵略の急先鋒としての役割を果たす場面が出現したのである。したがって、朝鮮人と現地中国人との矛盾対立も激化していく必然性があったといえよう。

(2)「愛国の志士たちはどのような義挙活動を展開したか？」

義烈団：「独立軍の活動と大韓民国臨時政府の組織的な対日闘争が展開されるとともに、愛国の志士たちは秘密組織を結成して日帝植民統治機関を爆破したり、国内外で日本人要員を射殺するなどの闘争を続けた」。義烈団の金益相は朝鮮総督府に爆弾を投げ、金相玉は独立志士に残忍な拷問をおこなった鍾路警察署に爆弾を投げて大被害を与えた。そして、羅錫疇は東洋拓殖株式会社で幹部を射殺し、日帝警察と市街戦をくり広げた。また、日本在住の朴烈は皇室の結婚式の日、天皇父子を「とり除く」準備中に発覚し、日本敗北まで22年間、獄中にあった（278〜279頁）。

韓人愛国団：金九の率いる韓人愛国団の団員李奉昌は、1932年東京で「韓国侵略の元凶である日本国王（天皇）」を処断するため、馬車に爆弾を投げつけたが成功しなかった。一方、同じ団員である尹奉吉は上海の虹口公園（現在の魯迅公園）で開かれた「上海占領祝賀記念会場」に爆弾を投げつけて日本軍をこらしめた。「尹奉吉義士の義挙は当時日本の侵略を警戒していた中国人に大きな感動を与え、中国政府と中国人が韓国人の抗日独立闘争に積極的に協力する重要なきっかけともなった」(279頁)、と高く評価する。

【コメント】　天皇に対するテロ活動を含め、すべて「義挙」ととらえ、レジスタンスの一環として高い評価を与える。閔妃殺害の事例などを考えると、その報復としての意味合いもあった可能性もある。また、困難な中でも日本に対する民族主義に燃えた抵抗は消えることがなかったことを生徒に教えようとしている。さらに万宝山事件で冷え込んだ中朝関係が、こうした「義挙」をおこなう中で連帯が強まっていったことは事実である。

(3)「韓国光復軍の組織と活動のようすは？」

韓国光復軍の創設：「大韓民国臨時政府は中日戦争が起きると、中国政府とともに上海から重慶に移って新しい体制で独立運動を指揮した。……独立戦争を効果的に展開するため政府組織を主席制に変え」、金九が主席に就任した。一方、日帝の中国侵略が激しくなり、満州地域の独立軍の活動はかなり制約されるようになった。そのため、独立

軍部隊は中国の内陸に移動したが、大韓民国臨時政府はこれらを土台として韓国光復軍を編成した[7]（280頁）。

韓国光復軍の活動：「日帝が太平洋戦争を起こすと、大韓民国臨時政府は日本に宣戦布告をし、連合軍とともに独立戦争を展開した。このとき、韓国光復軍は中国各地で中国軍と協力して日本軍と戦い」、遠くはインドやビルマ戦線でもイギリス軍とともに対日戦闘に参加した。一方、1938年、金元鳳を中心とする朝鮮義勇隊は中国軍と協力し、日帝に対抗して戦い、一部は韓国光復軍に合流した。だが、合流しなかった人々は華北で社会主義系独立運動家とともに、1942年朝鮮独立同盟を組織し、朝鮮義勇軍と名前を変えて抗日闘争を継続した。アメリカ在住の同胞でアメリカ軍に参加する者もいた。その結果、列強は韓国独立問題に関心を持つようになった。こうして、カイロ宣言（1943年）とポツダム宣言（1945年）で、韓国独立を約束する土台が築かれた（280〜281頁）。

【コメント】　海外における韓国・朝鮮人の抗日運動は捨象できず、またそれとの中国・英・米との関連を指摘している。こうした視点がなければ、その抗日運動を正確に押さえることはできない。他方、日本の歴史教科書がこうした視点が稀薄なことは遺憾である。なお、ここでも現在の韓国に連続する韓国光復軍、大韓民国臨時政府を重視する。ただし中国政府の中でも最右派に属する陳立夫ら「C・C」系と結びついたことは押さえておく必要があるかもしれない。特筆すべきは現在の北朝鮮に繋がる社会主義系独立運動家、朝鮮義勇隊・朝鮮独立同盟を評価していることであろう。

4　「国内の民族運動」

「学習の概要」で、「三・一運動以後、国内の民族運動はさまざまに展開された。民族資本家たちが中心となった民族運動は物産奨励運動と民立大学設立運動だった。学生は6・10万歳運動や光州学生抗日運動の先頭に立った。一方、日帝の民族抹殺政策から民族文化を守る努力によって韓国語〈ハングル〉とわが歴史の研究も活発だった」（284頁）。

【コメント】　暴力抵抗と合法的抵抗がいかに矛盾しながらも、いわば両車輪として、いかに抗日運動として展開していくのかを深く考察する必要に迫られているといってよい。

(1)「民族実力養成運動がおし進められた方向は？」

経済的民族運動：1920年代の民族運動は、経済的、社会的、文化的な面で民族の実力を養成する方向で展開された。物産奨励運動は民族産業を発展させ、民族資本を育成し、経済的自立を図ろうとするものであった。そこで、自給自足、国産品愛用、消費節約を掲げた。一方、農民と労働者は日帝の経済的搾取に対抗して小作争議や労働争議を起こしたが、経済闘争と同時に、抗日独立運動の性格ももっていた。

教育と言論活動：日帝の教育差別に対抗して、民族の力で大学を設立しようとする民立大学設立運動がおこなわれた。設立期成会を組織して、全国的な募金運動をくり広げ

た。しかし、日帝の抑圧と干渉で成功しなかった。一方、学生は休暇を利用して農民啓蒙に立ち上がった。彼らは夜学や講習所を建ててハングルを普及させ、民族意識を高めようとした。さらに民族実力養成運動には言論機関も積極的に参加し、朝鮮日報社は文字普及運動を、東亜日報社は非識字者撲滅運動を主導した。だが、こうした活動に対して、日帝は検閲、記事削除、停刊などの弾圧を加えた（285〜287頁）。

【コメント】　日本植民地下の韓国・朝鮮で経済・教育・言語・マスコミなど自立化運動が多方面で繰り広げられたことが主張される。私はこの点は重要であると考える。なぜなら、これらは植民地下でも民族の自尊心を護り、未来における独立を可能とするからである。そして、そのことは同時に日本の植民地支配がいかに無謀で、抑圧的なものであったかを我々日本人にも突きつけることになる。

(2)「6・10万歳運動や光州学生抗日運動はなぜ起きたのか？」

　6・10万歳運動：学生たちは、三・一運動以後の民族運動でも中心的役割を担った。日帝の監視と弾圧下でも講演、演劇、夜学、農村啓蒙運動などをおこなった。学生たちは民族差別教育に反対し、日本人教師による韓国人学生蔑視に抵抗し、同盟休校運動を展開したりした。1926年大韓帝国の最後の皇帝純宗の葬儀の日、学生たちは万歳デモを始めた。市民も結集したが、武装警察に制止された。6・10万歳運動は、三・一運動以降、「沈滞していた国内の民族運動に大きな活力を呼び起こした」（288頁）、と評価する。

　光州学生抗日運動：1929年11月光州で韓日学生間に起きた衝突をきっかけに、大規模な学生デモが起きた。これは全国的に広まり、一般人も加わった。この運動が全国的な民族運動として展開したのは、1927年結成の新幹会の活躍が大きかった。光州学生運動は民族差別への反対闘争であり、三・一運動以後の反日学生闘争の中で最も大規模な運動であった。そして、「同盟休校から街頭デモに発展し、日帝植民地統治を正面から否定した」という（288〜289頁）。

　「学習の手助け」では、新幹会がとりあげられる。すなわち、新幹会は民族主義グループと社会主義グループが共に参加した最大規模の政治・社会団体で、地方にも組織をもっていた。新幹会は、一部の勢力が日帝の民族分裂政策に取り込まれて、「独立」ではなく、「自治」を主張すると、「日和見主義」として排斥した。新幹会は日帝の植民地機構の廃止、差別教育の禁止を主張し、かつ韓国語教育、学問・研究の自由を主張した。光州学生運動が起こると、警察の不当なやり方に抗議するとともに、全国的運動に拡大するように計画した。日帝はあらゆる方法で、新幹会の活動を妨害した。その後、新幹会内部で路線対立から内紛が起き、解散した（289頁）。

【コメント】　三・一独立運動以降の学生運動の重要な意義を強調する。また、新幹会は民族主義グループ・社会主義グループ合体の最大規模の政治・社会団体で、地方組織をも有していたが、遺憾なことに路線対立から分裂したとする。なお、それぞれのグループの意義と限界を明確に押さえる必要があるといえよう。多くの可能性がありな

がら、自滅していくことが、現在も続く韓国・北朝鮮の対立の問題点をも想起させる。こうした分裂こそが、北朝鮮のみならず韓国自体の国際評価を下げ、民族として過小評価され、自らの自尊と力量をも削減させている事実に気付くべきであろう。そして、そのことこそが、韓国と北朝鮮が国家としても、かつ民族としても乗り越えなくてはならない点といえよう。

「Ⅹ　大韓民国の発展」
「光復」(植民地からの解放)について書かれる。「1945年8月15日、日本の降伏で第二次世界大戦が連合国の勝利に終わると、わが民族は日帝の苛酷な植民統治から抜け出して、夢に描いていた光復を迎えた」。それは「アメリカとソ連をはじめ連合国の勝利がもたらした結果でもあるが、それまでわが民族があらゆる犠牲をかえりみず日帝に抵抗し、ねばり強く展開してきた独立運動の結実でもあった」と総括する。それゆえ、「連合国の指導者もカイロ会談やポツダム会談でわが民族の独立を約束せざるをえなかった」(299頁)。なお、これには、「光復の喜び」として沢山の人々が独立万歳をしている写真が載せられている。

【コメント】　米ソなど連合国による対日勝利と認める一方、韓国・朝鮮民族の抵抗、「独立運動の結実」とする。この把握は大筋として歴史的事実といえよう。ただし中国における抗日戦争などを軽視し、「連合国」に解消してしまっていいものか否か。なお、東京裁判に関する記載はない。このことは、日本の戦争犯罪よりも、その後の分裂、朝鮮戦争を重視していることと関連するものと考えられる。なお、日本敗戦が周辺諸国・諸民族に喜びとして迎えられた歴史事実を、我々日本人は十分考える必要があろう。

おわりに

以上のことから以下のようにいえよう。
　韓国の歴史教科書が自国史なので最も詳細、かつビビッドに記述している。そして、全般的に具体的な内容に踏み込んで述べており、その点で他国教科書の追随を許さない。だが、自国史、もしくは自国民の活動を肯定的に評価しようとするあまり、視野が逆に狭くなっている面もあるのではないか。
　その特徴であるが、第1に、韓国併合の不法性を前提に、テロをも含む、あらゆる抵抗形態を肯定し、レジスタンスと位置づける。これは民族自尊の問題とも密接な関連を持つのであろう。すなわち、日本植民地体制の破壊・打倒を目的とする運動から、植民地の枠内で人権改善、差別撤廃を求める改良主義運

動まで、あらゆる形の抵抗を例に出し評価する姿勢で一貫している。

　第2に、韓国併合を、植民地を多数保有していた欧米中心の立場に立脚して、条約などを合法とする日本側共同報告研究者の主張と真っ向から対立し、その不法性を前提とする。

　第3に、重要な点は、韓国併合前、併合後、そして三・一独立運動、臨時政府樹立、光復軍の活動と日本敗戦まで連綿として継続する抵抗闘争・活動として強調している点である。ただし、現在の北朝鮮に繋がる社会主義系独立運動家、朝鮮独立同盟・朝鮮義勇軍を評価している点は注目されるとはいえ、遺憾ながら、その実態や相互関係に踏み込むまでには至っていない。民族系、社会主義系の双方が日本の侵略に打撃を加えた歴史的事実を鑑みれば、前者のみに傾斜し、後者を軽視しては正確な歴史を再現できない。

　第4に、現在の韓国・北朝鮮の確執を遡及させて歴史を描くと、当時の歴史実態からかけ離れる。ここに韓国の歴史教科書の最大の欠点がある。また、日本にすり寄って利益を得た人物（こうした人々も多種多様で一概には論じきれず、問題人物も多く、逆に冤罪も多くあろう）に関しても一定程度記載すれば、歴史の複雑さを生徒に理解させ、考える契機となるであろう。

　第5に、当時の韓国・朝鮮は亡国となり、約35年間も日本に飲み込まれ、世界に存在しなかった。その怒りが韓国の歴史教科書の根底に流れている。また、こうした実態にあったからこそ、抵抗を梃子に多くの歴史的事実を構造的に記載しているという長所を有しながらも、自国民族に焦点を合わせすぎた結果、世界の動向に対しての目配りの稀薄さ、およびこれら運動の世界史における位置づけ、分析が不足している点は惜しまれる[8]。

〔註〕
1）大韓民国〈韓国〉建国後の教育最高法規は1949年12月制定の「教育法」である。その方針は、大統領朴正煕が宣言した『国民教育憲章』の「反共民主精神に透徹した愛国愛族が我々の生きる道であり、自由世界の理想を実現する基礎である」に則り、「反共主義」、「民族主義」が一貫して強調されていた。だが、1990年代、冷戦の終結によってイデオロギー優先・「反共」方針から大転換を見せはじめた。そこで、教育部は1994年11月に、翌年度から全教科の裏表紙に印刷されていた『国民教育憲章』を削除を決めた。1997年には「教育法」を廃止し、新たに「教育基本法」、「初等・中等教育法」を制定した。この結果、教育制度改革、教育内容改革など教育民主化が推進されるとともに、教員・地域・父母代表からなる学校運営委員会も設置された（斎藤里美編著『韓国の教科

書を読む』明石書店、2003年、11～16頁など参照）。2000年代、特に2003年に盧武鉉が大統領に就任すると、平壌首脳会議や南北共同宣言など緊張が緩和し、教科書から「反共」的記述が減少した。そして、ある面では北朝鮮にも配慮し、「日帝対韓国・朝鮮民族」を強調し、社会主義・共産主義勢力に一定の評価を与え始めた。そして、その後の李明博政権下で再び揺り戻しの現象があらわれ、「反共」的姿勢が示され始めた。このように、韓国の歴史教科書は政権が変わるごとに「反共」や北朝鮮との関係を巡って左右に揺れる傾向がある。

2）『韓国の高校歴史教科書（高等学校国定国史）』（三橋広夫訳、明石書店、2006年）は、例えば政治・経済・社会・文化などに分類して縦断的に叙述している。そのため、横断的な比較検討に適していない。なお、「国史」〈韓国史〉が「暗記科目」と見られる傾向があり、それを克服するため、人名、事件名などを減少させ、選定された内容を深く学習できるようにしたとする。また、「韓国史と世界史」では、「世界史的普遍性と地域的特殊性」双方のバランスをとって把握する必要があるとする。具体例として儒教や仏教など中国からの外来思想を受け入れながらも、「韓国化・土着化」に重点が置かれ、「民族的自尊心」、「自負心」が強調される。現代においては「民族の主体性を堅持」するものの「開放的民族主義」に基づき、「排他的民族主義」や「外来文化への追従」を否定する（6～7頁参照）。とはいえ、この教科書を読む限り、他国教科書に比して、韓国の「国史」はバランスに言及しながらも、自国史・民族史を重視するあまり、全体として世界史の流れ、その中での位置づけへの意識は相対的に弱いように感じられる。

3）「韓国、教科書問題が激化」『朝日新聞』2008年12月25日。

4）韓国・朝鮮人の世界への移住は、日本人、華僑の世界的な移動とも関連するので、ここに要約しておきたい。①1910年頃、間島をはじめ満州地域の韓人は20万人を超えた。②ロシア政府は沿海州の開拓目的で韓人移住を許可した。韓人は土地工作、荒地開墾に従事した。ウラジオストク、ハバロフスクなど沿海州に移住した韓人は、20世紀初頭、8万人を超えた。そして、新韓村100余を建設、自治機構をつくり、学校を設立して民族意識を吹き込んだ。乙巳条約以降、ここは「国権回復」のための武装闘争の中心地となった。③アメリカ移住は1902年のハワイ移民から始まった。農場主が大韓民国政府に韓国農民の移民を要請、政府の海外斡旋を受けてハワイに渡った。3年後には韓国移民は7000人余となった。仕事は砂糖黍農場だけでなく、厳しい鉄道工事、開墾事業に従事し、また差別を受けた。こうした中でも学校や教会を建て、自治団体を作って韓人社会を発展させた。その一部はさらにアメリカ本土、メキシコ、キューバなどに移住していった（『韓国の高校歴史教科書』250～251頁）。

5）国権を奪われた後、愛国の志士たちは間島や沿海州地方に集団居住地を切り開いて独立運動基地を建設し、抗日独立運動を準備した。彼らはまず各地域を中心に産業を興して経済的土台を整え、青少年に民族教育と軍事訓練を実施して武装独立運動を遂行しようとした。3・1運動以後、満州や沿海州一帯で多くの独立軍部隊が組織された。彼らは鴨緑江や豆満江を渡って「国内」〈植民地朝鮮地域内〉の日帝植民統治機関を襲撃、破壊し、日本軍警と激しい戦闘を展開した。……日本軍はこれに対する報復として「間島惨変」（1920年。独立軍に敗れた日本軍が間島一帯で同胞1万人余を惨殺し、民家2500余と学校30校を燃やした事件）を引き起こしてわが同胞を虐殺し、独立軍を討伐しようとした。このため、独立軍部隊は沿海州の自由市に移ったが、〈ソ連〉赤軍によって武装解除された。以後独立軍は再び満州に移動して各団体の統合運動を推し進め、参議府、正義府、新民府の3府（在満韓国・朝鮮人の自治機構であり、かつ武装独

立軍を編成）を組織した。……1930年代に満州で活動した多数の独立軍は、韓国独立軍や朝鮮革命軍に統合された。1930年代に入って中共軍と連合した東北抗日連軍の活動も続いた。そして金元鳳中心の義烈団系は中国国民党政府の協力を得て朝鮮義勇隊を組織し、朝鮮義勇隊から分かれた華北の朝鮮独立同盟系は朝鮮義勇軍を結成し、中共軍と連合して抗日闘争を展開した（『韓国の高校歴史教科書』（130〜132頁））。

6）『韓国の高校歴史教科書』では、抗日武装闘争を展開する過程で義挙を起こして民族の独立意志を鼓吹し、日帝の侵略を阻止しようとした人々もいた。彼らは個別に活動したり、金元鳳の義烈団、金九の韓人愛国団で活動しながら、植民統治機関を破壊したり、日本人高官、親日要人たちを処断した。その中で代表的な人物は李奉昌と尹奉吉だった。「主な義挙活動」として、①1919年、姜宇奎は斎藤総督に、②1921年、金益相は朝鮮総督府に、③1926年、羅錫疇は東洋拓殖株式会社に、④1932年、李奉昌は東京で「日本国王」（天皇）に、そして、⑤1932年、尹奉吉は上海虹口公園での「日本戦争祝賀式」で、それぞれ「爆弾を投げる」との説明が加えられている（131頁）。

7）『韓国の高校歴史教科書』によると、1937年に日帝が中日戦争を引き起こして中国本土を脅かすと、大韓民国臨時政府は、満州地域の独立軍と各地に散在していた武装闘争勢力を集めて重慶で韓国光復軍を創設した（1940年）。臨時政府が日本に宣戦布告をした後、韓国光復軍は連合軍と共同でインドやビルマ（ミャンマー）戦線に参戦した。また、アメリカと協力して〈日本〉国内進攻作戦を準備したが、〈1945年8月〉日帝の崩壊によって実現できなかった。また、「読み物資料」には、大韓民国臨時政府「対日宣戦布告文」（大韓民国臨時政府主席金九・外務部長趙素昻）1941年12月が掲載される。要約すると、3000万韓国人民と政府を代表して、中・英・米・ソ・カナダなど諸国の対日宣戦が日本を撃破し、東亜再建の最も有効な手段たることを祝う。①韓国全人民は反侵略戦線に参加し、枢軸国に宣戦する、②1910年の合併条約と一切の不平等条約は無効、③「倭寇」〈日本〉を韓国・中国、および西大西洋から完全駆逐し、最後の勝利を収めるまで血戦する、④日本製緑化につくられた「長春」〈「満洲国」〉、「南京政権」〈汪精衛政権〉は絶対に承認しない、⑤ローズベルト・チャーチル宣言〈カイロ宣言。1943年11月〉に則り、韓国独立実現のために「民主陣営」〈連合国〉の最後の勝利を願うなどであった（131〜132頁）。

8）在日韓国・朝鮮人の視点から書いたものに、在日本大韓民国中央民族教育委員会『歴史教科書 在日コリアンの歴史』（明石書店）、2006年がある。執筆者陣は姜在彦（花園大学客員教授）、姜徳相（滋賀県立大学名誉教授）等である。それによると、在日コリアンは、日本の植民地支配における負の遺産だが、その問題は、戦後日本社会のなかで、「その歴史に由来する正しい位置づけがなされて」いないとする。①日本の支配層が植民地時代の歴史を直視せず、民衆もまた唯一の原爆犠牲国として平和日本の側面だけを語ってきたことにある。「つまり日本人が、日本とアジアの関係に目を向けないまま戦後民主主義をめざしたことに、その最大の原因があった」（55頁）、とするのである。本教科書は戦中、戦後、いわば近現代史に焦点をあて、関東大震災での朝鮮人虐殺、強制連行・徴用・徴兵、そして戦後、日本の差別構造と闘いながら各種権利を獲得、また各界に進出、著名人も輩出するに至った「在日コリアン」史を記述する。

第3節　在日朝鮮人学校の歴史・社会教科書

はじめに

　本書のテーマが、「東アジアの歴史教科書問題」と銘打つ以上、日本、中国、台湾、韓国の各歴史教科書だけでは不十分さを感じていた。なぜなら朝鮮民主主義人民共和国〈以下、原則として北朝鮮と略称〉の歴史教科書に言及できないからである。北朝鮮の教科書が、近現代史に関していかなる歴史事実に着目し、いかなるアプローチをしているのか。その特色は何か。極めて興味深い。かくして、北朝鮮の歴史教科書を除いて本書は完成しないと考え、中国東北地方の吉林省延辺朝鮮族自治州にある延吉などで購入する努力をしたが、遺憾ながら入手できなかった。そこで、考えた末、それを補うため、次善の策として日本にある朝鮮人学校の歴史教科書を使用することにした。もちろん北朝鮮で実際に使用している歴史教科書と完全に同じものとは言えないかもしれない。特にとりあげる事件、例えば、日本国内で起こった事件などに関しては、朝鮮人学校の方が充実している可能性があり、それぞれに独自性があろう。だが、共通性もおそらく少なくなく、北朝鮮の近現代史に関する考え方にアプローチすることが可能と考えた。のみならず、在日朝鮮学校における歴史教科書の内容を押さえ、分析することは日本にある外国人学校の教科書を考察する上でも独自な意義がある。こうした考えに基づき、(1)朝鮮学校初級部（小学校）5年『社会』(2006年、日本語版)で基本的な歴史の骨組み、主要な事件、戦争などの記述の仕方を押さえ、(2)朝鮮中級学校2、3年『朝鮮歴史』(2011年、日本語訳) により内容、主張点、特色などに踏み込み、(3)朝鮮大学校歴史学研究室編『朝鮮史―古代から近代まで』朝鮮青年社 (1976年) で、史的唯物論との関係などに順次考察を加えたい。

I　朝鮮学校初級部(小学校) 5 年『社会』

　愛知朝鮮学園が中心となって、2006年ハングル教科書の日本語版が刊行された。拉致問題などで日本と北朝鮮との関係が悪化する中で、「教育内容を理解してもらうため」翻訳に踏みきったという。朝鮮総連教科書編纂委員会が2003年に編集し、全国の朝鮮学校で使用されている小学校教科書 4 年生の地理の一部（全99頁）、および 5 年生の歴史（全133頁）、6 年生の政治・経済・文化（全104頁）の全文とする。本書が主要テーマとしている中等教育ではなく、初等教育の教科書であるが、これを通じてまず基本的な歴史事実にどのようなアプローチをしているのかを押さえようと思う。

　教科書掲載の「ごあいさつ」（愛知民族教育対策委員会、2006年）によれば、民族教育が61年になり、4、5 世の子供を教える時代となった。そこで、朝鮮学校では、①同胞のニーズと日本の実情に考慮し、民族的アイデンティティと民族性を尊重する普遍的な教育を実施し、②民族自主意識と素養を備え、在日同胞社会に対する正しい歴史認識を持ちながら朝鮮半島と日本や国際社会で活躍できる資質や能力を備え、③日本社会で共生できる人材育成を目指して10万人の卒業生を輩出したとする。また、朝鮮学校では、「日本の学校で教える科目はすべて含まれ『偏った教育』ではなく日本社会で活躍出来る民族共生教育」を実施していると強調する。「国語（朝鮮語）」（1 ～ 6 年で計37コマ）と「算数」（計29コマ）を重視し、次いで「日本語」（計24コマ）である。「社会」は少なく、3 年週 1 コマ、4 ～ 6 年各 2 コマ（計 7 コマ）しかない。日本とのトラブルを発生しやすい歴史を含む「社会」を自己規制している結果であろうか。なお、「朝鮮歴史」は 6 年 2 コマ、「朝鮮地理」5 年 2 コマだけである。

　ところで、全面に朝鮮北南統一を打ち出している点が本教科書の特徴といえるであろう。確かに、「朝鮮民主主義人民共和国」の項には20頁を割き、国歌や国旗の由来を詳しく解説し、「強盛大国建設に力強く奮い立っている」と紹介し、また、在韓米軍について撤兵要求の「声が高まっている」とする。北朝鮮の国際的友好関係、経済発展が順調との評価、および失業者のいない社会主義賛美は実態とかけ離れている感も否めない。逆に資本主義社会への一面的批

判など疑問を感じるが、かなり抑制して執筆しているようにも見える。

では、教科書の具体的な内容に進みたい。朝鮮学校初級部（小学校）5年『社会』(2006年、日本語版)では、「1．わたしたちの朝鮮」(第1〜6課、2〜41頁)、「2．日本の歴史」(第1〜12課、42〜133頁)で構成されている。ここでは、「第11課 清日戦争」と「第12課 大陸侵略と日本の敗亡」をとりあげる。なお、読点が多すぎるため、その一部を省略している。日本語訳は煮詰まっていない部分もあるが原則としてそのまま引用した。

「第11課 清日戦争」
清日戦争　　朝鮮で起きた農民戦争を契機に、互いに対立していた清と日本は、1894年に清日戦争を始めた。この戦争は、日本が朝鮮に対する支配を強化しようとして起こした戦争であった。戦争に勝った日本は清と下関条約を結び、遼東半島と台湾を奪い、莫大な賠償金を得た。しかし、日本はロシヤ、ドイツ、フランス3国の干渉により遼東半島を再び清に返還した。清日戦争後、日本は朝鮮国王の王妃（閔妃）を殺害し、朝鮮に対する侵略をより一層強化していった。一方、日本は大陸侵略のための軍備を増強するのに力を注いだ（124頁）。

露日戦争　　清日戦争後、ロシヤと日本は朝鮮と満州へ勢力を広げようと互いに対立していた。大陸侵略を窺っていた日本は英国と日英同盟を結んだ。次に日本は1904年2月にロシヤ軍に対し奇襲攻撃をかけ、露日戦争を起こした。日本は物資と兵力の不足から戦争を続けることが出来なかった。また、ロシヤも国内革命が起こり、戦争を続けることが出来なかった。それで、日本とロシヤは米国の仲介でポーツマスにて講和条約を結んだ。戦争後、日本は朝鮮と大陸に対する侵略を更に露骨に強行するようになった（125頁）。

日本の朝鮮強占　　日本は1905年に朝鮮王の承認もなく、「乙巳5条約」を捏造して朝鮮の外交権を奪い、朝鮮に統監部を置き、内政に干渉した。日本は、1910年には朝鮮政府を脅迫して「韓国併合条約」を強制的に結び、朝鮮に対する植民地統治を更に強化した。日本は総督府を置き、朝鮮人民を銃刀で抑えつけた。日本は「土地調査」をするとして田畑を奪い、資源と産業を独り占めした。日本は、朝鮮の子供たちに朝鮮の言葉と文字、朝鮮の歴史と地理を学ばせないようにし、日本人に作り替え〈変え〉ようとした。土地を奪われた多くの朝鮮の人々は生きる道を求めて中国満州の地に行くか、日本の地に来ることになった。朝鮮の人民たちは植民地になった朝鮮を取り戻すために、1919年3月1日蜂起をはじめ、いろいろな形態の闘争を国の内外で勇敢に繰り広げた（126〜127頁）〈ここには、「反日義兵たち」、「3・1人民蜂起」、「安重根」の各写真が掲載されている〉。

【コメント】　このように、小学校の教科書であるので簡単ではあるが、朝鮮中心に、もしくは朝鮮から見た日清・日露両戦争を記述する。日本は「朝鮮政府を脅迫して『韓

国併合条約』」を結んだと断じる。そして、強圧的な朝鮮植民地統治の実態を「土地調査」や教育から記述するが、基本的な歴史事実といえよう。そうした状況に負けず、日本に対する抵抗という論の進め方は韓国の歴史教科書と同様といえよう。

「第12課 大陸侵略と日本の敗亡」

中国に対する侵略　1926年日本は昭和の時代に入り、深刻な不景気に直面した。都市では、多くの失業者が生じ、農村では農作物の価格が急速に下がり、人民たちはひどい生活苦にあえいでいた。日本はその出口を中国に対する侵略に求め、1931年9月18日、日本が支配している南満州鉄道の一部を、日本軍隊（関東軍）が爆破し、それを中国軍隊がしたかのような口実で中国を攻撃した。これを「9・18事変」〈満洲事変〉という（128頁）。日本は満州の全地域を占領したのち、1932年に傀儡国である「満洲国」を建てた。この時期、日本では一部の軍人が反乱〈5・15事件〉を起こして、政治に対する軍人たちの発言力が強くなった。日本は中国侵略を更に拡大した。1937年7月7日、日本軍は「廬〈盧〉溝橋事件」をでっち上げ、それに言いがかりをつけて侵略的な中日戦争を起こした。日本軍隊は南京をはじめ多くの都市を占領し、行く先々で中国の人々を虐殺した。中国人民は日本軍隊に反対して激しい闘争を繰り広げた（129頁）。

【コメント】　日本の不況、それに伴う失業者の増大、農作物価格の下落などによる日本民衆の生活苦を指摘する。そうしたことを背景に、その活路として日本は中国侵略を開始したとする。満洲事変だけでなく、盧溝橋事件も日本のでっち上げと断言する。また、虐殺は南京だけでなく、「行く先々で」おこなったとする。それにもかかわらず、中国人民も「日本軍隊に反対して激しい闘争を繰り広げた」。つまり日本による侵略は朝鮮だけでなく、中国でも抵抗に遭っていたことを児童に教える。

太平洋戦争と日本の敗亡　1939年ヨーロッパでドイツがポーランドを攻撃して第二次世界大戦が始まった。日本はドイツ、イタリアと軍事同盟を結び、米国、英国など連合国と対立した。日本は中日戦争を継続しながら、東南アジアにまで進入した。これは日本と連合国との対立を更に激化させた。1941年12月8日、日本はハワイの真珠湾にある米国の軍事基地を攻撃して太平洋戦争を起こした。戦争が長期性を帯びるようになると、日本は朝鮮の人々を日本軍隊に徴兵し、戦場の弾受けとして追う〈送り〉込んだ。また、多くの朝鮮人や中国人を強制的に日本に連行し、炭坑や鉱山、そして工場で、牛馬のように仕事をさせた（130頁）。日本に反対して朝鮮と中国を初めとするアジアの人民たちは力強い闘争を繰り広げた。……米国は1945年8月6日には広島に、9日には長崎に原子爆弾を落として多くの人たちが死んだ。ソ連は日本に戦争を宣布し、満州で日本軍に大きな打撃を与えた。戦争をこれ以上、続けることが出来なくなった日本はポツダム宣言を受け入れて無条件降伏をした（131頁）。

【コメント】　植民地支配の過酷さ。朝鮮人を「日本軍に徴兵し、〈日本兵を守るための〉戦場の弾受け」としての役割を担わせたとする。また、朝鮮人や中国人を労働力として日本に強制連行したことを指摘する。それに対する「朝鮮と中国を初めとするアジ

アの人民たち」の抵抗を中心に記述する。本教科書では、日本の敗戦理由を、アメリカによる原爆投下とソ連軍出兵の２つとしているように見える。

II　朝鮮中級学校２、３年『朝鮮歴史』

　本教科書は、「朝鮮高校への税金投入に反対する専門家の会」［代表：萩原遼］（星への歩み出版、2011年）によって日本語に訳されたものである。「原文に忠実に〈日本語に〉訳した」（「朝鮮中級学校『朝鮮歴史』の翻訳・刊行に際して」）とある通り、内容を見ても逐語訳している感があり、問題はないと判断した。ただし原文自体の問題なのであろうが、繰り返しが多く、本文引用の際、全体に冗長であることから重要部分を摘出しながら要約した。ところで、金日成に付される「将軍様」という尊称は歴史を客観的に認識する上で不要なので削除した。また、「日帝」も「日本」でよいとも思えたが、韓国の教科書も「日帝」と記述しており、双方とも日本の「帝国主義」側面を重視していると考え、「日帝」のままとした。その他、「長白山」、「白頭山」双方の名称が出てくるが同一であり、混乱を避けるため、朝鮮側の呼称である「白頭山」で統一している。文化活動、芸術関係は興味深いが、紙幅の関係から割愛した。なお、在日朝鮮・韓国人に関しての記述は時期によって分断され、わかりにくいので、（一）から独立させた形で（二）で１つにまとめた。

（一）本教科書の内容と特色

「８　反日義兵闘争と愛国文化運動」
　「露・日両勢力の朝鮮侵略強化」　日帝は朝鮮侵略の野望を実現するために、朝鮮封建政府の中から親露勢力を排除し、明成皇后を殺害するための凶悪な陰謀を企てた。1895年８月20日明け方、日本公使・三浦梧楼は日本「守備隊」と警察、やくざなど1000余名を率いて王宮を不意に襲撃した。これを「王妃虐殺事件」（乙巳事変）という。日帝の王妃虐殺蛮行は朝鮮人民のこみあげる民族的憤怒をかきたてたばかりか、国王も両班官僚たちも日帝侵略者たちを排斥するようになった。
　「乙巳５条約」と「統監府」　日帝は露日戦争を通して朝鮮からロシア勢力を追い出した。露日戦争後、日帝は米英帝国主義者たちの支持と後押しのもとに朝鮮占領策動を強化した。伊藤博文は1905年11月侵略軍を動員して王宮を幾重にも包囲し、皇帝・高宗に侵略的な条約を承認するよう強要した。しかし高宗は最後まで拒絶したが、李完用を

はじめ、売国逆賊たちは「条約」締結に賛成した。伊藤は外務省の印章をかすめとって捺印させ「条約」が締結されたと称した。この不法な「条約」を「乙巳5条約」というが、高宗の批准を得られなかった虚偽文書である。この条約を口実に、不法に朝鮮を占領した。そして「統監府」を設置し、「統監」を頭目とする植民地統治を実施し始めた。

「統監政治」と「韓国併合条約」 愛国志士の李相卨、李儁、李瑋鍾などが1907年6月、オランダの都市ハーグで開かれた第2次「万国平和会議」に高宗の密使として派遣され、日帝の朝鮮侵略行為を暴露し、朝鮮独立の支持を世界に訴えた。この事件を「ハーグ密使事件」と言う。日帝はこの事件を口実にして、高宗を強制的に皇帝の地位からひきずりおろし、純宗（李坧）を皇帝に就かせた。そして、侵略条約である「丁未7条約」をでっちあげ、朝鮮の内政権を奪い取った。日帝は1910年8月22日、売国逆賊・李完用らとともに、「韓国併合条約」をでっちあげた。

反日義兵闘争の再発と全国的拡大 1908年6月までに全国的に241の義兵隊が1451回の戦闘を繰り広げたが、義兵数は6万9800余名になった。義兵闘争のほかにも、愛国青年の中で日帝と売国奴を襲撃処断する大胆な闘争も繰り広げられた。1909年10月26日、安重根がハルビン駅で伊藤博文を、1903年3月、田明雲、張仁煥がサンフランシスコでスチーブンスンを処断した事件、1909年12月、愛国青年・李在明がフランス教会堂の前で売国逆賊・李完用を襲撃した事件を挙げることができる（15～18、20頁）。

【コメント】「王妃虐殺事件」を契機に、人民のみならず、国王も両班官僚までも日本を排斥するようになった。「乙巳5条約」は、条約を承認する高宗の批准を得られなかった虚偽文書で、その不法性を弾劾し、有効性がなかったとする。したがって、高宗は密使を派遣し、日本の侵略行為を告発、朝鮮独立を訴えようとした。だが、日本は高宗を皇帝の地位を剥奪、朝鮮の内政権を奪ったという。この辺の記述は韓国の歴史教科書と同一の考えに立っている。ただし李完用の記述は単純化されすぎてよくわからず、彼の思想、実態、役割の分析を深める必要がありそうだ。抵抗運動は激化し、日本の暴力的統治、やり方にレジスタンスとしての義兵、反日テロが発生した。この辺の記述も韓国の教科書とほぼ同じである。ただし韓国の教科書は暴力闘争に高評価を与えるが、同時に合法的な改良運動も積極的に評価する。それに対して北朝鮮の教科書は合法的な改良運動を手厳しく批判する。そうした違いがありそうだ。

「9　日帝の『武断政治』と3・1人民蜂起」
1）日帝の「武断政治」
〈「『総督府』の設置と『憲兵警察制度』」、「日帝の強制的略奪」（「土地調査令」／「会社令」／「朝鮮鉱業令」／「朝鮮林野調査令」）は韓国の教科書との共通性が多く略した〉

日帝の民族文化抹殺策動 1911年8月、日帝は「朝鮮教育令」（脚注：日帝に「忠誠で善良奴国民」養成のため、朝鮮語に代わり日本語を「国語」にした）を公布し、植民地奴隷教育を強要した。日帝は私立学校を大々的に廃止し、書堂〈私塾〉もなくした。1910年代初めに2100にもなった私立学校が1919年には760余りに減った。1911年に

「わが国」〈植民地朝鮮〉では朝鮮人普通学校が204、中学校は3校だけであり、大学は1つもなかった。朝鮮人民の80％以上が「文盲」〈非識字者〉であった。日帝は朝鮮語を弾圧し、日本語を公用語とした。各級学校で日本語を教えさせ、いたる所に日本語講習所を設置した。一方、学校では朝鮮歴史も朝鮮地理も教えられないようにした。日帝はわが民族の歴史と民族意識を抹殺することによって、朝鮮民族を日本人に「同化」させようとした（25～26頁）。

【コメント】 特に教育面は劣悪であった。学校数の減少で朝鮮人の8割もが非識字者となったとする。その上、日本語、歴史、地理など教育によって、朝鮮人を日本に「同化」させようとした。こうした方策、特に日本語教育は日本植民地下の台湾、さらには日本軍政下の東南アジアでも推進された。だが、シンガポール、マラヤでは消極的、積極的な反発を誘発し、成功しなかった。

2）3・1人民蜂起
1910年代の反日闘争　朝鮮人民の反日義兵闘争は1910年代、しだいに独立軍運動へと移っていった。独立軍運動を準備する団体が国内と国外に数多く組織された。
　3・1民族蜂起〈朝鮮三・一独立運動〉の準備と爆発　〈1919年〉3月1日、ソウルでは市内中心の塔洞公園（パゴダ公園）に多数の青年学生と市民が集まった。この日、ここでは33人（脚注：彼ら〈民族代表〉はウイルソンの「民族自決主義」にむなしい期待をかけ「独立」を請願しつつ人民たちに非暴力主義を説教した）の「朝鮮民族代表」とともに「独立宣言式」を挙行することになっていた。ところが彼らは約束した場所へは行かず、料理店の「泰和館」に集まり、「独立宣言式」を行った。一方、塔洞公園では1人の学生代表が午後2時30分に「独立宣言書」を読み上げ、朝鮮は自由独立国家であると宣言した。すると、数千人の群衆は「朝鮮独立万歳！」を声高く叫び、反日示威闘争〈デモ〉を繰り広げた。鐘路に進出した数千数万の示威群衆は駆けつけた日帝軍警と流血の闘争を繰り広げた。3月1日、平壌でも午後1時、崇徳女学校の運動場に集まった「生年」〈青年？〉学生の代表が「独立宣言書」を朗読した。数千名の群衆は「朝鮮独立万歳！」、「日本人と日本軍隊は出て行け！」のスローガンを叫び、街頭に繰り出した。示威隊列は10余万人にふくれ上がった。
　全国的拡大と日帝の野蛮な弾圧　3・1人民蜂起は3月下旬から4月上旬にかけて、全国的な反日抗争へと拡大した。示威隊列には青年学生や都市貧民ばかりか労働者、農民も積極的に参加し、しだいに暴動へと移っていった。3・1人民蜂起には年若い学生も参加した。ソウルで学んでいた16歳の柳寛順は示威闘争に参加し、故郷の忠清南道天安に行って、反日蜂起の先頭に立って勇敢に戦った。彼女は日帝警察に捕まったが監獄と裁判場で屈せず戦い、獄死した。3・1人民蜂起は12月末まで全国232の府・郡のうちで、229で起こり、200余万人の人民が参加し、3200余回の示威と暴動を繰り広げた。反日抗争の火柱は中国東北地方とロシアの沿海州、日本、ハワイなど海外にも燃え上がった。日帝は3・1人民蜂起を野蛮に弾圧した。3・1人民蜂起は日帝侵略者たちに大きな打撃を与え、朝鮮人民の熱烈な愛国精神を大きく示した（27～30頁）。

【コメント】　脚注で、民族代表33人は、ウイルソンの「民族自決主義」に期待し、「人民たちに非暴力主義を説教した」と批判的に記述している。他教科書では触れられていない平壌での運動実態に言及していることは貴重である。本教科書は非暴力闘争に批判的傾向があり、暴力闘争・暴動のみを高く評価する。この評価は一面的ではないか。なお、その影響は、満洲、沿海州、日本、ハワイなど海外にも波及したのは事実であり、この指摘は重要である。

「10　1920年代の民族解放闘争」
1）日帝の「文化政治」と朝鮮人民の状態
　日帝の「文化政治」　3・1人民蜂起を通じて日帝は「武断政治」では植民地統治を維持することができないことを認めた。国際的にも、朝鮮での「武断政治」に対する非難と抗議の声が日毎に高まり、日帝の国際的孤立が進んだ。こうして日帝は1919年8月から、朝鮮で「文化統治」〈文治政治〉を実施し、独立運動の分裂をねらった。そして、第3代「朝鮮総督」に海軍大将・斎藤実を任命した。「憲兵警察制度」を「普通警察制度」に改編し、軍隊ではなく警察に治安維持を担当させた。李完用、宋秉畯を初めとする親日官吏たちや地主・隷属資本家たちを「総督府」や「枢密院」、および面、里、洞などの末端機関に一部登用することによって、朝鮮人にも「自治権」でも与えるかのようにつくろった。同時に、『東亜日報』、『朝鮮日報』など、いくつかの朝鮮語の新聞や雑誌の発刊と、言論、出版、集会、結社の自由を一定程度認めた。〈だが〉新聞と雑誌をはじめとする全ての出版物は、「総督府」の厳格な検閲を受けた。〈「文化政治」後〉警察機関と警察官を3倍以上に増やし、特別高等警察制度と密偵網を強化した。そして、1925年5月に「治安維持法」を発布し、1928年6月には「新治安維持法」を発布し、多くの朝鮮人を捕らえたり殺したりした（35～37頁）。

図表4-2　警察機関・人員と検挙者数

年度	警察機関数	警察人員（人）	検挙者数（人）
1918	751	5,402	76,541
1921	2,960	20,750	
1922			90,789
1927			158,068
1930			187,531

【コメント】　日本は国際的な非難もあり、「文化統治」を採用せざるを得なくなったが、独立運動の分断を狙い、朝鮮人に自治権、朝鮮人の一部登用、基本4権の認可などの姿勢を見せたが、その実態は巧妙に取り繕ったものであり、新聞なども厳しい検閲を受けた。つまり「文化政治」の意義よりも問題点を指摘する。そして、「文化政治」後、むしろ警察の増員、特高による密偵網など治安も強化され、その後も「治安維持法」などにより弾圧が続いたことが強調される（図表4-2）。

2）民族主義運動
　国内の民族主義運動と民族改良主義　　「文化政治」によって許容された空間で民族

主義者は一部社会主義者を含め、新教育の普及、朝鮮産業奨励などを展開した。例えば、李商在などの民族主義者は1920年朝鮮教育会を組織し、1922年高等教育機関を組織する目的で朝鮮民立学校設立運動を繰り広げた。民立大学期成会も組織し、1000万円を目標に募金活動をおこなった。だが、日帝は1924年、京城帝国大学を設立し、民立学校設立運動を弾圧、かつ資金難のため挫折した。資産階級出身の民族主義運動上層の金性洙、崔麟、宋鎮禹をはじめとする民族改良主義者たちは、1922年ソウルで「研政会」という「自治運動」団体をつくり、日本の「国法」が許容する範囲内の政治、教育、産業の分野で「自治」を実施しなければならないと主張しながら、『東亜日報』を通じて「自治」運動を訴えた。李光洙は朝鮮民族は劣等だから民族性を改良しなければならないと言って、「民族改良論」を発表するに至った。これは、良心的な民族主義者と愛国的な人民の怒りを引き起こした。人民は改良主義を宣伝する『東亜日報』の不買運動を繰り広げた（41〜42頁）。

【コメント】　ただ、この部分を読むと「文化政治」は限界ばかりではない。民族主義者と一部社会主義者は新教育を普及させようとし、高等教育の朝鮮民立学校を創設しようとしている。だが、日本により京城帝国大学が設立され、挫折したとする。他方、日本に妥協的な民族改良主義者は合法的枠内で自治運動団体を創設した。これに関しては論評しておらず、評価、批判半々なのであろう。また、李光洙の「民族改良論」は良心的な民族主義者などの怒りを引き起こした。つまり民族主義者が２つに分断されたと読みとれる。

独立軍運動　3・1人民蜂起以後、中国東北地方の間島において洪範図が組織した「大韓独立軍」、崔振東が組織した「軍務都督府」、徐一が組織した「北路軍政署」、安武が組織した「大韓国民会軍」をはじめとする多くの部隊が独立軍運動を繰り広げた。この後、独立軍による日本軍攻撃（鳳梧谷戦闘）、他方、琿春事件に伴う日本軍による虐殺事件などが記述される。そして、「庚申年大討伐」（間島虐殺事件）では、〈日帝により〉3000余名（脚注：一説には「3万名」）の朝鮮人が虐殺され、6000余戸の家が焼かれたり破壊された、とする。他方、この時期〈1920年頃〉、中国東北地方の南満、東満、北満とロシアの沿海州では、数十の独立運動団体が組織され活動した。〈南満の〉独立運動団体などは、1923年「統議府」へと一旦統合されたが、すぐに「統議府」と「議軍府」に分裂した。ここから1923年8月、「参議府」が、10月には「正義府」が組織された。北満では1925年3月団体連合による「新民府」が組織された。こうして「参議府」、「正義府」、「新民府」が鼎立、〈中国東北地方の各団体は〉大体この3団体に属すことになった。これに対して日帝は1925年6月中国反動軍閥と「三矢協定」を締結し、反日運動に対する弾圧を強化した。このような時、民族主義団体の3府の間では派閥争いが続いた。民族主義者たちは、1927年から3府の勢力を１つに統合する会議を進めた。長い論争のあと1929年4月、3府が「国民府」に統合され、梁世奉を司令とする朝鮮革命軍が組織され、朝鮮革命党が組織された。なお、金元鳳らは、1919年11月中国東北地方の吉林で義烈団を組織し、暗殺、テロ活動を行った。1923年には「朝鮮革命宣

言」を発表した（42〜45頁）。

【コメント】　繰り返すが、朝鮮と国境を接している間島には大量の朝鮮人が集中した。その理由は各種各様であったが、朝鮮植民地化に反対する独立運動家が多数集結した。したがって、この地域は必然的に中国人、朝鮮人、日本人が入り乱れ、矛盾が強まった。朝鮮独立運動家も一枚岩ではなく、路線の違いもあって勢力争いが熾烈であった。その結果、なかなか1つにまとまれなかった。とはいえ、この段階で民族主義団体は一応「国民府」に統合した。この辺の事情は複雑であり、日本人にはあまり知られていない事実である。

　　上海臨時政府　　上海では、独立運動家たちが1919年4月10日、「大韓民国臨時政府」（上海臨時政府）の樹立を宣言した。臨時政府は、臨時憲章で「民主共和制」を宣布し李承晩、安昌浩、李東輝らを閣僚に選出した。3つの臨時政府〈上海・ロシア沿海州・ソウル〉は、その年の9月上海臨時政府を中心に統合された。臨時政府は朝鮮独立に有利な国際世論を呼び起こすための外交活動に力を注ぎ、沿海州と満州での独立運動団体とも連携して活動した。臨時政府は、また「連統制」（朝鮮国内との秘密連絡網）を実施し、ソウル、平安南北道、黄海道一帯に事務局を設置した。その後、臨時政府内での対立について記述し、安昌浩は外交重視、李東輝は武力闘争を主張して対立し、1924年6月にはアメリカの委任統治になることを請願した李承晩を臨時大統領から追放したことなどが記述されている。かくして、臨時政府は路線対立と資金不足から次第にその役割を果たせなくなった（45〜47頁）、とする。

【コメント】　上海臨時政府に関しては、日本の歴史教科書に比して詳細である。特にこの問題は独立を目指す李承晩など民族主義者に焦点が当たっており、現在の韓国につながる問題である。ただし李承晩追放、資金不足など批判的に記述している。

3）初期共産主義運動と大衆運動

　　朝鮮共産党の創建　　〈ロシア十月革命の影響を受け、マルクス・レーニン主義が急速に普及した〉。1918年11月、ロシアのハバロフスクで李東輝をはじめとした何人かの人々によって「韓人社会党」が組織された。その後、上海で当地の独立運動家たちとともに、1921年5月「高麗共産党」（上海派高麗共産党）を組織した。また、金在鳳をはじめとする他の集団は、イルクーツクで1921年5月「高麗共産党」（イルクーツク派高麗共産党）を組織した。朝鮮国内では1921年「ソウル青年会」、1922年「無産者同盟」など社会主義的団体やマルクス・レーニン主義小組が組織された。この後、ソウルで「朝鮮労働共済会」など多数の労働団体、学生青年による「朝鮮青年総同盟」、および「朝鮮女性同友会」が組織されたことを説明する。そして、1921年9月の釜山埠頭労働争議、ソウルのゴム工場労働者のスト、および農民による日本人や朝鮮人の地主に対する闘争に言及する。そうした背景の下、1925年4月ソウルで金在鳳、金若水らを中心に朝鮮共産党が創設され、かつ高麗共産青年会（共青）が組織された。朝鮮共産党の創建は「朝鮮人民の反日闘争を鼓舞した」とする（48〜50頁）。

第3節　在日朝鮮人学校の歴史・社会教科書　227

【コメント】　この辺の記載が本教科書の特徴であり、韓国を含む他教科書を補強する内容といえる。マルクス・レーニン主義の影響、受容など、いわば現在の北朝鮮に繋がる朝鮮系の社会主義団体、共産党の系譜が明らかになるからである。また、それらの影響下の労働争議、農民闘争を考えるヒントとなる。ただし中等教育の教科書なので致し方がないが、党派、団体の思想的共通性や差異などについては記述されていない。また、当時の労働争議、農民闘争の特色、その意義と限界についても知りたいところであろう。

　　6・10万歳示威闘争　1926年4月朝鮮王朝の最後の王である純宗が死んだ。人民大衆の反日気勢に鼓舞された共産主義者たちは純宗葬儀の日に全国規模で、反日デモを計画し、秘密裏に準備を始めた。だが、「宗派分子」〈以下、セクト分子〉によって日帝に秘密がもれ、弾圧された。しかし、愛国的人民は準備を進め、6月10日純宗の喪輿が鍾路を過ぎていくとき、数万のソウル市民は「朝鮮独立万歳！」、「日本の軍隊は出て行け！」と叫び、大衆デモを繰り広げた。日帝は4000余名の警察官と数百名の憲兵を動員して平和的デモを弾圧した。この6・10万歳示威闘争を契機に朝鮮共産党の重要人物は大部分が逮捕された。このことは、朝鮮共産党上層部がマルクス・レーニン主義を「わが国〈朝鮮〉の現実に合うように深く研究せず」、大衆の中に根づかせることができなかったことを示す。その上、「ソウル派」、「火曜派」、「ML派」など多派に分かれ、自分たちだけを「正統派」として指導権争いをおこない、「国際共産党」〈以下、コミンテルン〉の承認を得ようと飛び回った。結局、朝鮮共産党は1928年12月、コミンテルンによって解消された。中国東北地方で〈朝鮮共産党〉再建運動をおこなっていたグループは、コミンテルンの「1国1党制」（脚注：1つの国には1つの共産党中央）がでると、中国共産党所属となり、1930年5月、大衆を無謀な暴動（間島5・30暴動）へと追い立て、多くの人民と革命組織のメンバーが逮捕された（50～52頁）。

【コメント】　民衆の反日趨勢を見て共産主義者は、純宗の葬儀日に全半島規模での反日デモを計画、密告されたにもかかわらず敢行、意義はあったが、弾圧により朝鮮共産党の多数の幹部が逮捕され、大打撃を受けた。こうした追い詰められた状況には団結が必要にもかかわらず、逆に組織が乱立、指導権争いなどで自滅していく。この種の問題はここだけではなく、中国などでも発生している。コミンテルンの「1国1党制」は問題も多く、植民地国の共産党に所属し、必然的にその意向が強く受けることになる。当時の日本共産党と台湾共産党の関係なども考察する必要があろう。

　　新幹会と槿友会　1927年2月ソウルのキリスト教青年会館〈YMCA〉で左右合作のための会議が開かれ、李商在を会長、許憲を中央委員会委員長とする新幹会が創設された。これが初の統一戦線組織であり、全民族を代表する全民族的な唯一の組織であった。共産主義と民族主義勢力の対立に不安を感じていた人民大衆は、愛国的で反日的な組織である新幹会の創設を熱烈に支持した。新幹会は創立後、「全ての力を新幹会へ！」というスローガンを打ち出し、大衆を団結させる活動を繰り広げた。その綱領が革新的

で革命的であったため、労働者、農民、旅館業者、写真屋、記者、商人、医者、弁護士、教員、学生などを結びつけた。すぐに各地に143支会が組織され、会員3万7000余名となった。続いて朝鮮女性の団結と地位向上を図るため、1927年許貞淑、朴次貞らが槿友会を組織した。朝鮮民族の反日勢力が1つに団結することを恐れた日帝は、新幹会幹部を逮捕する一方、分裂離間策動を強化し、民族改良主義者の上層を買収した。こうして、1931年5月新幹会は解散、続いて槿友会も自然解散してしまった。この後、1929年1月の元山埠頭労働者、1930年代に入ると釜山紡績労働者、新興炭鉱労働者の大規模スト、各地の農民闘争について記述する。そして、1929年11月通学列車の中で、日本人男子生徒が朝鮮人女生徒を侮辱したことを契機に光州市内の青年学生による授業ボイコット、反日デモをおこない、ソウルなど朝鮮全土に広がり、学校194、学生6万余名、それに各階層の人々が合流した（光州学生事件）（53〜56頁）、とする。

【コメント】　共産主義勢力内部の指導権争いや、共産主義勢力と民族主義勢力の分裂は力を分散し、日本植民地体制からの脱却、「独立」に利するものではない。かくして、全民族的な統一戦線が模索される。その結果、生まれたのが新幹会で、あらゆる階層、職業を網羅した。YMCAでの開催からも類推できるように、キリスト教徒が大きな力を発揮した可能性がある。新幹会は1937年の中国における抗日民族統一戦線、「全民抗戦」を想起させる。その10年前に樹立されたことになる。その上、朝鮮女性団体の槿友会も組織されている。朝鮮人の団結を恐れる日本によって解散を余儀なくされたが、その歴史的意義は決して小さくない。この後も、労働争議、農民闘争、そして周知の光州学生事件など、対日抵抗運動が続いたことが記述される。

　4)「民族解放闘争の新しい道」は金日成（1912〜1994年）の革命自伝である。金日成の父・金亨稷も著名な革命家で、1917年3月平壌で「反帝自主」を標榜する朝鮮国民会を組織した。1919年8月、民族主義運動から共産主義運動へと転換する。そして、10月家族と共に、活動舞台を中国東北へと移し、反日独立運動を指導し、独立運動団体を統一団結を目指した。母の康磐石も反日婦女会を組織した女闘士であった。金日成はこうした両親の下、12歳まで中国の臨江などで過ごした。1926年6月、華成義塾に入学し、「打倒帝国主義同盟」を結成、それは、「反帝・独立・自主」の下、民族解放と階級解放を達成するため、社会主義を志向した。さらに活動を積極的に繰り広げるため、吉林市に向かい、1927年1月毓文中学に編入、同校などにマルクス・レーニン主義秘密読書会を設立した。8月、より広範な青年学生を結集するため、「打倒帝国主義同盟」を反帝青年同盟へと改編。さらに各種青年組織を主導するため、8月28日には、朝鮮共産主義青年同盟（共青）を組織した。吉林中心に満州での反日闘争が激化すると、日帝は中国の反動軍閥をけしかけ、朝鮮革命家弾圧を強めた。かくして、1929年秋、金日成は反動軍閥に逮捕され、吉林監獄に入獄。1930年5月、吉林監獄を出所。獄中で構想した朝鮮革命の前途などを実現するため、6月30日、長春県卡倫で会議を開催、「朝鮮革命の進路」を報告し、反帝反封建民主主義革命を遂行すべきとした。この後、7月3日、最初の党組織である建設同志社を組織し、朝鮮革命軍〈朝鮮人民革命軍？〉を結成した（57

第3節　在日朝鮮人学校の歴史・社会教科書　229

〜67頁)。

【コメント】　こうした自伝は、日本の偉人伝、中国の毛沢東伝などと同様、フィクションや誇張も入るため大幅に要約し、重要部分、および骨組みだけを示した。金日成は父母とも革命家の一家に誕生し、父の金亨稷は平壌で活動、民族主義運動から共産主義運動に転換し、次いで満洲で活動したとする。私は、個人的には金亨稷の思想、生き方、活動に関心をもった。ただし、金日成の父母に関しては、生粋の革命家一家ということを強調するため、過剰に評価している可能性がある。当初、金日成は満洲では学生として活動し、さほど有名でなかったのであろう。頭角を出すのは吉林監獄出所後であろうか。ともあれ金日成は中国と密接な関係にあったことがわかる金日成の活動・闘争は前述の各種社会主義団体や共産主義運動とは相互にいかなる関係にあったのか。

「11　1930年代の民族解放闘争の発展」
1)　日帝のファッショ統治と朝鮮人民の状況
　日帝の満州侵略と朝鮮におけるファッショ統治　　経済恐慌で大きな打撃を受けた日帝は、その危機から逃れるため、国内に軍国主義体制をうちたて、以前から夢見てきた満州占領の準備を急いだ。1931年9月18日、日帝は中国東北地方の瀋陽・柳条湖付近の南満州鉄道をこっそり爆破し、その責任を中国の軍隊になすりつけ「自衛的処置」との口実のもと、宣戦布告もなしに侵略戦争を挑発した。満州事変をひきおこした日帝は、その夜のうちに瀋陽市を占領、戦争の火の手を拡大させ何ヶ月かのあいだに全満州を占領した。一方で日帝は朝鮮を大陸侵略の橋頭堡、「強固な後方基地」にしようとした。そのため朝鮮で実施の「文化政治」の看板すら投げ捨て、公然とファッショ的な暴圧強化の道へと進んでいった。日帝は、朝鮮駐屯の日本軍を2個師団から3個師団の10万名に増強し、警察機構を大幅に増やした。その他にも警察補助機構として「自警団」、「警防団」、「防共団」を置き、朝鮮人民を徹底的に監視した(74〜75頁)。その後、朝鮮人の政治活動禁止、各種団体の解散、「思想犯」名目での捕縛監禁を記述し、さらに日本の手先養成、民族改良主義者に日本の政策の良さを吹聴させ、かつ動揺分子の「親日化」に言及する。

【コメント】　満洲事変の背景と、その後の日本の侵略行動についての記述は基本的に間違いはない。ここで注目すべきは、その際の植民地朝鮮の実態、位置を明らかにしていることであろう。この点は日本の教科書も参考にすべき内容といえるかもしれない。本教科書によれば、「文化政治」はこの時期も形式的に続いていたが、日本はそれすらも放棄した。そして、軍、警察、そして民間の治安補助機構を増強した。他方、朝鮮人の政治活動禁止、思想犯への弾圧とともに、動揺分子を親日化したとする。ここには、民族改良主義者に対する厳しい視線を感じる。

　朝鮮人民の生活状況　　日帝は「北鮮〈朝鮮北部〉開拓」の名のもと、わが国〈朝鮮〉の北部一帯を中心にする軍需産業を建設した。工場が増えるにつれ、わが国では労

働者の数が急増した。その数は、1930～36年の間に10万6000人から41万9000人となり、そのうち鉱山部門の労働者は3万5000人からなんと15万2000人になった。日帝はなんらの安全保護対策もないもとで、労働者に長時間労働を強要した。日帝は奴隷労働を強要しながら、労働者たちにいちばん少ない賃金をあたえた〈本教科書の掲載表を見ると、職種によって異なるが、実際は中国人よりは相対的に高い賃金の場合が多い〉。1929年の朝鮮人成年男子の1日当たり最高賃金は1円、男子少年工は44銭だったが、1937年には95銭と42銭に減っていた。これでは年毎にあがる物価に対して最低限度の生活すらできなかった。女性労働者たちの状況はもっと悲惨なものであった。日帝は、この危機〈農業恐慌による米価暴落と農民貧困化、および小作争議の頻発〉から逃れるために1933年から、「農家を救済する」との美名のもと「農村振興運動」を大々的に繰り広げた。しかし、土地所有関係と高い小作料に対する何の対策も立てないまま増産と節約だけを強要したので、「農村振興運動」は破産をまぬがれなかった。土地を奪われた農民たちは、火田民〈故郷の農村を離れ、山岳、都市、さらには満洲、日本などに流浪を余儀なくされた人々〉に転落した。こうして、日本に来た朝鮮人数は1925年の13万人から1936年に70万人に、中国東北地方〈満洲〉に移住した朝鮮人数は1930～43年の間に、60万人から154万人へと増加した。この後、日本独占資本の浸透と経済恐慌により民族資本家、都市手工業者、中小商工人の零落、失学青年、および女性への虐待と蔑視が書かれ、「『座して死ぬか生きてたたかうか』の岐路に立たされた朝鮮人民は、反日闘争に立ち上がるしかなくなった」(75～77頁)、と記述する。

【コメント】 日本による朝鮮北部開発で軍需産業が創設され、朝鮮人労働者が急増したが、安全対策がとられず、低賃金で長時間労働を強要したという。また、「農村振興運動」では増産と節約だけを求めたため、多くの農民は没落、朝鮮内のみならず日本、満洲へと流出した。このように民族資本家なども没落し、活路を見出すためには反日闘争に立ち上がらざるを得ないところまで追い込まれたという。すなわち、反日闘争は思想的というよりも生活権獲得の側面を濃厚にもっていたとするのである。

2) 抗日武装闘争の組織・展開

日帝の満州侵略と朝鮮におけるファッショ統治 この部分は金日成の伝記で、抗日遊撃戦でのその役割を記述している。すなわち、1931年12月、明月溝で党と共青幹部の会が開催され、この会議で金日成は遊撃戦を基本とする武装闘争を主張し、そのために反日人民武装遊撃隊を組織し、遊撃根拠地を創設すべきことを強調した。新世代の共産主義者を指揮員として養成することを提起し、かつ豆満江沿岸の広範な地帯に赤衛隊、労働者糾察隊、少年先鋒隊などを強化する過程で、労働者、農民、青年を武装隊伍の核心分子へと育成した。1932年3月、春荒闘争で大衆基盤を整え、婦女子、老人、子どもまでが立ち上がった。4月安図県小沙河で反日人民武装隊が創立された。[4] 6、7月、金日成は遊撃隊を拡充し、南満へと進出した。李光、金哲、朴吉らによって旺清、延吉、琿春などでも人民遊撃隊が組織された。また、南満と北満では33年7月までに李東光、李紅光、金策などにより人民遊撃隊が組織された。1934年3月、金日成は各地部隊の統

第3節　在日朝鮮人学校の歴史・社会教科書　231

一的指揮をおこなうため、人民遊撃隊を朝鮮人民革命軍に編成した。1936年には、中国武装部隊と東北抗日聯軍を組織した。他方で、金日成は嘎呀河遊撃区の沙水坪村に人民革命政府を樹立し、すべての遊撃区に人民革命政府を設立した。革命政府は無土地の農民に無償で土地を与え、男女同権、8時間労働、すべての子どもは児童団学校で無料で学び、失学人民は夜学で朝鮮文字を習った。さらに、16歳以上は選挙権を有し、代表にも選ばれることができた。敵〈日帝〉の攻撃は、朝鮮革命司令部の所在地である小汪清遊撃区をはじめ、延吉、和龍、琿春各遊撃区にも向けられた。敵はすべてを破壊し、焼き尽くす漸進戦術をとった。それに対して金日成の指揮の下、遊撃隊と人民は決死の戦いを挑み、かつ遊撃区を守りながら背後から敵を襲い消滅させた。この結果、敵は攻撃を断念した（78～85頁）。

【コメント】　金日成の方針は遊撃戦を基本に戦うことであった。遊撃戦は相手が強力な場合、中国などでも立証された有効な戦い方である。また指導人材の育成と民間武装隊の組織化も重要な方策といえる。遊撃隊は南満にも進出、各地で遊撃隊を組織したという。注目すべきは、これら朝鮮人遊撃隊は中国の東北義勇軍と東北抗日聯軍を組織したとの指摘である。東北抗日聯軍の中で朝鮮人遊撃隊は従属的位置づけにあった可能性も否定できない。今後、私は東北抗日聯軍の関係史料から、朝鮮遊撃隊の規模、組織、位置づけ、および独自性を考察したいと考えている。なお、人民革命政府の記述は興味深いが、この財政基盤は何か、人口規模は何人くらいか、機構は完備していたのか、土地革命、8時間労働、教育はどの程度実施されたのか、非識字者が多い中で選挙はどのような形で実施できたのか。こうしたことを具体的に知りたい。なぜならこの時期、中国では共産党によるソビエト期であり、やはり同様な試みをしており、それとの関連、共通性と差異なども気にかかる。

　主体路線の固守　　抗日武装闘争を武力だけではつぶせないと考えた日帝は、革命隊伍を内部から破壊するために、1932年2月民族反逆者と日帝の手先たちによる「民生団」というスパイ組織をつくった。だが、革命家と人民によって正体を暴かれ、実質的な活動ができないまま4月に解散した。だが、日帝は「民生団」解体後も、それが革命隊伍と根拠地に根強く残っているかのようなデマを流した。「排他主義者」（中国人幹部）とセクト主義者はデマ宣伝に騙され、朝鮮革命家を疑い逮捕し、金一換ら2000人余が日帝の「スパイ」として虐殺された。この時、金日成は「民生団」の疑いをかけられた人々を救済した。1935年2月汪清県で大荒崴会議が開催され、参加者の多くは弾圧の張本人であったが、金日成は論戦を続けた。3月開催の腰営口会議でも論戦が続き、反「民生団」問題と朝鮮革命の主体的路線問題〈中国で活動する朝鮮革命家が中共などに対して、ある面では独自路線を採ること〉はコミンテルンに提起することにした。会議後、朝鮮人民革命軍は遊撃区を解散し、南北満州と「国内」〈朝鮮植民地〉の広い範囲で軍事政治活動を展開した（86～88頁）。

【コメント】　日本は革命隊伍の内部破壊を企て、「民生団」というスパイ組織を作らせ

た。それ自体はさほどの効果もなく解散したが、革命隊伍ではその後も疑心暗鬼となり、「スパイ」摘発、弾圧、虐殺が続いたとする。類似の事件は中共自体でも発生し、その影響、延長線上にあり、おそらくコミンテルンの指示と関係あるのだろう。こうした状況を改変し、正常に戻したのは金日成とする。金日成自身、「民生団」と疑われるのを覚悟で是正に乗りだしたようだ。したがって、中共に対する朝鮮革命の主体路線要求は当然のこととといえ、スターリン・コミンテルンの錯誤を一定程度是正したことにもなる。

3）抗日武装闘争の拡大発展

南湖頭会議　コミンテルンは、1935年7、8月に第7次大会を開催し、広範な反ファッショ人民戦線を結成することを各国共産党に呼びかけた。それに呼応して、1936年2月寧安県の南湖頭で朝鮮人民革命軍の軍政幹部会議が開催された。会議ではコミンテルンが「主体路線」を承認したことが報告された。金日成は「わが人民の革命力量を固く組織し、すべての力を総動員して反日民族解放闘争をよりいっそう発展させる」べきと言った。このため、朝鮮人民革命軍の主力部隊を国境地帯に進出させ、武装闘争を次第に「国内」に拡大すべきと強調した。これと同時に反日民族統一戦線を構成してきた民族を一つの力量に結束させ、党創建の準備活動を全国的な範囲で展開すべきとした（89〜90頁）。

白頭山一帯への進出　1936年3月、安図県の密魂陣〈迷魂陣？〉密営で朝鮮人民革命軍の軍政幹部会議が開催された。会議では、従来の2個師団から3個師団、1個独立旅団に拡大し、人民軍の主力として鴨緑江沿岸一帯で活動することを決定した。そのため金日成が馬鞍山地区に到着した時、主力の2個連隊は他所に移動し、密営には「民生団」容疑者100人余が残っているだけであった。金日成は彼らの嫌疑を晴らすとともに、彼らを中心に新師団を編成した。これを知った多くの小部隊や青年が集まってきた。かくして、南湖頭会議の方針に則り、白頭山中心に国境地帯に新遊撃根拠地を作ることにした。1936年9月、金日成は白頭山の麓にある小白水渓に行き、指導し、司令部のある白頭山密営など数多くの秘密根拠地が作られた（91〜93頁）。

祖国光復会　金日成は南湖頭会議の方針に従い、常設の統一戦線組織を結成するために、朝鮮人民革命軍の指導幹部と愛国団体代表によって準備委員会を組織した。1936年5月、金日成は東崗会議で、全民族を結集する組織として祖国光復会（主席は金日成）を提起した。そして、自ら「10大綱領」を発表、①日帝を打倒して真の朝鮮人民革命政府を樹立する、②朝鮮独立のために戦う革命軍組織化、③産業国有化と土地改革、④8時間労働制、⑤男女平等権利、⑥無償の義務教育などを規定した。朝鮮「国内」では、甲山工作委員会が朝鮮民族解放同盟（責任者は朴達）に改編され、祖国光復会の最初の「国内」組織となった。その後、祖国光復会は「全国各地」〈掲載地図を見ると、主に朝鮮中部・北部および満洲）に拡大し、傘下に多数の合法・非合法組織をもち各階層の人民を網羅した。例えば、咸鏡南道の天道教責任者である朴寅鎮なども参加している。このように、祖国光復会組織は日帝の弾圧が強化される中でも、創建まもなく、満

州一帯にとどまらず、「わが国」の咸鏡南北道、平安南北道、黄海道、江原道、京畿道、忠清南北道、慶尚南北道、全羅南北道を含む全国各地の都市と農村、漁村などに拡大した。これには、共産主義者とともに民族主義者、労働者、農民、青年学生、知識人、手工業者、宗教人、民族主義者のみならず、敵の機関に勤務していた人を含む数十万人の各界各層の愛国的人民が包括され、祖国解放の闘いに立ち上がった。この後、普天堡戦闘が述べられる。すなわち、金日成は1937年6月4日、鴨緑江を渡り、祖国の普天堡に到着した。5日、金日成による一発の銃声を合図にまたたくまに普天堡の敵を打倒した。街中に檄文が撒かれ、人民は喜びにあふれていた。普天堡戦闘〈勝利〉のニュースは瞬時に「全国」に知れわたり、日帝の検閲にもかかわらず新聞などは一斉に報道した。「わが人民は普天堡の烽火を朝鮮独立の曙光と見て、反日闘争へといっそう力強く突き進んだ」という（94～98、100～101頁）。

「コラム」には「普天堡戦闘の意義」として、①日帝と対決してたたかうならば必ず勝利できるとの信念を朝鮮人民に与えた。②中日戦争準備の日帝に、多大の軍事政治的打撃を与え、かつ日帝の植民地統治を根底から揺さぶった、と書かれている。

【コメント】　コミンテルンは、1935年7、8月に広範な反ファッショ人民戦線の結成を呼びかけた。これを受けて、1936年5月、金日成は、全民族を結集する組織として祖国光復会を提起した。この結果、祖国光復会組織は満州一帯にとどまらず、朝鮮各地の都市と農村、漁村などに拡大した。これには、共産主義者とともに民族主義者、労働者、農民、青年学生、知識人、手工業者、天道教など宗教人など数十万人の各界各層人民が包括されていたという。いわば、この時期、着実に基盤を形成し、金日成指導下に朝鮮での普天堡戦闘に勝利したことが記述される。この勝利で朝鮮では彼の名は一挙に高まったとされる。[6]

4）抗日武装闘争の高揚

日帝の中日戦争挑発と朝鮮での人的物的資源の大々的な略奪　1937年7月「盧溝橋事件」をデッチあげた日帝は、宣戦布告もなしに不意に中国軍を攻撃し、北京、天津を占領、中国に対する侵略戦争を全面的に拡大した。また、ソ連を侵略するため1938年7月、「張鼓峰事件」をひき起こしたが、ソ連軍の反撃にあい惨敗した。日帝は大陸に対する侵略戦争を拡大しながら、「後方の安全」のために朝鮮でのファッショ的な暴圧をいっそう強化した。1938年に即決裁判を受けた人は12万6000名に達し、1300名以上の愛国的な人民と独立運動家たちが思想犯の名のもとに検挙、投獄された（102頁）。この後、修養同友会などの妥協的性格の組織までも弾圧し、そうした民族主義者は親日に転向したことが記述される。

なお、「コラム」の「盧溝橋事件」の説明では、「日本が中国に対する侵略戦争を全面的に拡大するため、計画的にしくんだ軍事挑発事件」（102頁）、とする。

【コメント】　このように、盧溝橋事件は日本による謀略と断じる。その根拠が示されていないことは遺憾である。また、その後、「後方の安全」を口実に多数の朝鮮人が

「思想犯」として検挙、投獄された。妥協的性格の組織までも弾圧した結果、民族主義者の一部は「親日」に転向したと指摘する。これらのことは、日本ではあまり知られていない。

日帝は、1939年6月「国民職業能力申告令」を布告し、15歳から50歳までのすべての人の労働能力を調査掌握した。その年から「募集」、「斡旋」、「徴用」などと形を変えながら青壮年男子たちを朝鮮内と日本に強制徴集して、炭鉱、鉱山、飛行場、軍需工場、道路および鉄道工事場などで奴隷のように酷使した。日帝は朝鮮の青年たちを侵略戦争の弾にし、「軍属」として強制徴集した。1938年2月、「陸軍特別志願兵令」を布告した後、1943年「学徒志願兵令」、1944年〈1943年〉「徴兵令」をあいつぎ公布し、多くの朝鮮青年を中国や東南アジア、太平洋上の侵略戦争の場に軍人として徴集した。日帝はさらに10代から20代の朝鮮女性たちを日本軍の「慰安婦」として侵略戦争に引き連れていき性奴隷として虐待した。こうして1937年から1945年まで、さまざまな形で国内外に強制徴発された朝鮮人の数は、おおよそ840余万人をこえた。これは、当時朝鮮の人口約2500万名の33・6％に当たる（104～105頁）。なお、「慰安婦」4人の写真が掲載され、「日本軍の性のおもちゃとして引っ張られていった朝鮮の女性たち」とのキャプションが付いている。

図表4-3　日本の重要物資中、朝鮮での占有比率

マグネサイト	100%	モリブデン	85%
黒鉛	100%	鉄鋼	38%
雲母	100%	コークス	14%
コバルト	100%	銑鉄	11%
タングステン	88%		

注：年代不詳。1939年段階？

図表4-4　朝鮮人動員・徴発人数（1937-1945）

朝鮮植民地	約630万人
日本への強制連行	約152万人
軍人	約26万人
軍属	約15万人
日本軍「慰安婦」	約20万人
計	約840万人

【コメント】　日本による重要物資の獲得も激しく、図表4-3の通りである。また、労働動員や徴兵については、日本の歴史教科書にもある程度書かれている。思いの外、「従軍慰安婦」問題については紙幅が割かれておらず、むしろ韓国の教科書などの方が力点をおいて厳しく記述している。ただし「性奴隷」、「日本軍の性のおもちゃ」として人権問題であることを強調する。なお、国内外に強制徴発された朝鮮人数を「840余万人」とする（図表4-4）が、重要問題なので、やはり史料的根拠を示すべきではなかったか。

日帝の「皇国臣民化」策動　1936年朝鮮総督に就任した南次郎は「同祖同根」、「内鮮一体」をスローガンに「日本精神」を植えつけるため、〈朝鮮での〉「皇国臣民化」政策を本格化させた。1937年10月「皇国臣民の誓詞」をつくり、朝鮮人に朗読させ、「正

午黙祷」もさせた。至る所に神社、神宮をつくらせ、「神社参拝」を強要し、毎朝「宮城遙拝」をさせた。「内鮮一体」できないのは風俗上の差にあるとして、祝日を日本式に改めさせ、日常生活にまで干渉した。真鍮の食器の代わりに木製のお椀を使わせ、履き物も下駄や草履を強要した。民族「同化」は言語から始めるとして、学校と社会から朝鮮語を完全に消滅させようとした。1938年から学校で朝鮮語の授業をなくし、日本語の使用を強要した。生徒が学校で朝鮮語を使うと罰を与え、また社会生活でも「国語〈日本語〉普及運動」を実施した。なお、朝鮮史編纂委員会は朝鮮史を歪曲、抹殺するため1932年から38年にかけて『朝鮮史』全37巻を刊行した。これを通して朝鮮民族の「落後性」と日本民族の「優越性」を「論証」し、朝鮮人の民族意識をなくそうとした。1939年11月から「創氏改名」を強要した。そうしないと、入学が許可されず、行政機関での事務、鉄道局、郵便局も受けつけなかった。甚だしい場合、物資配給対象から除外され、「非国民」、「不逞鮮人」として警察の監視対象とされた（106～107頁）。

【コメント】　皇民化政策、神社強制参拝などは周知の事実で、日本の教科書にも記述されている。下駄や草履の強要などによる同化政策は、日本人生徒も知っていてもよいことであろう。学校での日本語強要、日本人の優秀さを鼓吹、それに対する朝鮮人の劣等意識を植え付ける政策、さらに「創氏改名」など目白押しである。各国各民族がそれぞれの文化を大切にすることこそ、世界の文化を豊かにする。韓国・朝鮮の文化を日本文化に解消することなど愚の骨頂に思える。もし日本文化を完全に否定され、韓国・朝鮮の文化を強要されたとしたならば、日本人は憤慨するどころではないであろう。逆の立場となった場合、どのように感じるのかを日本人生徒に考えさせることが肝要であろう。

　苦難の行軍と日帝の「大討伐」を撃破[7]　1937、38年コミンテルンにいた左傾冒険主義者は熱河遠征作戦（東北抗日聯軍が熱河に進出し、関内に侵入する日本軍に打撃を加えよとの指示）を強要した。だが、抗日聯軍の中国人部隊は関東軍により大打撃を受けた。この時、朝鮮人民革命軍はこれら部隊を救援し、日帝の後頭部を叩くため軍事作戦を展開した。こうして、朝鮮人民革命軍が白頭山を離れた隙に、1937年10月から日帝は白頭山と恵山一帯で革命家と人民2000人余を逮捕し、祖国光復会の組織を破壊した。この「恵山事件」は日帝の朝鮮共産主義者に対する最大の検挙事件となった。金日成は熱河遠征作戦を批判、自主的立場を守り、白頭山中心に国境一帯で広範囲な軍事政治活動を繰り広げる方針を提起した。この後、金日成を中心とする遊撃戦が記述される。日帝は、ソ連の極東地方を奪うため、1935年5～9月ハルヒンゴル（ノモンハン）事件を挑発した。金日成は「ソ連を武装〈武力〉で擁護しよう！」のスローガンを打ち出し、日帝の後頭部を叩くよう述べた。そして、紅旗河谷戦闘での勝利に言及する（107～108、114～115頁）。

【コメント】　コミンテルンにいた「左傾冒険主義者」とは中共幹部であろうか。ともあれ、ここから判明することは、東北抗日聯軍の朝鮮人部隊は熱河遠征作戦など中共中

心の戦略、戦術に従属させられていたことである。この隙をついて、日本は恵山一帯で朝鮮人共産主義者などを大量検挙した。そこで、金日成は無謀な熱河遠征作戦を批判し、自主的に白頭山中心に国境地帯で広範囲に活動するという現実的な方針を提起した。また、ノモンハン事件の際、ソ連軍を間接的に支援し、紅旗河谷戦闘に勝利したとするのである。

5) 国内外での各界各層人民の闘争

「国内」〈朝鮮植民地内〉での闘争　　1928年朝鮮共産党の解散後、「ソサン派」（ソウル、上海派）、ML派、火曜派などの各派は咸鏡南道とソウルなどで共産党再建活動を繰り広げた。一方で大衆の中に入り、労働運動、農民運動、青年運動と結びつく努力もした。このような時、国際赤色労働組合とその傘下の汎太平洋労働組合は太平洋沿岸諸国に赤色労働組合、赤色農民組合の組織化を何度も提起した。かくして、朝鮮では赤色労働組合、赤色農民組合が新設され、従来の組織は両組合に改編された。これらの組織は産業中心地のソウル、平壌、仁川、釜山、元山などはもちろん、鉱山、炭鉱、港湾、および農村、漁村に拡大した。赤色労働組合の指導下に1931年5、6月におこった平壌ゴム工場労働者の闘争、1935年南浦精錬所の労働者1800人余のストなど引き続き闘いを繰り広げた。1931年興原農民2000人のデモ、江原道の東海岸一帯の農民暴動、全羅北道の800人余の小作争議、軍糧米儲蓄反対闘争が頑強に続けられた。1930年代中期、赤色労農組合運動は特に軍需工業地帯の北部国境沿岸と咸鏡南北道では活発であった。労働者、農民をはじめ各界各層人民は賃上げ、小作料軽減など階級闘争に偏った方式を脱皮し、攻撃の的を日帝に向けていった。①労働者のスト、サボタージュ、工場の重要施設破壊、集団脱走などにより戦時生産に大打撃を与えた。②農民は日帝の戦時穀物生産と略奪に反対して小作争議とともに強制供出、強制動員に反対闘争を繰り広げた。③先進的な教師たちは教員組合を結成し、日帝の植民地奴隷教育に反対する闘争を展開した。④青年学生も反帝同盟、読書会をつくり、1939年忠清南道の大田私立工科学院学生による大規模な同盟休学〈授業放棄〉をはじめ、平壌、清津、大邱などで奴隷教育反対闘争を展開した（116～118頁）。

　その他、①1936年8月、日帝は第11回オリンピックでマラソン1位となった朝鮮人の孫基禎選手の胸に日章旗をつけた写真を出そうとした。これに憤激した『朝鮮中央日報』〈『朝鮮日報』？〉と『東亜日報』の記者は日章旗を消して新聞に出した（日章旗抹殺事件）。②愛国的な語学者は朝鮮語を固守し普及するために闘った。李允宰らは1921年に朝鮮語研究会（1931年朝鮮語学会に改称）を創設し、朝鮮語辞典編纂事業を推進する一方、朝鮮語綴字法の制定につとめた。③愛国的な歴史家は1934年「震壇学会」を結成し、日帝の反動学者たちの歴史歪曲に学問的に対決し、④鄭寅普らは「皇民化」策動に抗い、民族性を固守するための朝鮮学運動を展開した。⑤宗教人は「神社参拝」強要に反対した。1936年平壌崇実専門学校と崇義女学校の学生は「神社参拝」に反対し、キリスト教徒は朝鮮総督に何回もその不当性を提起した。1938年以後、キリスト教徒は集団的な反対運動を展開した。「神社参拝」拒否によって日帝に投獄された人々は2000人

余に達し、教会200余が閉鎖された。拷問死も50人余にのぼった。⑥青年学生と人民は「志願兵」制度に反対した。各都市、農村、漁村で先進的な青年学生は「志願兵令状」を破り捨て、深山に身を潜めた。地方毎に設置された募集所を襲撃、破壊した。戦場へと強制された青年たちは上官を処断して飛び出した。こうして、「わが国」の山間地帯には「志願兵」を拒否、もしくは軍隊から逃亡した愛国青年学生と人民が集まった（118〜119頁）。

【コメント】 朝鮮共産党の解散後、各派に分裂し、それぞれが再建運動を繰り広げた。こうしたおり、汎太平洋労働組合からの赤色労働組合、赤色農民組合組織化の再三の要求により、従来の組合を両組合に再編、編入した。これは朝鮮全土に広がり、労農運動を強力に指導した。また、教師、学生も「植民地奴隷教育」反対の闘争を展開したとする。それ以外にも多くの対日抵抗があったことが記述される。①いわゆる「日章旗抹殺事件」、②朝鮮語を守り普及する語学者、③歴史家による朝鮮史を正確に記述する闘い、④「民族性」保持と「皇民化」政策への抵抗、⑤キリスト教徒などによる神社強制参拝への反対、⑥青年学生の「志願兵」忌避と逃亡など枚挙にいとまがない。これらの積極的、消極的抵抗、反対は弾圧などによりすぐには効果が出ないものも多いが、日本による朝鮮植民地支配に徐々に、末期になれば急速に亀裂を入れることになる。

　　国外での闘争　　満州事変後、中国関内で活動していた朝鮮独立運動家の中でも反日抗戦の気運が高まった。上海臨時政府の金九は韓人愛国団を組織し、日帝の高官たちを処断しようとした。1932年1月李奉昌は東京で天皇が乗った馬車に爆弾を投げ（桜田門事件）、尹奉吉は4月、上海の虹口公園で開かれた記念会の舞台に爆弾を投じ、日帝の高官たちを殺傷した（上海虹口公園事件）。これらは朝鮮人民の反日精神を示し、朝中人民を覚醒させた。当時、独立運動家は各運動団体を統一しようとした。上海臨時政府は1932年11月には、義烈団など各種団体と連合して韓国対日戦線統一同盟を組織した。一方、上海臨時政府解体を主張する最右翼の諸団体は、1937年7月東京で金奎植らにより統一戦線党である朝鮮民族革命党を結成した。これに義烈団が韓国対日戦線統一同盟を離れて合流した。その後、朝鮮民族革命党では主導権争いが起こり、右翼勢力は脱退して臨時政府勢力とともに1937年8月、右派の統一戦線組織である韓国光復運動団体連合会を発足させた。1940年5月には政党組織である韓国独立党を結成した。他方、左派勢力だけが残った朝鮮民族革命党は、他の左派勢力と連合し、1937年12月武漢で朝鮮民族戦線連盟を結成し、その傘下に朝鮮義勇隊を組織した。1938年10月武漢が日帝に占領されると、金元鳳らは朝鮮義勇隊の一部のメンバーと重慶に移動した。朝鮮義勇隊の大部分はその後、中国共産党中央のあった延安地区へと北上した。このように、統合へと歩もうとしたが、内部での意見対立が続いた（119〜120頁）。

【コメント】「桜田門事件」も「上海虹口公園事件」も著名な反日テロ事件である。「朝中人民を覚醒させた」面もあるかもしれないが、むしろ「万宝山・朝鮮事件」で冷え

込んだ中朝関係を好転させ、抗日・反日のために共同歩調を採ることを可能にした事件でもあった。その後、上海臨時政府は義烈団を包括する韓国対日戦線統一同盟を組織した。また、最右翼諸団体は朝鮮民族革命党を結成したが、左派を包括せずに「最右翼」だけで「統一戦線党」と称せるのだろうか。他方、左派勢力は1937年12月、武漢で朝鮮民族戦線連盟を結成、傘下に朝鮮義勇隊を組織した。これは重慶に移動し、さらに大部分の朝鮮義勇隊は延安に移動した。ともあれ、朝鮮各党派・団体・部隊はそれぞれ自己主張が強く、分裂を繰り返すという脆弱性も有していた。[9]

「12 祖国解放」

1) 日帝の侵略戦争拡大とファッショ的弾圧の強化

日帝は1940年8月、『東亜日報』と『朝鮮日報』を完全に廃刊にした。日帝は1942年だけで180余の地下組織を弾圧し、多くの愛国者を逮捕した。さらに朝鮮語学会も「学術団体を仮装〈偽装〉した独立運動団体」と言いがかりをつけ、1942年に強制解散させ、多くの学者を逮捕、拷問の末、殺害した（朝鮮語学会事件）。震壇学会も弾圧と内部分裂によって1942年解散した。こうして、朝鮮は「鉄柵のない1つの大きな監獄になった」とする（125頁）。さらに、日帝は1944年〈1943年〉に「徴兵令」、「徴用令」を朝鮮に適用した。

【コメント】『東亜日報』と『朝鮮日報』を廃刊にしたことは、検閲では押さえ込めない状況になっていたことの傍証となる。また、朝鮮語学会も解散に追い込まれ、学者も拷問、殺害されたという。1943年の朝鮮人に対する「徴兵令」などは周知の事実である。

2) 最後の決戦準備

1940年8月敦化県の小哈爾巴嶺で開催された朝鮮人民革命軍幹部会で、金日成は演説した。そして、日帝が侵略戦争を拡大しながら「後方の安全」のために「討伐」攻勢を強化するのは滅亡する者の最後のあがきに過ぎないとし、祖国解放のための万全の準備をするようにと強調した。そして、これは他国の人が代行してくれるものではなく、朝鮮人民革命軍と朝鮮人民がなしとげるものとした。会議では、朝鮮人民革命軍は「大部隊活動から小部隊活動へと移行」が決定された。10月にコミンテルンの要請で、12月（〜翌年3月）、金日成らはハバロフスク会議に参加した。この時、ソ連は朝鮮と中国の武装力をソ連軍に統合することを要求したが、東北抗日聯軍各指揮官は猛烈に反対した。この時、金日成は各国武装力の主体性を保障しながら、団結、協調することを提起し、支持された。また、ソ連は自国領土内に朝鮮人民革命軍と東北抗日聯軍の活動基地を提供した（126〜128頁）。この後、1941年4月のソ日中立条約〈日ソ中立条約〉締結における朝鮮人民革命軍の動揺と一部の者たちの戦線離脱にもかかわらず、金日成による「朝鮮革命を完遂しよう」との呼びかけ、積極的な抗日活動により克服されたとする。さらに白頭山陣地で金正日が誕生したことなどが記述される。

【コメント】 金日成の伝記的部分。大部隊から小部隊の活動への転換はより遊撃戦に適

したものとするためであったのだろう。1940年10月ソ連軍に各部隊が解消されそうになった時、東北抗日聯軍の各指揮官が反対したとするのは朝鮮部隊のみならず、中国部隊も反対したと考えてよいのだろう。金日成は「各国武装力の主体性」と団結、協調を主張したという。なお、日ソ中立条約が朝鮮人民革命軍や独立運動家などにとって精神的打撃となり、かつソ連によって反日活動も制限されるようになったことを示唆する。

3）国内外における全民抗戦に合流するための闘争

　ソ連のドイツ軍撃滅、日帝の中国、東南アジア、太平洋での敗北という国際情勢の一連の変化を受けて、1943年金日成は全民抗戦による祖国解放のための作戦準備をさらに進めた。1943年2月金日成は咸鏡南道での会議において朝鮮人民革命軍の総攻撃と、それに呼応する全人民的な蜂起の背後連合作戦で、祖国解放の偉業を達成する3大路線〈総攻撃・全人民的な蜂起・祖国解放の3つで3大路線なのであろうか。その詳細を知りたいところである〉を提示した。祖国解放3大路線にそって朝鮮人民革命軍の小部隊、小組は朝鮮人民革命軍と全民抗戦部隊の活動基地、後方基地などの秘密根拠地を拡大した。また、白頭山山脈を中心に新たな臨時秘密根拠地を築く活動を続けた。最後の決戦が近づくにつれて鴨緑江、豆満江沿岸の国境地帯だけではなく、ソウルを含めた朝鮮中部一帯と釜山、鎮海など南部朝鮮一帯にまで政治軍事活動を繰り広げた。全国各地では反日団体が200あまり組織され、暴動、テロ、放火、破壊、襲撃など暴力的な闘争が展開された。1944年8月朝鮮建国同盟（委員長は呂運亨）を組織した。これには、「国内」の左翼・右翼の独立運動家が参加、各地区に責任者を任命して地方組織をととのえた。建国同盟は朝鮮人民革命軍と中国重慶にある〈移動した〉上海臨時政府、延安の朝鮮独立同盟との統一戦線を形成するため、人員を派遣して延安と連携をとった（134～138頁）。

【コメント】　この部分も金日成の伝記的記述。1943年段階になって反日勢力は朝鮮全体に増大し、拡大し、暴動、テロ、放火、破壊、襲撃など暴力闘争を展開した。さらに、1944年段階、戦争末期に近づくと、朝鮮建国同盟に朝鮮独立運動家の左右両派が参加し、かつ重慶に移動していた上海臨時政府、延安の朝鮮独立同盟との統一戦線を形成するため人員が派遣されたとするが、中国の国共両党との密接な連携が図られたといえよう。

　中国内での反日闘争。激変する国際情勢から国内外のすべての反日勢力が1つに結束して最後の決戦に臨む必要があった。こうして、中国で活動する民族主義者と共産主義者の統一団結すべきとの声が高まった。金九は上海臨時政府が重慶に定着すると、1940年韓国光復軍を組織した。1942年5月には、重慶に到着した民族戦線連盟の朝鮮義勇軍が光復軍に編入された。臨時政府は1930年代に趙素昂が提唱した「三均主義」（趙素昂は孫文の三民主義と社会主義思想の影響を受け、提唱した社会政治思想である。脚註では、「三均」とは普通選挙制による政治的均等、土地と大企業国有化の経済均等、無償

義務教育制による教育均等[10]）にそって1941年に「建国綱領」を発表した。1944年4月金奎植が臨時政府副主席に就任、左右合作を果たした。一方、臨時政府は延安（華北地域）の朝鮮独立同盟側に人員を派遣し、統一戦線樹立に努力した。華北地域では、中国共産党とともに活動していた金武亭らが1941年1月に華北青年連合会を組織し、7月延安到着の朝鮮義勇隊を受け入れ、朝鮮義勇隊華北支隊に再編成した。その後、義勇隊隊員が次々と華北地域に到着したので、青年連合会を解散、1942年8月には民族解放団体として朝鮮独立同盟を組織、他方、朝鮮義勇隊華北支隊は朝鮮義勇軍と改称し、相互に軍政連合〈軍政両面で連携？〉した。朝鮮義勇軍は〈中共の〉八路軍に所属し、日本兵士への反戦思想宣伝、日本軍内の朝鮮兵士脱出を進めることを基本に、戦闘にも一部参加した（138～139頁）。

【コメント】　今度は中国内での反日闘争が記述される。前述の記載と時期が錯綜、組織・グループが複雑で分かりにくい点もあるが、ともあれ重慶において金九は著名な韓国光復軍を組織した。1944年には左右合作をおこなった。他方、華北では中共と連携、華北青年連合会を組織し、延安で朝鮮義勇隊を受け入れ、朝鮮義勇隊華北支隊に再編成した。義勇隊員の増大とともに朝鮮独立同盟を組織した。また朝鮮義勇隊華北支隊は朝鮮義勇軍と改称した。なお、朝鮮義勇軍は八路軍に所属し、日本兵士に反戦宣伝、日本軍内の朝鮮兵士脱出を進め、戦闘にも一部参加している。このことは日本人反戦兵士問題とも連動するが、[11]日本人反戦兵士の役割と朝鮮義勇隊の役割には重複する部分とそれぞれ独自な部分があり、不明点も多く、それらを考察する上でこの辺の記述はヒントとなる。

4）下記の（二）「在日朝鮮・韓国人の近現代史」に移動、ここでは略。

5）抗日武装闘争の勝利

　1945年7月ハバロフスクにおいて金日成は、ソ連極東軍総司令部のワシレフスキーら高級幹部と会議を開催し、ソ連軍との合同作戦問題を協議した。これに沿って朝鮮人民革命軍部隊は新編成された。金日成は地区担当部隊の責任者を任命すると同時に、自らは平安南道に出向き最終決戦作戦の指揮を採ることになった。こうして、祖国解放のすべての準備が整った。金日成は総攻撃に先立って国境地帯の敵の軍事基地を不意打ちした。ソ連軍はヤルタ会談とポツダム宣言にそって1945年8月9日、対日宣戦布告して戦争に突入した。金日成は同日、朝鮮人民革命軍の全部隊に祖国解放のための総攻撃命令を出した。朝鮮人民革命軍の部隊はソ連軍との密接な連携の下、日帝の国境要塞を一瞬のうちに打ち破り、豆満江を渡った。朝鮮人民革命軍とソ連軍の強力な攻撃と全人民的な抗戦の前に、関東軍は滅亡の危機に直面し、「わが国」の全域で祖国解放を勝ち取るための戦闘が最後の段階に突入した。これ以上、持ちこたえられなくなった日帝は連合国のポツダム宣言を受け入れ、最終攻撃作戦が始まって1週間もたたない1945年8月15日に無条件降伏した。

　その後もあちこちであがく日帝侵略軍を討ち、人民は各地で日帝の植民地統治機関を

たたき潰し、人民的な地方自治機関を設立していった。こうして、朝鮮人民は「41年間」にわたる日帝の植民地統治から解放された（145〜147頁）。

【コメント】　金日成は総攻撃命令や、朝鮮人民革命軍とソ連軍が提携して攻撃したというのは誤りのようだ[12]。ソ連軍に呼応し、中共軍も総攻撃に入っており、それに金日成とは直接関係のない満洲・国境地帯など各地の朝鮮小部隊のゲリラ攻撃が関東軍を瓦解させ、日本敗戦に重要な要素の1つになったと考えてよいであろう。この場合、アメリカによる広島、長崎への原爆は触れられず、日本敗戦にとっての原爆投下の意味は相対化される。なお、本教科書によれば、朝鮮が「41年間」にわたる植民地統治から解放されたとしている。そうなると、1910年の韓国併合からではなく、すでに1904、05年からの植民地統治ということになり、第1次日韓協約、あるいは第2次日韓協約の保護国化から朝鮮植民地化はすでに開始されたと見なしていることになる。

（二）在日朝鮮・韓国人の近現代史

「1920年代の在日同胞の生活と闘争」

関東大震災と在日同胞　1922年夏の信越水力発電株式会社で強制労働に反発した100名近い朝鮮人労働者を集団虐殺した。それに続いて、1923年9月1日関東大震災での朝鮮人虐殺について記述している。すなわち、日帝は、この機会に政府への不満を他へと向けるため「朝鮮人暴動」の流言をわざと流し、朝鮮人を撲滅することを計画した。日本政府の内務大臣であった水野錬太郎と警務長官・赤池濃は、「朝鮮人が放火し井戸に毒薬を流し込んでいる」とのデマ宣伝をした。9月2日には日本天皇の名で、東京、横浜をはじめ関東地方に戒厳令を宣布し、軍隊と警察を投入したばかりか「自警団」、在郷軍人会、青年団、消防団などの民間弾圧機構を動員し朝鮮人の虐殺に向かわせた。東京では亀戸、浅草、深川など、千葉では船橋、浦安、埼玉では熊谷など、群馬では藤岡などで集団的な虐殺がおこった。このように関東全域でなされた「朝鮮人狩り」と呼ばれたこの弾圧・蛮行により、なんの罪もない朝鮮人6600余名が虐殺された。そればかりではなく、数百名の中国人と何人かの日本人社会主義者たちも虐殺された（69〜71頁）。

「コラム」では、「朝鮮人が発音しにくい『15円50銭』、『ありがとうございます』との日本語を話させ正確な発音ができないと、朝鮮人だとして虐殺した」とする。

在日同胞たちの闘争　目覚めた在日朝鮮人留学生とインテリ、労働者によって各種の学生団体、民族主義団体、社会主義団体、労働団体などが数多く組織された。1920年11月、朴烈らにより朝鮮苦学生同友会の組織化を契機に、無政府主義団体である黒濤会、社会主義団体である北星会（後の一月会）、三月会（女性団体）など、さまざまな思想団体が組織された。1922年に東京朝鮮労働同盟会が作られたのを契機に、各地に労働団体が組織された。このような団体は、最初は相互扶助、救済、親睦的なものが多かったが、しだいに階級的、民族的立場から地方ごとに分散的な活動を繰り広げた。

〈統合の気運が高まり〉1925年2月、11の労働組合が連合して在日本朝鮮総同盟が組織された。1927年2月には、東京朝鮮留学生学友会の提案で民族主義、社会主義、無政府主義を目指す18の団体と連合して、民族解放を共同目標にする朝鮮人団体協議会を組織したし、1928年3月在日朝鮮青年たちの統一的な中央組織である在日本朝鮮青年同盟が結成された。1927年5月、朝鮮共産党日本部（後に日本総局に改編）と、高麗共産青年会日本部が設置され、同じ時期に新幹会支会が東京、京都、名古屋、大阪に設置され、槿友会の東京、京都両支会も設置された。これら在日朝鮮人の組織は、朝鮮国内〈植民地内〉の組織との緊密な連携のもと反日愛国運動を繰り広げる一方、日本の労働運動との国際的連帯性も強化した。このように民族的独立と待遇改善のための朝鮮人の闘争は絶えることなく続いた（71～73頁）。

【コメント】　本教科書は、信越水力発電株式会社での朝鮮人労働者虐殺に連動した形で、関東大震災での集団虐殺があったと見なしている。また、東京亀戸の朝鮮人虐殺は有名であるが、そこにとどまらず、関東全域でおこなわれたとし、具体的に地名もあげている。中国人と日本人社会主義者が虐殺されたことは周知の事実であるが、同時に東北人、九州人も発音から誤認され虐殺されている。日本の民間人も加担した虐殺事件であり、日本人生徒も「なぜこうしたことが起こったのか」など、真剣に考えなければならない歴史問題といえよう。この後、日本における闘争に焦点を絞り記述している。すなわち、無政府主義団体の黒濤会、社会主義団体の北星会、三月会など各種思想団体が組織された。やはり日本でも統合する気運が高まり、1925年には労働組合連合の在日本朝鮮総同盟が組織された。また、民族主義、社会主義、無政府主義各団体が連合し、在日本朝鮮青年同盟が結成されている。さらに、朝鮮共産党日本部と高麗共産青年会日本部も設置された。そして、朝鮮の反日運動と連携、また日本の労働運動とも協力したとする。そして、やはり闘争が継続されたことが強調される。だが、それらが順調にいったとも思えず、日本当局の対応が不詳である。

「1930年代の在日同胞の生活と闘争」　図表4-5によれば、例えば、1938年日本各地の朝鮮人総人口は79万9878人で、多い順に大阪24万1619人〈30.2％〉、東京7万8250人〈9.8％〉、愛知6万4321人〈8.0％〉、京都6万1654人〈7.7％〉、福岡6万0105人〈7.5％〉、兵庫5万3446人〈6.7％〉などとある（121頁。％は私が算出）。このように大阪が3割を占め、東京、愛知を除けば、西日本が圧倒的に多かった。

東京、大阪、名古屋、京都、神戸など大都市では借家ができず、川岸、工事場の跡地にバラックを建てたり、土木人夫の臨時合宿で生活した。こうして、大都市の「朝鮮人部落」は都市の片隅や隣村などに形成された。日帝は在日朝鮮人の反日感情をなくすため、「民族同化」を実現しようとした。1936年8月、各都道府県に「協和会」を設置したばかりか特別高等警察（特高）が中心となって「皇民化」を強力に推進した。だが、在日朝鮮人はむしろ反日闘争に積極的に参加した。1928年朝鮮共産党の解散後、在日朝鮮人は朝鮮共産党日本総局を解散し、日本共産党に転じ、支部形態で活動した。在日朝鮮人労働総同盟も解散し、1930年1月、日本労働組合全国協議会内の朝鮮協議会となっ

第3節 在日朝鮮人学校の歴史・社会教科書

図表 4-5　主要地域別の在日朝鮮人人口 (1921-1944)

(単位：人)

年	1921	1925	1928	1930	1933	1935	1938	1939	1942	1944
北海道	1,622	4,450	6,446	15,560		17,385	78,250	21,716	66,987	92,780
東京	2,404	9,989	28,320	38,355	39,314	53,556	78,250	74,162	122,135	97,632
神奈川		6,212	10,207	13,181	12,976	14,410	16,663	20,935	43,392	62,197
愛知		8,528	17,928	35,301	34,819	51,461	64,321	67,041	122,910	137,411
岐阜					9,669	10,986	12,063			
大阪	5,609	34,311	55,290	96,343	140,277	202,311	241,619	274,769	412,748	321,484
京都	1,255	6,823	16,701	27,785	32,594	46,589	61,654	58,230	77,796	67,411
兵庫	2,215	8,032	14,322	26,121	30,440	39,865	53,446	100,770	129,087	139,179
広島	1,549	3,398	5,827	11,136	14,856		24,878	30,864	53,951	81,863
山口	1,654	5,967	8,839	15,968	17,796	27,347	45,439	53,472	107,788	139,164
福岡	6,092	14,245	21,042	34,639	31,510	42,128	60,105	83,520	156,038	198,136
長崎	2,409									
大分	967									
その他	6,498	34,754	53,180		85,966	119,640	141,440	176,112	332,122	599,586
計	32,274	136,709	238,102	314,389	450,217	625,678	799,878	961,591	1,624,954	1,936,843

出典：本教科書68、121、141頁から作成。

た。5月岸和田紡績工場の朝鮮人、日本人の女工は賃上げと労働条件改善を要求し、ストに突入した。警察の弾圧で日本人女工は闘争を中止したが、朝鮮人女工は闘い続けた。7、8月三信鉄道工事場に動員された朝鮮人約600人が賃上げと待遇改善を要求して1ヵ月闘った。1935年前後に日本ファッショ化が強化され、日本共産党をはじめ各種組織が破壊され、〈日本人は〉活動ができなくなった。しかし、在日朝鮮人たちは朝鮮留学生研究会の組織化、名古屋合同労働組合の再建など闘争をやめることはなかった（122～123頁）。

【コメント】　在日朝鮮人の生活環境は極めて厳しく、その上、主に肉体労働であった。当然、反日感情が醸造されるわけであるが、それに対して日本は監視と「皇民化」政策で対処しようとした。だが、朝鮮人の闘争は続き、ストの場合でも日本人女工は途中で中止しても、朝鮮人女工はストを継続した。否、日本人女工よりも厳しい措置が考えられ、継続せざるを得なかったといえるかもしれない。1935年以降、日本人が反ファッショ活動ができなくなった後も、朝鮮人が闘争を続けた意義は過少評価できない。

「1940年代前半の在日同胞の生活と闘争」　1941年大平洋戦争後、労働力需要の増大につれ、朝鮮総督府は1942年2月に「鮮人内地移入斡旋要綱」を発表し、総督府が直接関与し、「官斡旋」形式で集団の強制連行をさらに強化した。1944年に入ると、さらに労働力不足となり、8月「国民徴用令」を朝鮮でも適用し、朝鮮人をさらに大量動員できるようにした。日本側文献によれば、説得だけでは予定数をなかなか集められず、郡や洞の労務係が深夜や早朝、各家の寝室を襲撃、また田畑で働いている者を無理矢理トラックに積み込んだ。こうした人々を集団に編成し、北海道や九州の炭鉱に送り込んだ。1939～1945年の期間、日本の炭鉱、鉱山、軍需工場、土建業、港湾などに引っ張られた朝鮮人数だけで152万人に激増した。日帝は日本で朝鮮人を牛馬や奴隷のように扱い、危険なところで12～14時間以上、さらには14～18時間のきびしい労働を強要した。そして、日本人の半分程度の低賃金であったり、それさえも出さず、強制儲金をさせてふみ倒した。宿舎も劣悪で「タコベヤ」と称される飯場で生活したが、星が見え、雨水が流れこみ、寝具は枕1つであった。朝鮮人の飯場は「半島部屋」といわれ、夜は外から鍵をかけられ、食事は一握りの雑穀米か、大豆カスに塩水だけであった。こうして、多くの在日朝鮮人が栄養失調で死んでいった。宮城県の仙山線〈仙台―山形〉鉄道敷設現場では、安全施設のないトンネル工事で「枕木1本に朝鮮人1人」との言葉通り、多くが死去した。さらに「横須賀の海軍病院などでは、多数の朝鮮人を人体実験の対象にし、死んだ人の油まで搾り出す蛮行をはたらいた」とする。在日朝鮮人は、1945年8月6日と9日に米帝〈アメリカ帝国主義の略〉が広島と長崎に落とした原子爆弾により多くが殺害された（140～142頁）。

在日朝鮮人の闘争は以下の通り。日本の3大炭鉱地として知られた福岡〈筑豊〉、〈福島の〉常磐、札幌〈夕張？〉の炭鉱などに、1939年10月から1942年10月までに強制連行された朝鮮人労働者の36％が脱出した。特に福岡では44％が脱出した。日帝の5大中心

産業の第1が炭鉱で、労働者の半数が朝鮮人であった。したがって、炭鉱からの大量脱出は日帝の侵略戦争遂行に大打撃となった。朝鮮人労働者は各地の工事場でサボタージュ、スト、暴動をおこした。公式資料によっても、1942年日本でのスト総件数は602件、参加者数3万1600人中、朝鮮人労働者が単独で起こしたストは449件、参加者数は2万6000人〈朝鮮人単独ストは1件平均、57.9人〉に達する（142～143頁）。

【コメント】　大平洋戦争後の労働者需要の急増により、朝鮮総督府が直接加担する形で強制集団連行が実施された。戦争末期になると、それでも不足し、拉致のような形で暴力的に労働者を集め、北海道や九州の炭鉱に送り込んだとする。そして、危険な現場で長時間労働を強要した。その上、食住も劣悪で死ぬ者も多かった。横須賀の海軍病院では、「多数の朝鮮人を人体実験」をしたとの指摘は事実とすれば、大問題といえるであろう。アメリカによる原爆投下で多数の朝鮮人が死んだことを記述する。ところで、炭鉱労働者の「半数」が朝鮮人であったことから、サボタージュ、スト、暴動など各種抵抗が、日本による侵略戦争遂行に打撃を与えたという評価は間違いではないであろう。当時のストにおいては日本人労働者のみならず、朝鮮人労働者に着目する必要があることがわかる。

III　朝鮮大学校歴史学研究室編『朝鮮史―古代から近代まで』

　北朝鮮の歴史認識・歴史教育の参考になるので、最後に朝鮮大学校歴史学研究室編『朝鮮史―古代から近代まで』（朝鮮青年社、1976年）をとりあげたい。ただし、本書は教科書ではなく通史・概説で、それも前近代にウエートを置いているので、その特徴、論理、主張を簡潔に述べるにとどめたい。本書は日本人読者にも向け、その理解を深める目的を有しているとする。ただし遺憾ながら近現代史に関しては朝鮮三・一独立運動までしか記述されていない。それが、本書執筆者陣の力量ともいえるし、また三・一独立運動の精神や対日抵抗を朝鮮近現代史の本質であり、象徴的出来事と見なしてのことであろう。

　「まえがき」によれば、「日本では、〈朝鮮民主主義人民〉共和国の歴史研究の成果を正しく反映した通史が紹介されておらず、それが朝鮮の歴史を正しく学ぼうとする人々に、少なからず支障をあたえているという事情を考慮して執筆」したという。そして、金日成の「わが民族は、5000年の悠久な歴史をもつ単一民族であり、古くから外来侵略者と歴代の反動支配層に反対して、力強くたたかってきた勇敢で覇気のある民族であり、人類の科学と文化の発展に大き

く寄与した英知ある民族」との言を引用する。そして、かつて日本が侵略政策を「正当化」するために吹き込んだ朝鮮社会の「合法則的な発展」を否定する「外因論」〈自立的、主体的発展はできず、外因によって発展を促されたという意味と解せる〉、朝鮮社会の歴史的「後進性」を必然視する「停滞論」に反駁する。

本書の目次を示すと以下の通り。

Ⅰ　原始共同体の社会
Ⅱ　奴隷制社会——古代国家——
Ⅲ　封建社会——中世国家の成立・三国と六伽倻、楽浪——
Ⅳ　封建制の強化——新羅の領土拡張と渤海、9世紀末の農民運動——
Ⅴ　高麗封建国家による封建制度の再編成と12世紀末の農民運動
Ⅵ　大土地所有の成長と封建的搾取の強化・外来勢力による侵略の激化とその撃退（「蒙古の侵略と高麗人民のたたかい」など）
Ⅶ　李朝封建国家による中央集権体制の再編成とその矛盾・日本の侵略〈豊臣秀吉による文禄・慶長の役〉とその撃退（「朝鮮人民のたたかい・壬辰戦争」）
Ⅷ　資本主義的要素の成長と封建制度の危機
Ⅸ　ブルジョア民族運動の発生と米日資本主義侵略に反対する人民のたたかい（「ブルジョア民族運動の発生」／「アメリカ・フランスの武力侵攻と人民のたたかい」／「日本帝国主義の武力侵攻・『江華島条約』の締結と人民のたたかい」／「1882年軍人暴動」）
Ⅹ　ブルジョア革命と農民戦争（「開化派によるブルジョア改革運動」／「1884年のブルジョア革命」／「1884年農民戦争」）
Ⅺ　反日義兵闘争と愛国文化運動（「19世紀末における反封建反侵略闘争」／「20世紀初期の情勢」／「反日義兵闘争」／「愛国文化運動」）
Ⅻ　日本帝国主義の植民地政策に反対する朝鮮人民のたたかい、三・一人民蜂起（「日本帝国主義の植民地政策と朝鮮の社会経済的状態」／「三・一人民蜂起」）

このように目次を見ただけでもわかる通り、その特徴は、①原始共同体、貴族・奴隷制、封建社会、資本主義社会、そして社会主義社会への見通しと、史的唯物論をベースに明確に時期区分されている。②諸外国からの侵略にいかに抵抗したか、例えば、1866年アメリカ、フランスを皮切りに、清（中国）、ロシア、そして日本からの侵略を受け、それに反撃したことが論述される。その際、特に「人民のたたかい」が強調される。③封建社会から移行する次の段階として「開化派によるブルジョア改革運動」を評価しながらも、その次の段階

を想定し、その限界性を述べる。

　こうした発想は、最終章である「Ⅻ　日本帝国主義の植民地政策に反対する朝鮮人民のたたかい、三・一人民蜂起」にも現れる。ただし、その後の民族運動の起点と考えてか、それとも時期区分として近代史の終わりと見なしてか、前述の如く1919年の三・一独立運動で唐突に終わる。その後の展開も重要なので、物足りない印象を受ける。ほとんどが非暴力であったと記述しながら、むしろ「暴動に決起した労働者や農民は、斧や棍棒などで日本の憲兵、警察機関と郡庁、面事務所などの統治機関を襲撃し、……一部の地方では、武装闘争もくりひろげられた」（315頁）ことに重点を置いているように見える。また、三・一人民蜂起は「結局、失敗に帰し」たと総括し、「卓越した首領の領導のもとに、正しい闘争綱領をうちだし、組織的に展開されるときのみ、勝利する」ことを教えたとし、将来の金日成の出現を暗示する。そして、これを契機に「朝鮮におけるブルジョア民族運動の時期は終結し、マルクス・レーニン主義の旗のもとに、労働者階級を先頭とする朝鮮人民の英雄的な民族解放闘争の歴史がはじまった」（317頁）、と総括する。

　つまり同書は史的唯物論と「人民闘争史観」の２本柱で組み立てられている。私は史的唯物論を全面否定するわけではなく、一定の有効性を依然として認めているが、発展史観による段階論のごとく進まないのもまた歴史である。理論的には資本主義体制の後に社会主義体制が構築されることになっている。だが、実際には多くのソ連、東欧などの社会主義国家が崩壊し、生き残った社会主義国家は世界的な資本主義国家群の包囲の中で資本主義化を余儀なくされている。そのことをどのように考えればよいのか。さらに時代的背景によって異なるが、人民闘争の意義と限界をどのように考えればよいのか。ファシズムを支え、推進するのもまた民衆である。政治概念としての「人民」、あるいは「国民」、「民衆」をどう使い分け、定義づけるかも重要であろう。

おわりに

　小学校や大学校の教科書・概説に関してはそれぞれコメントも付しているので、ここでは、本書の主要テーマであるⅡの朝鮮中級学校『朝鮮歴史』を重点

的に論じたい。

　第1に、朝鮮中級学校『朝鮮歴史』の特徴は抑圧と抵抗、特に抵抗に主眼がおかれていることである。そして、抵抗の中でも暴力的抵抗、実力行使に高い評価を与える。それは、全体に貫かれている。換言すれば、民族主義、改良主義的な動向に対しても一定の評価を与えながらも、結局のところ暴力的な日本植民地体制を打倒するには、暴力抵抗以外ないとの信念が根底にある。それは三・一独立運動の評価でも示され、非暴力闘争との側面よりも、その後の暴力闘争を評価する形で示される。なお、一般的にソウルだけがとりあげられる中で、平壌の独立運動の実態に言及している点は貴重である。その後の反日運動を担う左派各派、民族主義者各派の分裂、動揺を記述していることは歴史の客観視という側面で評価できる。もっとも、それは統一方向へと収斂させ、その役割を担う金日成を高く評価する布石にもなるわけであるが。朝鮮人民に対する評価も高く、歴史を動かすのは民衆であるとの「人民闘争史観」に基づいている。抑圧に負けない各種抵抗を強調する本教科書の記述は、韓国光復軍、朝鮮義勇隊、および少数派による反日テロなどを除き、日本の厳しい抑圧下でほとんど抵抗ができなかったというイメージを覆す。他方、沈黙、もしくは日本に協力した朝鮮人も多かったと考えられるが、こうした反日抵抗は全体の朝鮮人の中でどのような位置づけにあるのか、知りたいところであろう。なお、在日朝鮮人に関する記述も関東大震災での朝鮮人虐殺を含め抑圧と、労働者のストやサボタージュなど積極的、もしくは消極的な抵抗の視点からそれなりに充実している。

　第2に、『朝鮮歴史』と韓国の歴史教科書を比較すると、前者は、北朝鮮に繋がる社会主義者、共産主義者、およびその諸党派が充実した記述となっており、後者が、民族主義者、抵抗的な改良主義者、およびその諸党派・団体に関する記述が充実している。また、前者が金日成、後者が金九などの活動を重視する。とすれば、双方を歴史事実に沿って取捨選択しながら合体させることで、韓国・朝鮮近現代史をより実態に沿ったものとして記述できるのではないか。その上、思いの外、『朝鮮歴史』と韓国の教科書とはとりあげる人物、事件などに共通性が多いことには驚かされる。例えば、『朝鮮歴史』は共産主義者のみならず、民族主義者の金九ら韓国光復軍を一定程度、評価する形で記述

している。その他、宗教家にも配慮する。他方、韓国の教科書も「朝鮮義勇軍」や社会主義者の役割を一定程度、評価している。このように強弱があるとはいえ、相互乗り入れし、相互の勢力を評価していることが注目される。さらに日本植民地支配やその政策に対しては若干の相違があるとはいえ、双方の教科書ともかなり厳しい視線で記述し、日本人の歴史的な「恥部」、あるいは「闇」の部分を鋭く突いており、共通性がある。これらの歴史事実は日本人にとって知ることは苦痛を伴うが、逃げずに真正面から見据える必要がある。それこそが日本が欧米諸国のみならず、周辺諸国を含めた国際社会からの信頼を獲得する一里塚となるといえよう。

　第3に、前述の如く『朝鮮歴史』は朝鮮高校への税金投入に反対する目的で翻訳刊行された。つまりⅠの小学校教科書が朝鮮人学校への補助金継続を訴え、教育内容に問題がないことを示すため翻訳刊行されたのに対して、完全に逆の立場に立つ。訳者代表の萩原遼によれば、税金投入に反対する理由として、①現代史の半分が金日成の個人史と金日成一家の家系史である。しかも「金日成の抗日戦争」なるものがソ連や中国の成果を横取りしたものである。②「朝鮮人民革命軍」があったことも、金日成が総攻撃命令を下したことも事実ではない。この時期、金日成はハバロフスクの宿舎で何もせず、日本降伏の1ヵ月後、ソ連軍に連れられて平壌入りしたことなどをあげる（萩原は、上記主張の典拠を示す必要がある）。したがって、③「虚偽を教え、子どもたちを誤った方向に引き入れる」教科書を使用する朝鮮学校に対して公的資金支出を除外せよ、と日本政府に対して提言した。確かに、「金日成英雄伝」、「金日成神話」として、当然、過剰な讃美や誇張はある。また、「朝鮮人民革命軍」も存在しなかった可能性が強い。だが、そうした側面があることを認めたとしても、全面否定はできないであろう。萩原が主張する部分を除けば、多くが歴史的事実といえるのではないか。すなわち、金日成や彼の父母に関する誇張した部分を削除すれば、その実相に近づくし、また「朝鮮人民革命軍」という形で大規模な組織だったものは存在しなかったとはいえ、東北抗日聯軍に所属する金日成下の朝鮮人部隊が存在し、かつ国境地帯などでパルチザン闘争をおこない、それなりの威力を発揮したことは否定できない事実である。私は重慶国民政府や中国抗日戦争を研究している関係上、中国側の史料などから東北抗日聯

軍の朝鮮人部隊、朝鮮義勇隊などを見てきたが、その実態に不明点が多かった。また、金九の韓国光復軍の実態や動向についてはある程度把握していたが、やはり北朝鮮に繋がる社会主義者側からの視点に欠けていた。『朝鮮歴史』はこうした部分を補い、もしくはヒントを得ることができた。ただし教科書なので簡単すぎたり、単純化しすぎではないかとも感じる個所もないわけではない。

　これらの教科書を見て認識されることは、在日朝鮮人学校、できれば北朝鮮の各歴史教科書と韓国歴史教科書を合わせ、史実を取捨選択することで、韓国・朝鮮近現代史をより実態に沿ったものに構築でき、初めて歴史教科書として完成するのではないかということである。さらに『東アジア歴史教科書』は日本、中国、台湾、韓国、北朝鮮の各歴史教科書をとりあげ、この5極から総合的、かつ構造的に創造していく必要がある。

〔註〕
1） ここでは、日本の三・一独立運動を見ておきたい。例えば、大阪では元慶応大学留学生中心に大阪医科大学、大阪商工大学、大阪農大各留学生が集まり、留学生や朝鮮人労働者に三・一独立運動への呼応を訴えようとした。檄文10数通、独立宣言書百数十通を準備した。そして、決起後、日本の総理大臣、貴族院・衆議院両院議長、学者、新聞社にも郵送する計画であった。だが、計画は事前に大阪府警に探知され、1919年3月19日、集合場所の天王寺公園では厳しい警戒態勢がとられ、参集者は阻止され、23人が逮捕された。所持する檄文には、「残酷ナル日本人ニ低頭平身シテ毎日糧食ヲ恵マレン計リ戦々競々タリ。……彼地ハ奮闘シ居レルニ未タ大阪ニ住居スル我カ同胞計〈許？〉リ区々タル明日ノ生計ヲ念慮シ晏然拱手傍観スルハ韓半島民族ノ一大羞恥ナリ。……明日午後7時正刻ニ万障御繰合ノ上〈天王寺〉公園六角亭前ニ集リ来ルコトヲ……大阪在住兄弟ヨ！」（『現代史資料―朝鮮2』第26巻、みすず書房、1967年、33～35頁）、と書かれていた。
2） 1910年の韓国併合以降、植民地朝鮮から押し出された、もしくは逃亡した朝鮮人が満洲、特に間島地方に大量に流れ込んだ。その結果、朝鮮の共産主義者、民族主義者、独立派、親日派、および一般朝鮮人が入り乱れ、朝鮮人同士、あるいは地元中国人との間に軋轢が広がった（拙稿「万宝山・朝鮮事件の実態と構造」愛知学院大学『人間文化』第22号、2007年9月）。こうした状況にあったのである。
3） 金日成（本名は金成柱）は1912年4月15日に平壌郊外の大同郡南里で生まれた。母の康磐石は隣村のキリスト教会長老の娘である。父の金亨稷は小作農の息子で、やはりキリスト教徒であり、平壌のミッションスクールである崇実中学で学んだ。卒業後、書堂の教師をしながら、1917年に民族主義団体である朝鮮国民会の結成に参画した。参加者の多くはキリスト教徒であった。だが、父を含む国民会会員の多くが逮捕され、組織は破壊された。獄から解放された後、父は満洲に逃れ、一家もその後を追った。父の意思

により、1923〜25年母の故郷に戻り、祖父の教会学校で学んだ。このように、金日成はキリスト教的な雰囲気の中で少年時代を送った（和田春樹『北朝鮮現代史』岩波新書、2〜3頁）。こうした金日成とキリスト教徒の関係は、『朝鮮歴史』には記述されていない。

4） 朝鮮人共産党員が多い南満の磐石地方などでは、他より早く共産党を組織する武装組織が誕生した。そうした中で、金日成は1932年4月25日、安図で救国軍于司令部隊に所属する別働隊として朝鮮人武装隊を組織した。これが金日成の最初の部隊である。北朝鮮では、この日を朝鮮人民軍創設記念日としている（同前、5頁）。

5） 1936年コミンテルン中共代表部の新路線は朝鮮人武装部隊と中国人武装部隊を分離するというものであった。金日成はこの新方針に反対した。「民生団」事件直後でもあり、2つに分けた場合、武装部隊同士の衝突の可能性があったという。金日成の尽力もあり、結局のところ新方針は採択されず、東北抗日聯軍第2軍が結成され、金日成は新設の第3師長に任じられた。その後、抗日聯軍第1軍と第2軍は合体し、第1路軍となり、金日成部隊はその第6師となった（同前、7〜8頁）。

6） 東北抗日聯軍部隊は赤軍第88特別狙撃旅団（旅団長は周保中）に編入された。その下に4個教導大隊があり、第1教導大隊長は金日成であった。東南満で活動し、朝鮮に攻め込んだ金日成の名は朝鮮では知らぬ者がないほど有名であった。1941年周保中はソ連軍への報告で「金日成は最もよい軍事幹部」で、「中国共産党高麗人同志の最優秀分子」（同前、15〜17頁）と述べたという。金日成の力量が認められていたことの傍証となる。

7） 1938年、東北抗日聯軍第1路軍（総司令楊靖宇）は3方面軍に再編、金日成の第6師は第2方面軍に改編された。この直後、第2方面軍は「苦難の行軍」を余儀なくされた。軍中にいた女スパイによると、「第2方面軍ノ士気旺盛ニシテ団結力アルハ、軍指揮金日成ガ猛烈ナル民族的共産主義思想ヲ抱持シ、且ツ頑健ト統制ノ妙ヲ有シ居ルニ依ルモノナリ」という（同前、10〜11頁）。ここで重要な点は、金日成は共産主義者であると同時に、強烈な民族主義者でもあったとの指摘であろう。それこそが金日成、金正日による民族主義的な北朝鮮政治体制の特色となっているからである。なお、金日成は基本的に統一戦線指向であったことが理解できる。

8） 『朝鮮歴史』が捨象しているものに1931年満洲事変直前に発生した万宝山・朝鮮事件がある。もっとも日本の歴史教科書もこの事件に関する言及は少なくなるか、捨象している。この事件は単に中国農民と朝鮮農民の水争いなどという次元の問題ではない。なぜなら、日本植民地下の朝鮮各地で朝鮮民衆による華僑虐殺暴動にまで発展したからである。この結果、中国と朝鮮人の間は一時期、険悪となった（拙稿「万宝山・朝鮮事件の実態と構造」愛知学院大学『人間文化』第22号、2007年9月）。これは、極めて複雑な問題であり、教科書のとりあげ方は熟慮しなければならないが、捨象できないはずである。

9） 私の研究によれば、盧溝橋事件後、左右両派の領袖金九と金若山は次々と工作隊を天津等に派遣し、宋哲元・第二十九軍の情報工作に協力させた。37年9月民族主義的な韓国独立党、朝鮮革命党、韓国国民党3党が南京で「韓国光復団体連合体」（光復陣線。以下、「光線」）を結成し、対日作戦の「特別任務」に従事した。他方、金若山ら左派は12月武漢で「朝鮮民族戦線連盟」（以下、「民線」）を組織し、「光線」、「民線」の二大勢力が形成された。39年1月頃、国民党中央は金九、金若山を呼び寄せ、「光線」と「民線」を統一すべきとした。当時、中国側は第二次国共合作を背景に朝鮮人政策は柔軟で、民族主義の「光線」、社会主義路線の「民線」ともによいとの判断であった。何回

かの交渉後、5月金九と金若山は左右両派の統一を共同声明した。かくして、7月重慶で「全国連合陣線協会」が正式に成立し、「光線」の韓国国民党、韓国独立党、朝鮮革命党と「民線」の朝鮮民族革命党、朝鮮民族解放同盟、朝鮮民族前衛同盟、朝鮮革命者同盟の7党派は合作統一されるはずであった。だが、米国の朝鮮人団体が金若山との合作に反対し、続いて「民線」の解放同盟と前衛同盟が、最後に金若山らも離脱した。中国側は失敗理由として①民族性として個性が強く、団結精神に欠ける、②多くは民族思想を以て号令するが、具体的な中心思想がない。③各党派間の猜疑心が深すぎ、合作、分裂を繰り返すなどをあげた（胡春恵『韓国独立運動在中国』中華民国史料研究中心、1976年、54～56頁。中央研究院近代史研究所編『国民政府与韓国独立運動史料』1988年、25～28頁）。

10) なお、私が所有する史料（金恩忠編著『韓国独立党三均主義之詮釈』韓国独立党中国総支部執行委員会、1947年、29～30頁）によれば、三均制度とは、広義には「人と人の均等、族（民族）と族の均等、国と国との均等」であり、狭義には人と人の均等を指し、「政治均等（均権）、経済均等（均富）、教育均等（均学）」で、国内での均等生活を実現し、さらに族と族との均等に達する。民族自決を実施し、自愛兼愛に基づき、弱小民族を被圧迫被統治の地位に陥るのを免れさせ、さらに国と国の均等を謀り、植民政策、国際侵略等に反対し、進んで東方一家、世界一家の最終理想を謀るものと説明される。

11) 日本人兵士は捕虜になった場合、一様に意気消沈しているが、朝鮮人兵士の捕虜の場合、むしろ日本植民地の頸木から解放され、朝鮮独立への信念を固め、意気軒昂であったという。なお、日本人兵士の反戦運動と朝鮮義勇隊の反戦活動は共同歩調をとらなかったとはいえ、相互に密接な関係にある。日本人反戦兵士の場合、反戦宣伝が主であったが、朝鮮義勇隊などの場合、日本語による反戦宣伝もおこなうが、実際に戦闘にも参加している（拙著『日本人反戦兵士と日中戦争』御茶の水書房、2003年を参照されたい）。

12) 「8月9日、ソ連は対日宣戦布告し、満州の関東軍を攻撃した。朝鮮人隊員で戦闘に加わったのは、偵察要員としてソ連軍に配備されていた人々だけである。……朝鮮人民革命軍がソ連軍とともに対日戦に決起し、朝鮮の各都市を次々に解放した」というのは「願望の表現であって、事実ではない」（和田春樹、前掲書、18～19頁）、という。

13) 金日成は9月5日、日本が降伏文書に調印した3日後にハバロフスクを出発、ウラジオストクからソ連の軍艦で9月19日元山に到着。和田春樹は「日本側の厳しい討伐作戦に耐え抜いて、自分も生き残り、60名の部下と一緒に祖国の土地を踏んだというのはやはり金日成という人の非凡な能力」とする（同前、19～20頁）。

14) なお、戦時期の華僑学校教育に関しては、拙著『戦争と華僑』（汲古書院、2011年）の第5章第1節「日本・植民地台湾における華僑学校教育」、第2節「植民地朝鮮における華僑学校教育」、第3節「『大東亜共栄圏』下における南洋華僑学校教育」がある。ここでは、華僑学校教育の特色、教育制度、教師と学生などに焦点を当てて論じた。日本は戦時期、華僑学校や朝鮮人教育などに対して過酷な干渉、圧迫を続けた歴史を有している。この歴史から学ぶ教訓は、各国は自国内にある外国人学校に対して相互主義により、過剰な干渉は許されず、むしろ保護、支援する義務があるということである。それは海外にある日本人学校に対しても当てはまり、所在国のイデオロギーや理念の押しつけを回避できる。現在の朝鮮人学校を除外しての公費支出の主張は日本国内はともあれ、国際社会の理解を得られないのではないか。『朝鮮歴史』の内容も過剰な表現があ

るとはいえ、基本的に史実にそっており、公的資金を出さない理由とはならない。代表萩原は『朝鮮歴史』を日本語訳したことで極めて重要な仕事をしたと思う。ただし、本教科書を通して、私と萩原が公的資金支出云々に関して導きだした結論は全く逆で、やはり支出すべきと考える。

第 5 章
「氷点事件」と上海版の歴史教科書問題

はじめに

　中国は「百年の大計は教育を基本とする」を打ち出し、教育を科学技術とともに今後の中国発展の原動力にしようとしている。このことは、長期的視点で教育を梃子に中国人全体の知的水準を向上させ、将来に向けての人材育成に本格的に取り組み始めたといえよう。当然のことながら、歴史教育もその重要な一環を形成することになる。とはいえ、それは単線的な発展ではなく、試行錯誤や暗中模索を伴う複雑な過程を辿るかもしれない。本章では、まず①「氷点事件」の原因となった袁偉時論文を義和団を中心に、その主張、特色を明らかにし、②義和団に対する歴史評価の変遷を押さえ、同論文を位置づける。③中国教科書制度の現状に簡単に触れた後、使用中止になった蘇智良主編の上海版歴史教科書（改訂版）について何が問題なのかを考えてみたい。④最後に上海地方史の教科書もとりあげる。なお、本章では日中戦争に関する記述を重視しながらも、問題となっている義和団評価はもちろん、社会主義と資本主義、マルクス主義理論などもとりあげる。また、上海版歴史教科書が明治維新後から日本敗戦を経て、現在に至るまでの日本をどのように記述しているか。興味深いところであろう。このように、本章は、他章と異なり、多角的視点から広範なキーとなる重要諸問題に踏み込む。これによって、袁偉時論文、および上海版歴史教科書の何が問題で、何が問題でないかを考える。

I　「氷点事件」と義和団・近代化問題
――袁偉時論文の意義と限界――

　2006年1月、共産主義青年団の機関誌『中国青年報』の副刊『氷点週刊』が停刊処分とされた。その理由は、それに掲載された袁偉時（中山大学歴史系）の論文にあった。袁は中国歴史教科書が「反列強・反西洋人」、「中国と外国間の紛争では、中国が必ず正しい」という姿勢で執筆していると批判した。これを受けて家近亮子は、「集団的な記憶過程で、自分たちに都合の悪い面は忘れ、都合よい面だけを記憶し、それに特別の歴史的意味づけをする」行為に警告を発したと、その主張を擁護する。果たしてそう言えるのか具体的に検討した

では、袁偉時「近代化と中国の歴史教科書問題2)」はどのような内容なのか。袁は「第二次アヘン戦争」〈アロー戦争〉、義和団の二本柱で論述しているが、紙幅の関係から義和団に関する記述を中心に要約すると、以下の通り。

 20世紀の反右派闘争、大躍進と文化大革命〈以下、文革と略称〉という史上前例のない「3大災難」後、人々はその根源の1つが「狼の乳を飲んで成長した」〈教育によって誤った思想を注入された〉ことを痛切に感じた。だが、その後も「狼の乳」を飲んでおり、〈初級・高級〉中学教科書は依然として近代中国と外国・外国人の関係を論述する時、ほとんど自己反省の精神がない。義和団を例にあげれば、教科書は「8ヵ国連合軍が北京を占領後、焼殺略奪という悪の限りをおこなった」などの記述は正確であるが、それ以外は間違いだらけである。

 (1)教科書は、義和団の電線、学校、鉄道破壊、外国商品焼却など近代文明敵視、盲目的な外国人排斥などについて記述していない。こうした反文明の誤りは国家、人民に莫大な災害をおよぼした。つまり8ヵ国連合軍に抵抗した義和団は意義どころか、大きな災難であった。

 (2)教科書は、清朝政府高官や義和団が無実の者を勝手気ままに殺害し、略奪した残酷な罪状を非難していない。義和団参加のすべての民衆を「匪徒」とは呼べないが、少なからず土匪や無頼漢が混じっていた。全国各地で1900年6月24日から7月24日までに外国人231人を殺害し、その中に子供53人が含まれていた。また、山西省だけで中国人のカトリック教徒5700人余が殺害されている。

 (3)慈禧太后〈西太后〉の愚昧で極端な専制統治がなかったならば、義和団事件のような巨大な国家災難はなかったであろう。一旦政府官吏や最高統治者〈西太后〉が彼らを利用しようとすると、国家災難が次々と起こってくる。「刀槍不入」〈矢にも鉄砲にも当たらない〉、「神仙下凡」〈神仏や仙人が天から下りてきて助けてくれる〉の類の出鱈目な話は昔からあり、中国民間伝統の重要な構成部分であった。

 (4)教科書における一部の史料の使い方もいい加減である。例えば、『義和団歌謡』に出てくるとする「義和団は山東に起こり、3ヵ月足らずで遍く紅〈義

和団の旗の色は「紅」に染めた。子供たちは各自刀を持って国を防衛する」を探したが、典拠が見つからない。これは、むしろ抗日戦争時期における中国共産党〈以下、中共と略称〉指導下の児童団の歌のようである。つまり義和団の迷信、反近代化の特質、および外国人と中国人キリスト教徒殺害の歴史的事実を重視することを訴える。

そして、袁によれば、国内外の経験が証明するように、開発途上国と地区〈植民地、半植民地〉が遅れた状況を改変しようとすれば、唯一の道は西洋列強から学び、社会生活の全面的な近代化を実現することである。「成敗の鍵は国内の改革にある」と強調する。義和団によって中国の瓜分〈分割〉を免れたというが、実際にはその陰謀は止まらなかった。イギリス軍のチベット進攻とラサ占領、ドイツは砲艦を洞庭湖に進入させ、その租借を要求している。瓜分できなかったのは帝国主義間の矛盾による。不幸にして西方に学び、変革の高まりであった戊戌変法は失敗した。それに対して「義和団事件は〈戊戌〉政変後、伝統に固執し、変革に反対した反動逆流の頂点に過ぎない」、と断定する。このように、西洋化・近代化を絶対視し、それと連動した形で戊戌変法に高い評価を与える一方、義和団を手厳しく批判する。ちなみに「中体西用」論の洋務運動を捨象しているのは、体制改革を全面に打ち出した戊戌の変法〈変法自強運動〉に比して低評価を与えているからであろう。

ところで、袁によれば、2000、01年に日本の一部右翼勢力が編纂した歴史教科書は歴史の真相を隠蔽し、侵略罪状を否認し、中・韓両国政府と民衆をはじめ日本国内外の強い抗議を引き起こした。これは1982、86、96年に続き歴史を歪曲する歴史教科書であった。このことは多くの人々に深刻な印象を残した。「日本人には後悔の念がない」、「これは大和民族特有の欠陥ではないのか？」、と。だが、中国にも類似の問題があるのではないか。自らの近代史に深い反省がなく、〈過去の〉屈辱から中国人は頑固な思想をもった。「"洋鬼子"〈外国人〉は侵略者であり、中国と外国との矛盾は中国が必ず正しい。反列強、反洋人は愛国である。そこで史料の選択、用い方は真偽にかかわらず、中国に有利なものを使用する」。1918年、陳独秀は義和団を「専制・迷信・神権の暗黒の道」と非難したが、24年「義和団事件は中国民族革命史上の悲壮な序幕」、「実質的に全民族の意識と利益の代表」と言い直した。これはプロパガンダの必要

から出たもので、1940年代〈60〜70年代の文革時代？〉にはマルクス主義を簡単に総括する一句である「造反有理」となった。このように、中国にも日本の『新しい歴史教科書』と類似の問題があるとし、かつ反列強、反外国人という義和団の発想は文革、そして現在までも続いているとするのである。

「社会領域で制度変革の行動を引き起こしてのみ、初めて真の革命と称することができる。太平天国と義和団はそれに合致しない」。義和団賞讃の直接的な悪影響は文革の中で余すところなく暴露された。紅衛兵はイギリス代理事務所を放火した。これは義和団・紅燈照〈娘たちによる宣伝隊〉の行動の焼き直しである。「破四旧」〈旧思想・旧文化・旧風俗・旧習慣の打破〉、「反帝」、「反修正主義」などの外来事物清算の発狂は義和団による「滅洋」の延長線上にある。そして、袁は「理性ある法治観念を有する現在の公民を養成し、現代化の事業に利するためには、今、これらの誤った時期〈の思想や活動〉を正す」ことが必要と結論づける。

以上のように袁論文は、①「反列強・反西洋人」、外国との紛争では「中国が必ず正しい」とし、かつ都合のよい史料のみをとりあげる中国当局や歴史教科書の姿勢を批判し、問題提起をしたことは意義がある。②義和団の動乱の部分をとりあげ、白人、中国人キリスト教徒民衆に対する圧迫、虐殺を強調する。それは事実であり、局部を重視し、義和団研究・教育を多面的に深める契機となることは悪いことではない。ただし局部的事例をもって全体を否定することはできない。つまり歴史的枠組みはあくまでも列強直接侵略下の中国であり、それを軽視することはできないのである。袁論文もまた局部のみを強調し、都合の悪い事実を捨象しているのではないか。③義和団の構成として「無知蒙昧な民衆」が強調され、変法運動を改革運動として高い評価を与える。私も、洋務運動、変法自強運動の歴史的意義を否定するつもりはない。ただし、アヘン戦争以来の列強からの侵略に苦しむ中国が、その打開を目指す上と下からの動向であり、双方が対立するのみならず、意識するにしろ意識しないにしろ、結果的に中国の「自立」を目指す同一方向を見ていた。すなわち、その双方の絡み合いの中に歴史的趨勢と意義と限界が隠されている。この点が重要である。④義和団と文革の類似性の指摘であるが、確かに反キリスト教、反外国人など共通性はある。だが、これのみを強調することはできないと、私は思

う。繰り返すが、義和団時期は各列強による帝国主義・世界分割時期で中国が亡国になるか否かの危機に直面していたのであり、文革時期は人民共和国成立後である。類似の形態でも前者は肯定され、後者においては否定されねばならない。換言すれば、歴史学的にはその時代背景や客観的状勢を決して看過できないのである。

II　義和団の歴史的評価と論争

　では、義和団と中国近代化の関係をいかに考えればよいのか。

　袁偉時論文に共鳴し、義和団評価を現在の問題とダイレクトに結びつけて論じるのが、佐藤公彦『上海版歴史教科書の「扼殺」』(2008年) である。佐藤は「義和団は今日的問題」とし、かなりの紙幅を使い、自らの著書の中国語版出版の際、義和団と文革との類似性を記述した箇所が次々と削除されたと具体的に指摘し、憤慨している。また、1949年の「中国革命」、「文化大革命」という第2、第3の義和団体験をしたとし、「義和団問題は、現代においてもなお、中国社会における『信教の自由』、あるいは基本的人権問題、中国社会の国際化の問題をわれわれに問いかけている」、と断じる。そして、「学問的な歴史研究によっても、義和団事件と文化大革命の類似性は否定できない歴史的事実であり、中国に大きな『災難』をもたらしたことも共通している」。さらに中国では、「『屈辱の近代史』をどう捉えるかという『歴史観』と『政治』は分けられないのだ」、としめくくる。[3] 換言すれば、中国は今も被害妄想に陥っている結果、国際化、民主化、および正確な歴史認識ができないと指摘しているように読みとれる。

　では、中国では義和団をどのような姿勢で生徒に教えているのだろうか。教師用副読本である『中国近代現代史上冊教師教学用書』人民教育出版社を見てみたい。

　⑴授業目的は、①義和団運動は、帝国主義列強による瓜分、民族危機が空前に深刻化した歴史条件の下で勃発したもので、中国人民の反「洋教」〈キリスト教〉闘争のさらなる発展の結果であり、旧民主主義革命時期の1つの偉大な農民反帝愛国運動である。②義和団運動は中国人民の巨大なエネルギーを示

し、列強による中国瓜分という傲慢な計画を粉砕し、清政権の滅亡を加速させた。そして、ブルジョア階級の革命力量の発展を促進した。ただし、③その歴史的な経験と教訓は、〈義和団のような〉旧式の農民戦争では帝国主義の侵略をくい止めることはできないことである。④「辛丑条約」〈北京議定書〉により列強は中国にさらに厳しい不平等条約を押しつけたが、その調印は中国の「半植民地半封建社会」の統治秩序を確立したことを示す。

(2)教える要点は、①義和団運動が山東で発生した理由、②義和団運動の発展では、袁世凱による山東の義和団鎮圧、北京・天津地区への発展、および慈禧太后〈西太后〉の義和団慰撫政策への転換、③8ヵ国連合軍の中国侵略戦争とその暴行、④「辛丑条約」の調印とその厳しい損害などである[4]。このように、義和団を「反帝愛国運動」と位置づけ、8ヵ国連合軍の侵略と暴行を強調する。ただし、義和団は郷村自衛意識から出発しており、「国」という概念はなかった可能性が強い。

この線に沿って高級中学教科書『中国近代現代史』上冊は記述される。義和団を中国人民の反キリスト教闘争の高まりに位置づける。帝国主義侵略勢力が山東省に入り込むにともない、キリスト教会の活動がさらに狂暴となり、宣教師は民衆を騙すなど好き放題であった。確かに袁偉時が指摘する通り、「神が〈義和〉拳を助ける」という迷信は僅かに触れられるだけで、ラッダイド〈機械打ち壊し〉運動などは捨象される。外国人殺害は正義の行為となり、他方、8ヵ国連合軍と豹変した西太后・反動勢力連合の掃蕩殺戮の下、「義和団の反帝愛国運動は失敗した」とする[5]。

ここで、日本の教科書に眼を転じると、(1)『詳説日本史』(山川出版社、2007年)、「第9章 近代国家の成立」の中の「中国分割と日英同盟」は、「日清戦争によって清国の弱体ぶりを知った欧米列強は、あいついで同国に勢力範囲を設定していった(中国分割)。まず1898年に、ドイツが山東省の膠州湾を、ついでロシアが遼東半島の旅順・大連港を、さらにイギリスは九龍半島・威海衛を、翌年にフランスが広州湾を租借し、各国はこれらの租借地を拠点に鉄道建設などを進めていった」。なお、同教科書では、洋務運動、戊戌の変法とも捨象される。そして、「1900年に入ると、清国では『扶清滅洋』をとなえる排外主義団体義和団が勢力を増して各地で外国人をおそい、北京の列国公使館を包囲し

た（義和団の乱）。清国政府も義和団に同調して、列国に宣戦を布告した（北清事変）。日本を含む列国は、連合軍を派遣し、義和団を北京から追って清国を降伏させ、翌年には清国と北京議定書（脚注：これにより、列国は清国政府に対し、巨額の賠償金と首都北京の公使館所在区域の治外法権、および公使館守備隊の駐留などを承認させた）を結んだ」（270〜271頁）。いわば前半部分が列強の侵略で、後半部分が義和団に割かれる。なお、戊戌の変法に触れていないが、これは中国国内改革であると同時に、日本の明治維新を模範としており、捨象できないのではないか。

(2)『詳説世界史』（山川出版社、2010年）、「第14章 帝国主義とアジアの民族運動」の中の「中国分割の危機」で、『詳説日本史』と同様、まず独、露、英、仏の中国内における租借について述べる。そして、戊戌の変法とその失敗について記述する。「〈1898年の戊戌の政変と〉同じ頃、中国では民衆の排外運動が激化していた。北京条約〈1860年〉でキリスト教の布教が公認され、布教活動が活発化すると、各地で反キリスト教運動（仇教運動）がおこった。とくに日清戦争後の欧米列強の華北への強引な進出は、民衆の民族的感情を高めた。なかでも、山東の自衛的郷村組織を基盤に生まれてきた宗教的武術集団の義和団は、『扶清滅洋』をとなえて鉄道や教会を破壊し、宣教師や信徒を排撃した。義和団が北京城内にはいると、清朝の保守排外派は、この運動を利用して各国に宣戦を布告した。各国は在留外国人の保護を名目に共同出兵にふみきり、日本とロシアを主力とする8カ国の連合軍は北京を占領し、在留外国人を救出した（義和団事件）。1901年、敗れた清は北京議定書（辛丑和約）に調印し、巨額の賠償金を支払い、外国軍隊の北京駐屯などを認めた。義和団事件後もロシアは中国東北から撤兵せず、朝鮮への圧力を強めた」（289〜291頁）。このように、『詳説日本史』に比して、反キリスト教、鉄道に対するラッダイト運動など、義和団の活動実態にまで踏み込んで記述していることは評価できよう。

では、日本における義和団評価はどのように推移してきたのであろうか。ここでは、新書本を含めて比較的に入手しやすい著書・論文から考察を加えたい。なお、その際、日本の学界で多くの論争があった義和団起源説問題については割愛し、主に活動実態、特色、および結末などに焦点を合わせる。

まず、(1)橘樸『中華民国三十年史』(岩波新書)が戦時中の1943年に出版されている。「元来満洲朝廷に対する窮乏せる民衆の盲目的な反抗であつたが、1898年に最高頂に達した西洋人の支那侵略が呼び起こした西洋に対する民衆の憤激と宣教師に対する反感とは、これを排外暴動に転化することを容易ならしめた。西太后は暴徒を使嗾して外国人を殺戮せしめ、つひには正規軍をもつて北京の外国公使館を攻撃するに至つた。……〈西太后の全総督等への鏖殺〉命令が忠実に実行されたとすれば……恐らく支那は20世紀の初頭に於いて完全に列国の分割するところとなつてゐたであろう。……中立宣言によつて外人との紛争が北支那以外に波及することを防止した李鴻章、劉坤一、張子洞、許応騤、袁世凱等は、その不忠によつて支那の危ふきに救つた」。それがなければ、「完全に列国の分割するところとなつてゐた」と推測するが、その根拠が不明である。その上で、列強間対立が書かれ、分割しようとすれば、「重大な紛争」を予測する[6]。すなわち、橘樸は、分割から中国を救ったのは義和団ではなく、李鴻章ら漢人官僚と列強間対立にあると強調する。いわば橘樸は義和団の発生原因を押さえながらも、列強に対する抵抗としての評価は低い。

この橘樸の説に連動するのが、(2)貝塚茂樹(『中国の歴史』下、岩波新書)である。巨額の賠償金(4億5000万両)が、中国国家財政、ひいては国民経済におよぼした影響で深刻なものであるが、「これが素朴な農民たちの熱狂的救国運動としてもてはやされる義和団が中国に残した直接の負債」であった。これのみならず、清朝は義和団のような外人排斥運動が2度と起こらないように取り締まり、外国人が危害にあうときは責任官吏が罰せられる。「これでは、中国の人民が外国に隷属する奴隷となったも同然」とする。ただし貝塚は次のようにも述べる、「帝国主義国にかなりのショックをあたえたことは事実であり、またこういうナショナリズムが、のちの歴史のなかでいろいろな表われ方をして、結局中国を救うことになるのは事実である」としながらも、再び「現実に中国の瓜分を救ったのは、漢人実力官僚の自制ある行動であったとする橘氏の解釈に賛成する[7]」、と。つまり貝塚は、あくまでも「義和団時期」に限定をつけ義和団を批判し、だが、そうしたナショナリズムのエネルギーが将来の中国を救うことになることを否定しない。

(3)小島晋治・丸山松幸『中国近現代史』(岩波新書)では、「清朝は、列強の

権益擁護を使命とする『洋人の朝廷』に変質し、……反面、列強は中国の直接的『分割』、つまり植民地化をなしえなかった。これは列強間の対立と相互牽制という要因もあるが、とりわけ、義和団に示された中国民衆の抵抗力の強さによる」。8ヵ国連合軍総司令官ワルデルセー（ドイツ将軍）は「中国の上層階級や役人は世界情勢に暗いうえに腐敗しきっているが、4億の民衆は『神の子孫』という自尊心に富み、無限の生気にみちており、勤勉で利口であり、戦闘心も旺盛である。……その敗北は、武器が不備であっただけ」とし、「欧米・日本いずれの国も、世界人口の4分の1を占めるこのような民衆を知恵も兵力ももちあわせていない。分割などは最大の下策である[8]」、と結論づける。

ここで、研究の方に眼を転じると、

(4)里井彦七郎『近代中国における民衆運動とその思想』は世界的視野から論じる。日清戦争と日本の勝利、清国の敗北を直接契機とし、より大きくは、世界体制としての帝国主義の形成を基盤として、多数列強の帝国主義的侵略がとりわけ中国に集中した。そうした世界史的局面で義和団運動は「民衆的な反帝・反封建闘争の1つの典型であった」と見なす。そして、「この『邪教』〈義和団〉には迷信性と反帝・反封建性の2面性があり、盲目的迷信性の1面のみを強調することは発生期義和団の思想の役割を見失うことになる」、と注意を促す。「義和団の鉄道破壊闘争は、帝国主義の本質との闘いであり、帝国主義の中国における首脳部＝公使団勢力を北京に孤立化させた。と同時に、帝国主義と国内の買弁的諸勢力に対する統一行動を発展させ、反帝・反買弁の民族戦線を初歩的ながら発展させる闘いであった」。「貧苦の〈キリスト〉教民集団を宣教師たちと一括して侵略団体とみなすことには疑問がある。しかし、彼らの主観的意図にかかわらず、その活動は、中国の官紳勢力よりもより強い列強権力に依存しつつ行なわれた[9]」。つまり里井は、帝国主義構造の中に義和団の抵抗を位置づけ、鉄道破壊も「帝国主義の本質との闘い」と見なす。義和団が敵視した中国人キリスト教徒に対しては一定の同情を示しつつも、列強による侵略との関連から致し方なかったと考えているようだ。

(5)村松祐次『義和団の研究』は、「義和団事件は、中国近代史の1つの頂点であり、分岐点であった。……中国国内では、1898年の改革運動〈変法自強運動〉を圧倒した宮廷内保守派は、指導権を完全に失った。清朝そのものも、

はっきりとした崩壊の様相を示し始めた。外国人にとっては、それは、東北中国への日本の急速な拡張と進出を結果した日露戦争を誘発した。従って、それは、間接的には、中国の知識層を外国『帝国主義』に対して立ち上がらせた主要な運動の1つであった。事件の性格におけるこの2面性、つまり、それはむしろ保守的な、そして反動的でさえある意図を持ちながら、新しい思想と事件の流れを中国にもたらした[10]」。

(6)堀川哲男「義和団運動の発展過程」は、義和団とは帝国主義列強の侵略に反対し、直接的にはキリスト教宣教師や教徒と鋭い対抗関係にある「各地に個別発生した郷村自衛組織の拡大・発展したもの[11]」、と規定する。つまり堀川によれば、義和団にとって、列強侵略の象徴としてのキリスト教宣教師やキリスト教徒であり、郷村自衛の延長線上に「滅洋」が位置づけられる。

(7)小林一美『義和団戦争と明治国家』では、義和団は日清・日露両戦争の間に存在する「戦争」と位置づける。そして、「義和団大衆が無知な迷信の徒ではなく、1900年前後の半封建、半植民地的状況を打破せんとする国民的愛国者であり、聯合軍との戦闘においてもきわめて勇敢であった。……官軍も勇敢に戦った。これを見た軍人、新聞記者が明瞭にそれを証言していた。のちに日本人が嘲笑の的にした義和団＝迷信論は、当時の日本人の目撃談と大きく異なる[12]」、としていた。だが、最近、小林はウエートの置き方を変え、柴五郎ら日本軍人の「優秀さ」も指摘、近代的な8ヵ国連合軍に旧態依然な清朝軍隊、および義和団では対抗できなかったとする。そして、義和団を単純に「反帝愛国運動」とすることに疑義を表明し、中国人の「華夷思想」・中華思想の崩壊による被害者意識というトラウマが根強く残り、文革などでも熱狂と「内部の敵」への攻撃という同質なことが発生したとし[13]、ある面で佐藤公彦と同一の論調を展開する。

(8)菊池貴晴は、人民大衆が外国商品や鉄道、電柱、電線を極端に忌み襲撃したというのは、それらを自分たちの生活を侵害した帝国主義の象徴と見なしたからとする。その上、「キリスト教会や修道院の無神経な農村侵害が続いた。彼らは多数の農民の土地家屋を占領したり、官吏に不法な圧力をかけて訴訟を有利にしたり、武装私兵を養って教民地主の税糧収奪を手伝ったり、高利貸付けによって人民から土地財産をとりあげるなど、横暴の限りをつくした」。し

たがって、義和団により四川、湖南、江西、浙江、雲南各地で教会や修道院が焼きうちされ、多数の宣教師やキリスト教民が放逐され、殺された。つまりキリスト教会の横暴、それを背景とするキリスト教徒の活動に耐えきれなくなった義和団が各地で反撃に出たと解せる。これに対して、イギリスは、長江一帯を保持すべく、洋務派の大官僚李鴻章、劉坤一、張之洞を買収して「東南互保」を作らせ、南北呼応して人民の反抗を弾圧した。連合軍は義和団の抵抗を、一段下等な黄色人種の白人に対する敵対行為(「黄禍」)、ヨーロッパ文化〈キリスト教〉と文明に対する挑戦と見なして、憎しみをこめた徹底的殺戮と破壊をもってこれに復讐した。このように、菊池貴晴の李鴻章ら洋務派官僚に対する評価は低く、橘樸や貝塚と真っ向から対立する。

　その上で、義和団の戒律は厳しく、例えば、北京に貼った告示には「貧をもって貧を圧迫したり、強者が弱者を凌辱することは許さない」とあった。このため、義和団はキリスト教徒を除く民衆から圧倒的な支持を受けた。また、総税務司でイギリス人のR・ハートは、義和団が「その趣旨においては愛国的、目的とするところは正当であって、他の大衆暴動とは同日に論じることはできない。確かに今回は人材なく、秀れた武器もなく敗れ去ったが、その影響力は極めて大きい。今後その精神は深く人民の心に培われ、全国に普及すれば、将来義和団の子孫〈が〉現れて、義和団が遺した志を継承するであろう」、と。そして、義和団の歴史的意義は大きいとし、列強はそれ以降、「清朝を介する間接侵略、経済侵略に重点をおくように変わった」、と指摘する。換言すれば、義和団によるインパクトが大きく、直接の植民地になることを免れたとするのである。

　総括すると、①橘、貝塚は義和団が反列強、および瓜分阻止に力量を発揮したことには否定的で、清朝官僚の自制的行為と列強間矛盾を重視する。列強間矛盾を強調する点で、袁論文はこれと同一の流れをくんでいる。

　それに対して、②小島・丸山は、義和団が植民地化を阻止する力となり、義和団は中国民衆の強い抵抗力を示したと評価する。里井は、それこそが世界史的局面で、「民衆の反帝・反封建闘争の１つの典型」と言い切る。さらに村松は義和団の２面性を指摘し、反動的でさえあったが、つまり、清朝の崩壊、日露戦争の誘発、そして辛亥革命という流れを創ったものと評価する。堀川は郷

村自衛組織としての義和団がその延長線上に「滅洋」を掲げ、列強侵略の象徴としてキリスト教宣教師、教徒への攻撃があったと明言する。菊池貴晴は、義和団がキリスト教会、キリスト教徒の横暴、現地住民への圧迫に対抗するのは当然と見なした。それに対して洋務派官僚らは列強の侵略に抵抗せず、むしろ義和団を弾圧した。そして、8ヵ国連合軍の欧米部隊は、キリスト教文明に対する一段下等な黄色人種の挑戦と見なして徹底的な殺戮をおこなったとする。その上、義和団は中国人キリスト教徒を除く民衆から圧倒的な支持を得たとするのである。

③小林も専門書では義和団は「無知な迷信の徒」ではなく、「国民的愛国者」で勇敢に戦ったと書いていた。その後、日本軍人の優秀さ、清朝軍隊や義和団では近代的8ヵ国連合軍に勝利できなかった、と指摘する。これを否定するつもりは毛頭ないし、これまで十分光りが当てられなかった部分を明らかにし、義和団研究を多角的視点から一歩前進させたとも言えよう。しかし、被害者意識からのトラウマ、「内部の敵」への攻撃という問題を文革に結びつける。それと同様な傾向が佐藤の著書、袁偉時論文にも明確に流れている。袁論文は義和団の迷信、反キリスト教、反外国人を過度に強調することによって、局部によって全体を論じ、歴史的背景を無視し、局部を梃子に文革とダイレクトに結びつける。これは発想として面白いが、歴史状況が異なり、同一に論じることは不可能と考える。私は義和団のキリスト教徒への攻撃は当時の状況の中で、ある意味で当然のことであるが、文革での反キリスト教、反外国人は「信教の自由」、「人権」との関係から問題があることを否定するつもりはない。

Ⅲ　上海版歴史教科書の内容とその検討

　上海版歴史教科書に入る前に、まず中国の歴史教科書制度について押さえておきたい。中国では、現在、歴史教科書はすべて検定制度である。1950年代から80年代にかけて小学校・初級中学・高級中学とも7回、歴史教科書が刊行され、全国統一の国定教科書が使用されてきた。これらは教育部（文部科学省に相当）が制定した『歴史教学大綱』に沿って編纂され、その直属の人民教育出版社が一手に刊行してきた。だが、1978年改革開放政策の流れを受けて80年代

に国定教科書制度に対する議論が始まり、86年には「義務教育法」が制定され、国定教科書制度から検定制への移行、および教科書複数化に向けて動き始めたのである。そして、88年に「9年制義務教育教材編纂計画方案」が公表された。それは、広大な中国で地域、文化水準、経済水準などを考慮して、それぞれに適応した教材」を目指すというものであった。こうして、90年から山東、福建、雲南、貴州、広西、寧夏、黒龍江の7地点で、教育部の検定を経た教科書が実験的に使用された。3年間の試用期間を経て、1993年以降、中国全国で検定教科書が本格的に導入され、歴史教科書は人民教育社版をはじめ、北京師範大学版、上海の華東師範大学版、広東版、四川版、浙江版、湖南省の岳麓版、河北版など約10種類が編纂されている。この内、国定教科書出版の実績のある人民教育出版社の教科書占有率は60～70％である[18]。

　2001年教育部公布の「中小教材編写審定管理暫行弁法」によれば、師範大学、教育研究所から個人に至るまで執筆可能となった。ただし、例えば、同「弁法」第7条で、「党の基本方針を堅持し、正確な政治視点を持ち、教育事業に熱心で優れた職業道徳と責任感で共同編纂できる者」と厳しい枠をはめている。執筆は、全国版が教育部の『歴史教学大綱』などに則り、地方版が地方行政機関による『歴史過程標準』に則る。検定は「初審」で⑴執筆者や執筆団体の審査、⑵教科書としての体裁、⑶執筆目的、思想の審査がおこなわれる。合格すると、その教科書の表紙に「試用」の文字が印字され、約3年間、実際に200クラス、2万人に試用し、「教材評価」などを提出する（なお、表紙に「試験本」と印字されているものもあり、それは「初審」段階で提出するものと考えられる）。その後、最終審査に回され、⑴審査項目を満たしているか、⑵優れた教育効果があったかなどがチェックされ、かつ「判断基準」としては、①法律や中共の教育方針に従っているか、②教育の現代化、国際化要求に応えているか、③生徒の心身発達や生活経験と合致するか、④科学発展の方向性を有しているかなどがある。この2段階審査に合格すると、表紙の印字が「通過」（採択）と変えられ、使用できる。こうして、執筆と検定審査は「全国」と「地方」の2系統あり、「全国」は国務院教育行政部門、「地方」は省教育行政部門が管理する。そして、教科書は、全国、地方に区分けされ、それぞれ教科書リストに加えられる。各学校はこのリストから教科書を採択するが、全国版は全

国で使用できるが、地方版はその地域でのみ使用可能である[19]。

ところで、中国は諸外国の教科書制度を本格的に研究している。人民出版社の唐磊は、米、英、仏、独、露、韓、日は教科書編纂を民間委託形態でおこなっていると指摘する。多くの国家は教科書の編纂や刊行に関する直接的法律がないが、日本だけが「学校教育法」などに依拠し、国家レベルで検定審議会があるなど、教科書制度が確立している。教科書が国家の統一管理下にあることも中国と類似しており、その「長所」を取り入れるべき[20]、と提言している。つまり中国は日本の検定制度を研究、熟知しており、国家管理側面で重視し、採用しようとしている。

2006年9月1日付けの"ニューヨーク・タイムズ"は、「毛〈沢東〉はどこにいるのか。中国の改訂〈版〉歴史教科書」という刺激的な記事を掲載した。その対象となったのは、蘇智良（上海師範大学歴史系教授）主編の高級中学1年生用の上海版歴史教科書である。記事によれば、同教科書は、経済成長、イノベーション、外国貿易、政治的安定、異文化尊重、社会的調和などに焦点を当て、ビル・ゲイツ、ニューヨーク証券取引所、新幹線などの単語が登場した。フランス革命、ロシア革命は注視されず、毛沢東、長征、南京大虐殺は〈初級〉中学教科書のみで書かれ、過去の王朝交代や農民反乱、民族間戦争も詳しく説明しなくなった。これは、（現在の）国民の反政府意識を刺激するのを憂慮したためだ、と。その記事に対して蘇智良自身は、評価が一面的で、軽率で無責任だ[21]、と困惑を隠さない。胡錦濤国家主席ら現指導部が経済発展とともに、「世界基準」の人材育成を重視し始めている。上海版歴史教科書（改訂版）はそうした流れに乗ったものであったが、この記事も大きな誘因となり使用停止に追い込まれたものと解釈できよう。

では、どのような状況であったのだろうか。『朝日新聞』（2007年3月8日、9月15日など）によれば、上海市教育委員会が2006年秋に採用を決めた高校〈高級中学〉生用の改訂版の「世界史教科書」〈実際の書名は『歴史』〉の使用を2007年5月に急遽中止した。その対象は1、3年生のそれぞれの前・後期の計4冊である。採用された教科書が僅か1年で使用中止になるのは極めて異例である。編集に関わった教授は解任、もしくは自ら辞任した。これら4冊の改訂版は、日中戦争の記述を大幅に削り、「人権」、「三権分立」などを手厚く説明

したため、「進歩的だ」と肯定的に評価される一方、「イデオロギーを軽視」、「マルクス主義唯物史観から逸脱」との批判も出ていた。かくして、9月に入学した新入生にはそれを使用させず、代りに『高中歴史』第1分冊と題した臨時版が配布された。改訂版の高校1年生用の前期は全26課、計144頁であるのに比べ、臨時版は全15課、計66頁だけである。改訂版は「社会生活」、「宗教」、「人文科学」などのテーマごとに時代、地域を横断して教えるのに対し、臨時版は古代文明社会から15世紀までを年代順に教える形式で、「農民、労働者からの搾取」、「階級矛盾」といった表現が随所に出てくる。編集長を辞任した蘇智良は、「将来は世界中を飛び回る次代の若者に文明の発展過程を理解させ、素養を高めてもらいたい。新しい歴史研究の成果を導入しつつ、世界観や人生観、価値観を形成する途中にあることを考えて編集した」。日中戦争部分の減少については、「戦争の原因や旧日本軍の戦争犯罪、中国人の受けた被害と反抗、戦争の勝利は明確に説明している。狭隘な民族主義教育でも、反日教育でもない」と答えたという[22]。

では、使用停止になった上海版歴史教科書の内容が新聞などで書いている通りか否か、実際に分析、検討したい。

(一)『歴史』(蘇智良主編、「試用本」・高級中学課本・1年級第1学期)[23]の構成を見ると、

「テーマ1　人類の早期文明」(文明社会の指標／文明と地理環境)

「テーマ2　人類の生活」(社会構造／社会生活／社会風俗)

「テーマ3　人類文化」(文明社会を維持する法律／人文科学／宗教)

となっている。初級中学の歴史教科書は時系列的、本教科書ではテーマ別という違いはある。生徒の発育過程を鑑みれば、初級中学は理解しやすい時系列、高級中学はそれを深化させるためにテーマ別にするのも1つの教授法と考えられる。中国当局にとっての問題は、強いて言えば、階級闘争史観がテーマ別では全面に出てこないことであろうか。だが、実際には階級闘争的発想がないわけではなく、むしろ随所に見られる。特に「テーマ2」「社会構造」所収の「第9課　等級と階級」がそれをとりあげる。ただし、「平民と貴族」、「中産階級」の2項目により構成される。「無産〈プロレタリア〉階級」という独立項目がなく、それが「中産階級」に包括されるのも問題と言えるかもしれない。

それでは、「中産階級」はどのように説明されているのであろうか。「11世紀以降、欧州では、金銭支出や武装闘争などの方式で都市の自治権を獲得した。都市に市政機構、議会、税関、税務署などを設置した。こうして市民が次第に形成され、牧師や貴族以外の特殊な階層を形成した。この階層を形成したのは、主に商人、工場主、店主、銀行家、および教師、弁護士、医師、建築家などの専門家を包括する」(44頁)。

そして、「資本主義生産関係の発展に伴い、ブルジョア階級とプロレタリア階級が次第に形成された。2大階級はそれぞれの階級利益のために互いに闘争した。ただし、封建領主や君主専制に反対する闘争では連繋を保持した。……プロレタリア階級とブルジョア階級の闘争は、19世紀から20世紀上半期の政治舞台を震撼させた。ロシア、中国などの国家には社会主義制度が成立し、西側資本主義国家は一系列の国内階級矛盾を緩和する措置が採られ、人類の歴史発展に深い影響を及ぼした。……近代資本主義社会の中では、中産階級の主体は生産手段を保有する資本家であり、生産手段をコントロールすることで雇用労働者を搾取して富裕となる。1970年代以降、情報技術革命と『知識基盤経済』〈情報産業・教育産業・科学研究などを指す〉の到来に伴い、知識や科学技術の発明により富を築き、それによって、のし上がった中産階級の人数はますます多くなってきた。ここ幾十年来、社会構造の変化は新たな趨勢にある」。「アメリカでは、中産階級は通常、1年間の家庭収入が2万5000米ドルから10万米ドルの人々を指す。20世紀末、これらの人々はアメリカ総人口の80％を占めるのに対して、巨富を有する者と貧困者は社会の極少数を占めるだけである。西側の幾つかの先進国も類似の現象がある。社会構成員中、中産階級の占める比率の増大は社会と政治の安定に有利に作用している」(45〜46頁)。強引に考えれば、中国社会主義批判に見えないこともない。ただしアメリカを始め欧州も、現在、「社会と政治の安定」という状況が揺らいでいることは周知の事実である。なお、「中産階級」の主体は「資本家」とするのは可能なのであろうか。概念規定がよく分からない。一般的に「近代資本主義社会」における「中産階級」とは資本家（ブルジョア）階級と労働者（プロレタリア）階級の中間に位置する小商業者、自由職業者などを指す概念ではないか（『教養経済学辞典』青林書店新社、1967年、180頁など参照）。なお、本教科書においても、ブルジョア

階級とプロレタリア階級への階級分解と階級闘争を明確に書いている。

　（二）『歴史』（蘇智良主編、「試用本」・高級中学課本・1年級第2学期）は、中国当局にとって問題点が多いと考えられるので重点的に見ておきたい。その構成は、「テーマ4」から始まり、「文明の融合と衝突」（第1～11課）、「テーマ5　経済グローバル時代の文明」（Ⅰ．近現代国家制度：第12課　民族国家、第13課　三権分立、第14課　公民社会、Ⅱ．近現代経済制度：第15課　市場経済、第16課　国際経済関係、Ⅲ．文明衝突中の国際政治秩序：第17～19課　国際法、国際機関、戦後の国際構造）、「テーマ6　文明の現実と未来」（Ⅰ．社会の理想と現実：第20課　人権、第21課　社会保障、第22課　社会主義の理想と実践、Ⅱ．文明への脅威：第23～26課では伝染病、「毒物」〈アヘンなど〉、邪教、黒社会）などとなっている。

　では、問題とされた三権分立、人権、および社会主義をピックアップして内容を示しておきたい。

　第13課「三権分立」では、「立法・行政・司法という3つの機能がそれぞれ特定の権力を有し、かつ相互に牽制することで権力を均衡させる。三権分立は西側資本主義国家の基本的な政治制度である。それが生み出されたのは、資本主義における生産手段私有制の必要に適応したもので、またブルジョア階級内部の異なる利益集団間で衝突しないように協調させ、長期統治を維持する手段とすることにある。三権分立制とブルジョア階級の多党制は1つに融合され、実質的にブルジョア階級間の相互の競争と牽制は、ブルジョア階級が享受する民主であり、広範な人民はこの制度における役割と影響は取るに足らないものである。それは社会制度を超越し、普遍的に適用できる唯一の民主モデルではない。現在、西側国家の行政権力は絶えず拡張し、立法権や司法権を圧倒する趨勢にある」（67頁）。このように、三権分立に関しても限定的な評価であり、同時に問題点も鋭く提起し、「広範な人民のこの制度における役割と影響は取るに足らないもの」、「唯一のモデルではない」と、むしろ批判的に論じる。

　第20課「人権」では、冒頭から「アメリカ内戦〈南北戦争〉後、黒人の権利は依然として種々の制限を受けていた。幾つかの学校では黒人と白人が一緒に学ぶことを禁止した。1954年アメリカ連邦の最高法院は初めて裁決し、学校当局が種族隔離の措置を採ることはアメリカ憲法に違反すると判決した。この事

例からも、人類が自らの合法的権利を獲得するのはいかに苦難かがわかる」（95頁）と記述され、アメリカにおける黒人の人権問題を指摘する。他国の人権状況を批判するアメリカ自身はどうなのかと問いかけ、挑発しているようにも見える。

　その後、歴史を逆に遡り、欧州における都市の勃興後、ブルジョア階級は商品生産と交換のために、平等・自由な経済環境と人身の権利獲得を要求した。18世紀フランスの啓蒙思想家のルソーが天賦人権の観念を明確に打ち出し、1789年フランスの国民会議で「人権宣言」が採択された。近代になると、西洋の人権思想は中国の進歩的思想家（例えば、厳復）の関心を引き起こした。それは、1912年「中華民国臨時約法」の中で一定程度、具現化された。第二次世界大戦中のファッシズム、例えば、ナチス・ドイツによるユダヤ人迫害、惨殺などを説明する。大戦勝利後、世界各地で人権侵害事件がしばしば発生した。そこで、1948年12月、国連総会で「世界人権宣言」全30ヵ条が採択された。1977年12月国連は「人権新概念に関する決議案」を採択し、その中で、発展途上国に対して人権を実現する具体的段取りについて説明を求めた。ところで、新中国〈中華人民共和国〉の成立後、中共と政府は人民生存権利の保障に十分関心を払い、措置をとった。1982年憲法を例にとると、人の生存と発展はそれぞれの現実面で人権を完全に具現化するという含意から、そこで、新中国1人1人の公民の合法的権益に法律的な保護を与える。その基本精神は『世界人権宣言』の宗旨と一致する（95〜98頁）、と。

　このように、中国における人権状況が実際は不十分としても、本教科書は、中共も中国政府も人権を重視している、と一応強調していることは押さえておく必要がある。アメリカ中心の国連が、「発展途上国」（これには中国が含まれている）に対して人権に関する報告を求めたことを記述した点に、本教科書が使用停止になった理由の1つが隠されているのかもしれない。

　第22課「社会主義の理想と実践」では、すでに先秦時代、中国には「天下為公」という大同社会〈中国人の理想社会〉の記述があった。19世紀末に至り、康有為が『大同書』〈1884年から構想し始め、1901年公表[25)]〉を書いたが、社会変革運動を生み出すことはなかった。だが、欧州では、社会主義思想が起こって間もなく世界の歴史舞台を震撼させる社会主義運動が形成された。その後、フラ

ンスのサン・シモン、フーリエ、イギリスのオウエンら空想的社会主義を経て、19世紀中葉、マルクスとエンゲルスが労働運動の実践経験と空想的社会主義批判の基礎の上に、『資本論』、『共産党宣言』などを書き、社会主義が資本主義に代わるのは歴史発展の必然と指摘した。このように、社会主義事業は人類歴史上、未曾有の偉大な実践であったが、1917年ロシア十月革命以降、紆余曲折の過程を経た。スターリン時代、ソ連は社会主義計画経済の体系を樹立し、国家の工業化目標を実現し、生産力は迅速に発展した。しかし、ソ連共産党も歴史的誤りを犯した。それは民族平等原則に違反し、大ロシア主義を実行したことである。そして、ソ連を兄弟党、兄弟国家より上に位置づけ、指令した。また「国際分業」を実施し、他国の利益を犠牲にしてソ連の国益を拡大した。アメリカと世界覇権を争うために、軍事工業、重工業の発展に偏重し、民衆の物資や生活での消費の必要を無視し、国内大衆の不満を引き起こした。スターリン時代は次第に個人独裁を進め、党内民主を絶えず破壊した。これらの誤りが20世紀末の1990年代初頭に東欧の巨大な変化を誘発し、ソ連解体の重要な要因となった（105～106頁）[26]。以上のように、ソ連・スターリンの意義と限界を明示しつつ、限界の増大がついにソ連の解体に繋がったとするのである。ともあれ、中国が「社会主義」を標榜する以上、これらの事実は他人事ではなく、自戒する内容とも言えよう。

　したがって、「中国が社会主義改造と社会主義建設の過程で、最初は主にソ連社会主義モデルを参考にし、大きな成果を得たが、また厳しい挫折も味わった。1979年以降、中国共産党はマルクス主義の実事求是の原則に基づき、次第に中国特色ある社会主義理論を形成した。すなわち、中国共産党の指導下で、中国の国情に基づき、市場経済法則と社会協調発展の原則に基づき、共に富裕の道を歩み、社会主義現代化の強国を建設する」（107頁）、としている。ここには「中国改革開放の総設計士」として、鄧小平の写真が載っている。ここでのポイントは、ソ連社会主義モデルからの脱却と中国の特色ある社会主義、すなわち「市場経済」、「社会協調発展」の貫徹である。そして、社会主義を放棄しないことを明言していることである。

　なお、核兵器に関しては、第9課「軍事技術」で以下のように記述する。核兵器には原子爆弾、水素爆弾などの種類がある。また、用途によって戦術核兵

器、戦略核兵器に分けられる。早期には核兵器は主に飛行機によって投下したが、ロケット、潜水艦、誘導爆弾、人工衛星のポイント設定の発展に伴い、核兵器の威力は大々的に増強された。核兵器の極めて大きな殺傷力と破壊力によって、核戦争には勝者はいないと予言されている。核兵器の製造、使用の全面禁止と核エネルギーの平和利用は人類が共同で臨まねばならぬ任務である(47頁)、と。このように、この教科書も核兵器に対しては批判的に記述し、原則として将来における「全面禁止」を必要とする。ただし、原子力発電所などの「核の平和利用」に関しては肯定的な記述となっている。

(三) 『歴史』(蘇智良主編、「試験本」・高級中学課本・開拓型教材・3年級)[27]の構成は以下の通り。

「テーマ1　古代3大文明地域の形成と変遷」(儒家文明／キリスト教文明／イスラム文明)
「テーマ2　主要先進国の近代化過程」(イギリス／フランス／アメリカ／ドイツ／ロシア／日本)
「テーマ3　18世紀以来の中国」(康煕帝・乾隆帝時代の隆盛／屈辱と抗争／中華民族の和平発展)

　ここでは、「テーマ2」と「テーマ3」をとりあげる。「テーマ2」は先進国各国の近代化過程をそれぞれ通史的に論じる。生徒に主要な各国家の歩みを比較検討させ、中国の今後の進路を考えさせる意味でも有効であろう。なお、他国教科書では日本だけを連続的に記述したものは管見の限り知らない。したがって、日本部分(135～158頁)に焦点を当てる。果たして日本の近代化について何をとりあげ、いかに評価しているのか。

1．「テーマ2　主要先進国の近代化過程」の日本部分
　「第29課『脱亜入欧』」からが日本部分である。その最初の扉では、「19世紀中葉、アジア文明の中心であった中国は小国イギリスに惨敗した。この事件は日本に強烈な衝撃を与えた」。この「西洋文明の挑戦」に対して「日本は明治維新を通して『脱亜入欧』に成功し、東方にける新興工業大国として台頭した」(135頁)、と記述する。つまり西洋に対抗するために、西洋化の道を歩み始め

たとする。

　明治維新：「明治政府の成立後、資本主義を発展させ、民族危機を脱却し、独立自主の近代国家を樹立するため、上から下への一系列の資本主義改革を実施した。歴史上、『明治維新』と称される。福沢諭吉を代表とする日本の近代思想家が提起した『脱亜入欧』理論は『明治維新』を推進し、完成させ、また世紀を超えて『脱亜入欧』政策を実施する思想・理論の基礎を確立した。……明治政府はまず『版籍奉還』、『廃藩置県』の措置をとり、日本の長期にわたる封建割拠の局面を終わらせ、中央集権国家の建設と資本主義経済の発展のための基礎を確立した。この後、明治政府は富国強兵、殖産興業、文明開化の３大政策を実施した」。とはいえ、「明治維新は不徹底な改革でもあり、多くの封建的母斑を残し、日本を極めて大きな侵略性を有する軍事封建的な帝国主義国家とさせ、アジア各国の人民に深刻な災難を与えることになる」(137～138頁)。このように、明治維新の意義のみならず、限界を指摘し、日本は「軍事封建的な国家」となったとし、アジアへの侵略と結びつけて記述する。

　近代天皇制：　明治維新は農民の土地問題を解決できず、中小資本家と地主は政治上の権利がなく、下級武士は従来の特権を失った。1870年代から下層民衆を基盤として、民撰議院の開設、立憲君主制の実施、地租の軽減、不平等条約の撤廃を要求する自由民権運動を引き起こした。1882年、首相伊藤博文らは欧州の憲法と政治制度の視察にでかけ、最も軍国主義的な色彩が強く、絶対君主制を維持するプロシア憲法を藍本とすることにした。1889年、日本は天皇の名義で『大日本帝国憲法』を発布した。そして、天皇が立法、行政、司法、軍事、外交などの権力を有すると規定した。かくして、「日本近代化の政治体制を建設するために基礎を確立し、日本における近代天皇制時期が開始された」(139頁)。

　「**課外学習**」では、近代天皇制は天皇を核心とするもので、高度に集中した専制独裁国家の統治機構である。この統治機構は軍閥、官僚、元老級の派閥など、政治的に実力を有する集団により構成された。近代天皇制は神道を「族群」〈エスニック・グループ〉のアイデンティティとして教え込み、天皇が軍国主義戦争を計画、実施する指導者となった (140頁)、とする。次いで「復習と思考」では、２つの問題提起をし、生徒に考えさせようとしている。要約す

ると、①日本における全面西洋化（明治時代前期）から「和魂洋才」（後期）への転換は、日本文化と、西洋からの外来文化を相互に結合させる現実主義から生み出されたものである。日本は最終的に近代化への近道を見出した。②「和魂洋才」と〈中国洋務運動の〉「中体西用」は類似の概念である。にもかかわらず、なぜ明治維新と洋務運動は明確に異なる結果を招いたのか。この２つの内容から国家近代化の過程において、先進文化と自国の国情を結合させる問題をいかに処理すればよいのか回答せよ（141～142頁）。このように、洋務運動の失敗と明治維新の成功とを対比させ、その要因を考えさせる。

「**第30課 戦争への道**」では、最初の扉で、「明治維新後、日本は対外植民地政策を遂行し、軍国主義戦争を発動した。甲午戦争〈日清戦争〉、日露戦争、中国侵略戦争から太平洋戦争に至るまで、日本の天皇政府は次第に主なエネルギーを対外侵略拡張戦争への道に注ぎ込んだ。このことは、侵略された国家の近代化過程を断絶させ、他方、日本自身の近代化を誤った道に陥らせた」（143頁）、と断じる。

甲午〈日清〉戦争：　明治維新後、日本は「大陸政策」を国策とし、積極的に対外戦争を計画し準備していた。国外市場を拡大し、原料生産地を手に入れるため、日本は急ぎ中国と朝鮮を自らの勢力範囲に収めようとした。1894年春、朝鮮国内で民衆反乱が発生し、その国王は清朝政府に対して代わりに征伐を求めた。朝鮮を狙っていた日本は公使館と日本居住民の保護を口実に朝鮮に出兵した。７月、日本海軍は〈朝鮮の〉豊島沖で清朝の兵輸送船「高昇号」を撃沈し挑発した。10月、日本軍は安東、九連城、大連、旅順を攻略、遼東半島を占領した。翌年〈1895年〉２月の威海衛戦役で李鴻章は再び北洋艦隊に威海衛守備を命令したが、その結果、北洋艦隊は戦機を失い、全軍が覆滅させられた（143～144頁）。

ここに、「**課外学習**」が挿入され、"ニューヨーク・ワールド"が「日本軍は旅順で大虐殺をおこない、居住民２万人あまりを殺害した」とし、日本を「文明の外衣を羽織った野獣」と非難した記事を紹介する。

1895年４月、日本首相の伊藤博文と清朝全権大臣の李鴻章が馬関〈下関〉条約を締結し、その内容は①清朝が朝鮮の完全な「独立自主」を承認する、②遼東半島、台湾、澎湖列島の割譲、③白銀２億テールの賠償、④日本の通商港に

工場設立の許可、⑤沙市、重慶、蘇州、杭州を開放し、通商港とするなどであった。「馬関条約は、日本が中国に強引に押しつけた不平等条約」で、その後、「日本は資本主義工業が迅速に発展したのみならず、海外に植民地を有する国家となった」。遼東半島はロシア、ドイツ、フランスの3国干渉により返還させられたが、日本はこれを口実に代価として清朝から白銀3000万テールを巻き上げた（144～145頁）。ここでの要点は、3国干渉による遼東半島返還の際も、日本は代価としてさらに「3000万テール」をとったことを強調していることであろう。

日露戦争： 3国干渉後、ロシアは中国東北における鉄道敷設の特権を獲得し、中国政府〈清朝政府〉に旅順・大連の租借を強制した。また、8ヵ国連合軍が中国に侵入した〈ここに「義和団」の名称はなく、なぜ8ヵ国連合軍が侵入したかが不明確である〉ことを契機に、ロシアは東北3省を不法占領した。こうして、「大陸政策」を国策とする日本との戦争が一触即発の状況となった。1904年2月、日本の連合艦隊は宣戦布告せずに旅順口に攻撃を開始し、日露戦争が勃発した。戦争前期、日本軍は兵数は多くなかったが、訓練が行き届き、装備が優良であった。当時、ロシアの陸軍は世界で最も大規模で、数量的にははるかに日本軍より勝っていた。だが、〈ロシアは〉準備不足、軍事技術の落後、補給線が長すぎること、その上、旅順の海軍基地と結びつけるシベリア鉄道が未完成であった。日本軍は突撃式攻撃によってロシア太平洋艦隊を消滅し、一挙に制海権を握った（145頁）。

「課外学習」では、「1914年第一次世界大戦が勃発し、中国政府は中立宣言を発表した。日本政府は山東に上陸し、ドイツの租借地の青島を奪い、膠済鉄道を不法占領した。翌年、日本政府は袁世凱に対して中国滅亡を企てる『二十一ヵ条』〈要求〉を送り、その第5号で中国政府に対して日本人を政治、軍事、財政各顧問に招聘し、警察行政を日中合弁にすることを要求した。……また、ワシントン会議で日本は山東問題を討論することに強く反対した。だが、最後には中国人民の反日の高まりと英米両国の圧力に直面して、日本は山東を中国に返還することに同意した。日本は、膠済鉄道に日本の銀行が貸し付けた資金の回収と同時に、『二十一ヵ条』の幾つかの条文を放棄した。だが、日本は依然として実質的に東北（「満洲」）の大きな統制権を保持し続けた」（147

頁)。

アジアの戦争の策源地: 1929年に勃発した世界経済恐慌は日本経済に重大な影響を及ぼした。経済危機の脱却と国内の視線を〈外国に〉そらすため、31年日本は九・一八〈満洲〉事変を発動し、中国東北を占領した。32年、日本国内では五・一五事件で政党内閣は終止符が打たれ、日本のファッショ化が強まった。36年二・二六軍事クーデタ後、広田弘毅内閣が成立し、天皇制のファッショ軍事独裁が確立した。なお、これには日本ファッショの特徴と本質に関しては4つの説があるとし、それは①軍国主義ファッショ説、②天皇制ファッショ説、③天皇制・軍部ファッショ説、④軍部を核心とする天皇制ファッショ説である。あなたはどの説に賛同するか、その理由を説明しなさい（147〜148頁）、との設問が用意されている。

日本は国内のファッショ化を完成すると同時に、さらに一歩アジア・太平洋地区に拡張した。1937年7月7日、日本は盧溝橋事件を引き起こした。そして、全面的な中国侵略戦争を挑発し、アジアでの第二次世界大戦を開始した。41年12月7日〈日本時間では8日〉、日本はアメリカ太平洋艦隊基地の真珠湾を奇襲し、太平洋戦争の序幕が開き、世界大戦はさらに拡大した。日本のアジア地域における侵略行動はアジア人民にひどい災難を与え、侵略された国家の近代化への過程を断絶させたのみならず、日本自らの近代化も岐路へと陥った。なお、アメリカは大量の情報を有していたにもかかわらず、なぜ真珠湾奇襲を許したのか。①日本の人力、物力はアメリカよりも弱いので敢えて攻撃はないと考えた、②主な脅威はドイツと考えていた、③日本はドイツの作戦に呼応し、北上してソ連に進攻するか、あるいは南下して東南アジアに進攻すると考えた、④アメリカの情報機構が不健全で統一されておらず、情報連絡が円滑でなかった（148頁）、との分析を加える。

1942年6月ミッドウエー海戦で日本軍は大敗した。この戦いが太平洋戦争の転換点となった。45年7月ポツダム宣言により日本に無条件降伏を督促したが、日本政府は受諾を拒絶し、狂ったように「本土決戦」を叫んだ。8月6日、9日に広島と長崎に原爆が投下され、廃墟となった。ソ連赤軍が中国東北に進軍するにあたり、中国人民も全面的な大反攻を開始した。15日に昭和天皇は投降を宣言した。9月2日東京湾に停泊中のアメリカ戦艦ミズーリ号の甲板

で日本投降の調印式を挙行した（149頁）。

　この後に極東軍事法廷（東京裁判）関連の状況が挿入される。連合国軍最高司令官のマッカーサーは即刻、東条英機を含む39人のＡ級戦犯の逮捕を要求した。包囲する自宅で東条はピストル自殺をはかったが、アメリカ兵が公判を受けさせるため、最後の生き残りである「世界３大元凶の１人」（ヒトラー、ムッソリーニはすでに死去）東条に自発的に献血した。また、法廷で「大川周明が精神異常を装った」などと記述される（150頁）。なお、公判も経緯やパルの反対尋問などへの言及はない。

　「復習と思考」では、資料として、「明治期は日本近代化の開始、発展時期で、初歩的に近代化の政治と体制を確立し、国家と社会の性質を変えた。歴史の客観的発展法則からすれば、本来、日本は昭和期に近代化建設を高まりへと推し進め、一挙に全面的な成功を収めるはずであった。だが、昭和期に対外侵略戦争を発動し、そして敗戦に至り、近代化を中途で挫折させ、後退させた。こうした歴史的結末は多くの要素によって促成されたが、いずれにせよ昭和天皇に歴史的〈戦争〉責任がなかったと言うことはできない」。これには、「あなたは〈天皇のみならず〉日本国民にも戦争責任があると思うか」との質問が設けられている。また、末尾に、蘇智良『日本軍の性奴隷―中国"慰安婦"の真相』（人民出版社、2000年）が紹介され、日本軍による「慰安婦制度」は「アジアの女性を殺傷した非人道的な犯罪」（151頁）、と断じる。その内容はともあれ、自らの著書を教科書に広告を出すのは若干の違和感を禁じ得ない。

　これ以降、戦後日本に関することが述べられる。

　「第31課 復興と強大化」では、「第二次世界大戦後、アメリカ占領下で日本は民主改革をおこない、明治維新以来の日本近代化の歴史過程を完成させた。〈1951年〉サンフランシスコ条約で日本は形式的には独立したが、ただ政治、経済、軍事各方面ではアメリカの統制を受け続けた。戦後の民主改革は日本の経済回復と発展にとって基礎を確立し、最終的には世界第２の経済大国となった。経済実力が増すにつれ、日本は政治大国になろうとする欲望がますます強烈になった」（152頁）、とする。このように、明治維新後の日本近代化は戦後になってやっと完成したとする。ただし日本の「政治大国」化指向には批判的で、その理由は下記に示される。

経済の奇跡：　戦後民主改革は日本経済の高度成長の起点となり、戦後日本の経済回復と発展の基礎を固めた。1950年代、朝鮮戦争時期に日本はアメリカ軍の軍事基地と補給路となり、大量に「特需」による受注をうけ、国内の「消費景気」を刺激した。60年代初頭、日本は東京オリンピックを契機に大々的に公共事業を興してインフラ整備し、「オリンピック景気」と称された。64年日本は先進国に移行し、68年明治維新100周年には、日本政府は「世界第2の経済大国になった」と宣言した（153頁）。ベトナム戦争による新特需の記述はない。このように、「日本の成功」として、この辺までは概ね好意的に記述している。

だが、「探究と論争：ドイツ・日本両国の戦争犯罪に対する異なる態度」では、ドイツの戦後処理と比較して日本の姿勢を真っ向から批判する。ドイツは国際社会の強い圧力の下、大量のナチス関係者への懲罰など、かなり徹底した清算をおこなった。同時に被害国と被害者に心から謝罪し、賠償した。それに対して日本はアメリカの庇護の下、昭和天皇の〈戦争〉責任は追及されず、絶対多数の戦犯も懲罰を受けなかった。のみならず、1グループの重要戦犯が政府の要職に就き、とりわけ岸信介は甚だしいことに日本の首相（在職1957～1960年）に就任した。このように戦争犯罪が徹底的に清算されなかった結果、〈日本では〉軍国主義の意識が存在し続けることになった。近年来、日本右翼が日増しに跋扈し、日本政府要人が絶えず侵略戦争を美化する言動をするのも、この誤った認識と密接に関連する。こうした日本が積極的に国際連合の常任理事国になろうとしているが、歴史を認めない態度をとる日本が国際的に指導的役割を果たせるのだろうか（156頁）、と強い疑問を投げかける。

「復習と思考」では、日本の『凶化書』〈『新しい歴史教科書』を指す〉は、天皇中心の家族国家観、アジア支配観、他国に対する優越感と本国中心史観に満ちあふれている。同時に加害事実を隠蔽し、被害者意識で充満し、侵略には道理があり、意義があり、「大東亜戦争」という言い方で日本が発動した戦争は自存自衛の戦争であった、と肯定する。かつ日本国民が積極的に〈侵略〉戦争に身を投じることを献身精神として賞賛する。「あなたは、こうした日本の戦争に対する態度をどのように見るか」（157頁）。生徒の回答を誘導し、感情的な記述となっている点は否めないが、歴史歪曲と侵略戦争賛美に激しい怒りが

読みとれる。とはいえ、『新しい歴史教科書』がまるで日本の歴史教科書の代表であるかのように取り扱われるのは遺憾である。こうして、『新しい歴史教科書』は日本、および日本人に対するマイナス・イメージを国際社会で増幅させている。

「テーマ2」の最後に「靖国神社」が配される。「靖国神社は日本近代史上、軍国主義の対外侵略の精神的支柱であった。それは1869年、最初"東京招魂社"と呼ばれたが、1879年"靖国神社"と改称された。……同神社は明治維新以来の日本による対外戦争の戦死者246万余人の位牌を奉納している。1978年10月、東条英機ら14人のA級戦犯、2000人以上のB、C級戦犯の位牌も同神社に移された。日本国の指導者が靖国神社を参拝することはかつて日本軍国主義の侵略を受けたアジア人民の感情を侮辱し、冒瀆するものである」（158頁）、と怒りをあらわにする。

ここからは、中国に関する記述に焦点を合わせ、教科書の中での中共や毛沢東評価を探っていきたい。

2．「テーマ3　18世紀以来の中国」の「屈辱と抗争」

「第40課"ロシアを以て師とする"から"農村を以て都市を包囲する"へ」では、まず辛亥革命から五・四運動までがとりあげられ、次いで1924年の第1次国共合作を経て、27年蔣介石による四・一二クーデタでの共産党員と革命大衆の虐殺が記述される。そして、「農村を以て都市を包囲する」で、「1927年9月、毛沢東は秋収蜂起で厳しい挫折を味わった後、長沙攻略計画を蜂起して南下し、敵の弱い農村地区へ進軍することに転換した。そして、井崗山に中国初の農村革命根拠地を建設し、次第に農村を以て都市を包囲し、政権を武装奪取する道を歩みだした」。そして、毛はマルクス主義の原理に基づいて具体的に中国の実状を分析し、「中国は帝国主義の間接統治を受けた半植民地大国で、政治と経済の発展は不均衡であり、広大な農村地区は帝国主義、反動派の統治の弱い部分である。これが『紅色』〈中共〉根拠地が存在し、発展できる重要な条件である」とした。31年冬、中華ソビエト共和国臨時中央政府が成立し、毛が主席に選ばれた。33年になると、各根拠地の紅軍は30万人に発展した（200～203頁）、とする。

1930年末から蔣介石は革命根拠地に対して前後5回にわたる包囲攻撃をおこなった。紅軍は毛沢東の戦略、戦術に基づいて前後4回の包囲攻撃の粉砕に成功し、絶えず発展し、壮大となった。だが、第5回目の反包囲攻撃において、〈中共〉党内の「左」の日和見主義者が毛の指導を排斥し〈た結果〉、戦略的大転移をおこなわざるを得なくなり、長征を開始した。その途上の35年1月、中共中央は〈貴州省〉遵義で政治局拡大会議を開催し、重点的に博古らの「左」の誤りを批判し、毛の正確な主張を支持し、毛を政治局常任委員に選出した。遵義会議後、毛、周恩来、王稼祥3人による軍事面での指導責任〈体制〉が確立した。遵義会議は事実上、毛を核心とする新たな党中央の正確な指導〈体制〉が確立し、中共と紅軍を救い、中国革命を救い、中共の歴史的な生死の分かれ目で転換点となったのである。36年10月紅軍3大主力部隊は甘粛省会寧で合流し、長征は終わり、陝甘寧革命根拠地において闘争を堅持した。そして、遵義会議こそ党中央が初めて独立自主的にマルクス主義を運用し、成熟に向かって歩み始めた重要な指標となる（203～204頁）、と評価する。換言すれば、ソ連の経験や指導から脱却し、中共独自な動きを開始したことを強調しているのである。この時期に関しては、毛を中心に論述し、その評価は従来の中国での評価を踏襲して極めて高い。

「第41課 民族独立への歩み」で、「抗日戦争」と「解放闘争」〈国共内戦〉がセットでとりあげられる。頁数としては205～209頁の計5頁で、その内、「抗日戦争」（「九一八」〈満洲〉事変～日本敗戦）に関しては僅か2頁余である。すなわち、1931年9月、日本侵略者は「九一八」事変を発動し、我が国の東三省〈満洲〉を占領し、溥儀を傀儡とする偽「満洲国」を建設した。その後、すぐに西安事変、さらに37年「七七」事変〈盧溝橋事件〉、抗日民族統一戦線をまとめる。なお、記述内容から、本教科書は日本の「15年戦争論」を導入し、「中国14年抗戦論」をとっていることが理解できる。この点が中国の歴史教科書としては新しい視点ではある。

「七七」事変以降、防禦段階における正面戦場では国民党部隊が主力であった。日本軍は「八一三」〈第2次上海〉事変を発動し、大挙して上海に進攻した。蔣介石は軍隊70万人を動員して淞滬〈上海の地名〉会戦をおこなった。国民政府は首都を〈南京から〉重慶への移動を決定した。この後、武漢会戦など

で日本軍は大量の新鋭軍を消耗した。日本軍は平漢・粤漢両鉄道の大部分の地域を占領したが、さらに西へと進軍する力なく、抗日戦争は対峙段階に入った。このように、蔣介石・国民政府軍が日本軍の侵略阻止に力を発揮していることを認めている。これに対して、中共指導下の八路軍、新四軍は国民党部隊の戦闘に呼応した外、戦略重点は敵背後に抗日根拠地を建設することにあった。1937年11月より八路軍は前後して晋察冀、晋冀魯豫などの抗日根拠地を建設し、遊撃戦、地雷戦、地下道戦などの人民戦争をおこなった。40、41年、華北において彭徳懐指導下に八路軍は大規模な百団大戦を発動し、敵の交通線を破壊した。その後、日本軍は抗日根拠地に対する「掃蕩」をおこない、中国人の抗日意志を破壊するために、大虐殺、細菌戦、毒ガス戦をおこない、「三光」政策を実施し、甚だしい戦争犯罪を犯した(205～206頁)。このように、抗戦中の国民党軍隊の戦闘、中共の抗日活動を明確に記述し、同時に日本軍の侵略実態に言及している。だが、不思議なことに、毛沢東の名前は一切出てこない。

　では、前述の"ニューヨーク・タイムズ"に記述がないとされた南京大虐殺事件はどうか。「中国の軍人・民衆を屈服させるために、日本軍は凄惨な暴行をおこなった。1937年12月、日本軍は南京攻略後、6週間の長期にわたり大虐殺をおこない、30万人の寸鉄を帯びない平民を日本軍の銃剣と機銃の下に殺害し、数多くの婦女を強姦、殺戮した。また、日本軍はハルビンにおいて悪名高い731部隊を組織し、中国人をモルモットに細菌兵器を研究、製造し、中国でペスト、コレラなどの伝染病をまき散らした。日本軍が戦場で使用した毒ガス弾は1000余回を下らず、200万発の毒ガス弾を中国に遺棄した。さらに、日本兵士の淫欲を満足させるために20万人の婦女が日本軍に連れ去られ、「慰安婦」とされた。その上、大量の中国人労働者が日本軍と日本企業で強制的に徴発され、苦力〈下層肉体労働者〉とされた」(206頁)。このように、南京大虐殺事件の記述は間違いなくあり、731部隊の生体実験、「慰安婦」とともに厳しい筆致で書いている。おそらく"ニューヨーク・タイムズ"は実際の教科書を見ずに、伝聞と希望的観測から誇張して書いたものと思われる。

　「中国人民の抗日戦争は世界各国人民の支援を得た」と明確に述べられる。1941年末、太平洋戦争の勃発以降、中国戦区は世界反ファッショ戦線の重要な構成部分となった。45年5月ドイツが降伏し、欧州戦争は終わった。すぐ後、

ソ連は東北〈満洲〉に出兵し、アメリカは日本の広島、長崎に原爆を投下し、中国の軍隊は各地で反攻を始めた。8月15日、日本の天皇は無条件降伏を宣言した。中国人民の抗日戦争はついに勝利した。この後、諸外国からの対中支援を具体的に列挙し、ソ連は大量の経済・軍事援助をおこない、同時に航空志願隊を直接中国に派遣し、参戦させた。カナダ共産党とアメリカ共産党はベチェーンを代表とする医療隊を派遣し、前線で傷病者を救護した。コートニスのインド医療隊も抗戦する軍人、民衆を少なからず助けた。ビルマルートが開通する以前、シェンノート率いるアメリカ空軍フライング・タイガースはヒマラヤ越えをし、大量の支援物資を中国に運んだ(206～207頁)。[28]

以上、抗日戦争などは紙幅は大幅に減少し、戦争の実態や経過を示すのにやはり不十分と考える。ただし、日本軍の残虐行為、そして世界反ファッショ戦線における中国抗戦の位置づけ、特に海外からの医療を含む支援などの面は的確に記述しているといえる。このように見てくると、使用停止になったのは他に大きな理由がありそうである。それは中共のみならず、毛沢東の位置づけにあるのかもしれない。例えば、抗日戦争以前、1930年前後では毛の理論・活動(202～203頁)が重視され、紙幅が割かれる。だが、「抗日戦争」部分では中共、八路軍、新四軍、彭徳懐のみならず、国民政府軍の正面戦場を再評価しているにもかかわらず、抗戦を指導していた毛の役割を捨象している。蘇智良は毛に対して「悪感情」を有しているようだが、これでは当時の歴史を再現できないのではないか。

さらに「第44課 思想解放と科学技術」では、1978年、中共は「11期3中全会を開催し、全党の工作重点が経済建設への戦略的転換した。改革開放以後、科学教育事業が盛んに発展し、社会主義現代化建設のための強力な動力になった」とする。そして、返す刀で文革を指導したとして毛沢東を全面的に非難する。すなわち、「毛沢東が発動した『文化大革命』は党、国家、人民に建国以来、最も厳しい挫折と損失を与えた。毛沢東が指導した中国革命を勝利に向けて歩ませた偉大な歴史的功績と、『文化大革命』期間の熱狂的な個人崇拝により、思想上、理論上から毛沢東の発動した『文化大革命』の誤りを認識し、正道へと戻すことは極めて大きな勇気を必要とした」(218頁)。このように、本教科書は、毛の中国革命における貢献、抗日戦争期のその役割を無視、そして文革

期の毛を糾弾する。そこに、主張点と特色がある。なお、もう一冊、使用停止になった蘇智良主編の高級中学『歴史』（3年使用と考えられる）があるが、ここでは紙幅の関係から割愛したい。

最後に、（四）『上海―郷土歴史』が中学教科書〈初級中学用？〉として刊行されている。これは上海市教育委員会教学研究室の作成で、やはり蘇智良等編であるが、使用停止にはなっていないものと思われる。

その「前言」では、20世紀以後、上海は一躍、沢山の商人が集まる中国第一の大都市となり、中国の経済、金融、文化、交通の中心となった。近代上海は多面的であり、1つの完全な都市でありながら、政治各勢力が割拠する区域であり、近代民族工商業の重鎮で、中国労働者階級の発祥の地でありながら、西欧植民者による中国侵略の進出地である。中国共産党〈中共〉の誕生地でありながら、反革命勢力の大本営でもあった、とする。このように、何が生み出されるかわからない混沌とした大都市の魅力を伝える。

本文要約や構成は以下の通り。1949年新中国〈中華人民共和国〉成立後、上海は工業、商業、科学研究の重要基地となり、中国社会主義建設のために卓越した貢献をした。改革開放〈1978年〉以降、上海人民は智恵と勤労によって故郷〈上海〉を改変し、とりわけ90年以来、上海は改革開放の「後衛」から一躍「先鋒」となった。そして、「現在の世界の中で最も豊かな驚くほどの特色と活力ある都市の1つとなった」と誇る。

本教科書は、第1編で、「郷土歴史」として「都市の発展／中国工業の中心／中国近代文化の発源地／中国革命の基地／……名士と文化伝承」などをとりあげ、第2編で「郷土歴史調査」、第3編で「統計と資料」では図表により人口、重点文物、近代建築、「愛国主義教育基地」、上海史などを提示している。例えば、第1編の「中国共産党の成立」では、1920年8月に陳独秀指導下で上海共産主義小組が成立を経て、21年には上海で中共が創立された。その背景、その後の上海における中共の動向を説明する。また、「名士と文化伝承」では、上海と関係の深い人物として魯迅をとりあげ、左翼作家連盟や中国民権保障同盟に参加し、国民党の弾圧と闘ったことを述べ、また鄒韜奮〈第三勢力でジャーナリスト。民主的な雑誌『生活週刊』を出版〉を重視、さらに巴金

〈『激流 3 部曲』、『愛情 3 部曲』など中長編小説を執筆〉をとりあげる。前述の如く、中共の創立地でありながら、反革命勢力も強いことを指摘し、また第三勢力系・民主派の鄒韜奮もとりあげる。その上、中華人民共和国の成立後も「工業、商業、科学技術の重要基地」であることを誇る。ともあれ、上海郷土史教科書は多面的な上海を描写し、上海の生徒たちを鼓舞する。

本教科書が主張しているように、上海が著しい経済発展をとげ、外国との交流を盛んにして、中国でも先進的な地域として、先頭に立って全国を率いようとしているのである。しかし、市場経済など資本主義的方法を大胆に導入しながら、中共指導の「社会主義中国」を発展させようとする大きな実験であることは間違いない。上海の独り勝ちではなく、理念と実態との乖離、経済格差、地域間格差という難問をいかに解決できるかにかかっている。

おわりに

第1に、袁偉時は、中国歴史教科書が「反列強・反西洋人」、「中国と外国間の紛争では、中国が必ず正しい」という姿勢で執筆していると批判した。では、袁論文をどのように評価すればよいか。最低3方面からアプローチし、分析する必要があろう。①中国政府・当局の停刊処分にした姿勢の問題、②西洋近代化の導入問題、③義和団と文革を結びつけて論じることの適否問題である。

①袁論文は、中国の歴史教科書が「中国と外国との矛盾は中国が必ず正しい。反列強、反洋人は愛国である。そこで史料の選択、用い方は真偽にかかわらず、中国に有利なものを使用する」ことに対して鋭く問題を提起したことは意味がある。それに対して、中国当局は異なる意見を許容し、それと真正面から論争すればよかったと思う。それを避け、『氷点週刊』の発刊停止という強硬手段に出たことはやはり問題である。中華人民共和国は成立以来、すでに60年余の歳月が流れており、多くの成果をあげてきた。その巨大なインパクトは、限界よりもやはり意義が大きいと考えられる。なぜ中国当局はもっと自信を持てないかと思う。なお、『氷点週刊』を発刊停止の大きな理由は、おそらく義和団と文革の問題点をダイレクトに結びつけた点、および中国の歴史教科

書を日本の『新しい歴史教科書』と類似の問題がある指摘した点などによるのであろう。

　②袁論文は中国の現状を批判しようとするあまり、西洋の制度や科学技術をア・プリオリに評価しすぎる。返す刀で民衆運動を全面否定し、歴史学の本質が解明できるのか疑問である。なぜなら現在その西洋の近代化、西欧化自体が袋小路に陥っているのではないか。また、現在、英米を始め、発生している失業、貧困、格差に反対する青年運動に対していかなる歴史的評価を与えるのか。義和団に関して言えば、確かに中国の歴史教科書がラッダイド運動や迷信などを記述しないことは問題である。なぜなら、それは否定できない歴史的事実であり、ある意味で後ろ向きの運動であるにもかかわらず、反帝の先鋒的役割を果たした点こそが重要である。相対立する両側面により、義和団は単純に割り切れない複雑さを有することこそテーマとしても魅力的なのである。それを東西文化摩擦や土着宗教とキリスト教の矛盾対立のみに還元し、問題を矮小化させることはできないし、また列強による軍事・経済侵略の部分がすっぽりと抜け落ちるのも問題といえよう。未来のために東洋と西洋双方の長所をアウフヘーベンさせて、その中から新たな活路を見いだす必要があろう。

　③袁論文は、太平天国、義和団、そして文革を動乱として全面否定する。逆に言えば、文革全面否定を自明の理として歴史を遡らせ、同質なものとして太平天国、義和団運動を一刀両断にする。果たして時代も背景も異なる文革と義和団をダイレクトに結びつけられるものなのであろうか。義和団の列強に対する抵抗側面を捨象し、その後れた部分のみを摘出し、強調するのである。局部をもって全体を否定する。それも出している史料は少なく、これもまた逆の意味で都合の良い史料、事実のみをつまみ喰いしているといえよう。アヘン戦争以来、侵略にあっている中国で、義和団が外国人と中国人キリスト教徒などをその象徴として攻撃したのは行き過ぎの側面があったことは否めないが、むしろ当然のこととも言える。北京にまで８ヵ国連合軍が入ってきて大量殺戮・弾圧をしている。武力的に圧倒的力量を持つ列強に対して、劣悪な武器で死を恐れては戦えなかったからだ。したがって、義和団が「刀槍不入」などの唱え、日常から非日常へと転換する精神状態の下で戦った。否、戦わざるを得なかった。ラッダイド運動も「近代文明敵視」と簡単に切り捨てるが、鉄道などによ

る西欧からの商品流入が民衆の幸福をもたらさず、むしろその生活を破壊したからである。その上、おそらく義和団は認識していなかったと考えられるが、鉄道は軍事侵略に寄与する。例えば、抗日戦争中、中共八路軍の百団大戦は有名だが、鉄道を徹底的に破壊し、日本軍の侵略に大打撃を与えた。なぜなら日本軍の武器、物資、軍糧輸送を阻止するためである。また、義和団以降も中国民衆による反キリスト教運動は続いたことは周知の事実だが、1930年代になると、キリスト教会もそれまでの傲慢な姿勢を反省し、「本色」(現地化)運動を展開せざるを得なくなった。抗日戦争時期に国内外のキリスト教徒は中国抗戦を支援した。私の研究する工業合作運動なども中国内外のキリスト教徒が協力している。つまり中国が一貫して反キリスト教とはいえないのである。人民共和国成立後という義和団時期と全く異なる状況下で、文革中における反キリスト教、反外国人の活動は「信仰の自由」、「人権」などの面からも大きな問題をはらむ。義和団時期と文革期は客観的な状況が異なり、類似した現象であっても歴史学的には同一視できない。

　ここで中華思想・ナショナリズムの問題に若干触れておきたい。中華思想は現在、中国の傲慢性の証として批判の対象になっている。だが、中華思想は中国が侵略を受けている場合、劣等感に苛まれている時は「こんなはずではない」、「こんなことではいけない」との考えを生み出し、活路を見いだす上で精神的な武器となる。ところが、中国が大国として台頭する現在、中華思想は傲慢さを生み出し、他国、他民族への圧迫となる。これも時代、時期、客観的な背景を無視して同一には論じられない。また、中華思想と結びつけて論じられるナショナリズムも同様である。これは下からのナショナリズムと、上からのウルトラ・ナショナリズムと区分けして考える必要がある。ナショナリズムは植民地や被抑圧国がそうした状況を脱却するための解放闘争の精神的な武器となり、肯定的に把握すべきであるが、戦時の日本、ドイツファッシズムに見られた選民意識・「他民族より優秀」であるが故に、中心となり他国・他民族を指導できると錯覚するウルトラ・ナショナリズムは明確に区別されなくてはならないのである。

　第2に、蘇智良主編の上海版歴史教科書(改訂版)の使用禁止問題である。その教科書の内容を実際に検討すると、以下のことが判明した。革命史観、階

級闘争史観、マルクス主義から脱却しているというのは間違いで、理論、構成もそれに立脚している。確かに抗日戦争期の記述の絶対量が減少している。毛沢東に関する記述は1928～35年井崗山闘争、長征などソビエト革命時期に評価が高いのに対して、抗日戦争・国共内戦期は毛の名前は一切ない。そして、人民共和国成立後、毛は文革指導の誤りにより糾弾するという形で採りあげられる。毛に関しては意義、次いで捨象、最後に糾弾という形で3つに分割されて記述されている。つまり毛は教科書全体から消滅したわけではない。三権分立、人権の記述はあるが、資本主義国家、ブルジョア民主として問題点を多く指摘し、その評価は決して高くはない。南京大虐殺は〈初級〉中学教科書のみで書かれ、高級中学教科書には記述されていないとするが、それも間違いであり、厳しい筆致で記述している。このように、"ニューヨーク・タイムズ"の記事は事実誤認が多く、実際には教科書を見ずに、伝聞に基づいてアメリカにとって都合のよい希望的観測により書いたといえそうだ。的外れな記事に対して、蘇智良が困惑するのも当然といえよう。ただし、驚くべきことに、前掲『歴史』（蘇智良主編、「試験本」・高級中学課本・開拓型教材・3年級、194～199頁）では、「テーマ3」の第39課「洋務新政から辛亥革命へ」では、「洋務新政」→「戊戌変法」→「辛亥革命」となっており、ここで記述されてしかるべき「太平天国」も義和団も完全に捨象されている。固有名詞すらなく、それらの評価から逃げているようにも見える。これで、当時の歴史が再現できるものなのだろうか。『詳説日本史』（山川出版社）では、義和団は記述され、洋務運動、戊戌の変法が捨象されるのと対照的である。歴史を構造的に考察する上で、義和団、太平天国も、さらに洋務運動、変法自強運動の双方とも捨象することはできないのではないか。

　日本部分は、天皇制を軸に論じ、かつ福沢諭吉らが提唱した「脱亜入欧」を重視する。明治維新は資本主義の基礎を準備しながらも不徹底で封建的母斑を残し、侵略的で「軍事封建的な帝国主義国家」を形成したとする。そのことがアジア各国への被害を増大させたとし、日清戦争と朝鮮問題、二十一ヵ条要求、特に満洲事変以降、日本のファッショ化が強化されたとする。そして、盧溝橋事件、太平洋戦争に続き、日本敗戦となる。この記述の特徴は、日本が発動した侵略戦争により日本自身のみならず、他国の近代化も断絶させていると

指摘している点であろう。天皇の戦争責任は当然とし、日本国民の戦争責任にまで踏み込んで生徒に考えさせる。また、ドイツと日本の戦後処理の相違を指摘し、日本の姿勢に不満を表明する。アメリカも加担した、その不徹底な戦後処理の結果、現在も政府要人や『新しい歴史教科書』の「歴史歪曲」と「侵略戦争賛美」となってあらわれるとする。いわば明治維新の意義を認めつつも、敗戦後の「経済の奇跡」の一部以外は、上海版歴史教科書は総じて日本近代化の歩みを侵略戦争と結びつけて疑問を投げかけている。そして、戦後処理の不徹底により日本は現在も侵略戦争の「影」を背負い続けているとするのである。

　上海地方史に関する教科書は、革命基地、反革命基地、日本による侵略基地など、多面的な顔を見せる上海、混沌とした上海、近代化や未来に向けての牽引力としての上海が強調されており、上海の生徒を鼓舞し、励まそうとする意気込みが伺える。

〔註〕
1）　家近亮子・松田康博・段瑞聡『岐路に立つ日中関係―過去との対話・未来への模索』晃洋書房、2007年、22〜23頁。
2）　袁偉時「現代化与中国的歴史教科書問題」http://www.tianya.cn/publicforum/Content/no01/1/32461.shtml。
3）　佐藤公彦『上海版歴史教科書の「扼殺」―中国のイデオロギー的言論統制・抑圧』日本僑報社、2008年、145、149、152頁。例えば、佐藤公彦は専門書『清末のキリスト教と国際関係』汲古書院、2011年の中でも、反外国反キリスト教「民族精神」は、「辛亥革命と民国の開明化、『打倒孔家店』の啓蒙主義・マルクス主義を経ても、反キリスト教・反文化侵略・反帝国民革命の啓蒙と救亡の二重奏の中で復活し、49年の革命、文化大革命において間歇泉的に噴出した」（542頁）とするなど、一貫した考えのようであり、その主張に袁論文と多くの類似性がある。なお、佐藤公彦には他に『義和団の起源とその運動』研文出版、1999年がある。
4）　『中国近代現代史上冊教師教学用書』人民教育出版社、2005年、84〜85頁。
5）　『中国近代現代史』（試験修訂本・必修）上冊、人民出版社歴史室、2002年、68〜73頁。
6）　橘樸『中華民国三十年史』岩波新書、1943年、32、35頁。
7）　貝塚茂樹『中国の歴史』下、岩波新書、1970年、144、150〜151頁。
8）　小島晋治、丸山松幸『中国近現代史』岩波新書、1986年、56頁。
9）　里井彦七郎『近代中国における民衆運動とその思想』東京大学出版会、1972年、199、202、239、314頁。
10）　村松祐次『義和団の研究』巖南堂書店、1976年、2頁。
11）　堀川哲男「義和団運動の発展過程」『講座中国近現代史』第2巻、東京大学出版会、1978年。

12)　小林一美『義和団戦争と明治国家』汲古書院、1986年、514頁。
13)　同「義和団運動、義和団戦争に関する4つの問題」『中国21』VOL. 13、2004年4月。
14) 15) 16)　菊池貴晴『現代中国革命の起源（新訂）』厳南堂、1973年、61〜68頁。
17)　1949年人民共和国成立以降の文革期を含めた中等教育政策、制度、方針の変遷については、三好章「中等教育の現状と課題—『素質教育』の展開」『中国教育の発展と矛盾』（御茶の水書房、2001年）が参考になる。
18) 19) 20)　斎藤一晴『中国歴史教科書と東アジア歴史対話』花伝社、235、263〜272、285〜295、302頁参照。
21)　佐藤公彦、前掲『上海版歴史教科書の「扼殺」』11〜15頁など参照。私自身、中国で何回か同様の経験をしている。したがって、その点においては佐藤公彦の気持ちに共鳴できる。例えば、拙著『日本人反戦兵士と日中戦争』の中文版の出版話が持ち上がった時、当初、厦門大学出版部から出すはずであった。ところが、中央統一戦線部（中央宣伝部？）の許可が下りず2転3転し、結局、香港の中立系の光大出版社からやっと出版できた。「不許可」の理由は定かでない部分もあるが、日中戦争時期に中共のみならず、国民党側も日本人捕虜を「優待」し、反戦兵士に育成したことは一般の人々に知られていない事実なので出版できないということであった。これは、日中戦争のみならず、日中友好を考える上でも重要な歴史事実にもかかわらず、「不許可」とはまったく納得いかない措置であった。また、吉林省檔案館（公文書館）に万宝山関係史料を調査収集するため訪れたが、私の要求史料はすべて却下された。研究畑とは思えない館長が「朝鮮関係はすべて不許可」との判断を下したとのことであった。私は「現在の話ではなく、1931年の過去の話であり、かつ歴史研究で使用するのだから」と主張したが、結局、許可が下りなかった。その上、目録を書き写すことすら許されなかった。私は不愉快になり、「何のために長春まできたのか」と思ったが、「現地だけでも見ておこう」と気持ちを切り替え、翌日、タクシーで万宝山に向かった。雲南省でも同じ経験をしたが、中国沿海部の檔案館に比して他国と国境を接する地域の檔案館は閲覧に厳しい枠をはめ、史料開放率が低い。
22)　「上海の教科書、文明の風」『朝日新聞』2007年3月8日、「改訂教科書使わず、上海市教委、共産思想薄まり賛否」『朝日新聞』9月15日など。
23)　『歴史』（蘇智良主編、「試用本」・高級中学課本・1年級第1学期）上海教育出版社、2003年第1版。
24)　『歴史』蘇智良主編、「試用本」・高級中学課本・1年級第2学期、上海教育出版社、2007年。
25)　『礼記』の一節に出てくる理想社会・大同の世では、康有為によれば、「人々は自分の親、自分の子だけを愛するのではなく、広く天下の親、天下の子をいつくしむ。老人は余生を安らかに送り、壮健な者にはかならず働き場所があり、幼い生命は健やかに育てられる。……持てる力を惜しみなく発揮するのを喜びとするが、別に自分の利益のためにそうするのではない。そのため悪知恵も働かす余地がなく、盗賊も姿を消し、戸締まりをする必要もない」。そして、康有為は「君主専制の拠乱世」→「君主立憲の升平世」→「大同の太平世」という発展史観を有し、「大同の太平世」に至るには変法自強運動という改良主義の段階「君主立憲の升平世」を経なければならないとした（小野信爾・吉田富夫・狭間直樹『革命論集』朝日新聞社、62〜65頁参照）。
26)　参考までに初級中学の『世界歴史』（蘇智良主編、「試験本」・9年義務教育課本・8年級第2学期、華東師範大学出版社、2004年。上海市中小学校教材審査委員会に提出、

審査中の「試験本」であるが、最終的に使用停止にはならなかったものと思われる）の第10課「ソ連による社会主義の道の探求」を見ておきたい。ソ連は、重工業化と農業集団化、および5ヵ年計画の驚くべき成功によって1940年には工業生産高はアメリカに次ぎ、欧州ではトップとなった。かくして、世界に社会主義強国が姿を現した。だが、1国社会主義建設の過程で各種矛盾を生み出し、その例としてスターリンが尖鋭な階級闘争理論を提起した。その結果、1930年代初頭、とりわけセルゲイ・M・キーロフの暗殺後、全国的に大規模な粛清運動を巻き起こした。国家や軍の指導者、広範な無実の者を逮捕し、甚だしい場合、処刑した。その後、大粛清運動はますます猛威をふるい、37～38年だけでいわゆる「政治犯」の判決を受けた者は130～150万人で、内、70万人が処刑された。この運動はソ連共産党・大衆の関係に巨大な亀裂を生じさせ、社会主義の民主法制に暗い影をなげかけたとし（57～59頁）、ソ連の「光」と「影」を具体的に記述している。

27) 『歴史』蘇智良主編、「試験本」・高級中学課本・3年級、上海教育出版社、2005年。
28) フライング・タイガース（飛虎隊）に関しては、拙著『中国抗日軍事史』（有志舎、2009年）の3章第2節「日本軍の制空権喪失」を参照されたい。従来の中国の教科書と異なり、この辺の記述は新しい。なぜなら、これまで中国単独の対日戦争を戦ったことが強調されてきたが、ソ連、アメリカの軍事物資支援、および海外医療隊の援助などに言及し、そうした面における正確な抗日戦争史の記述に心がけていることが理解できよう。
29) なお、割愛した高級中学『歴史』（蘇智良主編・開拓型課程教材・試験本、上海人民出版社、2006年）の構成は、「テーマ1 戦争と文明」（アレキサンダーの大遠征／十字軍東征／蒙古帝国の征服戦争／2回の世界大戦）、「テーマ2 世界遺産と人類文明」、「テーマ3 科学技術の発展過程」（東西の科学伝統／中国古代の科学成果／近現代の科学技術革命）となっている。
30) 『上海―郷土歴史』上海教育出版社、2003年6月、2006年第7版。

第6章

『新しい歴史教科書』(扶桑社) と
戦時期日本の歴史教科書
　　　——その比較検討——

はじめに

『新しい歴史教科書』(扶桑社、代表西尾幹二。以下、原則として扶桑社版と略称する)により、日本国内はもとより、過去に日本の侵略により大被害を受けた韓国[1]、中国[2]を始めとする各国・各地で物議を醸しだしている。教科書は青少年に重要な影響を及ぼし、いかなる人材を育てるのかという教育理念と密接な関わりをもつ。こうした中で、2001年4月3日扶桑社版が教科書検定に合格した(2002年度から一部中学校で使用)。文部科学省に提出して137ヵ所もの検定意見がつけられ、修正したが、それでも問題は数多く残っている[3]。日本国内では、歴史研究者(「歴史学者アピール—史実をゆがめる『教科書』に歴史教育をゆだねることはできない」2003年5月22日)や社会科教師等からも多くの緊急アピールが出された。何故かと言えば、歴史学、歴史教育の骨幹にかかわる問題を孕んでいたからであり、その内容に危惧が表明された。

他方、「新しい歴史教科書をつくる会」(以下、「つくる会」と略称)は中国や韓国などからの批判を「内政干渉」と切り捨てる一方、これまでの歴史教科書を「コミンテルン史観」と「東京裁判史観」の影響を受けた「自虐史観」として非難した。そして、1990年半ばから「自国の正史を回復するため良識ある歴史教科書」を作成すると宣言し、日本人の「誇り」を復活させるという。その後、採択を促すため、事前に教育委員会や学校を訪問、地方議会に働きかけを強め、婦人会などを動員し、採択を訴えるビラを配るなどの活動に終始した。このように、学問、教育現場を離れた形で社会運動化した。だが、結果的には、採択率は極めて低率(私立を含めて0.1%以下)であった。

だが、この問題は、単に教科書問題にとどまらず、靖国神社参拝問題、イラクなど海外派兵問題、「教育基本法」改悪問題、および教育現場での「日の丸・君が代」の強制問題、「愛国心」導入問題等々と深く絡まっていることから、繰り返し再燃する可能性が強い[4]。果たして教科書問題をどのように考えればよいのであろうか[5]。扶桑社版は復古的傾向が指摘されるが、現在使用の他の教科書との比較検討する論文や研究は多いが、それだけでは不十分ではないか。ならば、どのようにすればよいのか。私は、実際に戦時期教科書と直接比

較検討すればよいと考えるに至った。こうした論文や研究を寡聞にして知らない。そこで、本章では他教科書との比較検討よりも、むしろ戦時中の教科書との比較検討を中心にその共通性、差異、および『新しい歴史教科書』の歴史的位置を実証的に考察する。なお、各時代の記述にも極力目配りはするが、現在との関わりで重要な近現代史に重点を置く。また、扶桑社版の主張点、イデオロギーが如実に示される神話、「コラム」、「人物コラム」は分析上、重視する。また、現在、自由社版の『新しい歴史教科書』(2011年)、育鵬社版の『新しい日本の歴史』(同年) が出されており購入したが、扶桑社版の延長線上にあり、本質的に同様なことから今回はとりあげないことにした。

I 『新しい歴史教科書』の全体としての特徴と問題点

まず、扶桑社『新しい歴史教科書』(329頁＋図版・写真など) の構成と各章の割合を見ておきたい。このことによって、本教科書がどこにウエートを置いているか、また、その主張点は何かが分析できる。

- 序　章　「歴史への招待」歴史を学ぶとは／日本歴史の流れ／事物の起源調べ／郷土史を調べよう（5〜18頁）
- 第1章　原始と古代の日本（19〜80頁）1．日本のあけぼの／2．古代国家の形成／3．律令国家の成立／4．律令国家の展開
- 第2章　中世の日本（81〜110頁）1．武士政治の始まり／2．武士政治の動き
- 第3章　近世の日本（111〜166頁）1．戦国時代から天下統一へ／2．江戸幕府の政治／3．産業の発達と文化の成熟／4．幕府政治の動揺
- 第4章　近代日本の建設（167〜236頁）1．欧米の進出と幕府の危機／2．明治維新／3．立憲国家の門出／4．近代産業の発展と文化の形成
- 第5章　世界大戦の時代と日本（237〜320頁）1．第一次世界大戦の時代／2．第二次世界大戦の時代／3．日本の復興と国際社会／4．経済大国・日本の歴史的使命

その他、写真、目次（1〜4頁）、索引（321〜329頁→計9頁）、「付録・中学校学習指導要領」（330〜336頁）が付されている。写真、目次、索引、付録を除けば、本文は総頁数326頁である。序章が計14頁（4.3％）、第1章が計62頁（19％）、第2章が計30頁（9.2％）、第3章が計56頁（17.2％）、第4章が計70頁

(21.5%)、第 5 章が計84頁（25.8%）である。この結果、明白になることは、他の章に比して、「原始・古代」に力点を置いている。それに対して、第 2 章「中世」が9.2%と極端に圧縮されている。いわば第 1 章「原始・古代」（19%）、第 4 章「近代」（21.5%）、および第 5 章の「第一次・第二次世界大戦」（237～279頁。13.2%）に紙数を割いているのである。

では、この構成、目次を、日本書籍の『中学社会―歴史分野』（2000年・本文290頁＋目次・索引・図版・写真など）と比較してみたい。

　　　　　「歴史を掘る」（6～8頁→計3頁→1.0%）
第 1 章　原始時代の人々（9～18頁→計10頁→3.4%） 1．人類のはじまり
第 2 章　古代文明のおこり（19～44頁→26頁→9.0%） 1．地中海と古代文明／2．南アジアと東アジアの古代文明／3．日本の国のはじまり
第 3 章　古代国家のあゆみ（45～72頁→28頁→9.7%） 1．律令国家の形成／2．奈良の都と民衆／3．平安の都と武士のおこり
第 4 章　封建時代のはじまり（73～102頁→30頁→10.3%） 1．武士政治のはじまり／2．内乱と下克上
第 5 章　ヨーロッパの進出と日本の統一（103～126頁→24頁→8.3%） 1．ヨーロッパとイスラム社会／2．武家の全国統一
第 6 章　封建時代の移り変わり（127～156頁→30頁→10.3%） 1．江戸幕府の政治／2．産業と文化の発達／3．新しい時代への動き
第 7 章　ヨーロッパの近代化と世界（157～176頁→20頁→6.9%） 1．市民革命／2．資本主義の成長／3．アジアとヨーロッパの強国
第 8 章　近代国家へのあゆみ（177～202頁→26頁→9.0%） 1．江戸幕府がたおれる／2．明治維新／3．国会開設へのあゆみ
第 9 章　日本の大陸侵略（203～226頁→24頁→8.3%） 1．日清戦争と朝鮮／2．帝国主義と日露戦争／3．日本の朝鮮侵略とアジアの動き／4．社会と文化の動き
第10章　第一次世界大戦と日本（227～248頁→22頁→7.6%） 1．第一次世界大戦／2．大戦後の世界の動き／3．大正デモクラシー
第11章　第二次世界大戦と日本（249～271頁→23頁→7.9%） 1．不景気と戦争の不安／2．日本の中国侵略／3．第二次世界大戦
第12章　現代日本と世界（272～295頁→24頁→8.3%） 1．大戦後の世界と日本の民主化／2．世界の新しい動きと日本／3．激動する世界の中の日本

双方を比較すると、まず章数が扶桑社版が 5 章立て、日本書籍版が12章立てと大幅に異なることが注目される。その一因として、扶桑社版は海外に眼を

配っておらず、例えば、日本書籍の第2章における地中海、南アジアと東アジアの古代文明、第5章のヨーロッパとイスラム社会、および第7章「ヨーロッパの近代化と世界」に相当する独立章がない。もちろん、これらは、扶桑社版では日本史との関連で触れられる場合もあるが、日本にとっての世界であって、世界における日本の位置という視点は育てられない。例えば、扶桑社版の第1章「原始と古代の日本」が計19％、日本書籍も第1〜3章で22.1％を占め、大差ないようにも見えるが、扶桑社版では世界文明などの部分が日本の神話によって大幅に削られる。その結果、「自我自尊」的な視野の狭い日本国民を育てることができても、世界的視野をもち、「独立自尊」の「優秀な」日本国民を育成することはできない。高校世界史との連動もほとんど配慮されていない。したがって、扶桑社版を中学校で使用した場合、高校の世界史を基礎のないまま学ぶ結果となる。また、扶桑社版には、章立てにも日本による「侵略」という文字は一切出てこない。大戦、特に第二次世界大戦で「勇敢」な側面を情緒的に強調し、かつ侵略戦争をアジアの「解放戦争」と強弁することにほかならない。

ところで、「市販本まえがき」で、西尾幹二は「全体を無視して、部分だけとりあげてあげつらうならば、正しい批判にはならないだけでなく、不当な意図的攻撃に終わりがち」とする。だが、部分的にも歴史事実の誤認などが極めて問題だが、むしろ問題は「全体」にある。全体としては、従来の教科書の枠組みは継承せざるを得ず、それ故、矛盾を来たし、事実を軽視、捨象し、情緒に逃げ込むという形態をとる。こうして、全体として学問、教育というより、政治的プロパガンダを繰り広げている点が問題といえる。

第一に、「序章」の「歴史を学ぶとは」で、「過去の事実について、過去の人がどう考えていたかを学ぶ」、「歴史に善悪を当てはめ、現在の道徳で裁く裁判の場にすることもやめよう」（6〜7頁。なお、これは、『新しい歴史教科書』市販本、2001年6月10日発行の頁数。以下、同じ）という。過去を過去として認識し、現在の価値観を持ち込むべきではないと強調する。このように歴史学、もしくは「温故知新」と真っ向から対立する見解を展開する。だが、当時の考え方を追認し、現在において正当化するだけでは学問、教育、社会の発展はない。なお、本教科書が「新しい」と称する場合、何が「新しい」のかを明確にする必

要がある。なぜなら戦時期の「皇国史観」復活のような教科書に「新しさ」を見出すことは困難だからである。このように、イデオロギーにとらわれないといいながら極めてイデオロギー的であり、「歴史とは過去を裁判するのではない」としながらも、学問、教育と無関係に、むしろ戦時期の概念を現在に導入、現在を戦時中の観念で再編する意図が明白な社会運動としての特質を有している。私自身は歴史を原則的に【歴史の実証的な客観的認識】→【当時の背景・実態・価値判断の客観的認識】→【歴史をその背景、推移、その後の流れから見据える】→【現在・未来からの考察】→【独自の歴史理論化】、それを循環させながら、その歴史理論の他テーマへの適否と普遍性を考察するという方法論で研究を進めてきた。

　第２に、神話の扱いが問題であり、意図的にフィクションと歴史的事実を混同させている。この教科書は史実を軽視し、恣意的な取捨選択をする傾向が散見する。だが、歴史は「物語」や神話ではなく、史実から離れることはできない〈なお、私は個人的には神話、神楽、祭を含む伝統芸能が好きであり、関心を有している。ただ歴史教科書にそれらを採用することには疑問がある。また、これらを教育を通して政治的に利用することはもってのほかである〉。どうしても神話を出したければ、国語教科書に伝承として掲載すればよいとも思えるが、後述する如く国語での取り扱いにも注意を払う必要があり、問題はそれほど単純ではない。なお、「人名さくいん」に「天照大神」、「日本武尊」などを入れていることは奇異な感がする。次いで、「面白い」ことの必要性を強調し、物語的、情緒的な書き方を乱発する。執筆者がつまみ食いした事例と事例を感覚・情感によって結びつけていく姿勢が見受けられる。これでは歴史学が学問から逸脱してしまう。歴史学の「面白さ」を講釈師の軍記物や漫談のようにすることはできない。確かに歴史学は主要に人間を対象とした学問である故、「面白い」し、興味深い。しかし、苦痛なことも、暗黒も、また人間の醜さなど、決して「面白くない」史実もまたある。いわば「光」と「影」双方を包括した形で歴史は成り立っており、「影」の部分も否定し得ず、苦しくとも勇気をもって冷静に見つめなくてはならないのである。

　第３に、彼らは近隣諸国からの批判に関して「内政干渉」と主張する。果たして「内政干渉」といえるのであろうか。実際に過去に被害を受けた国々から

の批判であることに留意しなければならない。日本の内政が台湾、朝鮮を植民地にし、中国を侵略した史実があり、将来日本の内政が他国に影響を及ぼすが故、憂慮を惹起しているのである。中国政府、韓国政府の批判の背後には、中国、韓国の民衆の戦争体験、被害記憶、および怒りが厳然として存在する。したがって、「内政干渉」というのは当たらない。むしろ日本は対華二十一ヵ条要求、山東出兵を始め、数多くの内政干渉をしてきた歴史を有す。歴史的事実を隠蔽、歪曲することは、周辺諸国に困惑、不安、危惧、怒りを惹起し、不安定材料をむしろ増幅するだけであり、日本を含む東アジアの安定と平和に繋がらない。

ところで西尾幹二が批判する「自虐史観」の対立語は「加(他)虐史観」であろうか。おそらく、この双方からは歴史学の科学性も客観性も生み出されない。そして、侵略の歴史事実を事実として認識することがなぜ「自虐史観」となるのか全く理解できない。事実を事実として認識し、未来を如何に生きるかを考え、努力することから、自信も誇りも必然的に獲得できる。また、西尾は「常識」というが、日本の独りよがりの「常識」が東アジア、もしくは世界の「非常識」にならないのか。西尾は侵略を正当化する意識が濃厚すぎて「加虐史観」に満ち、加害責任をすりぬけようとする。逆の立場、つまり日本が植民地にされた場合、日本人は列強の利益のために鉄道、道路、学校、病院などインフラ整備をされたからといって喜ぶのであろうか。日本が「誇りを復活」させるため、被害国である周辺諸国を再び傷つけなくてはならないのか。

II 『新しい歴史教科書』各部分の問題点と疑問点

では、『新しい歴史教科書』各部分の問題点と疑問点に論を進めたい。紙幅の関係からポイントとなるいくつかの重要点に焦点を合わせて論じたい。また、近現代史にウエートを置く。したがって、網羅的ではない。

「序章」の「郷土史を調べよう」(14〜17頁)では郷土史重視の姿勢を打ち出し、「調べる方法」などを伝授する。ここでは大井川を例に「川越し」の調査が記載される。その他、調査テーマとして峠、道、碑、城あと、神社、寺院、祭りから民話・伝説までであるとする。さらに史跡、風習、「郷土の偉人」など

を郷土資料館、博物館等で調べることを提唱する。こうした調査は生徒の能力を伸ばし、歴史学のイロハを学ぶ上で重要である。ただし他の部分で「全国には、神話に由来する地名が多く残っている。自分たちの住んでいる地域にある地名の由来を調べてみよう」と記述する（43頁）。つまり神話と「郷土史」を連動させることを企図している。なお、郷土史教育には意義と限界があり、戦時期に「愛国心」鼓吹に利用された歴史があり、また、それへの小学校教師の地道な抵抗があったこともまた知っておく必要がある[6]。

　近世では、(1)「朝鮮出兵」で、「秀吉は、さらに中国の明を征服し、天皇も自分もそこに住んで、東アジアからインドまでも支配しようとする巨大な夢にとりつかれ」(121頁)た、と叙述する。「巨大な夢」という肯定的表記に違和感を禁じ得ないし、豊臣秀吉による文禄・慶長の役は「出兵」か侵略か。脚注では「朝鮮陶工によって陶器の技術が伝えられ、茶の湯の発達にもつながった」と文化伝播にのみに極限し、日本への陶工の強制連行の記載を避ける。

　(2)江戸幕府の対外政策（128頁）では、1604年朱印船の増大に伴い、日本から台湾、マカオ、東南アジア各地で兵士や貿易に従事した人々が増大、各地に日本人街ができた。山田長政のようにシャムで高官になった者もいた。キリスト教流入防止の鎖国後も、幕府は諸大名を統制しながら、海外との交流を維持しようとした。また、「儒学が時代の安定に役立つ」（143頁）、「古学の立場」は具体的説明が必要であろう。徳川家康と天皇の繋がり言及は本書だけで天皇鼓吹に力点が置かれる（164～165頁）。なお、執筆者が物語の面白さと考えてか関ヶ原の記載が多いが、学問、教育というより講談としての面白さを追求している。「武士たちも平和な生活に慣れていったが、その半面で、自分たちの本来の姿を示したいという欲求もあった」（151頁）として、赤穂「義士」（浪士を「義士」）や「葉隠」を出すが、「本来の姿」、いわば「忠義」の強調するためであろう。

　近現代では、(1)「アヘンは、衰退期に入った清に無抵抗に受け入れられた」（172頁）とするが、本教科書も記載する通り、道光帝の厳禁政策、林則徐のアヘン没収と廃棄があり、「無抵抗」とは決していえない。日本との比較で朝鮮や中国の国際的な危機意識のなさが書かれ（174頁）、中国人の抵抗に低評価を与える傾向にある。だが、林則徐のみならず、魏源『海国図志』の「夷の長技

を師として夷を制する」は日本の武士層に熟読され、危機感を高める役割を果たした。イギリスの侵略に対する民衆抵抗の平英団事件、もしくは太平天国運動を歴史的にどうみるか。また、洋務運動や変法自強運動の歴史的評価とも密接にからまる。小島晋治らが指摘するように、1862年幕府派遣の千歳丸で上海に到着した高杉晋作は、その植民地状況に衝撃を受け、林則徐の政策に着目している。そして、帰国後、イギリス公使館焼き討ち、騎兵隊を結成、装備の近代化に着手した。久坂玄瑞は、太平天国運動の英仏軍への戦いが、日本に対する英仏両国の軍事的圧力を弱めている[7)]、と。換言すれば、中国での激しい抵抗こそが列強の日本に対する侵略を遅らせ、その間に日本は体勢を整えることができたのである。

(2)ハリスの条約締結要求に対して幕府は「朝廷の許可を得て条約を結ぼうとした。外交の権限を朝廷から与えられていた幕府としては前例のないことだった。しかし、朝廷は条約締結を許さなかった。幕府は朝廷の許可のないまま、1858年、日米修好条約を結んだ」(179頁) 等々、「朝廷」という単語を乱発する。なお、明治維新に始まる近代日本史を学ぶ3つの前提として、①「欧米列強の植民地支配権の拡大」と「北には、不凍港を求めて南下してくる、最大の脅威ロシア」があり、「明治の日本人はどんなにか心細かったであろう」(184頁)、と情緒的な評価を下す。②中国は欧米列強の武力脅威を十分に認識できず、朝鮮も同様であった。中国人は中華思想をもち、「イギリスなどを、世界の果ての野蛮な民族」と見なしたと批判する。だが、日本もポルトガル人やスペイン人などを「南蛮人」と呼んでいたのではないか。③「日本は江戸時代を通じて武家社会という側面があり、列強の武力脅威に敏感に反応し、西洋文明に学ぶ姿勢へと政策を転じたが、中国・朝鮮両国は文官が支配する国家だったので、列強の脅威に対し、十分な対応ができなかったという考え方もある[8)]」(185頁)、とする。誰の「考え方」なのか。ともあれ本教科書は「武家」(もしくは武官)の過剰評価と文官の過小評価という潜在的意識があるようだ。

(3)「近代国民国家を目指し、欧米列強がつくりあげてきた国際法を受容しよう」とする先進的日本と、旧態依然として「中華秩序」を維持しようとする中国と朝鮮、アジア (198頁) という具合に、日本と対比してアジア停滞性を強調する。台湾出兵問題、それと連動する琉球の所属問題では、「琉球は人種的に

も言語的にも、日本と同系統」で、「半独立国」として日本、清に両属と説明する（199頁）。日本は「近代国民国家の国境概念を身につけた」などと都合よく説明されているが、果たして琉球は「人種的」に同系統か否か〈言語的には日本語の万葉言葉であるが、冠婚葬祭や食伝統は福建省に近い〉、また琉球尚氏の独立をいかにみるかなど、多くの問題や疑問が残される。さらに1975年江華島事件では、日本の朝鮮侵略という観点が弱く、日朝修好条規は「不平等な条約」と簡単に触れるに留まる（200頁）。少なくとも不平等条約の具体的内容を説明する必要があろう。日本の西洋に対する不平等条約破棄の鹿鳴館などのもがき、「ノルマントン事件」に象徴される日本人の苦しみと怒りは詳述されるが（210～211頁）、不思議なことに朝鮮に対して不平等条約を押しつけ、苦しめたことへの歴史的反省も思いやりも一切ない。

　(4)1890年発布の「教育勅語」に関しては、「父母への孝行や、非常時には国のために尽くす姿勢、近代国家の国民としての心得」であり、「近代日本人の人格の背骨」とまで断言し、異常なほど高く評価する（215頁）。では、「近代日本人」とは何か。封建的儒教道徳を骨格とし、天皇中心の体制を強固にする「教育勅語」こそ、精神的な意味で日本人の「近代化」を促進する上で桎梏となったのではないか。自己判断ができず、侵略戦争に対して無批判に国に従う国民を養成した元凶の1つではないのか。

　(5)先入観の押しつけと観念的な思いこみがある。朝鮮の地理的位置づけについては、例えば、「日本に向けて、一本の腕のように朝鮮半島が突き出ている。当時、朝鮮半島が日本に敵対的な大国の支配下に入れば、日本を攻撃する格好の基地となり、後背地をもたない島国の日本は、自国の防衛が困難になると考えられていた。このころ、朝鮮に宗主権をもっていたのは清朝だったが、それ以上におそろしい大国は、不凍港を求めて東アジアに目を向け始めたロシアだった」（216頁）。本教科書は修飾語を多発するが、「おそろしい大国」はイメージを固定化させる情緒的表現で、歴史教科書になじまないのではないか。「自国の防衛が困難になると考えられていた」とするが、誰に考えられていたのか。典拠が必要であろう。「日本は、朝鮮の開国後、その近代化を助けるべく軍政改革を援助した。朝鮮が外国の支配に服さない自衛力のある近代国家になることは、日本の安全にとっても重要だった」（217頁）。朝鮮にとって日本

は外国ではないのか。日本の日清戦争での勝因として、軍隊の訓練、規律、新兵器の装備のみならず、「日本人が自国のために献身する『国民』になっていた」(218頁)ことをあげる。これは恣意的に使用しており、牽強付会である。下関条約の説明が舌足らずであり(217頁)、台湾の割譲においては対日抵抗の「台湾民主国」になぜ言及しないのか。そうした疑問が次々と湧いてくる。

(6)「東アジアに野心をもつロシアは、ドイツ、フランスを誘って、強力な軍事力を背景に、遼東半島を中国に返還するように日本に迫った(三国干渉)」。そこで、日本は「『臥薪嘗胆』を合言葉に、官民挙げてロシアに対抗するための国力の充実に努め」た(219頁)、と。中国・「満州」に野心をもっていたのは日本も同様である。一貫した英米のみ評価に偏り、なぜロシアのみを批判するのか。「ロシアは、義和団事件を口実に、満州に2万の兵を送り込み、そのまま居座っていた」(220頁)。「ロシアは実際に朝鮮半島に進出する意図」(221頁)があった。そして、日露戦争を繰り返し評価し、「東郷平八郎司令長官率いる日本の連合艦隊は……バルチック艦隊を全滅させ、世界海軍史に残る驚異的勝利をおさめた(日本海海戦)」(222頁)とする。ロシア国内事情、「血の日曜日事件」を包括する国際的視野からの分析が稀薄である。「日露戦争は、日本の生き残りをかけた壮大な国民戦争だった。日本はこれに勝利して、自国の安全保障を確立した。近代国家として生まれてまもない有色人種の国日本が、当時、世界最大の陸軍大国だった白人帝国ロシアに勝ったことは、世界中の抑圧された民族に、独立への限りない希望を与えた。しかし、……黄禍論が欧米に広がるきっかけにもなった」(223頁)と述べる。「驚異的勝利」、「壮大な国民戦争」など感情移入が激しい。「ロシアの満州進出の意図」(225頁)とするが、日本も同様で満州侵略の意図があった。

(7)「近代産業の発展」では、「下関条約による賠償金が重工業に投資され、1901年には官営の八幡製鉄所が開業して鉄鋼の国産が開始された」(227頁)とした後、造船業も発展を遂げ、日本も産業革命を達成したとする。そして、「近代産業の発展の背景には、江戸時代以来の民衆の高い教育水準や勤勉があった」とするが、それのみに問題を単純化できず、むしろ賠償金の役割が極めて大きい。

(8)「大学とジャーナリズム」では、「明治の初期、大学教育は外国人教師に

よって行われ、ヨーロッパの近代的な学問が取り入れられたが、それは一方で、西洋中心の歴史観や、進化論を無批判に受け入れる態度につながった。大学では、何よりも西洋の学問を理想として、日本の文化や歴史を西洋の考え方に当てはめる傾向が強くなった」(230頁)。「明治時代は、せきを切って押し寄せてきた西洋の近代芸術を、日本の芸術家たちが必死で吸収した時代であると同時に、日本の伝統文化とは何かを深く考えた時代」(232頁) とする。そして、欧米崇拝の風潮で無価値とされた伝統芸術を、岡倉天心、フェノロサが保存と復興に努めたため、その価値が再評価されたとする。これには異論がないが、西洋中心に対して独自性を繰り返し強調するより、西洋のインパクトのメリットとデメリットを明確に押さえるべきであろう。

(9)日露戦争での「日本の勝利に勇気づけられたアジアの国には、ナショナリズムがおこった。それは、トルコやインドのような遠い国では、単純に日本への尊敬や共感と結びついたが、中国や韓国のような近い国では、自国に勢力を拡大してくる日本への抵抗という形であらわれた。加えて、日本には、大国として他のあらゆる大国と力の均衡を保ち続ける新しい必要が生じた」(238頁)。「近い国」、「遠い国」などの区分の仕方、表現には違和感を禁じ得ないが、むしろこれを裏切っていく日本にも焦点を当てる必要がある。

(10)朝鮮について。ロシア、フランス、アメリカ、イギリスとの支配地域の相互承認 (239頁)、取り引き、植民地分割から、日本の韓国支配も正当といっているように見える。「日本政府は、韓国の併合が、日本の安全と満州の権益を防衛するために必要であると考えた。イギリス、アメリカ、ロシアの3国は、朝鮮半島に影響力を拡大することをたがいに警戒しあっていたので、これに異議を唱えなかった。こうして1910年、日本は韓国内の反対を武力を背景におさえて併合を断行した (韓国併合)。韓国の国内には、一部に併合を受け入れる声もあったが、民族の独立を失うことへのはげしい抵抗がおこり、その後も、独立回復の運動が根強く行われた」(240頁)。このように、「韓国支配」を自己正当化する。一部の併合受け入れを強調するが、ある場合は「多数」、ある場合は「少数」を強調し、便宜的に自己正当化を図る。なぜ「はげしい抵抗」、「独立回復」運動が継続するのか、その意味することに着目しなければならない。朝鮮三・一独立運動では、1919年「旧国王の葬儀に集まった知識人らがソウル

で独立を宣言し、人々が『独立万歳』を叫んでデモ行進を行うと、この運動はたちまち朝鮮全土に広まった（三・一独立運動）。朝鮮総督府はこれを武力で弾圧したが、その一方で、それまでの統治の仕方を変えた」（249頁）とのみ書く。だが、いかに「韓国併合」への不満が根強かったかの例証となり、また、日本が「統治の仕方」も武断政治から文治政治に変えざるを得なかったことを具体的に明記し、分析を加えるべきであろう。なお、中国五・四運動（249頁）は僅か3行だけであるが、米騒動を含めて、三・一独立運動、五・四運動は東アジアの三大運動として相互関連的に論じなければ、理解できない。

⑾アメリカとの関係。日露戦争の勝利の結果、「日本は世界列強の仲間入りを果たした。……アメリカは、日本の満州独占を警戒し、日本が手に入れた南満州鉄道の共同経営を求めてきた。また、カリフォルニアでは、日系移民排斥の動きがおこった。日清戦争のころから欧米で唱えられ始めた黄禍論に、再び火がついた」（238頁）。20世紀初頭、アメリカでの「勤勉で優秀な日本人移民への反発や嫌悪」が大きくなり、日米間の緊張は高まった（257～258頁）。この後、日本が提起した「人種差別撤廃案」、日本人移民排斥などを述べる。繰り返し日本人の「優秀さ」を強調する。これは意識的、あるいは無意識的に近隣諸国民族の非「優秀さ」と対比される。1908年アメリカ大西洋艦隊の日本来航での日本人の「歓迎」・対応を「心の底からアメリカを恐れていた」と分析する。こうした恐米意識は扶桑社版執筆者にも継承されているようである。

⑿中国に関して。日本人を襲撃する排日運動（263頁）とするが、具体的な事実を指摘する必要がある。また共産主義思想の影響を受けたとするが、日本品ボイコットを指導したのは民族資本家である。どうも教科書の場合、典拠、史料、研究を示さなくてよいことから、都合のよい伝聞を安易にそのまま書いている嫌いがある。さらに中国が不平等条約の無効を一方的に宣言したとするが、これが何故悪いのかがわからない。日本も列強の不平等条約に苦しみ、それを脱却する方策を模索してきた。日本自らが苦しんだ帝国主義的な不平等条約を今度は中国に押しつける。その破棄の仕方は種々あってよい。特に問題は、中国統一を阻む内政干渉である北伐への日本の山東出兵を素通りしていることである。日本にとって分断国家のままの中国が都合よく、日本の工業への原料供給国たる地位を押しつけるものであった。なお、南京事件ではただ「殺

害した」と記述する。いかなる背景で誰が誰に対しておこなったのか。主語、目的語を明確にする必要があろう。

⒀中共の「政権を奪う戦略」は実証できるのか。時期はいつか。史料と根拠を示す必要がある。中共がソ連を「模倣」したとするが、異なる独自な部分も多く、ソ連に対する中共を単純に受動的に捉えることはできない。それ故にこそ、後の中ソ論争に発展する。

⒁ソ連について。干渉戦争たる日本軍のシベリア出兵を、「ウラジオストクを行進する日本軍」の写真などを出して肯定的に扱う。「やがてアメリカは撤兵したが、1922年まで日本は「共産軍」〈むしろソ連「赤軍」〉と戦い、兵を引かなかったので、アメリカの疑念を招いた」とし、日本のみが領土野心から居残った釈明として、「長年、南下するロシアの脅威にさらされていた日本は、共産主義の革命勢力に対しても、アメリカ以上に警戒心をいだいていた」(247頁)、とする。また、「共産主義とファシズムの台頭」(260〜261頁)では、ソ連での一党独裁、スターリンの大量処刑、苛酷な強制労働というマイナス面にのみ眼を向ける。当時の「一国社会主義」ソ連の社会主義計画経済が恐慌期に発揮した強靱性にも言及すべきではないか。また、「ドイツとイタリアを中心」とするファッシズムを論じ、「ヒトラーの独裁国家はスターリンと同様に、大量の殺戮を行った」、「ナチス党はソ連の共産党と同様」とする。このように、異なる側面を捨象し、ソ連「共産主義」〈社会主義〉とファシズムをダイレクトに結びつける。にもかかわらず、不思議なことに、ナチス・ドイツのファッシズムと日本の天皇制ファッシズムを繋げず、日本をファシズム範疇から懸命にすり抜けさせる。ならば、日独は何故結びついたのか。日独伊防共協定をどのように評価すればよいのか。これらに関する説明が不可能になる。また、満洲事変当時、「日本にとって、北にはソ連の脅威があり、南からは〈中国〉国民党の力もおよんできた」(266頁)とする。日本の安全に対するソ連の脅威は事実なのであろうか。ソ連はスターリンとトロッキーの長い論争に終止符が打たれ、第一次５ヵ年計画が開始されたばかりで経済建設のための平和な環境を必要としていた。東支鉄道を日本に売却までしている。扶桑社版は当時、日本軍部が声高に唱えた「反共」、「ソ連脅威論」を無批判に踏襲する。

⒂「大東亜戦争（太平洋戦争）」で、「初期の勝利」としながらも、「日本の海

軍機動部隊が、ハワイの真珠湾に停泊する米太平洋艦隊を空襲した。艦は次々沈没し、飛行機も片端から炎上して大戦果をあげた」(276頁)と書き、勇敢なイメージを生徒に与え、戦争に肯定的な意識を誘発する。日本の「南進」の結果、欧米植民地支配に亀裂を入れ、東南アジアで独立運動が高まったのは事実である。だが、その後、抑圧に転じた実態も明記すべきであろう。また、シンガポールでの虐殺事件も逃げずに入れる必要があろう。また、「侵略」という言葉を避ける。これでは、「戦争賛美」の教科書といわれても致し方ない。しかし、結果論としての東南アジア解放を、日本が実際に「解放を求めていた」と錯覚させる危険性があるのではないか。アジアを解放するというなら、なぜ日本は率先して植民地台湾、朝鮮をまず解放しなかったのか。そうした素朴な疑問が残る。

⒃特に問題は「神風特攻隊」の扱いである。写真と遺書を示して情感的に生徒に強烈なイメージを与えようとする。「勇敢」、自決を美化するが、むしろ重要なことは彼らを特攻隊に追い込んだ当時の日本の天皇制や軍の構造・システムの問題である。なぜ「神風特攻隊」が必要になるような戦争になったのか。それを立案したのは誰か。命じたのは誰か。結局誰の責任で実施されたのか。果たして勝算はあったのか。戦局はどのように変わったのか。果たして国民のためであったのか。単に軍部は自己保存のために、元寇の時の「神風」の如き戦局を逆転する奇跡を願ったに過ぎないのではないか。そうしたことを記載する必要があろう。日本での差別撤廃のために、「自発的」に特攻隊員となった朝鮮人青年にも言及すべきである。こうした戦時期の多くの矛盾、事実から逃げては学問も成り立たなければ、それに立脚する歴史教育も成り立たない。

扶桑社版の最後に「歴史を学んで」で編者からのメッセージが送られる。日本人は外国文化から学ぶ歴史を有した「謙虚な民族」とした上で、「理想や模範にする外国がもうないので、日本人は自分の足でしっかりと立たなくてはいけない時代なのだが、残念ながら戦争に敗北した傷跡がまだ癒えない。……今までと違って、深い考えもなしに外国を基準にしたり、モデルに見立てたりすることで、独立心を失った頼りない国民になるおそれが出てきたことには、警戒しなくてはならない。何よりも大切なことは、自分をもつことである。自分をしっかりもたないと、外国の文化や歴史を学ぶこともじつはできない」(318

～319頁)、と。「深い考えもなしに外国を基準にしたり、モデルに見立てたり」したのは、日本人というより、扶桑社版の執筆者ではないのか。また、日本人の歩み・歴史を客観的、かつ正確に認識できないで、どうして「自分をもつ」ことができるのだろうか。扶桑社版のような独りよがりの歴史観では「外国の文化や歴史を学ぶこともじつはできない」のみならず、日本の文化や歴史を学ぶことができないのではないか。なお、扶桑社版の「歴史を学んで」が後述する戦時期教科書の「国民の覚悟」と二重写しに見えてならない。

参考までに他教科書の末尾を例にあげると、日本書籍の『中学社会―歴史的分野』(2000年)では、「歴史を学んで」では、末尾に「人間はあやまちをおかします。多くの失敗をしてきました。しかし、科学技術を発展させ、すぐれた文化や芸術を生んできたのも人間です。人間の自由と平等、社会進歩のために努力し、たたかった多くの人もいます。わたしたちは、先人のあやまちを教訓とし、努力と苦闘を受けつぎ、世界中のすべての人々が、自由で平等に、人間らしく生きていける平和な社会をつくっていきたいものです」、とする[9]。なお、教育出版の『中学社会歴史』(2000年)では、「世界の中の市民の１人として」で、「日本は、第二次世界大戦を最後に、これまでどの国とも直接には戦争をすることなく歩んできた。核戦争のおそれは続いているが、戦争の放棄を宣言した日本国憲法と非核三原則を守り、世界の平和と、諸国の人々との対等で平等なつながりという真の国際化を求め、いま生きる場所から、ささやかな力を出し合っていきたい」、と締めくくる[10]。相違は明白であろう。

扶桑社版の特徴として「コラム」、「人物コラム」などを最大限に利用し、自己の主張を展開する。

第１に、「日本武尊と弟橘媛―国家統一に献身した勇者の物語」では、[反乱をしずめる]では、「日本で大和朝廷による国内の統一が進んだ４世紀前半ごろ、景行天皇(第12代)の皇子に日本武尊という英雄がいたことを、古典は伝えている」。九州の「クマソ」の「征伐」と「東征」を論じた後、伊勢で死亡したとし、「人々は、その場所に陵(墓)をつくって、尊をていねいにほうむった。すると、尊は白鳥になってそこから飛び立った」。「以上が、日本武尊と弟橘媛の言い伝え」としながらも、「日本武尊が東征したと伝えられるルート」として地図を示し、それが実際にあったかのように描く(42～43頁)。他に

も、歴史記載の中に「神話」を4頁にもわたって挿入する。その内容は「イザナギの命とイザナミの命」、「天照大神とスサノオの命」、「ニニギの命から神武天皇」、「天孫降臨」である。「天照大神は孫のニニギの命を天上から下した。……ニニギの命の子に海幸彦、山幸彦という神がいる。山幸彦の孫であるイワレヒコの命は……大八島（日本）の中心である大和の地を目指して、各地の土豪たちと戦いの火ぶたを切る。……ついにこの地を平定し、大和に橿原の宮を建てて、初代天皇となった」。最後に「以上が『古事記』の伝える神話の内容」と入れてはいる（60〜63頁）。だが、これでは中学生に神武天皇が実在するかの如き、錯覚を与える。私は民族学としての神話の重要性を認めるが、歴史学として扱う場合、実証されなくてはならない。史実と明白な区別をして使用されるべきであり、いわんやまだ未熟で、発展途上にある中学生の歴史教科書に掲載することの適否は慎重に吟味されてしかるべきであろう。

　第2に、「日本の国旗と国歌」を最大限に強調する。「日本の神話では、大和朝廷の祖先の神としてもっとも重要視されるのが、太陽神としてあおがれる天照大神である」。「国歌『君が代』の君は、日本国憲法のもとでは、日本国および日本国民統合の象徴と定められる天皇を指し、この国歌は、天皇に象徴されるわが国の末永い繁栄と平和を祈念したものと解釈されている」（186〜187頁）。戦時中、それが日本人の思考形態を呪縛し、自由な発想、創造性、批判的能力を奪い、多くの日本人が侵略戦争を無意識的に肯定し、それを推進してしまった歴史を看過している。また、扶桑社版の執筆者は日本の「伝統」を自らの見解の中で狭く解釈する。雅楽に関しては、確かに日本の皇室・神道系の「国風楽舞」があるが、同時に「外来楽舞」として「唐楽」、「高麗楽」があるとされる。だが、「国風楽舞」を含めて雅楽自体は本来中国・朝鮮の影響を受け、形成されたものではなかったのか。

　第3に、「源頼朝と足利義満――天皇と武家の関係」（108〜109頁）を見ると、源頼朝は「鎌倉に幕府を開いてからも、京都の朝廷をうやまい、天皇を重んじる姿勢を変えなかった。自分の娘を天皇にとつがせ、朝廷と幕府の安定した関係」を築こうとした。このように、頼朝が娘を嫁がせる意味を矮小化するが、武士が抬頭したばかりで不安定な時期、天皇を重んじるというより自らを権威づけるための政略結婚的な意味合いが強いのではないか。足利義満について

は、「明の皇帝に服従する形をとって日明貿易をさかんにし」、「天皇の権威への挑戦」をして「急な病気にかかって、むなしく世を去る」と書く。まるで「天罰の病死」のような描き方である。このように、本教科書は天皇を持ち上げる記述で一貫している。天皇、もしくは「天皇の権威」の推移と変動は歴史学的に正確に位置づけるべきであり、その正統性を超歴史的に主張する姿勢は問題といえる。

　第4に、「戦争と現代を考える」では、「戦争の悲劇」としながらも、「これまでの歴史で、戦争をして、非武装の人々に対する殺害や虐待をいっさいおかさなかった国はなく、日本も例外ではない。日本軍も、戦争中に進攻した地域で、捕虜となった敵国の兵士や民間人に対して、不当な殺害を行った。一方、多くの兵士や民間人も犠牲になっている。例えば第二次世界大戦末期、ソ連は満州に侵入し、日本の一般市民の殺害や略奪、暴行をくり返した上、捕虜を含む約60万の日本人をシベリアに連行して、過酷な労働に従事させ、およそ1割を死亡させた。また、アメリカ軍による日本への無差別爆撃や、原爆投下でも、膨大な数の死傷者が出た」（288頁）。その後、ナチスによるユダヤ人虐殺を行数を割いて具体的数を出しながら論じ、その中でユダヤ人を助けた陸軍少将樋口季一郎、リトアニア領事杉原千畝を出す。最後に「戦争と無関係に行われる大量殺戮は、スターリン支配下のソ連など世界各地でくり返され、おびただしい数の人々が殺害された」（289頁）、と指摘する。「戦争をして、非武装の人々に対する殺害や虐待をいっさいおかさなかった国はなく、日本も例外ではない」として、日本軍による侵略、虐殺を免罪し、戦時下で致し方なかったと強弁する。そして、その刃をナチス、スターリンへの非難に集中させることで、日本の加害責任をすり抜けようとする。あまりにアンバランスで、これでは歴史学とはいえない。他国による殺害、虐殺も問題であり、同様に日本による殺害、虐殺も問題であり、双方とも免罪できない。

　他の「人物コラム」では、①勝海舟と西郷隆盛を扱う場合でも、「日本という『公』」（189頁）に力点を置く。②与謝野晶子（235頁）では、「実家の跡取り」などを出して問題を矮小化し、晶子の「戦争反対」を懸命に否定しようとし、執筆者の戦争賛美と重ね合わせる。確かに日露戦争で「反戦」を訴えた晶子が戦時期に「戦争肯定」的な詩を残したが、日本ファッシズム体制はこうし

た著名な歌人までも「洗脳」してしまうところに重大な問題があった。やはり歴史の中で多くの要因の複雑な絡まりを真剣に分析する必要があろう。④夏目漱石（254～255頁）の個人主義と自己葛藤を評価するが、本教科書は一貫して個ではなく、「全体」、「公」の必要性を強調していることと完全に矛盾する。だが、ここでは西洋崇拝批判と連動させ、日本人意識を鼓舞する狙いがある。その他、文脈と無関係に至る所に自らの政治的独断を挿入する。例えば、第一次世界大戦で「核兵器を経験した現代の戦争観とはまったく異質なものだった。各国は比較的、安易に戦争に訴えた」（243頁）とし、意識的に現在の「核抑止論」が有効であるかの如き考えに誘導する。

Ⅲ 戦時歴史教科書の推移と『新しい歴史教科書』

ここでは、海後宗臣『歴史教育の歴史』（東京大学出版会、1970年）を導き手として、戦時教科書の概要と特質を押さえておきたい。ただし同書は出版が早く、『新しい歴史教科書』を念頭に置いて書かれたものではないが、それを考察する上でヒントを与えてくれる。

【第4期】国定歴史教科書として1934年3月『尋常小学国史』上巻、35年12月下巻が刊行された。「大正天皇」の後に、「今上天皇の即位」、「国民の覚悟」の新たに二つの課が追加された。「大正天皇」では欧州の戦乱、ドイツとの国交断絶、青島南洋群島占領、ワシントン条約などと続き、最後に「天皇の御人徳」が加えられた。すなわち、君民一体、天皇を親、国民を一家と見る「家族国家」が強調された。【第4期】は当時の国体思想を強調し、中国大陸への侵略の準備時期であり、それが文教政策に現れた。35年11月文部省内に教学刷新評議会が設置され、36年10月教学刷新を答申した。「大日本帝国ハ万世一系ノ天皇天祖ノ神勅ヲ奉ジテ永遠ニコレヲ統治シ給フ。コレ我ガ万古不易ノ国体ナリ。……我ガ教学ハ源ヲ国体ニ発シ、日本精神ヲ以テ核心トナシ」とし、歴史については「単ナル史乗ノ詮索ソノ羅列的説明ヲ排シ、国史ヲ貫ク精神ヲ闡明シテ他ノ学科目トノ統一関係ヲ見出シ、国民的自覚ノ喚起、信念ノ確立ヲ図ルコト肝要ナリ」と記し、この皇国教学精神で歴史教科書を修正した。[11]

これにより、【第5期】『小学国史尋常科用上巻修正趣意書』（40年10月）によ

れば、「現下重大なる時局に際し、これに対処する道は国史教育に俟つべきもの極めて大なるものあり」とし、刷新の必要性を力説する。この時の修正の主眼点は、①皇室中心の態度を徹底せしめ、国体観念を明確にすること、②敬神崇祖に関する教材の増補、③日本文化の特質である自主性、抱擁性を強調、外国文化の摂取醇化の跡を明確化する、④国語読本との連絡を密とするなどであった。これを見る限り、扶桑社版は①〜③の傾向は濃厚に有しており、今のところ④にまでは至っていないということになる。

　教科書下巻は近現代史であり、以上6項目以外に、(イ)日本の一貫した外交方針を明確化、(ロ)その自主的態度を強調、(ハ)日本の東亜、並びに世界における指導的位置の自覚、(ニ)「挙国一致皇運扶翼」の精神の強調を付け加えた。

　具体的には、(1)天照大神（御高徳の強調、出雲大社増補）。神であると共に「天下の君」。「大神は、極めて徳の高い方」を追加強調。神武天皇（敬神愛民の精神、橿原神宮増補）、日本武尊（熱田神宮増補）など。(2)聖徳太子（対隋外交における自主的態度）。(3)北条時宗（戦勝の原因修正）、後醍醐天皇（隠岐に流された記述省略）、北畠親房、新田義貞、楠木正行（天皇に忠誠、勤王の記事増補）、織田信長（勤王）、豊臣秀吉（聚楽第行幸の記載修正、国威発揚増補）。(4)明治天皇。①三国干渉による遼東半島返還の詔と「国民の覚悟」増補、②条約改正において自主的立場を強調、③日露戦争勝利：陸海軍記念日、日本の大勝が東亜諸国の自覚促進。(5)昭和の大御代。「満洲国」との親善、「支那事変」の意義、天皇の御人徳、「日満一体」などが増補。(6)「国民の覚悟」で、「挙国一致奉公」が追加。[12]

　その特徴は以下の通りという。

　①摂関政治、武家政治も時勢に応じて補うために生じた「変態政治」とし、いつの時代も政治の本体は天皇であり、日本国体の本義は微動もしなかったと教えること。

　②「敬神崇祖」教育の強化のため、皇室と神宮、神社の関係を明らかにする教材追加。例えば、桓武天皇を祭った平安神宮、楠木正成の湊川神社、後醍醐天皇の吉野神宮、菊池一族の肥後の菊池神社、織田信長の建勲神社、豊臣秀吉の豊国神社、徳川家康の日光東照宮、1895年創設の靖国神社、明治天皇の明治神宮。このように、著名な天皇と「忠臣義士」を祭った神社で崇敬の念を養

う。

　③外来文化を国体と「日本精神」によって醇化し、日本文化が朝鮮、中国からの影響ではなく、自主性、包容性をもって日本独自な文化を発展させてきた史観によって編集する。日本が自主的態度で積極的に外国に働きかけ、東亜、世界で、日本が指導的地位を確保していることを自覚させる方針であった。

　④「北条時宗」の課では、文永の役で博多湾に石塁を築いて敵を迎え撃てる用意をしたという防戦記述を変え、「敵軍にそなへると共に、進んで敵地に攻め入る計画をも立てさせた」という積極的な攻撃策の文章に変えた。因みに、この点に関して扶桑社版は「博多湾岸に石塁を築くなどの防備があった上、十分な準備をした日本の武士が勇戦して、元寇の上陸をはばんだ。日本側は夜の闇にまぎれて敵船に乗りつけ、さんざんに斬りまわったあげく、船に火をつけて引き上げた」(扶桑社版、88頁)、とする。準備→積極的攻撃策（→実際の攻撃）との論述になっている。

　⑤「江戸時代」には「諸外国との交通」という課を設け、ヨーロッパ人の東洋航路の開拓、マルコポーロの日本紹介を記載した後、「わが国民も遠く海外へ出て盛んに貿易をし、シャム、安南等の諸国に移住するものが多く、各地に日本人町さへ建てられた程であった」とした後、「駿河の人山田長政がシャムに渡り日本人町の人々をひきゐて、その国の内乱をしづめ、勇名をとどろかした」。スマトラ、ジャワの地図を「海外発展要路図」として追加し、「大東亜構想」を連想させるように意図があった。さらに、「攘夷と開港」課には本多利明、佐藤信淵を例に「開国の急を説き、進んで海外の植民地を開拓し、国力を伸ばさなければならないと主張する学者もあらはれた」とし、むしろ昭和における日本によるアジア侵略の必然性を訴える。

　⑥「明治時代」以降は、(イ)「三国干渉」の後に、明治天皇は「東洋平和のため、三国の勧告を入れ給うたことをお宣べになり、あはせて、国民の軽挙をお戒めになった。国民は詔を拝して涙にむせび、今後いかなる困難にもうち克つて、一日も早く大御心を安んじ奉らうと堅く心に誓った」を追加した。

　(ロ)「昭和の大御代」では、「満洲事変がひとまずおさまると、わが国は支那と停戦協定を結び、さらに進んで日・満・支三国がたがひに助けあつて、東洋永遠の平和をうち立てることにつとめた。しかし支那の政府はわが誠意を解せ

ず、いたづらに欧米諸国の援助を頼みとして、あくまでもわが国の排斥をはかり、その上、しきりに軍備を進めて、満洲国の発展をもさまたげようとした」。37年7月「蘆溝橋」で演習中の日本軍に「支那兵」が発砲して戦をいどみ、わが居留民に乱暴するものもあらわれたので、「我が国は彼の誤つた考えを正し、東洋永遠の平和をうち立てるために、正義の軍を進めることとなった。以来、わが軍は陸に海に空にめざましい活動をつづけ、銃後の国民は真心こめてこれを後援し、挙国一致、この大使命の達成に邁進し、東亜永遠の平和の基礎はしだいに築かれつつある」。これは、40年までの国際関係で最も大きな山をなした文章で、「東洋平和」のための「聖戦」であることを強調している。なお、蘆溝橋事件での発砲は現在でも誰がいかなる意図でおこなったのかが解明されておらず、現在も日本内外の学界で論争が継続している。[13]

　政治の本体は天皇、自主性、包容性をもって日本独自な文化発展、江戸時代には鎖国よりも特に東南アジアへの海外発展を強調と将来の「大東亜共栄圏」と結合、および「東洋平和」のための「聖戦」など。これらはニュアンスに若干の違いがあるものの、扶桑社版で復活させたものと本質的に共通な流れといえよう。換言すれば、扶桑社版は戦時教科書の延長線上に位置する。

　では、「国史の戦時版」はどうか。41年4月小学校制度が改められ、初等普通教育をおこなう学校が「国民学校」となる。ただし国民学校の目標は小学校と異なり、「皇国ノ道ニ則リテ初等普通教育ヲ施シ国民ノ基礎的錬成ヲ為ス」とした。国史は国民科に組み込まれ、「国民科学史」と称され、国民科は日本の道徳、言語、歴史、国土、国勢等を習得させ、特に「国体ノ精神ヲ明ニシテ国民精神ヲ涵養シ皇国ノ使命ヲ自覚セシムル」を趣旨とした。【国定第6期】教科書として『初等科国史』（上下2冊、1943年3月）が第5、6学年用として出版された。この学年に至る前に、修身、国語の教科書で、童話、伝説、神話、史話等、伝統意識などを学び、これらが基礎となった。

　ここで、看過できないものに、第4学年の「郷土観察」であり、主に地理であるが、歴史教材も含まれた。「郷土観察」には生徒用教科書はない。教師用は「郷土における事象を観察、郷土に親しみ、郷土を理解し、これを愛護する念を培うことを目標」とした。郷土生活が国史の一環として発展・展開を気づかせる。「郷土観察」は週1回で、観察分野は気候、産業、交通、神社と寺

院、史蹟などの9項目であった。特に神社は日本国中、どこにでもあることを気づかせ、郷土の人々が神を崇拝する現れとし、「神国日本」の観念を深めさせるように指導する。やはり扶桑社版の狙いは「郷土史を調べよう」を利用して、郷土の人々の「神を崇拝」から「神国日本」の観念を深めさせるように教育、指導することにあるのではないか。

教材選択の8つの視点は①歴代天皇の御高徳御鴻業を景仰し奉る、②尊皇敬神の事歴を顕彰、③神国意識の伝統、④海外発展の壮挙、⑤国防施設の沿革、⑥尚武興学の美風、⑦工夫創造の素質、⑧大東亜建設の由来であった。例えば、「海外発展の壮挙」では、「扇面の地図」の節で、豊臣秀吉は「朝鮮・支那はもちろん、フィリピンやインドまでも従へて、日本を中心とする大東亜を建設しようといふ、大きな望みでありました」とする。以上のように、皇統一系、尊皇攘夷、神国日本、対外発展、国防が教科書で強調され、皇国発展史としてまとめた。[14] 前述した扶桑社版における豊臣秀吉の「巨大な夢」は戦時期教科書を参照した可能性がある。

では、国定国語読本はいかなる史的役割を果たし、問題点を残したのか。童話、物語、修身、地理、理科、歴史など諸分野の教材採用の方針であり、歴史教材の国語読本への採択が計画的に遂行された。特に33年本は歴史に関する課を多数加え、満洲事変後の国民精神振興のため、日本古典教材を重視し、皇国史観教材を国語読本に加えようと企図した。

国定国語読本全5期の内容と歴史教材は以下の通り。【第1期国定】『尋常小学読本』、『高等小学読本』では、神代から明治33（1900）年に及ぶ各時代から教材が採用された。尋常科巻4では、「紀元節」での神武天皇東征と即位。②「神功皇后」での「朝鮮征討」。巻5では、「黄海の海戦」（(イ)明治27年9月日本連合艦隊が清国北洋艦隊を撃破した戦い、(ロ)明治37年7月日本艦隊が旅順口を脱出したロシア艦隊を撃破した戦い）。巻6では、「鎌倉」では頼朝と北条氏。「元寇」、「豊臣秀吉」、「明治二十七八年戦争」。巻8では、「明治維新と明治維新後」である。高等科巻1「因幡の兎」、「日本武尊」など。巻2「阿倍仲麻呂」など。巻3「伊勢神宮」、「楠正行ととその母」、「秀吉逸事」など。巻4「伊能忠敬」、「明治三十三年清国事変」など。

【第2期国定】明治43年『尋常小学読本』で、新たに加わった教材が、「なす

のよいち」、「天の岩戸」、「上杉謙信」、「山内一豊の妻」、「広瀬中佐」、「水兵の母」、「坂上田村麻呂」、「菅原道真」、「日本海海戦」などである。【第3期国定】17年は基本的にこれが継承されたが、【第4期国定】は満洲事変を経て盧溝橋事件を経験した33〜38年、【第5期国定】は41〜43年太平洋戦争下で発行され、多くの神話が新たに加えられ、これまでにない特色を有した。

　「海彦山彦」、「国びき」、「天孫降臨」などが天照大神、神武天皇、日本武尊と共に古代日本を明らかにするものとして採択された。例えば、①「国びき」では、神さまが国を広くしたいと考えて、「海の上をお見わたしになりました。東の方のとほい、とほいところに、あまった土地のあるのが見えました」、そこで神様はつなをつけて引きよせ、これをつぎあわせて、国を広くした。こんどは西の海を見るとまた遠くにあまった土地があるのが見えたので、これもつなをかけて引きよせた。「神さまは、かうして、国を広くなさったということです」と結ぶ。すなわち、これは国土拡張、「大東亜共栄圏」の国々を日本に引き寄せ、大規模国を造るという「八紘一宇」に基づいた教材である。②「天孫降臨」は、周知の如く皇孫の瓊瓊杵尊が天照大神の命を受けて高天原から日向の国・高天原に天下ったこと。その時、「三種の神器」を授けられたとする神話である。

　教材は、第2、3学年にかけて神話、英雄物語、第4学年以上では歴史物語、文化財へと進む。「天の岩戸」の教師用解説書によれば、もとより神話は歴史、宗教、科学の未分化表現で、それが尽く歴史的事実として速断されるものではなく、太古人の自然に対する解釈や信仰や風俗種々のものが融合交錯して表現されている。ただわが国の神話の特異性は、人の世の歴史が直ちに神の代に接続しており、光輝ある国体は神話歴史一貫して国民の主体に即して表現されている。「従って神話は歴史と不可分であり、神話は事実として国民の信念に生きる」。「太古人と同じやうにその不思議に驚き、楽しましめつつ、知らず知らずの間に高遠な肇国の信念を培う」。つまり国語読本の神話は歴史の一部として、『国民科国史』の補充読み物として位置づけられた[15]。このように、国語読本における歴史教材重視、また神話の採用は、国史とは異なった形で児童に強烈な印象を与え、同時に歴史教科書と相乗作用を発揮し、戦時思想高揚させた。それに修身科教科書、『教育勅語』が加わる。

現在のところ、扶桑社版は、神話挿入によって戦時歴史教科書と戦時国語教科書を1つに合体させた形態をとっている。

Ⅳ 戦時教科書と『新しい歴史教科書』の共通性と差異

では、大阪教育大学図書館などで入手できた旧教科書類を使用し、さらに具体的内容に踏み込みたい。果たして『新しい歴史教科書』は戦時教科書とどこが共通し、どこが異なっているのか。

（一）文部省『尋常小学国史』上巻、昭和9(1934)年3月1日文部省検定済。上巻【目録】（目次）。まず、「御歴代表」（神武・綏靖・安寧から明治・大正・今上に至るまで124代天皇が列記される）。その後、神、および各人物の説明が加えられる。第1 天照大神、第2 神武天皇、第3 日本武尊、第4 神功皇后、第5 仁徳天皇、第6 聖徳太子、第7・8 天智天皇と藤原鎌足、第9 聖武天皇、第10 和気清麻呂、第11 桓武天皇、第12 最澄と空海、第13 菅原道真、第14 藤原氏の専横、第15 後白河天皇、第16 源義家、第17 平氏の勃興、第18 平重盛、第19 武家政治の起、第20 後鳥羽上皇、第21 北条時宗、第22 後醍醐天皇、第23 楠正成、第24 新田義貞、第25 北畠親房と楠木正行、第26 菊池武光、第27 足利氏の僭上、第28 足利氏の衰微、第29 北条氏康、第30 上杉謙信と武田信玄、第31 毛利元就、第32 後奈良天皇。

下巻【目録】（目次）、昭和14(1939)年10月31日文部省検定済。第33 織田信長、第34・35 豊臣秀吉、第36・37 徳川家康、第38 徳川家光、第39 後光明天皇、第40 徳川光圀、第41 大石良雄、第42 新井白石、第43 徳川吉宗、第44 松平定信、第45 本居宣長、第46 高山彦九郎と蒲生君平、第47・48 攘夷と開港、第49 光明天皇、第50 武家政治の終、第51 明治天皇は①明治維新、②西南の役、③憲法発布、④明治27、8年戦役（日清戦争）、⑤条約改正、⑥明治37、8年戦役（日露戦争）、⑦韓国併合、⑧天皇の崩御の8項目に分かれており、頁数（116～165頁）も大幅に割かれていた。第52 大正天皇、第53 今上天皇の即位、第54 国民の覚悟。

天照大神、神武天皇、日本武尊など神話、伝説上の人物、著名な天皇、天皇への「忠君」、および足利一族の反逆などを書く。また、「忠義」としては忠臣

蔵の大石良雄が目をひく。江戸時代までは主要に神と人物史をとりあげ、明治時代以降は政治史、戦争史、事件史となる。ただし、全体的に天皇による時期区分がおこなわれている。

「第27 足利氏の僭上」を見ると、「尊氏は、さきに後醍醐天皇からおてあつい恩賞をいただきながら、その御恩を忘れて、朝廷にそむき、忠義の人々を殺し、おそれ多くも皇族を害し申すやうなことさへした。かやうな無道の行〈なひ〉が多かつた上に、自分の家をもよく治めることが出来ず、兄弟互ににくみあひ、はては弟の直義を毒殺してしまつた」。第一代将軍義満は「征夷大将軍となつて、大いに勢を振るふやうになり、ふたたび武家政治の世となつた。……義満はまた、京都の北山に別荘を造り、……これを金閣と呼んだ。……朝廷の官吏も、皆義満の威勢を恐れて、この別荘に来てその命令を受けるといふ有様であつた。……明主が義満を指して日本国王といつても、義満は別にはばかる様子もなく、自分からも進んで日本国王を名のつて、書を送つた。わが国には、天皇の外にまた国王があらうか。義満の行〈なひ〉は、実にわが国体をかろんじたものといふべきである」。「第28 足利氏の衰微」。第6代将軍義政は「たびたび花見の宴などを開いて、おごりにふけつてゐた。それ故、費用が足らず、人民からたくさんの税を取立てたので人々の苦しみはますますつのり、世の中はいよいよさわがしくなつた」。弟義視と実子義尚との相続争いから11年にわたる応仁の乱の中でも「義政はなおおごりをやめないで……銀閣を建て、茶の湯などの遊にふけり、むだに月日を送つてゐた」[16]。このように、天皇中心に記述されており、天皇に刃向かつたり、疎かにした者の末路は空しいものであったとする。『尋常小学国史』は足利尊氏、義満、義政などを詳述する。それに対して扶桑社版でも同様な筆致で、前述の如く足利義満に焦点を合わせ「天皇の権威への挑戦」、末路を描く。ただし扶桑社版は、義満が「日本国王」を名のったことには触れていない。天皇不動に疑問を抱かせる二重権威の存在を肯定したくなかったのかもしれない。

（二）文部省『高等小学国史―第3学年用』昭和4（1929）年文部省検定済

「目録」（目次）

第1　わが国体
第2　氏族制度
第3　大陸文化の輸入
第4　外来文化の同化
第5　武士の興起と武士道
第6　支那との交通とその影響
第7　西洋文化の伝播　国民の海外活動
第8　鎖国後に於ける儒学・産業の発達
第9　尊皇思想の勃興と王政復古
第10　自治制度の発達　立憲政体の確立
第11　最近世界の形勢と我が外交
第12　現時国勢の一般

以上のように、「大陸文化の輸入」、「外来文化の同化」という形で章立てがある。この点では、「独自性」を強調するあまり、「大陸文化の輸入」を軽視する扶桑社版よりすぐれているかもしれない。

また、「第12 現時国勢の一般」では、

①「明治維新以来わづかに六十余年、内治・外交共に驚くべき進歩をなしたりしが、殊に欧州大戦以来一段と進展をなし、国運の隆昌なること実に古今に絶せり。現時わが国の領土は明治初年に比してほとんど二倍し、人口はまさに三倍に達せんとし、財政の如きは数十倍の膨大」になったとし、領土、植民地拡大を誇り、「近時欧州大戦の惨禍にかんがみて世界平和の主義しきりに唱へらる。世界の平和を保障せんには、まづ自国の独立を維持して国家の体面を保たざるべからず、これ国防の必要なる所以なり。わが国も明治維新以来国防の事年を追うて整ひ、よく世界の列強と伍して国家の威信を発揚したりき。明治のはじめ断然数百年来の武士の制度を廃し、六年新〈た〉に徴兵令を布きて国民皆兵の古制に復し、十五年天皇は特に軍人に勅諭を下して、軍人の守るところを教へたまへり。爾来海陸の軍備は着々整へられ、日清・日露の両役をへてしだいに拡張せられ、国防の実いよいよ備えり」[17]。このように、「世界平和の保障」の前提として日本の「国防」という名目で軍備拡張を強力に推進した。こうした観点を児童に教え込んだ。

②「現時の思潮と国民の覚悟」として、「現時世界の風潮はすこぶる動揺し、国家の盛衰興亡も常なき時に当り、独りわが国は建国以来万世一系の皇室

を中心として発展し、歴代天皇は仁慈は国民の忠君愛国の至情と共に万古かはらず、以て今日の繁栄を致せり。かくておほむね平和のうちに育ちたるわが国民は、古来外国の文化を容れてよく国風に同化し、儒教も仏教もまた欧米の文化も皆その長を採り短をすてて、偉大なる成績を挙げ、ここに燦然たる現代の文化を造りぬ」、と日本の不動を強調し、かつ各国文化の長所を吸収、国風に同化して成果をあげたとする。「顧みれば悠々数千年、わが帝国の歴史は燦として東亜の天地に輝けり。さあれ、ひるがへりて世界に於ける帝国の現勢を見んか、その経済力に於て未だ欧米の文化国に比すべくもあらず、その文化に於てまた彼に及ばざるところ多し。前途はなほ遠く、われらの責任や重し。国民ますます奮励せずして可ならんや」[18]。つまり「万世一系の皇室を中心」の発展、日本の東洋における優位性、にもかかわらず欧米よりも経済・文化面が劣っているとして国民に奮起を呼びかける。

（三）岡崎文夫（東北帝国大学教授）『新制東洋史教科書』三省堂（1938年2月）は「(旧制)中学2年程度」を対象とする。

(1)「東洋史の意義」として、日本との関係の深い国ほど、その歴史を詳しく知らねばならないので「支那を中心」にするという。「交通機関が発達し、世界各国の関係は互に密接となって来たが、それと共に東洋諸国の関係も益々深まり、最近には満洲帝国が建設せられ、我が国と大陸の関係は一層の緊密を加へ、年を追ふて日満支の関係が進みつつある。我が国民は東洋史を学ぶことによって、我が国と大陸とは古来密接な関係のあったことを知ると共に……顧みて我が国体の優秀と国民の使命について大いに自覚する所あるに至る」[19]〈読みやすくするため、一部の句読点は筆者が補った。以下、同じ〉、とする。

(2)第20章「清と我が国」における下関条約後の「三国干渉」では、「露西亜は……独逸・仏蘭西を誘うて遼東半島を清国に還付することを勧めた。我が国は屈辱を忍んでその勧告に従ひ、代償金（三千万両）を受けて遼東半島を還した。其後露西亜の勢力次第に満洲に及ぶに至り、朝鮮に於ける我国の地位も亦動揺するを免かれぬ」。これに「日露戦争」が包括され、「露西亜は義和団事変が起ると、直ちに大兵を派遣し、之を占領したので、我が国は英吉利と同盟して、露西亜に満洲から撤兵すべきを勧告し、東洋の平和を維持せんとしたが、

露西亜は応ぜず、更に朝鮮の独立をも脅かさんとした。そこで我が国は遂に露西亜と戦った。その結果は我が国の大勝利に帰し、……これによって我が国は南満洲に確固たる特殊権益を得ることになった」、と説明が加えられる。また、「韓国の併合」では、「朝鮮は先に国号を韓と改めた〈1897、明治30年。同書は西暦、元号を並記するが、以下、元号省略〉。日露戦争後、我が国は遂に之を保護国となしたが、韓人の中往々我が恩威を讎とするものあり、我が国は遂に韓の懇請を納れて、東洋の平和のためと、且つ又かの国人の幸福のために之を併合し、名を復して朝鮮とした」。このように、韓国側からの「懇請」が強調され、併合したとする。さらに、中国に関しては、「革命等の活動」などで、辛亥革命での孫文などが史実に基づいて淡々と述べられる[20]。感情過多の他の部分から見ると、清朝の腐敗、「無力」や日本との関係からか、孫文に関してはむしろ好意的に書かれている。

　(3)第21章「中華民国」の①「日支交渉」では、世界大戦が起って、我が国は日英同盟の関係から東洋の平和を維持するため、独逸に宣戦して膠州湾を占領した（1914年11月）。翌年我が国は、この善後策と我が国の既得権を固くせんが為に、二十一箇条の要求を民国政府に提出し、その結果、独逸の山東省内に有せし利権の継承、遼東半島の租借期限の延長、南満洲及び東部内蒙古に於ける我が国の優越権等を承認せしめたとする。②「蔣介石と国民政府」では、孫文は民族・民権・民生の三民主義を唱へたが、其の死後蔣介石は彼の遺志を継いで北伐軍を起し、自らその総司令となって破竹の勢を以って北上し、遂に南京に国民政府をつくって（27年4月）、更に北京に迫ってきた。張作霖も形成の非なのを悟って、奉天に引揚げんとして途中変死し（28年6月）、その子張学良は、父の後を継いで東三省保安総司令となり、国民政府に帰服した。かくて南京の国民政府は、革命以来初めて全国的統一政府となった。③「山東問題と華府政府」では、「世界大戦が終って、巴里〈パリ〉に媾和会議が開かると（19年1月）、支那に参戦した理由を以って、直接独逸から山東の利権の還付を要求し、先の大正四年に結んだ支那条約を無視せんとした。しかしこの要求は、関係列国の承認するところとはならなかった。これがために支那国内に一時盛な排日運動が起った。時に亜米利加合衆国大統領ハーヂング（Harding）は海軍の軍縮問題・太平洋問題及び極東問題等を協議せんとし、関係列国と華

盛頓〈ワシントン〉会議を開いて、日・英・米・仏の四ヶ国条約を結んだ。この結果日・英同盟は破棄された。別に支那については、前記四ヶ国の外に伊太利・和蘭・葡萄牙・白耳義〈ベルギー〉・支那も加へて、支那の主権や領土の尊重、並びにその秩序恢復、国力の伸展を助くる等の所謂九ヶ国条約を結んだ。なほこの機会に日・支両国委員は、山東問題についての解決を協議し、山東は支那に還し、支那は膠州湾を開放し、山東鉄道も支那に譲り、且つ独逸が採掘権を有した鉱山は日・支両国で経営すること等を約した（22年2月）。かくの如く、我が国は国際正義を守って、支那問題の解決に努力してゐるに関わらず支那の政客は排日を叫び、依然として排日運動が盛であった[21]」。著名な関東軍による張作霖爆殺は「変死」とされ、また日本が「国際正義」を守って「支那問題」解決に努力しているにもかかわらず、排日運動が盛んと転倒した形で書いている。

(2)第22章「満洲帝国の成立と現代の東洋」では、

①「満洲事変と上海事変」で、張学良は「露骨なる排日手段を弄して、我が満洲に於ける特殊権益を侵害すること多大であった。偶々昭和六〈1931〉年九月に奉天外柳条溝〈湖〉に於いて我が南満洲鉄道を破壊せしことが導火線となり、我が国は自衛上、張学良の勢力を満洲から駆逐した。満洲三千万の民衆は、かくて張家の重圧を脱して昭和七年三月一日には満洲国を建設し、もとの宣統帝溥儀を執政に迎へ都を新京に奠めた[22]」。この後、満洲事変後、中国各地の排日運動激化したが、上海が最も激しく、日本軍を派遣し、居留民を保護したが、37年1月末衝突、「支那軍を駆逐」したと続ける。「自衛」と「満洲国」建国がダイレクトに結びつけられる。

②「満洲国の発展」で、「日満議定書を交換して両国の共同防共を約し、必要なる軍隊を満洲国内に駐剳せしめ、日満の共栄を計ると共に東洋の平和を確保せんとした。然るに国際連盟は同国の成立を認めなかったので、我が国は之を離脱することを通告した。その後我が軍は満洲国の治安を害する張学良の残党や土匪を討伐し、更に熱河を掃討して長城に及びその禍根を絶った。かくて満洲国は健全なる発展を遂げ、昭和9年3月民意を察して帝制が施かれ執政溥儀は皇帝となられた[23]」。

③「外蒙古と西蔵の独立」は離反運動を指摘、「外蒙古も西蔵〈チベット〉

も、支那の領土と云ふは唯名のみ」と断じる。また、「南洋の現状」では、南洋諸島も「英・米・独・仏・蘭の諸国によって分割された。世界大戦の結果、独逸領であったマリアナ・カロリン・マーシャル・パラオの四群島は我が国の委任統治となり、南洋庁をおいて之を統治している。これら群島は我が国の南方における海の生命線として、米国のグアム島等と相対して軍事上・交通上重要なる地点[24]」とした。外蒙古とチベットの離反運動を指摘、「支那の領土」ではないとし、また南洋を「海の生命線」と位置づけることで日本侵略の布石を打ったといえよう。

(3)最後の第23章に、「東洋史上より観たる我が国の使命と国民の覚悟」があり、「東洋には古き文化あり、その精神は今に至っても持続してゐることが知り得られる。近世西洋諸国の急激な勃興により、その文明の波は東洋の海岸を洗ひ、聡明にして機敏なる我が国民は彼の長を採り我が短を補ひ、よって以って世界史の上に独特の地歩を占め、今後益々その長所を発揮せんとしつつある。隣邦支那はその伝統と西洋文明の長所とを充分に融化するを得ず、為に猶混沌たる状態を呈してゐる。その間新たに満洲国が出来固く我が国と結び、王道行はるる楽土を建設し、最新の国家として発展せむとしてゐる。やがて東洋諸民族も亦大いなる覚醒に達すべく世界の重要なる地位を占むる我が国は東洋の盟主としてこれらの諸民族と共に東洋の平和と、その発展を計り、欧米諸国と異れる特色をもって世界文化に貢献せば、東洋の歴史は世界の上に再び特異の光明を与ふるであろう」[25]、とする。西洋文化に対する東洋文化の意義については肯ける部分もあるが、周辺の他国国民を貶めて自らのみを持ち上げる「聡明にして機敏なる我が国民」、および「満洲国」の「王道楽土」とその発展、「東洋の盟主」など、こうした発想は扶桑社版に大きな影響を与えているようである。

(四) 板沢武雄『新体皇国史』盛林堂書店(1937年12月発行、39年8月修正3版)

これは37年3月改正の「中学校教授要目」に準拠し、中学校第4・5学年用の国史教科書として編纂された。

「皇統御略譜」

第1章　肇国と国体の精化
第2章　社会組織と国民道徳
第3章　大陸の文物の摂取と其の成果
第4章　政治革新の精神と統一政治
第5章　国風文化の発生
第6章　政治の変遷
第7章　武士の勃興と武士道
第8章　建武中興
第9章　武家文化
第10章　社会の革新
第11章　邦人の海外発展と西洋文化の伝来
第12章　封建制度
第13章　経済の発展
第14章　文教の発達
第15章　勤王思想の勃興と明治維新
第16章　立憲政治の確立と自治制度の発達
第17章　現代に於ける経済文化の進展
第18章　国民の覚悟

(1)「緒言」では、①今回の歴史教授要目改正の趣旨たる国体明徴、国民意識の昂揚、及び歴史教育の本義徹底等に関しては特に留意、②第1学年用の国史教科書との連絡に留意すると共に、既に学習した東洋史・西洋史の知識を利用し、諸外国と比較して皇国がその国体、国家の体制、文化の発達において如何なる特異性を有するかを明確にし、③国史を通観して明確なる知識・信念を得しめんことを期し、政治・経済その他の文化を相互連関して説明し、各時代の特色を把握せしめんことを期した、と解説する。このように、「国体明徴、国民意識の昂揚、及び歴史教育の本義」の徹底化を目指し、日本の「特異性」を強調するためではあるが、東洋史、西洋史の知識基礎を重視する姿勢を示す。

「第7章　武士の勃興と武士道」では、「武士の間に発達し、重んぜられた道徳を武士道といふ。しかし武士道は、武家時代になつて始めて開かれたものではなく、肇国以来、滋養せられ、発揮せられて来た精神で、日本（ヤマト）魂といひ、日本精神といふも同じことである」。「名を重んじ、武勇を尊び、卑怯未練を敢てせぬ武士道精神はかかる伝統的な氏族的観念に基いて養成された。信義・廉潔・正直・礼節の如き武士道の美徳は、名を重んずる武士的精神より

出でた美しい生活態度」と見なす。そして、「武士道と国民道徳」として、「武士道は武家社会の規範として、個人の人格を陶冶し、更に武家の社会を律したものであるが、鎌倉時代より江戸時代に至る間は、武家が実権を握つたので、武士道精神は、国民全般にゆきわたり、国民道徳の重要な要素をなすに至つた。その一旦緩急あれば、この精神が発して、烈々たる尊皇・愛国の至情となつた」。「名を重んじ、武勇を尊び、卑怯未練を敢てせぬ武士道精神」、「信義・廉潔・正直・礼節の如き」美徳、特に「国民道徳」、「尊皇・愛国の至情」を教え込む。

「第15章 勤王思想の勃興と明治維新」では、「勤王思想の醸成」として、「勤王論とは、天皇親政の皇国の正しい姿に復帰しようとする皇族中心の国民運動であつた。……皇室中心の思想も、長い間武士中心の世が続いてゐた当時においては、一朝一夕に啓発育成されたものではなかつた。江戸時代における漢学・国学・歴史等の学問の発達が、この思想を醸成せしめたのであつた。しかるに、幕府の奨励した漢学即ち儒教の政治思想は、元来王道思想を理想とするもので、覇者の政治を賤しむものであるから、結論として、勤王論に到達するのである。わが国についてこれを申せば、皇室は徳を以て治めたまふ王者であり、幕府は力によつて立つてゐる覇者であるから王者を尊び、覇者を賤しむ思想は即ち、幕府を否定して、天皇親政の御代を仰がふといふ勤王論を導き出す」とし、王道としての「天皇親政」の必然化を力説する。

「第18章 国民の覚悟」の①「満洲事変」では、「極東の平和を維持することは、明治天皇以来わが国の国是である。明治二十七八〈1894、95〉年戦役も、明治三十七八年戦役もこれがためになされたのである。この二大戦役によつてわが国は満洲に特殊なる権益を有することとなつた。しかるに最近支那は、外国勢力の排斥と利権恢復の運動をなし、わが国に対しても極端なる排日政策を行ひ、満洲においてもわが国に対して挑戦的態度をとるやうになつたから遂に昭和六〈1931〉年九月満洲事変の勃発となつた。皇軍の神速なる行動によつて、同地における反日勢力は一掃され、満洲には新しく満洲国が興つた。また満洲事変の余波として上海においても同七年一月日・支両軍の間に戦闘が起つたが、これまた皇軍の勝利に帰し、停戦条約が成立した。これ等の事変について、わが国と国際連盟との間に見解の相違を来したので、同八年三月、わが国

は国際連盟に脱退を通告した。満洲国は同九年三月帝政を実施し、康徳皇帝は同十年四月親しくわが国を御訪問、わが皇室及び国民の歓迎を受け、親善深くして御帰還あらせられた」。②「防共協定」では、「わが国は現時の国際情勢にかんがみ、わが万古不動の国体を擁護し、国家の安全を確保し、進んで東亜永遠の平和を維持するの国是の下に、昭和十一〈1936〉年十一月独逸との間に日・独防共協定を結び、共産主義的破壊に対する防衛のため協力することを約した。昭和十二年十一月に至り、更に伊太利がこの防共協定に加盟し、ここに日・独・伊三国の間に欧亜を貫く防共の堅陣が出現した」[28]。③「支那事変」では、「日・満・支の鞏固なる提携を枢軸として、東亜永遠の平和を確保し、以て世界の平和・文化の貢献せんとするは、わが国不動の国策である。しかるに支那は、公正なるわが国の真意を了解しないばかりか、わが国の隠忍自重の態度に乗じて、益々侮日・抗日の気勢を挙げ、遂に昭和十二年七月七日夜、支那軍は、蘆溝橋(ママ)の北方地区において、夜間演習中のわが支那駐屯軍の一部隊に対して不法なる射撃を敢てするに至った。わが国はこれに対して、現地解決、事態不拡大の時局収拾の方針を以て、支那政府の反省を要求したが、不遜・不法なる支那政府は益々武力抗日の態度を以てわれに臨み、局面は北支のみならず、中支・南支にも波及するに至つた。ここにおいてわが国は断乎膺懲の軍を進めることとなつた。九月四日第七十二議会の開院式に当り天皇陛下〈は〉……帝国の嚮ふ所を明かにし、国民の進むべき道をお示しになつた。……十一月二十日大本営を宮中に設置せられて、最高統帥の陣容を整へられ、わが忠勇なる陸海両軍の将士は、陸に海に空に緊密共同の作戦を進め、十二月十三日には早くも敵の首府南京を攻略して、城頭高く日章旗を翻した」。そして、末尾で「戦局の有利なる展開は、固より御稜威の然らしむるところであるが、皇軍将士の忠勇と、銃後国民の義勇奉公の熱誠とがあつてはじめて得られたのである。今やわれ等国民は長期戦の覚悟を以て、国家総動員の統制下に一糸乱れぬ努力をなさなければならない。……これ実に皇恩の万一に報い奉り、また父祖の遺訓に対ふる所以である」[29]。日本は「極東の平和」維持は国是とし、それにもかかわらず不法な中国政府の排日政策と抗日が実施されたと描く。日独伊防共協定による「防共の堅陣」が樹立された。「皇軍将士の忠勇」と「銃後国民」の「熱誠」により戦局は有利に展開してるという。国民は長期戦の覚悟を以

て、国家総動員下に努力、「皇恩」に報いるべきだと、生徒に教え込む。

（五）文部省『国体の本義』(1937年5月)は国体に関する正統な解説書として発行された。35年美濃部達吉の天皇機関説を契機に、日本政府の「国体明徴」声明に沿って文部省が編纂した。

その「緒言」では、「西洋思想は、主として十八世紀以来の啓蒙思想であり、或はその延長としての思想である。これら思想の根底をなす世界観・人生観は、歴史的考察を欠いた合理主義であり、実証主義であり、一面に於て個人に至高の価値を認め、個人の自由と平等とを主張すると共に、他面に於て国家や民族を超越した抽象的な世界性を尊重する」。「明治二十三〈1890〉年『教育ニ関スル勅語』の渙発せられるに至つて、国民は皇祖皇宗の肇国樹徳の聖業とその履践すべき大道と覚り、ここに進むべき確たる方向を見出した。……未だ消化せられない西洋思想は、その後も依然として流行を極めた。……抑も社会主義・無政府主義・共産主義等の詭激なる思想は、究極に於てはすべて西洋近代思想の根柢をなす個人主義に基づくものであつて、その発現の種々相たるに過ぎない。個人主義を本とする欧米に於ても、共産主義に対しては、さすがにおれを容れ得ずして、今やその本来の個人主義を棄てんとして、全体主義・国民主義の勃興を見、ファッショ・ナチスの抬頭ともなつた。即ち個人主義の行詰りは、欧米に於ても我が国に於ても、等しく思想上・社会上の混乱と転換との時期を将来してゐるといふことが出来る。……我が国に関する限り、真に我が国独自の立場に還り、万古不易の団体を闡明し、一切の追随を排して、よく本来の姿を現前せしめ、而も固陋を棄てて益々欧米文化の摂取醇化に努め、本を立てて末を生かし、聡明にして宏量なる新日本を建設すべきである[30]」。すなわち、西洋思想の合理主義、実証主義、個人主義、さらに社会主義・無政府主義・共産主義などを批判、全体主義・国民主義、および「ファッショ・ナチスの抬頭」を肯定的に評価しながら、同時に「我が国独自の立場」に還り、欧米文化の摂取醇化に努め、「新日本」を建設すべきとした。いわば「理論武装」のため、日本の思想伝統の位置、独自性、スタンスの明確化を期したものといえよう。

①「忠君愛国」では、「我が国は、天照大神の御子孫であらせられる天皇を中心として成り立つており、我等の祖先及び我等は、その生命と活動の源を常

に天皇に仰ぎ奉るのである。それ故に天皇に奉仕し、天皇の大御心を奉体することは、我等の歴史的生命を今に生かす所以であり、ここに国民のすべての道徳の根源である。『忠は、天皇を中心とし奉り、天皇に絶対随順する道である。絶対随順は、我を捨て私を去り、ひたすら天皇に奉仕することである……』」。また、「忠孝一本」では、「我が国の孝は、人倫自然の関係を更に高めて、よく国体に合致するところに真の特色が存する。我が国は一大家族国家であつて、皇室は臣民の宗家にましまし、国家生活の中心であらせられる[31]」。天皇が天照大神の直系の子孫としてダイレクトに結びつけ、日本が天皇中心の「一大家族国家」であることが強調される。

　②「国史の真義」では、「国史の発展は即ち肇国の精神の展開であり、永遠の生命の創造発展となつてゐる。然るに他の国家にあつては、革命や滅亡によつて国家の命脈は断たれ、建国の精神は中断消滅し、別の国家の歴史が発生する。それ故、建国の精神が、歴史を一貫して不朽不滅に存続するが如きことはない。……国史に於ては維新を見ることが出来るが、革命は絶対になく、肇国の精神は、国史を貫いて連綿として今日に至り、而して更に明日を起す力となつてゐる。それ故、国史は国体と始終し、国体の自己表現である[32]」。ここでも日本国家・国体が一貫して不動であったとする。

　③「武士道」では、「主従の間は恩義を以て結ばれながら、それが恩義の超えた没我の精神となり、死を視ること帰するが如きに至つた。そこでは死を軽んじたといふよりは、深く死に徹して真の意味に於てこれを重んじた。即ち死によつて真の生命を全うせんとした。個に執し個を立てて全を失ふよりも、全を全うし全を生かすために個を殺さんとするのである。……然るに生死を対立せしめ、死を厭うて生を求むることは、私に執着することであつて武士の恥とするところである。生死一如の中に、よく忠の道を全うするのが我が武士道である[33]」。このように、「武士道」において「全」〈「公」〉、「忠」、「死」が全面に押し出された。なお、扶桑社版 (151頁) では、「葉隠」で肥前藩の山本常朝による「武士道とは死ぬことと見つけたり」を紹介する。

V 戦後歴史教育の推移と『新しい歴史教科書』

　敗戦後、日本の教育は軍事教育否定、平和教育から開始された。1945年9月15日文部省は「新日本建設の教育方針」を公布し、「今後の教育は益々国体の護持に努むるとともに軍国主義的思想及び施策を払拭し平和国家建設を目途として行なう」とした。[34] このように、「平和国家の建設」と同時に、「国体の護持」を並列したため、明治憲法、および『教育勅語』の思想を持続させた。そこで、GHQ は45年10月22日公式指令「日本教育制度ニ対スル管理政策」を文部省に出し、①一時的に使用許可の現行の教科書、教授指導書の速やかな検討、②軍国主義や国家主義的箇所の削除を要求した。続いて12月15日「国家神道、神社神道ニ対スル政府ノ保証、支援、保全、監督並ニ弘布ノ廃止ニ関スル件」の指令を出した。その骨子は軍国主義、超国家主義、「神道主義」の排除のための基準が含まれていた。神の起源、天皇、民族、国土の卓越性は侵略を正当化したと見なされたからである。さらに、12月31日「修身、日本歴史及び地理停止ニ関スル件」では、調査の結果、修身、日本歴史、地理の教科などで神道、軍国主義、超国家主義的内容が複雑に絡み合っていることを踏まえ、日本史、地理の授業の停止を命令した。「日本政府ガ軍国主義及ビ極端ナ国家主義的観念ヲ或ル種ノ教科書ニ執拗ニ織込ンデ生徒ニ課シカカル観念ヲ生徒ノ頭脳ニ植込マンガ為メニ教育ヲ利用」したと断定した。[35]

　GHQ 民間教育情報局（CI&E）は教科書検閲基準を決定した。(1)他国の権利を尊重し、平和的で責任ある日本政府の究極的設立のために、軍国主義的、侵略精神を促す教材の教科書からの削除をする。すなわち、①戦争賛美、②天皇や祖国のための戦死を名誉とすること、③軍事的偉業や戦争の英雄を美化することの削除。(2)人々の平等権利と自己決定の尊厳に基づいた国家間の友好関係を発展させるため、超国家主義的教材を削除する。すなわち、①「大東亜共栄圏」主義下での領土拡張、②日本は世界で冠たる国であるとする日本中心的な「八紘一宇」的な考え、③桜の花びらが散るかのごとく人間の生命を犠牲にする「大和魂」、④国連憲章の目的および原則と矛盾する教育内容の削除。(3)日本国民の民主的傾向復活、強化、および個人の自由、基本的人権の奨励のた

め、「天皇制」と関連のある教材を削除する。すなわち、①天皇は神の起源との崇拝、②天皇のために死ぬことを義務とする考え、③天皇の勅令に対しての従属的な忠誠心の削除などであった。[36]

　1946年3月第1次米国視察団が来日し、日本の教育委員会と協力、報告書を作成、GHQに提出した。その内容は、軍国主義・国家主義教育の否定、「個人の価値の尊厳」を確立する教育の実施、中央集権的教育の具体的な改善策が盛り込まれた。5月文部省はこれを基礎に「新教育方針」を発表し、『教育勅語』は廃止された。かくして、47年9月教育刷新委員会が発足し、日本人による自主的で民主的な教育改革を進めた。その結果、『教育基本法』、『学校教育法』が制定された。なお、46年7月GHQによって停止されていた修身、日本史、地理科の授業が再開されることとなり、9月から47年1月にかけて教科書が作成された。とりわけ小学校用の『くにのあゆみ』は戦後初の国定日本史教科書として注目を浴びた。そして、『古事記』、『日本書紀』の神話は掲載されず、学問的に考古学に基づいて石器時代から記載された。

　換言すれば、教科書から神話を削除することが戦後民主化の核であり、民主化の質を占うものであったとことは間違いない。また、原始時代に神話の世界が展開していたことになり、両立できず、その矛盾を学問的に解消する必要があった。扶桑社版は教科書に神話を復活させることで、戦時中の国家による国民や教育の管理統制への回帰を夢想し、アナクロイズム的に「民主や自由」に戦いを挑んだものと歴史的に位置づけられる。

　ところで、「学習指導要領」は『教育基本法』、『学習教育法』が公布された1947年4月に文部省によって出された。それ以前の46年GHQによって地理、歴史が許可され、「学習指導要領（試案）」で社会科が新設された。47年5、6月「学習指導要領社会科編（試案）」社会科は「修身、公民、地理、歴史をただ一括したものではなく、社会生活に必要な良識と性格を養うために、融合し一体として学ぶためのもの」とした。その目標は「青少年に社会生活を理解させ、その進展に力を致す態度や能力の養成」とした。第7～9学年（中学3年間）は社会とのかかわりを、特に9学年では過去の文化遺産を考え、10学年（高校1年）では民主主義の発展をとりあげる。「戦争」に関する記載はなく、むしろ諸外国との関係など、平和教育に立脚していた。[37]

1947年中学校用『民主主義』上では、「世界人類に大きな悩みと、苦痛と衝撃とを与えた第二次世界大戦については、ドイツとならんで日本が大きな責任を負わなければならない。……自ら起した戦争によって、自らの運命を破局におとしいれた日本は、ふたたびそのあやまちをくり返さないために、堅く『戦争放棄』を決意した」と記述する。48年『あたらしい憲法のはなし』は「こんどの憲法では、日本の国が、けっして二度と戦争をしないように、二つのことをきめました。その一つは、兵隊も軍艦も飛行機も、およそ戦争をするためのものは、いっさいもたないということです。これからさき日本には、陸軍も海軍も空軍もないのです。……しかしみなさんは、けっして心ぼそく思うことはありません。日本は正しいことを、ほかの国よりさきにおこなったのです。世の中に、正しいことぐらい強いものはありません」[38]、と訴える。扶桑社版はこうした戦後平和教育を真っ向から否定し、歴史教科書を一つの突破口として戦争を肯定し、戦争を不可避なものと位置づけ、戦争のできる体質の国家創出を目指していることは間違いない。そして、軍隊（「国際貢献」などを梃子とした形で自衛隊から国軍への格上げ）＝（彼らのいう）「国家自立」＝「戦争」と単純に結びつけているように見える。

　では、こうした歴史的背景と推移を辿ってきた歴史教育・歴史教科書は、日本政府によって今日いかなる方針で作成されているのか。文部省『中学校学習指導要領（平成10年12月）解説—社会編』を手がかりに考えてみたい〈現在の『指導要領』もこの延長線上にある〉。これは「目標」、「内容」、「内容の取扱い」によって構成されているが、「内容」、「取扱い」は連動し、重複しているので、この二つは分断せず、簡潔にまとめ、その意義、問題点、およびその特色を考察したい。

　「第2章 各教科・第2節社会」では、「広い視野に立って、社会に対する関心を高め、諸資料に基づいて多面的・多角的に考察し、我が国の国土と歴史に対する理解と愛情を深め、公民としての基礎的教養を培い、国際社会に生きる民主的、平和的な国家・社会の形成者として必要な公民的資質の基礎を養う」とある。以下、「第二 歴史的分野」を要約したい。なお、繰り返すが、重複を避け、分断すると分かり難くなるため、「内容」とその「取扱い」を繋げて要約する。

　1　「目標」

(1)我が国の歴史の大きな流れと各時代の特色を世界の歴史を背景に理解させ、日本文化と伝統の特色を広い視野から考えさせるとともに、我が国の歴史に対する愛情を深め、国民としての自覚を育てる。

(2)歴史上の人物と文化遺産をその時代や地域との関連で理解させ、尊重する態度を育てる。

(3)国際関係や文化交流のあらましを理解させ、我が国と諸外国の歴史や文化が相互に深くかかわっていることを考えさせるとともに、他民族の文化、生活などに関心をもたせ、国際協調の精神を養う。

(4)身近な地域の歴史や具体的な事象を学習し、歴史に対する興味や関心を高め、歴史的事象を多面的・多角的に考察し、公正に判断するとともに、適切に表現する能力と態度を育てる。

2 「内容」と「取扱い」

(1)身近な地域への関心を高め、歴史を調べる活動をおこない、それを通して日本の歴史、歴史の流れを理解させ、さらに歴史の学び方を養成する。生徒の発展段階を考慮し、抽象的で高度な内容や複雑な社会構造などへの深入りを避け、各時代の特色を示す歴史的事象を重点的に選抜し、細かな知識記憶だけの学習に陥らないようにすること。①世界の歴史は我が国を理解する際の背景として直接関係ある事柄にとどめること。②地理的分野と連繋、公民分野との関連させること。③歴史上の人物に対する興味、関心。その役割、生き方を時代的背景と関連付けて考察させる。

(2)古代までの日本。①国家形成過程。東アジアとのかかわり、古墳、大和朝廷に統一から理解させる。古代文明では中国を取り上げ、生活技術の発展、文字の使用、また稲作が大陸から伝わったことを気付かせる。②大陸の制度等を積極的に取り入れながら国家の仕組みが整えられ、その後、天皇・貴族の政治が展開したことを、聖徳太子の政治と大化改新、律令国家の確立、摂関政治を通して理解させる。「国際的な要素」の文化が栄え、後に「国風化」が進んだ。奈良、平安で天皇・貴族政治がおこなわれた観点で取り扱う。そして、③考古学などの成果を活用するとともに、神話・伝承などの学習を通して、当時の人々の信仰やものの見方などに気付かせるよう留意することとする。

(3)中世の日本。①武士の台頭、武士社会の成立とその政治の特色。武家社会

の展開を鎌倉幕府の成立、南北朝の争乱と室町幕府、応仁の乱後の社会的な変動を通して理解させる。同時に元寇、日明貿易、琉球の国際的役割など、東アジア世界とのかかわりに気付かせる。②農村では徳政令、一揆について網羅的にならず、かつ内容に深入りしない。

(4)近世の日本。①戦国の動乱、ヨーロッパ人の来航は新航路開拓を中心。文化の伝来が我が国の社会に及ぼした影響。②織豊の統一事業と当時の対外関係のあらましを通して政治、社会の大きな変化を理解させる。③江戸幕府の成立と大名統制、鎖国政策、身分制度の確立。「鎖国下の対外関係」では、オランダ、中国との交易のほか、朝鮮との交流、琉球の役割を扱う。北方交易のアイヌにも着目。④産業・交通などの発展。町人文化は都市中心の発展など代表的な事例を取り上げる。⑤「社会の変動」は商業の発達など、農村の変化との関連で取り扱うが、高度な内容、史実には深入りしない。

(5)近現代の日本と世界。①市民革命や産業革命を経た欧米諸国は近代社会の成立の下、新たな市場や原料、植民地を求めて「アジアへの進出」。②明治維新の経緯とあらまし。新政府の諸改革により近代国家の基礎が整えられ、人々の生活の大きな変化。「複雑な国際情勢の中で独立を保ち、近代国家を形成していった政府や人々の努力に気付かせる」。諸改革では廃藩置県、学制・兵制・税制改革、身分制の廃止、領土の画定を扱うこと。③我が国の国際的地位の向上、大陸の関係のあらましを自由民権運動、大日本帝国憲法の制定、日清・日露戦争、条約改正を通して理解させる。大日本帝国憲法の制定では、アジア唯一の立憲制国家が成立し、議会政治が始まった意義。条約改正では、欧米諸国の対等な外交関係樹立の人々の努力。④富国強兵、殖産興業下で、近代産業が産業革命を経て発展したこと、国民生活が変化し、近代文化の形成、都市中心の文化の大衆化が進んだこと。「産業革命」では、都市、農山漁村での生活の変化。「近代文化」では、学問、教育、科学技術、芸術が発展し、伝統文化の上に欧米文化を受容して形成。⑤第一次世界大戦前後の国際情勢のあらまし。民族運動の高まり、国際平和への努力、我が国民の政治的自覚のたかまりに気付かせる。第一次世界大戦前後の国際情勢では、日本の参戦、ロシア革命、戦後の国際協調。我が国との関連で世界の動き。国民の政治的自覚の高まりでは、「大正デモクラシー時期の政党政治の発展、民主主義思想の普及、社

会運動の展開を扱うが、詳細な経緯は取り扱わないこと」。⑥昭和初期から第二次世界大戦の終結まで、我が国の政治・外交の動き、中国などアジア諸国との関係、欧米諸国の動きに着目。経済混乱、社会問題の発生、軍部台頭までの経過を理解させ、戦時下の国民生活に着目。また、大戦が人類全体に惨禍。そして、⑦大戦後、国際社会に復帰するまでの民主化再建の過程などを世界の動きと関連させて理解させる。高度経済成長以降の我が国と世界の動きとの関連。経済や科学技術の急速な発展、国民生活の向上、および国際社会における役割の増大など盛り沢山である。世界の動きと我が国との関連を重点的にとらえさせるとともに、国際協調と国際平和の実現に努めることが大切とする。[39]

以上、1—(1)世界の歴史は日本を理解する際の背景として直接関係ある事柄にとどめることになり、こうすると自国中心的な「一国史」的発想に陥りやすい限界を有す。その限界を如実に示したのが、日本中心に世界史を付属させた扶桑社版といえよう。同時に「我が国の歴史に対する愛情」とするが、日本史のマイナスの側面、戦時中の侵略史までも包括して無批判的に「愛情」をもたせ、教育に再び超国家主義的な「愛国心」を導入させるための布石となる可能性がある。1—(4)、2—(1)「身近な地域の歴史や具体的な事象」の学習は「郷土史教育」と連動するものであるが、前述した如く、戦時中、日本政府が「郷土観察」も利用して超国家主義に導いた歴史的事実がある。その実態、意義と限界を明確に認識しておく必要がある。「生徒の発展段階を考慮し、抽象的で高度な内容や複雑な社会構造などへの深入りを避け……細かな知識記憶だけの学習に陥らないようにすること」は一見正しいことをいっているように見えるが、歴史の複雑さを逃れて教える結果、生徒の頭脳を単純化し、将来愚民化した国民を育てる虞がある。2—(2)—③特に注目すべきは、古代で、考古学の成果活用とともに、神話・伝承を通して当時の人々の信仰、見方を気付かせるとする。ここで押さえるべきことは、文部省（文科省）自体が歴史教育に神話導入を推進しようとしていることである。この延長線上に神話を歴史教科書に極端な形にして大幅に採用した扶桑社版が位置するのである。このことは、再び考古学と神話を混同させるのみならず、戦時期と同じく故意に神話と史実の混乱を引き起こし、それを国家が利用する危険性を孕むといえよう。2—(5)—①欧米諸国の「アジアへの進出」に関しては、「近代社会」という発展段階で必

然化するとの考えが根底にあるようで、それは後の日本のアジア侵略の弁明にも繋がる危険性がある。2―(5)―②「近代国家を形成していった政府や人々の努力に気付かせる」ことにウエートが置かれ、近代国家における意義だけで限界を考察する視点はない。そして、2―(5)―⑦では「大戦」を抽象的に扱い、戦後、国民が苦難を乗り越えて新しい日本の建設に努力したとするが、これでは日本の侵略問題、およびどうして国民が苦難な状況に陥ったのかが不明瞭となる。

おわりに

　第1に、歴史教科書・教材は歴史研究者の研究成果によって編成されるという基本的姿勢を貫く必要がある。歴史教育は歴史学の地道な研究、実証、理論を基盤に成り立つものであり、その逆はない。換言すれば、歴史教育とは、歴史学が実証、分析、解明したことを、教育成果を考慮しながら児童、生徒に教える教育技術といってよい。したがって、歴史上、あったことを「ない」と強弁したり、一部を過剰に評価し、恣意的に歴史教育をおこなうことは教育自体を崩壊させるということである。ところで、留意すべきことは、神話を含めて文部省〈現在の文科省〉の『指導要領』が扶桑社版と同一の方向を示していることであろう。文部省の方向性の延長線上で極端な形で扶桑社版が出版されたといって過言ではなく、そこに問題の深刻さがある。例えば、『指導要領』で考古学とともに、神話を並記し、また外国史を単に日本史の背景として扱うこと、および複雑なことを先送りして生徒に単純に教えることなどは文部省が打ち出したことなのである。確かに文科省は検定で137ヵ所〈検定委員の労苦は大変なものであったと推測される〉の訂正を要求したが、同時に不十分なまま検定を合格させたこともまた事実なのである。

　第2に、扶桑社版の教科書出現の背景はどのようなものか。それは、日本政府の経済政策の失敗による長期構造不況が背景にあり、扶桑社版は、その経済不安から誘発された日本人の自信喪失から生まれた社会現象の1つである。それは歴史を客観視できない心理的脆弱性まで生み出した。閣僚、官僚、知事、市長までもが教育に口を出し、素人や非専門者が断片的な歴史的知識で歴史教

育を論じ、安易に教科書を作成するようになった。かくして、日本社会から専門性が軽視され、悪い意味で「大衆化」したといえる〈執筆者の中で扶桑社版の近現代史を書いたのは誰か。まさか執筆者の一人、漫画家小林よしのりが書いたとは思いたくないが、専門家が見あたらない〉。日本社会経済の低迷は教育現場の管理統制強化に連動し、教師の創造力ややる気を減退させた。教師の過労、自信喪失を招き、自由な討論や包容力を奪い、その結果、一部に管理システムへの従属〈児童、生徒に視点を置くのではなく、例えば、校長は教育委員会を恐れ、教師は校長の評価を恐れる。その上、現在は知事や市長の学校教育への権限強化、管理強化・介入の動きすらある〉という悪循環に陥った。

　第3に、扶桑社版はこうした日本社会、教育現場の不活発、自信喪失の原因、本質を見誤り、それが戦後民主主義にあるとして、「全体主義」を批判しながら全体主義的な天皇制戦時システムへの回帰を目指した〈ここに扶桑社版の自己矛盾が存在する〉。そこで、歴史教科書に目をつけ、現在の価値観で過去〈戦時期〉を裁判すべきではないと強弁し、逆に戦時期の価値観で現在の再編を目指す社会運動化したのである。換言すれば、この運動は歴史教科書を手段として利用するもので、本質的に歴史学、歴史教育とは無縁のものである。かくして、日本、もしくは日本人の「自信復活」、「誇り」を鼓吹するこの運動は歴史事実までも「自虐史観」とみなした結果、「加虐史観」に陥り、中国・韓国などの周辺国はもちろん、東南アジア各国との矛盾を来すのみならず、不可避的に東京裁判を主催したアメリカ、一貫して「敵国」と見なすソ連〈「コミンテルン史観」〉・ロシアとの非生産的な潜在的矛盾を抱えこんだ。この結果、「国際協調」はできず、グローバル化する世界の中で、逆に日本の伝統の良さを発揮できないのみならず、政治・外交面で日本と日本人を袋小路に追い込み、台頭する中国との経済交流面でも障害となっている。むしろ侵略事実から眼を背けず、潔く認め、未来の国際関係をいかに構築するかを考え、実施することこそが日本人に「誇り」を復活させる一里塚となるであろう。誤りは誤りと認めた上で、中国、韓国・北朝鮮の問題点を明確に指摘すればよいのである。

〔註〕
1） 韓国側からの扶桑社版教科書に対する主な修正意見は以下の通り。①「任那日本府説」は、日本が任那に拠点を築いたという説は韓日の研究の結果、認められない。大和朝廷の軍勢が「百済や新羅を助けて高句麗」と戦ったとするのは明白な誤り。新羅の支援要請で高句麗軍が「倭軍」を撃退した（「広開土王碑文」）。②「江華島事件」については、日本軍が朝鮮の発砲を誘導した計画的な軍事作戦であり、挑発の主体、目的、経緯を隠蔽。③「朝鮮半島脅威説」を強調、日本の防衛を名目に韓国侵略・支配を合理化。日清・日露戦争を自衛戦争として合理化。④「韓国強制併合」については、「日本の安全と満州の権益を防衛するため」として侵略行為と強制性を隠蔽。また、「韓国の国内には、一部に併合を受け入れる声」があるとして、義兵闘争や安重根の義挙などの抵抗を過小評価し、少数の親日派をわざと浮き上がらせて記述。⑤「関東大震災と朝鮮人〈虐殺〉」については、「住民の自警団などが社会主義者や朝鮮人・中国人を殺害」として官憲〈軍警〉による殺害事実を隠蔽。殺害対象も朝鮮人が大部分（約7000人）であったにもかかわらず、その被害を縮小して記述。⑥「軍隊（従軍）慰安婦」については、日本軍による過酷な行為の象徴である問題を故意に脱落させ、残酷な行為実態を隠蔽などである（『朝日新聞』2001年5月8日）。
2） 中国側からの扶桑社版『見本本』への8項目修正要求は以下の通り。①「排日運動」に「ソ連共産主義思想〈の〉影響」の強調は、日本の「侵食」〈侵略〉が中国人民を抵抗に追いやった主な原因であるという事実を隠蔽。②「満州国」については「五族協和」、「王道楽土」建設をスローガンに経済成長、中国人などの著しい人口の流入との記載は、日本の中国東北地方への略奪・大量移民・土地の強制的占領、日本軍731部隊の生体実験による無数の中国民衆殺害などを隠蔽し、「繁栄」を美化。③「南京虐殺事件」については、日本軍が計画的に一般人、捕虜に大規模虐殺した事実を隠蔽。極少数の異論を普遍性をもっているかのような誇張。④日中戦争の長期化については、中国共産党が抗戦を堅持したのは国家、民族の滅亡を救い生存を図るため。日本軍国主義の発動した対中侵略戦争の本質を隠蔽。⑤日中戦争の契機については、日本は30年代初頭より全面的な軍事侵略を計画的に準備。全面戦争開始の契機を「偶発的事件」と記述する意図はその事実を隠蔽。⑥「大東亜会議」については、出席者は主に日本侵略軍を支えていた傀儡政権で、アジアを代表することは不可能。⑦アジアでの行為については、日本の暴行は日本語教育や神社参拝強要などに留まらない。⑧東京裁判については、日本戦犯国際裁判は欧州国際軍事法廷憲章、極東国際軍事法廷憲章などに準拠して原則を定めた。日本はサンフランシスコ平和条約で判決を受諾することを認めた。史実を歪曲するやり方で戦犯の無実を訴え、判決の合法性や公正さを疑うように誘導している（『朝日新聞』2001年5月18日）。
3） 文部科学省の検定基準は①語句変更、日本語など単純な問題から、②歴史事実に反するため削除した部分、もしくは③一方的引用、伝聞のみに拠った部分などである。なお、「つくる会」自身も569ヵ所もの自主訂正をおこない、例えば、捏造が発覚した上高森遺跡は「約60年前のものと判定された」など詳述した部分と石器の写真を削除、「征台の役」（1874年）から一般的な「台湾出兵」に改めた（『朝日新聞』2001年5月17日）。
4） 2005年春、開校する東京都立の一貫校「白鴎高校」（仮称）付属中学校で扶桑社版の歴史教科書が採択された。同校は「日本の伝統文化を重視する」という。教育委員6人中、5人が扶桑社版教科書を支持、採択された。委員長清水司（東京家政大学理事長）、委員は横山洋吉（教育長）、国分正明（元文部次官）、鳥海巌（東京国際フォーラ

ム社長)、米長邦雄(将棋)、内舘牧子(脚本家)である。この中に歴史研究者、歴史教育者、教師などの専門家はいない(『朝日新聞』2004年8月27日)。当時の東京都知事石原慎太郎の意思が濃厚に反映しているとされるが、こうした人選で果たしてよいのだろうか。周知の如く東京都教育委員会は教育現場で「日の丸・君が代」を強制し、それに従わない教員の処分までもおこなっている。最近、大阪府知事、大阪市長は教育に関して素人にもかかわらず、さらなる教育現場への権力介入を目指している。なお、「愛国心」に関しては、栗原祐幸(元防衛長官)が「愛国心とは、あるがままの国を無批判に肯定するものではない。よりよい国、より価値のある国を作ろうとするのが愛国心である。祖国愛・郷土愛は一歩誤ると危険な事態を招く」(栗原祐幸「教育基本法、『愛国心』はなじまない」『朝日新聞』2002年12月1日)、とする。至言であろう。

なお、2011年における教科書採択では、育鵬社版が神奈川県では横浜市と藤沢市、東京都大田区、大阪府東大阪市をはじめ、全国各地で採択され、全国での採択率が2009年の1%から約4%に上昇している(加藤千香子「横浜市における『つくる会』系教科書の採択とその背景」『歴史評論』747号、2012年7月)。このように、問題は減少するどころか、増大している。

5) 佐藤学は以下のように指摘する。「そもそも教科書が深刻な外交問題に発展したのは、政府としては侵略戦争の事実を認める『公式見解』に変わりがないと言明しつつ、文部科学省が『近隣諸国条項』を事実上反故にして『つくる会』の教科書を検定で合格させた点にある。……教育の専門家である教師の判断によって教科書を選択するのは世界の常識である」(『朝日新聞』夕刊、2001年9月13日)、と。つまり日本政府のダブルスタンダード、および現場の教師の役割を正当に評価していないことに問題があるというのである。

6) 昭和期の生活教育運動として郷土の諸環境を歴史・地理的に調査して教える「村の綴り方」、「土の綴り方」として流行した。この際、郷土愛から愛国・国粋主義へと結びつけることが指向された。だが、農業恐慌が苛酷であった秋田、青森、山形中心の東北青年教師たちは全く別の道を歩んだ。29年北方教育社が創設され、翌年『北方教育』が創刊されると、青年教師たちは封建色濃い農村で、作文によって、子供達をいかに導いていくか苦悩し始めた。教師たちは郷土史、郷土地理を表面的に教えるだけでなく、生活苦など厳しい現実を直視する「調べる綴方」、「科学的綴方」を提唱した。34年北日本国語教育連盟が結成され、35年北海道綴方教育連盟を成立させ、東北・北海道を結ぶ生活教育運動として発展した。日本政府や軍部を恐れる校長や同僚教師による密告、在郷軍人会等の脅迫によって弾圧の嵐が吹き荒れた中、「何をこそよろこび、何をこそ悲しむか」、「一人のよろこびが皆のよろこびとなり、一人の悲しみが皆の悲しみとなる生活」に向かう教育実践が粘り強く続けられた。33年長野県での政府、軍部の教育統制に批判的な小学校教師が「赤化小学校教員」として大量検挙された。この生活綴方運動は35年創刊の村小学校機関紙『生活学校』、37年結成の教育科学研究会に結びついていく。かくして、日本全体がファッシズムで染められていく中、それに抵抗し、地味に、粘り強く続けられた軌跡ともいえ、日本史の中の輝ける「星座」と見なされている(歴史学研究会編『太平洋戦争史—満洲事変』Ⅰ、東洋経済新報社、1953年、216〜218頁)、とする。この事実は、小学校教師のファッショ化への抵抗の歴史として決して看過できない。

7) 小島晋治・丸山松幸『中国近現代史』岩波新書、1986年、32頁。

8) こうした発想は『新しい歴史教科書』市販本、2001年6月10日、175頁にも見られる。

9）『中学社会―歴史的分野』日本書籍、2000年、297頁。
10）『中学社会歴史』教育出版、2000年、301頁。
11）海後宗臣『歴史教育の歴史』東京大学出版会、1970年、149〜151頁。
12）同前、152〜156頁。
13）同前、158〜163頁。
14）同前、164〜172、178〜179頁。
15）同前、181〜187頁。
16）文部省『尋常小学国史』上巻、1934年文部省検定済、154〜164頁。
17）文部省『高等小学国史―第3学年用』1929年文部省検定済、131〜132頁。
18）同前、141、143頁。
19）岡崎文夫『新制東洋史教科書』三省堂、1938年2月、2、3頁。
20）同前、95、98〜99頁。
21）同前、103、106〜109頁。
22）同前、109〜110頁。
23）同前、110〜111頁。
24）同前、111〜112頁。
25）同前、113〜114頁。
26）板沢武雄『新体皇国史』盛林堂書店、1939年8月修正3版、59、61〜63頁。
27）同前、149〜150頁。
28）同前、215〜218頁。
29）同前、218〜221頁。
30）文部省『国体の本義』1937年5月、4〜6頁。
31）同前、34、46〜47頁。
32）同前、63〜64頁。
33）同前、110〜111頁。なお、本書は極端な国家主義宣伝手段の最たるものとして、日本敗戦後、GHQにより破棄が命じられた。
34）徳武敏夫『日本の教科書づくり』みくに書房、1985年、19〜22頁。
35）H・J・ワンダーリック著、土持ゲーリー法一監訳『占領下日本の教科書改革』玉川大学出版部、1998年、31、53、253〜255頁。
36）同前、54〜55頁。
37）文部省『学習指導要領社会科編』6、日本図書センター、1980年、2、41頁。
38）徳武敏夫、前掲書、32〜33頁。
39）文部省『中学校学習指導要領（平成10年12月）解説―社会編』1999年9月、大阪書籍株式会社、183〜189頁。

総括と展望

　日本、中国、台湾、韓国、および在日朝鮮人学校で使用されている各歴史教科書の比較検討を通し、その特色、共通性と差異を見てきた。その際、どのような歴史事実をとりあげるか、アプローチの仕方、重点の置き方などに注意を払い、それらから導きだされる歴史認識の相違を考察してきた。結果、日本を含め、それぞれの教科書が濃厚な特色をもち、長所のみならず、欠点を有していることが判明した。これら長所を組み合わせ、欠点を他教科書の長所で補い、新たな歴史教科書を立体的、構造的に作成する努力を続けるべきであろう。
　では、各国の歴史教科書からいかなる構図が描けるのか。
　例えば、第1に、日本の教科書は、近現代史において日本の政策、日本軍部などの動向を詳述している。また、日本中心ではあるが、アジアを除く国際関係についても理解しやすい。これらは他国教科書では不十分であり、それらの部分を残す。とはいえ、日本の教科書は、それによって引き起こされる周辺各国の被害状況には触れるものの、抵抗に関してはほとんど言及しないか、捨象している。また、日本の南進政策、太平洋戦争の時期に関しては、アメリカなどが急浮上し、当時、中国戦場がどうなっていたかについては全くといっていいほど記述はなく、不明なまま残されている。さらに、日本軍が与えた各地の残虐行為などに関しては諸説があるとか、立証されていないとか、言い訳をし、逃げの姿勢が感じられる。それらの点に関しては、日本の教科書は他国教科書から遅れ、浮いている。すなわち、日本の教科書は東京裁判に関する記述が充実しているが、それ以前の侵略実態、植民地・占領地の統治実態などの記述は弱い。これらを他国教科書で補強する。
　第2に、中国の歴史教科書は従来、中国近現代史というより中共党史の色合いが強く、そこに価値基準を置き、その方面は充実している。だが、客観性に欠ける感情的記述も散見する。ただし、中国の教科書は侵略実態、植民地・占

領地の統治実態を真正面からとりあげ、圧倒的な力量を注ぎ込み、かつ民主派の動向や学生運動を視野に入れ、日本の侵略に対する抵抗を記述する。また、国民党が担った正面戦場にもそれなりの評価を与えようとしている。さらに太平洋戦争以降の中国戦線や中国の状況を理解する上でも日本の教科書を強力に補う。東京裁判における日本人戦犯に対する判決自体は当然の結果と見なしているようだ。したがって、過度な中共中心史観の部分を排除しながら、日本の侵略によって発生した「南京大虐殺」、生体実験、毒ガス問題などに関して日本の教科書は参考にする価値がある。特に抗日戦争は重点的に論じられ、日本よりも各事件に対する背景、経過、結果が詳細に記述される。とはいえ、全般的に国際情勢、それにおける中国の位置については充分描き切れていない。中共中心に論じると、当時、政権党でなく、勢い国際関係が稀薄になるのだろう。今後、中共党史を骨幹とする内容をいかに相対化し、中国近現代史、さらに世界近現代史の中に正確に位置づけられるかが問われることになる。

　なお、中国の歴史教科書も揺れを示し、本書でもとりあげた「氷点事件」、および上海版歴史教科書の使用禁止など強硬姿勢も目立つ。このことは、逆に言えば、中国政府の脆弱性と自信のなさを示し、ある意味で教科書に関して試行錯誤の段階といえよう。

　第3に、台湾の歴史教科書であるが、国民党が戦争当時、政権党であった関係上、日本の侵略に対する国民党の抵抗のみならず、国際的視点から論じ、またアメリカの対中支援も詳述する。これらの視点は日本、中国の各歴史教科書を補う。また、日本の植民地支配に関しては、台湾の視点から記述しており、霧社事件を代表とする対日抵抗、および請願運動など多面的理解を深め、かつ植民地支配の問題点を摘出しながらも、水利・発電など一定の意義についても認めようとする。これらは、日本の教科書の空白を埋めるのみならず、新たな視点を提供する。台湾の教科書は「南京大虐殺」、中国人の生体実験に関する記述の絶対量は少ないが、厳しい視線を向け、「人類史上一大惨劇」と断じ、かつ台湾植民地などの「犯罪行為」を裁ききれなかった東京裁判の限界を指摘する。また、戦後日本の「再武装化」を注視する。これらの問題提起については日本も十分に考える必要があるのではないか。このように、台湾の歴史教科書は重要な位置にあり、決して排除できない。

第4に、韓国の歴史教科書であるが、日本の教科書の限界である植民地支配における抵抗や請願・改良を全面に打ち出しており、ある意味で日本の教科書と対照的、もしくは対極にあるとさえいえる。テロから合法的な改革運動まで、すべてをレジスタンスとして認めており、その視点の適否に関して日本の教科書執筆者は真剣に考える必要があり、抵抗を軽視、もしくは捨象する姿勢を改める必要があるのではないか。さもなければ、日本は韓国と表面的な会話はできても本質的対話は不可能になり、未来に悔いを残すことになろう。韓国の教科書は特に「従軍慰安婦」に関しては、日本軍により韓国、もしくは民族それ自体の名誉、誇りを犯されたという感覚が潜在的にあり、圧倒的力量をかけ記述し、それに簡単に触れたり、もしくは隠蔽したい日本との姿勢の違いを特に際だたせている。戦争、それに連動する人権問題などに関する教科書問題の原因は韓国ではなく、当然のことながら日本にあるといわざるを得ない。

　また、在日朝鮮人学校の教科書は金日成崇拝の面があり、伝記、もしくは英雄伝的な記述がある。当然、金日成の実像に迫るためにも事実か否かを緻密に吟味し、彼の歴史的意義と限界を明確に押さえる作業が必要なことはいうまでもない。しかしながら、それらを除けば、北朝鮮に繋がる社会主義者の組織、活動、対日軍事行動など、韓国の歴史教科書を補強する。いわば朝鮮人学校の教科書と、民族主義者中心に構成されている韓国の教科書を組み合わせると、当時の状況が構造的、かつ立体的に把握できるのである。換言すれば、双方の共通性と差異を明確にしながら、組み合わせ、再構成すれば、韓国・朝鮮近現代史をさらに内容的に前進させることができる。その結果、日本の侵略に対する抵抗総体が明確に浮かび上がる。ただし、それだけでは足りない。抑圧と抵抗という単純な構図では収斂できないグレーゾーンにもアプローチすることで、歴史をより本質的に捉えることができよう。

　第5に、日本の扶桑社版、現在は育鵬社版、自由社版の教科書であるが、「過去を裁判することはよくない」としながら、現在の日本を過去の考えで再編しようとする意図を持つ。いわば、この教科書は学問・研究・教育というより、日本における復古的思想の残存であり、それを梃子に現在に影響力をもたせようとする政治運動となっている。こうした右翼的、むしろ軍国主義的ともいえる復古思想が流布すれば、東アジア、否、アメリカを含む世界から再び日

本が孤立する危険性を招来し、彼らが主張する「国益」さえも大きく損なう可能性が強い。だが、私は、この教科書を副読本とし、敢えて「反面教師」として使用することはできないかとも考える。つまり、この教科書は戦争当時、日本を破滅に追いやった旧日本陸軍の主張とどの点で共通性を有するのか、どの点が歴史事実と相反するのか、もしくは我田引水か、神話を「歴史」と錯覚させることで何をもたらすのか。このように、隔離せずに、本格的に生徒に触れさせることで、歴史教育・歴史認識をさらに強靱なものにし、生徒を将来の社会人に育て上げる必要があるのではないか。ただし、知識や経験が不十分な中学生・高校生という年齢も鑑みると、ある面で鵜呑みにする危険性を有し、かつこれを教える教師の力量が問われることになる。

　ところで、教科書問題を考察する際、前提としなければならないのは、日本と周辺国家、いわば東アジア世界の歴史、および現状といかなる関係があるのかを把握すべきことであろう。それが、教科書に反映すると見なせるからである。まず明白に押さえておくべきことは、以下の３つのファクターがあると考えられる。

　第１のファクターは、当然のことながら近現代史において日本は侵略した加害国であり、中国はその侵略を受けた被害国である。また、台湾、朝鮮は日本の侵略後、前者は約50年間、後者は約35年間、日本の植民地体制下に置かれた。したがって、日本の侵略、軍事占領、もしくは植民地統治に直接影響を受けた。この否定できない歴史事実を明白に押さえる必要がある。この点では、後述の体制にかかわりなく、むしろ日本と中国、台湾、韓国三者との間に対立点が多く、周知の如く日本は歴史認識を巡りこれらの国家と激論となる。

　第２のファクターは、最近、よく主張される論点である。マスメディアも政治家も、そして研究者でさえも口にする。すなわち、現在、日本、台湾、韓国は資本主義国家であり、中国、および38度線で分断された北朝鮮は社会主義国家であるという事実である。つまり体制を考えると、第１のファクターと異なる組み合わせとなる。前者は日本をはじめ、民主主義の「自由主義国家」と自称し、後者に対して政治問題や教科書問題などにおいて、日本は、例えば、中国に対して「価値観の異なる非民主的な共産党一党独裁国家」とレッテルを貼り、しばしば批判している事実である[1]。ここで私見を述べれば、教科書問題

で共通性を模索する時、こうしたレッテルを貼ること自体、どれだけの意味があるのか理解できない。なぜなら、当初から拒絶の姿勢を内包し、困難に遭遇すると、すぐさまそれに逃げ込む「避難基地」を用意することになるからである。

　重要であるにもかかわらず、意外と忘れられているのが第3のファクターである。すなわち、これらの諸国家・地域はすべて東アジアに属し、古来、文化交流、交易などをおこない、近隣にあり、多くが漢字を使用する。伝統、慣習、家族制度、さらには祖先崇拝、儒教道徳・礼節など基底的な価値観や考え方などに共通性を持つ。いわば東洋文化圏、漢字文化圏に属するのである。こうした側面を過小評価することはできない。いかに日本がアメリカナイズされたとはいえ、アメリカとは発想法が異なることが少なくない。私自身、中国、台湾、韓国を研究などで訪れると、差異を感じると同時に、中長期滞在すると、共通な習慣、発想法などを強く感じる。日本は東アジアに属することを再認識する必要がある。

　では、これら3つのファクターを各国の歴史教科書にいかに反映させればよいのか。第1のファクターから侵略国・被侵略国という形で、双方の教科書を組み合わせることで、立体的、構造的に記述できる。第2のファクターである体制の違いにより教科書問題における討論などで、原理原則を強調する中国、それに対して自由闊達な日本をイメージしがちである。だが、実は、ある面、中国側が柔軟で、日本側、特に韓国側が原理原則に固執し、ごり押ししているようにも見える。したがって、第2のファクターである体制の違いを強調するよりも、あくまでも教科書内容そのものに特化し、第1のファクターを重視しながらも、第3のファクターから差異のみならず、共通性を重視し、生産的な議論が可能ではないかということである。

　では、具体的にはどうすればよいのか。

　第1に、日本の日本史教科書は日本の視点、日本との関連でのみ世界を見る傾向があり、視野が狭い。教科書のみならず、日本が過剰に意識する「国際社会」という場合、ほとんどが欧米を意識しているのである。世界史教科書も欧米中心の傾向があり、世界、特に日本が属するアジア、さらに東アジアの視点が不足している。これを打開するためには、「日本→東アジア（アジア全体）→

世界」、「世界→東アジア（アジア全体）→日本」を循環させながら生徒の考えを深化させていくことが肝要と思う。東アジア近現代史をもっと重視すべきであり、その中に日本を正確に位置づけてこそ、アジア、さらに世界の中の日本を的確に位置づけることができる。グローバル化した現代において、すでに日本国内だけで通じる独りよがりな教育・教科書が許されない状況になりつつある。

　第2に、日本側は、検定制度の存在から種々の内容の教科書があると強調する。だが、繰り返しになるが、執筆者、特に教科書出版会社が自己規制している。結果的に、実質的な意味で政府規制が働いているのである。換言すれば、自由執筆・出版と言いながらも決して自由ではない。海外のみならず、日本国内でも僅かでも反対の世論があると、各説があると言い訳をしながらトラブルや論争を恐れ、捨象する。家永三郎が主張するように、歴史教科書が恣意的に記述されないためにも、歴史学・歴史研究を歴史教育・教科書と連繋させ、決して分離させてはならないのである。この際、教師の役割は極めて重要であるが、管理強化により教師は教材研究の時間すら奪われている現状がある。このように、教育現場は後退に後退を重ねてきたが、そろそろトラブルを恐れずに少しずつでも、できる範囲で抵抗し、徐々に教育や教材研究にかける時間を取り戻し、かつ労働条件を改善しなくてはならないのではないか。さもないと、悪化の一途を辿り、取り返しのつかないことになるであろう。

　第3に、日本の歴史教科書は客観的に記述していると自称するが、中国、台湾、韓国の各教科書は日本が捨象している史実をとりあげている。したがって、各教科書がいかなる史実をとりあげ、どのようにアプローチし、いかなる視点で執筆しているのかに注意を払う必要がある。それと同時に、いかなる史実を捨象しているかという点にも注意を払わねばなるまい。捨象が単に紙幅の関係なのか。もしくは記述したくないのか。もし記述したくないがための捨象ならば、その理由は何かを分析する必要がある。なぜなら、ある歴史事実を記述するか、もしくは捨象するかによって生徒に異なるイメージが与えられ、将来、国民の歴史認識に連動する可能性があるからである。

　第4に、日本の教育政策の姿勢を考えてみたい。例えば、「南京大虐殺」をとりあげても、十分統計がとれない当時の状況を鑑みれば、犠牲者数で論争するのはあまりに非生産的である。むしろ実態や要因の解明、今後、再発防止に

はどうすればよいのか。その上、その背景には、中国各地における日本軍による虐殺事件があった。独り南京だけではない。「南京大虐殺」事件はその象徴的意味を持つものであるが、その一角に過ぎないということである。したがって、中国各地での日本軍による虐殺事件との共通性と差異などを通して、日本軍の体質のみならず、その歴史的本質と構図を議論し、「南京大虐殺」をその中に位置づける必要がある。この問題を軽視できない理由は歴史上、あったことを「ない」と強弁したり、一部を過剰に評価し、恣意的に歴史教育をおこなえば、教育自体を崩壊させる危険性があるからである。現在の「国益」から出発して、都合よく歴史を解釈して自国を有利にするための手段とする態度は厳に慎まなくてはならない。こうした発想、行為は周辺諸国のみならず、日本の国際的評価を貶める。本来、日本には多くの美点があり、それを誇ればよいのであって、むしろ反省すべき点や汚点までも誇ろうとするからおかしくなるのである。「自虐」になる必要も、「加虐」になる必要もなく、歴史を客観視し、乗り越えることから新しい地平を開拓すべきではないか。自国の歴史を知り、また相手国の歴史を知るためにはどうしたらよいのか。この際、日本とは違う観点にむしろ着目し、その双方の中から歴史を浮かび上がらせることが肝要である。さらにむしろ侵略事実から眼を背けず、潔く認め、未来の国際関係をいかに構築するかを考え、実施することこそが日本人に「誇り」を復活させる一里塚となるであろう。誤りは誤りと認めた上で、中国、台湾、韓国・北朝鮮の問題点を明確に指摘すればよいのである。

　第5に、日本、中国、台湾、さらに韓国・朝鮮で媒介となる人物をピックアップし、そうした人物を各国教科書で共通にとりあげることが必要であろう。例えば、反戦放送の詩人長谷川テル、国民党地区における反戦兵士指導者の鹿地亘、中国共産党地区で反戦運動を指導した岡野進（野坂参三）、および朝鮮三・一独立運動に理解を示した柳宗悦などがそうである。なぜ、これらの人々をとりあげることが重要かといえば、将来、侵略と被侵略という固定化した概念を乗り越える可能性を広げるからである。戦争当時、日本人でも侵略戦争の誤りを認識し、反戦運動をした人物がいた。これらのことを、日本の中高生のみならず、中国、台湾の中高生に教えることができる。かくして、当時の日本人がすべて侵略に加担したという平板な見方に修正を加えることができよ

う。中国人の抗戦、日本人の反戦、もしくは非戦を対の概念として打ち出し、各国歴史教科書の新たな歴史的地平を切り開くことが肝要であろう。

　以上、日本、中国、台湾、韓国、北朝鮮〈今回は在日朝鮮人学校であったが〉は東アジアに属し、相互に密接な関係にあり、切り離すことはできない。これら5極から各教科書内容をアウフヘーベンすることによって、立体的、かつ構造的に新たな『東アジア歴史教科書』を創造できるのではないか。

〔註〕
1）現在の中国が「中共一党独裁」、もしくはそれに近い体制であるという認識に異議を差し挟むつもりはない。だが、私は人民民主統一戦線組織である中国人民政治協商会議（以下、政協と略称）に着目している。政協の理念は1945年4月の毛沢東「連合政府論」にあった。この時点では、国民党や第三勢力（民主緒党派・個々人など）との協調の必要から、中共自身の指導権にはあえて触れなかった。そして、「中央人民政府」も「国民党・共産党・民主同盟・無党無派によって構成される」とし、国民党を包括する複数政党が平等な地位で政権に参加する、とした。ただし、「将来のプロレタリア社会主義革命のために奮闘する」とし、当初から将来の「中共一党独裁」を目指していたことは、疑い得ない。46年1月第二次国共合作の方針に基づき、中国政治協商会議（旧政協）が重慶で開催された。だが、国共内戦勃発により「国民党政府打倒」が明示され、国民党を除く連合政府構想に大転換し、49年6月には、中国人民政治協商会議（新政協）が成立し、9月第1期全体会議で臨時憲法ともいえる「共同綱領」が採択された。10月に中華人民共和国が成立すると、54年の全国人民代表大会（全人代）が開催され、憲法が採択された。その結果、政協は統一戦線組織に回帰し、中共、第三勢力、および各界の愛国人士などの代表によって構成された。文化大革命で停止していたが、78年活動を再開している（杜崎群傑「建国期の中国人民政治協商会議における中国共産党の指導権」『アジア研究』第56巻4号、2010年10月。「特集：中国における『議会』の可能性」『現代中国研究』第29号、2011年10月。田中信行「中国人民政治協商会議」『大百科事典』第9巻、平凡社、1985年など参照）。このように、政協の存在から厳密な意味では、中国は中共の「一党独裁」ではない。今後、政協が力量を徐々に蓄え、中共を相対化し、中共以外の「社会主義的民主」などを標榜する第三勢力の意見も採りいれ、新たな受け皿になる可能性も否定できない。そうすれば、中国は大きな混乱を経ずにより次元の高いシステムに軟着陸できる。なお、中共の強い影響下にある全人代は最高権力機関であるが、「民主集中制」をとり、政協とは密接な関係を有している。私もそれほど楽観しているわけではないが、将来、政協を梃子に全人代にも影響を及ぼし、過度の「中共一党独裁」的な色彩を是正していくことが可能であるし、望ましいと考える。

主要参考文献

柳田国男・和歌森太郎『社会科教育法』実業之日本社、1953年
上野実義『社会科歴史教育法』理想社、1955年
海後宗臣『歴史教育の歴史』東京大学出版会、1970年
本多公栄『歴史教育の理論と実践』新日本出版社、1971年
熊谷幸次郎『社会科歴史教育法総論』前野書店、1975年
『講座・歴史教育』第1～4巻、弘文堂、1982年
徳武敏夫『日本の教科書づくり』みくに書房、1985年
河上一雄他編『歴史教育の視点を求めて』教育出版センター、1986年
奈良歴史研究会編『戦後歴史学と「自由主義史観」』青木書店、1997年
「小特集 歴史教科書と教科書裁判」『歴史学研究』第706号、1998年1月
『「つくる会」の歴史教科書を斬る―在日中国人学者の視点から』日本僑報社、2001年
久保亨・土田哲夫・高田幸男・井上久士『現代中国の歴史―両岸三地100年のあゆみ』
　　東京大学出版会、2008年
三谷博／イーサン・セーガル「教科書から自国史のあり方を考える」『歴史学研究』第
　　758号、2002年1月
三輪泰史（代表・大阪教育大学）『中学校歴史教科書の比較・検討』2003年7月
『歴史評論―特集 赤穂事件・忠臣蔵から時代を読む』第617号、2001年9月
『歴史評論―特集 世界の歴史教科書はどうなっているか』第632号、2002年12月
劉傑・川島真編『1945年の歴史認識』東京大学出版会、2009年
笠原十九司編『戦争を知らない国民のための日中歴史認識』勉励出版、2010年
石島紀之『中国抗日戦争史』青木書店、1984年
副島昭一「日中戦争とアジア太平洋戦争」『歴史科学』102号、1985年
池田誠編『抗日戦争と中国民衆』法律文化社、1987年
江口圭一『十五年戦争小史』青木書店、1991年
秦郁彦『日中戦争史〔新装版〕』原書房、1979年
秦郁彦『盧溝橋事件の研究』東京大学出版会、1996年
安井三吉『盧溝橋事件』研文出版、1993年
安井三吉『柳条湖事件から盧溝橋事件へ』研文出版、2003年
安井三吉『帝国日本と華僑―日本・台湾・朝鮮』青木書店、2005年
笠原十九司『南京事件』岩波新書、1997年
笹川裕史・奥村哲『銃後の中国社会』岩波書店、2007年
姫田光義等『中国近現代史』上下巻、東京大学出版会、1982年
田中仁『1930年代の中国政治史研究』到草書房、2002年

黄元起主編『中国現代史』上下冊、河南人民出版社、1982年
『20世紀中国と日本』上下巻、法律文化社、1996年
『抗日戦争と中国民衆』法律文化社、1987年
『日中戦争』中央大学出版部、1993年
吉澤誠一郎『清朝と近代世界』岩波新書、2010年
石川禎浩『革命とナショナリズム』岩波新書、2010年
野沢豊編『中国の幣制改革と国際関係』東京大学出版会、1981年
横山英編訳『ドキュメンタリー中国近代史』亜紀書房、1973年
野口鐵郎編『資料中国史―近現代編』白帝社、2000年
西村成雄『張学良』岩波書店、1996年
王芸生『台湾史話』中国青年出版社、1955年
王育徳『台湾―苦悶するその歴史』弘文堂、1970年
林文堂『台湾哀史―蒋政権と戦い続ける独立運動者の手記』山崎書房、1972年
劉大年・丁名楠・余縄武『台湾歴史概述』三聯書店、1978年
喜安幸夫『台湾島抗日秘史―日清・日露戦間の隠された動乱』原書房、1979年
施聯朱『台湾史略』福建人民出版社、1980年
松村源太郎『台湾 昔と今』時事通信社、1981年
戴国煇『台湾―人間・歴史・心性』岩波新書、1988年
段承璞『戦後台湾経済』中国社会科学出版社、1989年
宋春・于文藻『中国国民党台湾四十年―1949〜1989』吉林文史出版社、1990年
黄嘉樹『国民党在台湾―1945〜1988』大秦出版社、1994年
劉鳳翰『日軍在台湾』上下、国史館、1997年
若林正丈『台湾抗日運動史研究〔増補版〕』研文出版、2001年
趙芝薫著、梶原秀樹訳『韓国民族運動史』高麗書林、1975年
歴史教育研究会（日本）・歴史教科書研究会（韓国）編『日韓歴史共通教材 日韓交流の歴史―先史から現代まで』明石書店、2007年
君島和彦『日韓歴史教科書の軌跡』すずさわ書店、2009年
朝鮮大学校歴史学研究室編『朝鮮史―古代から近代まで』朝鮮青年社、1976年
朴永錫『万宝山事件研究』第一書房、1981年
李淑子『教科書に描かれた朝鮮と日本』ホルプ出版、1985年
金九著、梶原秀樹訳『白凡逸志』（東洋文庫234）平凡社、1986年
胡春恵『韓国独立運動在中国』中華民国史料研究中心、1976年
沐濤・孫志科『大韓民国臨時政府在中国』上海人民出版社、1992年
斎藤里美編著『韓国の教科書を読む』明石書店、2003年
青柳純一『これだけは知っておきたい韓国現代史』社会評論社、2004年
吉見義明『従軍慰安婦』岩波新書、1995年
池田誠・安井三吉・副島昭一・西村成雄『図説 中国近現代史』法律文化社、2009年

田中仁・菊池一隆・加藤弘之・日野みどり・岡本隆司『新・図説 中国近現代史』法律文化社、2012年
菊池一隆「日中十五年戦争論再考」『歴史評論』569、1997年
菊池一隆『日本人反戦兵士と日中戦争』御茶の水書房、2003年
菊池一隆『中国抗日軍事史』有志舎、2009年
菊池一隆『戦争と華僑』汲古書院、2011年
菊池一隆「都市型特務『C・C』系の『反共抗日』路線について」(上)(下)『近きに在りて』第35、36号、1999年6月、12月
菊池一隆「万宝山・朝鮮事件の実態と構造」、愛知学院大学『人間文化』第22号、2007年9月など

あとがき

　現在、日本の歴史教科書を巡る問題は日本国内だけでなく、中国、台湾、韓国、さらには東南アジア、アメリカを巻き込み浮上している。従来、歴史教科書問題に関して言えば、教育学、社会科教育、歴史教育などを専門とする者が執筆することが多い。遺憾ながら、歴史学専門からの関連著作・論文が多いとは言えず、日本史研究者の一部が執筆しているに過ぎない。特に東洋史、中国近現代史専門の研究者で現在の歴史教科書問題を手がけている者はごく僅かに限られている。こうした状況を何としても打開する必要がある。私は現場の教師、社会科教育関係の研究者、学生・院生、およびそれに関心のある社会人向けの教科書関係の書籍は初体験であるが、刊行する必要性を感じた。なぜなら、私の専門は歴史学の中でも東洋史で、それも中国近現代政治経済史である。つまり新たな視点から歴史教科書問題に切り込めるのではないか。その上、主に日中戦争史を研究しており、それを中心に歴史専門書や概説書を数冊出版している。私見を述べれば、歴史教科書問題の核心は日中戦争にあり、その点で私の研究と密接な関係がある。なお、本書を執筆して痛感したことは、教科書問題に関する論文、著書は時間との格闘ということである。教科書は生き物で次々と新たな改訂版の教科書が出てくる。頁がずれるだけでなく、内容も変わるものもある。これに対処しなければならなかった。

　考えてみれば、従来、私は教科書問題、教育に関してそれに特化した本格的な研究をしてこなかったとはいえ、その周辺の人生を歩んできた。例えば、私が東京教育大学院生だった当時、家永教科書裁判が継続しており、関連書籍を読んでいた。学内で同大学教授であった家永三郎氏を時折見かけた。小さな身体で柔和な表情で、どこにあれだけのパワーと信念があるのかと、畏敬の念を覚えた。東京教育大学が廃校となり、筑波大学に移転統合したが、その博士課程に3年次編入した。筑波大学卒業者・修了者は種々の職業に就くが、やはり高校教師となる者が相対的に多かった。このように、他大学に比して、東京高等師範学校の流れを受けて教師になる者が多く、私自身、教育問題に知らず知

らずに関心をもつようになった。その後、大阪教育大学に就職し、21年間、教鞭を執った。教育学部歴史学科に所属し、学部・大学院で中国近現代史関連の講義をした。ローテーションで2部（夜間）に内部異動した際、一時期、社会科教育法を教え、また歴史教科書関連の論文を書き、現職教員の再教育などのゼミ、講義なども担当した。実習参観は数多く、付属校をはじめ各学校で現場の教師とも何度も討論した。

　大阪教育大学から愛知学院大学に異動後、教育・教職関係から離れると思っていたが、歴史教科書関係の講義や講演をやる機会などが多くあった。関連論文などもいくつか発表している。また、教職課程委員、さらに制度自体に疑問を感じながらも、現職教師に対する平成21年度、平成22年度「免許状更新制」の講義をせざるを得なくなった。

　その上、2009年8月28日から30日、中国社会科学院近代史研究所で第24回日中韓3国共同編纂東アジア近代史委員会北京国際会議が開催された。丁度、私は別の用事で訪中し、近代史研究所を訪れた。その時、所長の歩平氏に誘われ、最初の日、私もオブザーバーとして同会議に出席した。各国研究者による質疑応答は興味深いものであった。また、2010年3月22日には、台湾の国立編訳館（教科書検定機関）の依頼で「東アジア歴史教科書問題」というテーマで、日本の歴史教科書を中心とする講演もしている。その時の質疑応答は新たな視点から歴史教科書問題を考察する上で有意義であった。そして、台湾の歴史教科書にそれまで以上に関心を持つようになった。こうして、東アジアにおける中高歴史教科書問題が極めて重要なテーマと認識するようになったのである。徐々にではあるが、歴史教科書問題に対する理解が深まっていった。このような経緯で、蓄積された関連論文、講義ノート、講演原稿、および新たに書き加えたものを含めて再構成し、本書を出版する価値があると考えるに至った。

　では、ここで本書の各章各節の基礎となった論文などを示しておきたい。

「まえがき」（書き下ろし）
　第1章「歴史教科書を巡る歴史と共通教科書」『愛知学院大学文学部紀要』
　　　第40号、2012年3月
　　　【付録】「書評：斎藤一晴著『中国歴史教科書と東アジア歴史対話』」

東京歴史科学研究会『人民の歴史学』第187号、2011年3月
第2章第1節「日本・中国・台湾の高校歴史教科書の相互比較と検討―日中戦争・太平洋戦争の記載を巡って」『愛知学院大学文学部紀要』第39号、2010年3月
　　　第2節　同前
第3章「歴史教科書の中の台湾」（書き下ろし）
第4章①「中・日・韓各歴史教科書の中の韓国・朝鮮―日本の問題と関連させて」愛知学院大学『人間文化』第26号、2011年9月／②「在日朝鮮人学校における中等歴史教科書について」『人間文化』第27号、2012年9月
第5章「『氷点事件』と上海版の歴史教科書問題」（書き下ろし）
第6章「歴史学と歴史教育―『新しい歴史教科書』（扶桑社）と戦時期歴史教科書の比較検討」大阪教育大学『実践学校教育研究』第7号、2005年3月
「総括と展望」（書き下ろし）

　上記の各論文などに新たに入手した書籍や資料などを加え、また各種講義、ゼミ、講演原稿などもさらに推敲し、加筆、削除、修正をおこない、各章各節の有機的関連を考慮しながら、本書を完成させたのである。

　ところで、日本では、教師が教育現場における管理強化の下、事務員減少（事務経費削減）に伴う事務労働や雑務の増大によって児童、生徒を慮る余裕もなく、教材研究の時間も奪われ、悲鳴をあげている。これは憂うべき問題である。教師が疲労困憊し、自らの能力を高められないという現状が散見されるからである。悪化する教育現場を反映し、精神疾患を病む教師も増大している。こうした状況は歴史教育をも直撃している。なぜなら歴史的背景、事件の起因から、その経過、結果、意義と限界、影響などを深く理解した上で、ビビッドにわかりやすく、かつその本質を生徒に授業で教えなければならない。だが、本書で明らかにした如く、日本の歴史教科書は、よく言えば「簡潔」、悪く言えば「平板」であり、補足説明を準備する必要があるが、多くの教師はそれに

時間的にも対処できない。

　ところで、前述の如く現在、私は愛知学院大学文学部に所属しているが、歴史学科にもかかわらず、少なくない学生が高校で実質的に日本史しか学んでおらず、世界史を学んでも表面的で、かつ西洋史が中心で、日本が属する東洋史への認識が古代史にとどまっていることには愕然とした。時おり、私は日本史、西洋史のみならず、日本が属する東洋史を能動的に学ぶ重要性を講義などで力説した。とりわけ東アジア近現代史を理解することの重要性が急浮上していると強調したのである。また、歴史学科を活性化させるためにも、日本史、世界史双方を受験科目とすることを、私は同僚の何人かに言ったところ、受験生の負担が大きくなり、受験者の減少に繋がり、不可能という。このように、私立大学の場合、少子化の中で受験生確保や経営の側面も顔を出す。ただし、これは独り愛知学院大学だけの問題ではなく、大なり小なり全国の各国公・私立大学の共通な問題なのである。このままでは中等教育に連動する高等教育の崩壊にも繋がりかねない。

　これは、数年前、全国的に話題となったが、入試対策から日本各地の高校で必修の世界史を学んでいないという、いわゆる未履修問題とも関連する。国際化が進んでいるにもかかわらず、日本の学生が日本中心にしか物事を考えられないという状況が厳然として存在しているのである。換言すれば、日本に都合のよい歴史を学んでいる。果たしてこれでよいのだろうか。かくして、歴史家として、また大学・大学院で教鞭を執る者として何とかしなければならないと考えるに至った。これもまた本書出版の大きな動機の1つである。

　最後に、「虚学」と「実学」論争に触れておきたい。現在、日本の大学生の「実学」指向が強まり、文科系では経営、経済、商学、法学などの学問が盛んで、就職に有利な学問に人気があるとされる。理科系では工学、医学などが華やかで、逆に基礎理学などはかなり低調とも聞く。また、就職難を背景に各種の資格をとろうとする学生が多い。いわば大学が専門学校化しているのである。ともあれ文科系で「虚学」の筆頭にあげられるのが哲学、歴史学などである。だが、これらの学問は極めて重要な意味を有している。例えば、歴史学は過去の人間の動向を把握し、自らの生き方を考えさせる。のみならず当時の政治、経済、社会などの状況を押さえ、それを分析することで現在の実態分析に

役立てることができる。すなわち、歴史学は文科系、理科系にかかわりなく必須の学問であることを、あえてここで強調したいのである。とりわけ重要なことは、戦争の起因、実態、結果、影響などを分析、解明することで、将来の戦争防止に寄与する可能性があるということである。戦争当事国における人的・物的被害が甚大なことを鑑みれば、未然に戦争を防止することでそれら損害を出さずに済むことになる。いわば歴史学は政治、経済、社会、および人命に対して、「予防医学」としての役割を果たすのではないか。生産技術の開発、発明など「プラスα」のみならず、歴史学が担う「マイナスαをいかに減少させるか」という点にも着目する必要がある。

　本書を完成させるに当たり、多くの人々のお世話になった。中国では歴史教科書国際シンポジウムにオブザーバーとして参加させてくれた中国社会科学院近代史研究所長の歩平氏、『抗日戦争研究』編集委員会の栄維木氏、上海師範大学の方明生氏、台湾では中央研究院の黄福慶先生、台湾師範大学の呉文星氏、静宜大学の張修慎さん、特に彼女の姉で高級中学教師の張修容さんからは、各種教科書をいただくなど助けられた。また、何思瞇さんを始め国立編訳館からも資料提供を受けた。学恩に心より感謝したい。そして、私はずっと法律文化社から単著を出したいと考えていた。それが実現した。本書出版の相談に快く応じてくれた社長の田靡純子氏、および編集部の上田哲平氏に心より御礼申し上げたい。

　　　2012年5月25日　名古屋にて

菊　池　一　隆

　付記：『未来をひらく歴史』（高文研）を継承、発展させた『新しい東アジアの近現代史』上・下2巻（日本評論社、2012年）が出版された。だが、すでに入稿後であり、遺憾ながら今回本書ではとりあげることができなかった。機会があれば、論評したいと思う。

索　引

あ行

愛国啓蒙運動（朝鮮）………………203, 205
愛国主義教育……………………………39
赤色農民組合……………………………236
赤色労働組合……………………………236
浅倉有子………………………………ii, 23
足利義満……………………311〜312, 320
『新しい歴史教科書』（扶桑社版）……2, 281
新しい歴史教科書をつくる会………6〜7
安倍晋三……………………………………7
「飴と鞭」の政策………………………154
アメリカ華僑…………………171〜172
アメリカの原子爆弾………………89, 92
安重根………………………182, 203, 222
「安内攘外」論…………………………62
家近亮子……………………………14, 256
家永教科書裁判……………………12, 13
家永三郎…………………………………35
以華制華……………………………105〜106
石橋湛山…………………………………24
イスラエル………………………………34
磯永吉……………………………………158
乙巳条約………………………………202
一二・九運動……………………………67
伊藤博文……182, 183〜184, 189, 203, 221〜222
犬養毅……………………………………57
「猪子」…………………………………171
インド医療隊…………………………285
ヴィシー政権……………………………28
『うれうべき教科書の問題』……………4
A級戦犯………………………………111
衛生環境の改善………………………156
袁偉時…………………………256〜257, 287
汪精衛…………………………………173
　──政権………………103, 104, 106, 119

か行

王明………………………………………63
沖縄戦「集団自決」………………9〜10, 13

か行

海外の台湾独立運動……………168〜169
階級闘争史観…………………………190
海軍特別志願兵（台湾）………………164
戒厳令…………………………………145
　──体制……………………………170
海後宗臣………………………………313
華夷思想…………………………………4
貝塚茂樹………………………………263
解放区（中国共産党）…………………85
カイロ会談………………………………88
加虐史観………………………i, 43, 301, 338
華僑・華人………………146, 171〜175
郭沫若……………………………………20
華工………………………………………171
鹿地亘……………………………………20
華南銀行………………………………161
華北分離工作……………………………62
神風特攻隊……………………………309
川島真…………………………………19, 32
川島芳子…………………………………61
韓国・朝鮮人の移住…………………215
韓国愛国団……………………………210, 237
韓国光復軍……………………………211, 216
韓国併合……20, 182, 197, 213, 219, 222, 306, 323
間島地方…………………209〜210, 225, 250
皖南事件…………………………………79
菊池貴晴…………………………265〜266
岸信介…………………………………281
北岡伸一…………………………………18
冀東防共自治委員会……………………62
義兵闘争（運動・戦争）…189, 200, 202, 221〜222
君が代…………………………………311

索引 361

君島和彦……………………………… iii, 25, 33
金日成……… 228, 230, 235, 238, 240, 245, 248, 250
金　九……………………… 210, 237, 248
義勇軍行進曲（中国国歌）……………… 46
教育基本法………………………………… 332
教育勅語…………………………………… 304
教科書検定………………………………… 10〜11
共産中国包囲網…………………………… 135
強制収容所………………………………… 28〜29
強制徴用…………………………………… 109
強制連行…………………………………… 220
郷土観察…………………………………… 316
郷土史……………………………………… 301
義烈団……………………………………… 210
義和団……………………………… 256〜260
　　──事件…………………………… 305
近代教育（朝鮮）………………………… 204
近代天皇制………………………………… 276
勤王思想…………………………………… 327
国びき……………………………………… 318
軍民2元論………………………………… 19
警察予備隊………………………………… 114, 118
検証大虐殺事件（シンガポール）……… 82
公学校……………………………………… 158
江華島事件………………………………… 181
高級中学課程標準総綱（台湾）………… 140
高級中学世界文化（歴史編）課程基準（台湾）
　　……………………………………… 142
高級中学歴史課程標準（台湾）………… 141
工業合作運動……………………………… 289
「皇国化」政策…………………………… 234〜235
甲午農民運動……………………………… 184〜185
高　宗……………………………………… 186, 202
光州学生抗日運動………………………… 212
甲申事変…………………………………… 181, 183
光線、民線………………………………… 251
高度成長…………………………………… 281
抗日救国運動……………………………… 65
抗日戦争…………………………… 19, 39, 43, 73〜75, 283
抗日民族統一戦線………………………… 67

河野官房長官談話………………………… 8
康熙帝……………………………………… 171
康有為……………………………………… 172
国語伝習所………………………………… 158
国際貢献…………………………………… 116, 121
国債報償運動……………………… 204〜205
国際連盟…………………………………… 59, 64
国民党一党独裁…………………………… 178
国民党史…………………………………… 95
国立編訳館………………………………… 177
国連平和維持活動（PKO）……………… 115
五・四運動………………………………… 187
小島晋治…………………………………… 263
個人主義…………………………………… 329
児玉源太郎………………………………… 154
後藤新平…………………………………… 154
小林一美…………………………………… 265
コミンテルン……………………… 232, 235
　　──史観…………………………… 5, 296

さ 行

細菌兵器…………………………………… 107
斎藤一晴…………………………………… ii
在日コリアンの国籍問題………………… 123
在日朝鮮人人口…………………………… 243
桜田門事件………………………………… 237
里井彦七郎………………………………… 264
佐藤公彦…………………………………… 260
三均主義…………………………… 239, 252
サンクス・ピコ協定……………………… 30
三権分立…………………………………… 272
三光作戦…………………………………… 84, 85
三国干渉…………………………… 184, 315, 322
サンフランシスコ平和条約……………… 114
GHQ「日本教育制度ニ対スル管理政策」… 331
シェンノート……………………… 86, 285
自虐史観………………… 5, 15, 43, 123, 296, 301, 338
施政40周年記念台湾博覧会……………… 163
史的唯物論………………………………… 247
シベリア出兵……………………………… 308

資本主義……271
下関条約（馬関条約）……126, 131, 134, 135, 147, 181, 185, 305
社会主義……273〜274, 329
　　──的民主……350
上　海……286〜287
　　──市教育委員会……269
　　──虹口公園事件……237
周恩来……5, 20, 134
十九路軍……61
従軍慰安婦（軍隊慰安婦）……7〜9, 109, 120, 123, 234
「銃弾一発（銃数発）」問題……73
儒教倫理……175
蔣渭水……160
蔣介石……59, 63, 66, 68〜69, 75, 78, 81, 86〜87, 90, 92, 93, 95, 96, 134, 149, 166, 323
　　──「最後の関頭」演説……69〜70
淞滬停戦協定……61
象徴天皇制……114
正面戦場……39
昭和天皇の戦争責任……27, 122
植民地朝鮮の初等教科書……198
辛丑条約（北京議定書）……261〜262
シンガポール……175
　　──華僑籌賑祖国傷兵難民大会委員会……172
　　──人……175
新幹会……227〜228
人　権……272
新興工業経済地域（NIES）……127
人口調査（台湾）……157
神国日本……317
壬午軍乱……181, 183
新式学校……192
人種差別撤廃案……307
『新制中華地理教科書』……3
『新中華地理課本』……3
人道に対する罪……28
清仏戦争……151
沈葆楨……151

新民会……159
人民解放軍……134
人民解放戦争（国共内戦）……135
人民教育出版社……268
人民闘争史観……247
新四軍……80〜81
神　話……300, 332
スカラピーノ、ロバート……7
皇民化政策……109, 163〜164
西安事件……68〜69, 70
生活教育運動（日本）……340
征韓論……183
清　郷……168
　　──運動……105
西太后……257
生体実験……107, 120
西洋思想……329
西来庵事件……155
尖閣諸島……14
全国人民代表大会（全人代）……350
漸進的同化主義……154
戦争責任……41
「賤民階級」解放……192
全民抗戦……76
全面抗戦路線……78
創氏改名（朝鮮）……235
　　──（台湾）……164
速戦速決……76
祖国解放3大路線……239
祖国光復会（朝鮮）……232, 235
蘇智良……269〜271, 275
ソ　連……59
　　──対日参戦……86, 89, 91
　　──による対中軍事支援……80
　　──の「光」と「影」……293
孫文（孫中山）……172, 323

た　行

第一次上海事変……61
第3次国共合作……43

大韓帝国	201
大韓民国	213
——臨時政府	209, 226
——臨時政府「対日宣戦布告文」	216
第三勢力	350
台児荘戦闘	77〜78
大衆文化（朝鮮）	194〜195
大東亜共栄圏	164
大同の世	292
第二次国共合作	73〜74
第二次上海事変	75, 76, 103
対日和平運動	104
台北帝国大学	163
大陸打通作戦（一号作戦）	85, 87, 107
台　湾	
——議会設置請願運動	159
——共産党	160, 162
——銀行	159
——空襲	165
——原住民	152
——光復	148
——工友総連盟	162
——史	176
——出兵	131〜132
——省各級民意機関	166〜167
——省接収委員会	166
——人参政権問題	177〜178
——総督	132
——総督府	154, 161
——地方自治連盟	160, 162
——電力株式会社	156〜158
——農民組合	162
——の検定制度	139〜140
——文化協会	160
——民衆党	162
——民主国	128, 153
——民主自治同盟	135
高　砂	177
「——」の語原	156
——義勇隊	111, 164, 178

——族	156
橘　樸	263
脱亜入欧	275
田中角栄	5, 130, 131
田中上奏文	40, 71, 189
地方選挙制度（台湾）	161
中共中心史観	95
忠君愛国	329〜330
中　国	
——共産党軍	88, 91
——共産党史	33
——近代現代史上冊教師教学用書	260
——空軍	76
——少数民族	85
——人民政治協商会議	350
——同盟会	155
——分割	185
——歴史教科書	40
中産階級	271
中小教材編写審定管理暫行弁法（中国）	268
中東路事件	59
張学良	60, 68〜69, 323〜324
張作霖	323
長　征	63, 64
朝　鮮	
——三・一独立運動（人民蜂起）	182, 187, 191, 194, 196, 207, 208, 223, 247, 248, 307
——義勇隊	216, 240
——共産党	195, 226
——語学会事件	238
——出兵（文禄・慶長の役）	302
——人虐殺事件（関東大震災）	241
——人強制連行	244
——人動員・徴発	234
——戦争	170
——総督府	182, 206
——特需	113
徴兵制	129
陳嘉庚	172
陳　儀	149, 166

陳独秀……258
鄭成功……127
鄭　和……170
点と線……80
天皇の戦争責任問題……111
ドイツ・フランス共通歴史教科書……25〜27
ドイツ軍事顧問団……77
東学党の乱……181, 192
統監府……182
東京裁判……18, 27, 33, 112, 121, 280
　──史観……5, 296
唐景崧……134, 137, 148, 153
東条英機……111〜113
東南アジアの占領地……84
東北義勇軍……64, 66
東北抗日聯軍……231, 251
毒ガス……107
独島（竹島）問題……203
独立協会……200
『独立新聞』……204
独立宣言書……190
土地調査事業（台湾）……128, 157

な　行

内外地行政一体化……163
中曽根康弘……6
中村大尉殺害事件……60
中村哲……ii, 23
ナチス・ドイツ……29
731部隊……106〜107, 120
「南京大虐殺」（南京事件など）……16〜18, 42, 100〜103, 118〜119, 284
南　進……309
西尾幹二……299
日英同盟……185
日月潭発電廠……163
日米安保改定反対デモ……122
日露戦争……185, 188, 193, 219, 278, 305, 306, 322〜323
日韓協約……187, 197〜198

『日韓歴史共通教材　日韓交流の歴史』……iii, 24
日韓歴史共同研究……20〜21
日系アメリカ人強制収容所……83
日章旗抹殺事件……236
日清戦争……126, 184, 188, 192〜193, 219, 277
日ソ中立条約……90, 238
日台外交断絶……133
日中共同声明……5, 130
日中国交正常化……131
日中平和友好条約……131
新渡戸稲造……158
二・二八事件……138, 148〜149, 167
二二八和平記念公園……149
日　本
　──右翼勢力の台頭……117
　──居留民保護……61
　──日本国憲法……113
　──資本主義……188
　──人反戦兵士……20
　──人兵士の反戦運動……252
　──の「再武装化」……118
　──の三・一独立運動……250
　──の前途と歴史教育を考える議員の会……8
　──の南進……82
　──の米軍基地化……116
　──の無条件降伏……91
　──を守る国民会議……5
　──人移民排斥……307
日本書籍『中学社会』……298
ニューヨーク・タイムズ……269
ニュルンベルグ国際軍事裁判……27, 110
ネオナチ……30

は　行

ハーグ特使……202
ハーグ密使事件……186
排華法案……171〜172
排日運動……323
排日教科書……4
白色テロ……169

破四旧······259
長谷川テル······19〜20
秦郁彦······101
八田与一······158
八・一宣言······65, 67
8ヵ国連合軍······278
8年抗戦······93
八路軍······80
服部龍二······98
パル、ラダ・ビノード（インド）······112
バルフォア宣言······30
パレスチナ問題······30
反キリスト教運動······289
反日デモ······i
反列強・反西洋人······259, 287
東アジア共同体······44
飛虎隊（フライング・タイガース）······86, 285, 293
BC級戦犯裁判······102
匪諜（中共特務）検査粛清条例······169
人囲い······83
匪徒刑罰令······154
百団大戦······79
『氷点週刊』······256
溥儀（宣統帝）······56, 58
福沢諭吉······184, 276
藤岡信勝······6
武士道······326〜327, 330
フセイン・マクマホン協定······30
武断統治······206, 222
普通高級中学課程暫行綱要総綱（台湾）······143
福建人民革命政府······66
不抵抗政策······66
ブラント、ヴィリー（西ドイツ首相）······29
文化政治（文治政治）······194, 196, 224
文化大革命（文革）······257, 259, 285
平型関戦闘······77〜78
兵士1人失踪事件······73
幣制改革······65
米中接近······113

平和教育······331
平和憲法······121
ペチェーン······285
ポーツマス条約······186
保甲制度······154
戊戌変法······258
細川護熙······6
牡丹社事件······144, 151
ポツダム宣言······88, 90, 91
歩平······18, 19
洞富雄······101
堀川哲男······265
「本色」（現地化）運動······289

ま 行

「満洲国」······16, 56, 58, 105, 122, 324〜325, 328
満洲事変（九・一八事変）······56, 57, 58, 220, 229, 279, 308, 324, 327
万宝山・朝鮮事件······60, 251
『未来をひらく歴史』······ii, 22, 38, 41
民主主義······333
「民生団」事件······231, 251
民族独立運動（アジア各地）······92
民族抹殺政策······108〜109
民立学校設立運動······225
閔妃······185, 200
――虐殺事件······221
槿友会······227〜228
霧社事件······129, 155〜156
村松祐次······264
村山富市······6
明治維新······276
毛沢東······63, 67, 95, 269, 282〜283, 285
――の「持久戦論」······78
モーナ・ルダオ······156

や 行

靖国関係3協議会······6
靖国神社······164, 282

――参拝 …………………………… 117
柳宗悦 ……………………………… 24
八幡製鉄所 ……………………… 189
日本精神 ………………………… 315
日本武尊 ………………………… 310
ユダヤ人大量虐殺 ……………… 27
楊虎城 ………………………… 68〜69
洋務運動 ………………………… 152
与謝野晶子 ……………………… 312
吉野作造 ………………………… 24
隆熙帝（純宗李坧）……………… 193

ら 行

落葉帰根 ………………………… 170
羅福星事件 ……………………… 155
リー・クアンユー（李光耀）… 175
陸軍特別志願兵（台湾）……… 164
李鴻章 …………………………… 184
リットン調査団 ………… 56, 57, 58

理蕃政策 ………………………… 155
劉永福 …………………………… 134, 148
琉　球 ……… 130〜131, 150〜151, 303〜304
劉銘伝 …………………………… 152, 177
両岸関係 ………………………… 145
両属問題 ………………………… 150
領土問題 ………………………… 14
林杞埔事件 ……………………… 154〜155
林献堂 …………………………… 148
林則徐 …………………………… 302〜303
歴　史
　「――」の語原 ………………… 99
　――共同研究報告書 …………… 17
　――修正主義者 ………………… 27
　――認識 ……………………… 14〜15
6・10万歳運動 ………………… 212, 227
盧溝橋事件（七・七事変）… 16, 32, 42, 72〜75,
　220, 233, 279, 316, 328
ロシア十月革命 ………………… 190

【著者紹介】

菊池　一隆（きくち　かずたか）

　1949年宮城県生まれ
　学歴：筑波大学大学院博士課程単位取得満期退学
　現在，愛知学院大学文学部教授，博士（文学），博士（経済学）
　専門：中国近現代政治経済史（日中戦争史・中国協同組合史・華僑史など）

〔主要著書〕

『中国工業合作運動史の研究―抗戦社会経済基盤と国際反ファッショ抗日ネットワークの形成』汲古書院、2002年

『日本人反戦兵士と日中戦争』御茶の水書房、2003年（中文版：朱家駿主編、林琦・陳傑中訳『日本人反戦士兵与日中戦争』光大出版社〈香港〉、2006年）

『中国初期協同組合史論1911-1928』日本経済評論社、2008年

『中国抗日軍事史1937-1945』有志舎、2009年（中文版：袁広泉訳『中国抗日軍事史』社会科学文献出版社〈北京〉、2011年）

『戦争と華僑―日本・国民政府公館・傀儡政権・華僑間の政治力学』汲古書院、2011年

『新・図説　中国近現代史』（田中仁らとの共著）法律文化社、2012年

Horitsu Bunka Sha

東アジア歴史教科書問題の構図
――日本・中国・台湾・韓国、および在日朝鮮人学校

2013年6月5日　初版第1刷発行

著　者　　菊池一隆
発行者　　田靡純子
発行所　　株式会社　法律文化社

〒603-8053
京都市北区上賀茂岩ヶ垣内町71
電話 075(791)7131　FAX 075(721)8400
http://www.hou-bun.com/

＊乱丁など不良本がありましたら、ご連絡ください。
　お取り替えいたします。

印刷：共同印刷工業㈱／製本：㈱藤沢製本
装幀：奥野　章
ISBN978-4-589-03503-5
©2013 Kazutaka Kikuchi Printed in Japan

JCOPY ＜(社)出版者著作権管理機構　委託出版物＞

本書の無断複写は著作権法上での例外を除き禁じられています。複写される場合は、そのつど事前に、(社)出版者著作権管理機構（電話 03-3513-6969、FAX 03-3513-6979、e-mail: info@jcopy.or.jp）の許諾を得てください。

田中 仁・菊池一隆・加藤弘之・日野みどり・岡本隆司著	**新・図説 中国近現代史** ―日中新時代の見取図― Ａ５判・290頁・3045円	「東アジアのなかの中国」という視点で構成・叙述し、必要かつ重要なキータームをおさえつつ現代中国を立体的に捉える。「東アジアの転換」「両大戦と中華民国」「現代中国の軌跡」の３編13章125項構成。台湾、香港にも言及。
星乃治彦監修 福岡大学人文学部歴史学科西洋史ゼミ編著	**学生が語る戦争・ジェンダー・地域** Ａ５判・252頁・2520円	現代の大学生が共同でつくりあげた帝国史アラカルト。帝国と地域をキーワードに様々な観点から考察したゼミ生による研究成果を収録。史学研究の多様性と可能性、そのおもしろさを伝える。
熊野直樹・柴尾健一・山田良介・中島琢磨 北村 厚・金 哲著〔HBB⁺〕	**政治史への問い／政治史からの問い** 四六判・256頁・2730円	新保守主義の帰結としての「平成大恐慌」という観点から、世界大恐慌期や新保守主義関連の政治史を考察。新たな歴史的解釈から今後の政治的方向性を示唆する。外交や軍事、経済面の身近な事例を題材に、現在と過去の対話を試みる。
出原政雄編	**歴史・思想からみた現代政治** Ａ５判・252頁・3045円	愛国心、新自由主義、歴史認識など現代政治の焦点となる問題が、歴史的にどのような背景で発生し、展開してきたのか。グローバル化のなかで国民国家の価値・規範が変容する今、新たな政治の枠組みを歴史・思想から考える。
石川捷治・平井一臣編〔HBB〕	**終わらない20世紀** ―東アジア政治史1894～― 四六判・250頁・2625円	ヨーロッパ中心史観から自由になって、東アジアの20世紀を政治史分析を通じて問い直す。「世界戦争」「国家」「開発」の時代は、人にどのような生を強いたか、また人はどのような生を営んだかを検証する。解釈し、考える政治史をめざす。

― 法律文化社 ―

表示価格は定価（税込価格）です